汉光武帝

刘秀传

王尚琦 ◎ 编著

团结出版社

图书在版编目（CIP）数据

刘秀传 / 王尚琦编著. -- 北京：团结出版社，
2015.8（2023.1重印）
ISBN 978-7-5126-3736-8

Ⅰ.①刘… Ⅱ.①王… Ⅲ.①汉光武帝（前6～57）
—传记 Ⅳ.①K827=342

中国版本图书馆CIP数据核字(2015)第176307号

出　　版：团结出版社
　　　　　（北京市东城区东皇城根南街84号　邮编：100006）
电　　话：（010）65228880　65244790（出版社）
　　　　　（010）65238766　85113874　65133603（发行部）
　　　　　（010）65133603（邮购）
网　　址：http://www.tjpress.com
E-mail：zb65244790@163.com（出版社）
　　　　　fx65133603@163.com（发行部邮购）
经　　销：全国新华书店
印　　刷：唐山楠萍印务有限公司

开　　本：650毫米×920毫米　16开
印　　张：25
字　　数：380千字
版　　次：2016年1月　第1版
印　　次：2023年1月　第4次印刷

书　　号：978-7-5126-3736-8
定　　价：68.00元

前　言

悠悠几千年，纵横五万里，站在中国文明辽阔而又源远流长的历史天幕下，仰望着令无数人叹为观止的帝王将相的流光溢彩的天空，尽阅朝代更迭的波澜起伏，无处不闪耀着先人用心、用生命谱写的辉煌。

封建帝王将相是历史的缩影，自嬴政以来，秦皇汉武，唐宗宋祖……他们或以盖世雄才称霸天下，或以绝妙文采震烁古今，或以宏韬伟略彪炳史册，或以残暴不仁毁灭帝业，铸就了一部洋洋洒洒长达两千余年的封建帝王史……

恍然间，我们看到了"千古一帝"秦始皇"横扫六合"的雄伟身姿；大汉朝开国皇帝刘邦从"市井无赖"到"真龙天子"的大变身；汉武帝刘彻雄赳赳地将中华带上顶峰的威风场景；光武帝刘秀吞血碎齿战八方，于乱世中成就霸业的冲天豪情；乱世枭雄曹操耍尽"奸计"，玩转三国的高超智慧；亡国之君隋炀帝的骄纵狂妄；唐高祖李渊率众起义、揭竿而起，建立唐王朝的惊天伟业；唐太宗李世民玄武门兵变的狠辣果断；一代女皇武则天勇于创造命运的步步惊心；宋太祖赵匡胤"杯酒释兵权"的聪明睿智；元世祖忽必烈以蒙古铁骑横扫欧亚大陆的英雄豪迈；一代天骄成吉思汗开创铁血王朝的钢铁毅力；"草根帝"朱元璋从"乞丐"到"皇帝"的辛酸血泪；清太祖努尔哈赤以十三副铠甲起兵，开辟锦绣前程的创业史；大清王朝第一帝皇太极夺取江山的谋略手段；少年天子顺治为爱妃做到极致的痴心情意；清军入关的第二位皇帝康熙除权臣，平叛逆，锐意改革的天才谋略；最富争议的皇帝雍正的精彩人生；乾隆皇帝钟情于香妃的风流韵事；慈禧太后将皇帝与权臣操纵于股掌之间的惊天手段；历代名相为当朝政务呕心沥血，助帝王打造繁荣盛世……

在浩瀚无边的中国历史长河之中，帝王将相始终是核心人物，或直接或间接地掌控着历史的舰舵，影响着历史的进程。虽然他们已是昨日黄花、过眼云烟，但查看他们的传奇人生，研究他们的功过是非，仍然可以让读者借鉴与警醒！

即便如此，很多人依然会"坚定"地摇着头回答："NO！"因为在他们看来，"历史、帝王将相"等于"正统、严肃"，这些东西早被当年的历史考试浇到了冰点！尽管明知"读史可以使人明智"，也再没有耐心去研读、探索那些"枯燥"的历史了。其实，历史并不是课本上那些无聊的年份表，帝王将相也不是人物事件的简单罗列。真实的帝王将相的生活要丰富得多，有趣得多。

为了解决这个问题，让读者心甘情愿地"抢读"历史，本套图书精心挑选了在历史上影响力颇大的帝王或名相，突破了枯燥无味、干巴巴的"讲授"形式，以一种幽默诙谐的语言，用一种立体的方式将一个帝王或名相的多样性与丰富性展现在广大的读者面前。

全书妙语如珠，犀利峥嵘，细述每个帝王或名相的政治生活、历史功绩、家庭生活、情感轶事等，充满了故事性、知识性与趣味性，让读者在轻松愉悦的享受中体味人生的变化莫测；在"观看历史大片"的过程中收取成功的法门秘诀。

为了保证书稿的质量，编辑工作者查阅了大量的相关资料与文献，并且专门请教了很多长期从事历史教学与研究的专家学者。不过，由于时间与精力有限，如果本套图书存在些许错误，敬请广大的读者朋友们批评指正。

"古人不见今时月，今月曾经照古人"，与浩瀚的宇宙相比，人类的生命短暂得微不足道。因此，在这有限的时光中，我们要尽一切可能多学知识，少走弯路，让我们的人生变得更加绚丽多彩！

目　录

刘秀传

LIUXIUZHUAN

第一章
没落贵族入仕艰难　有志男儿勇闯四方

刘秀出生时并没有什么特别的地方,他的父亲刘钦是汉景帝的儿子长沙王刘发的后裔。当时刘钦任济阳(今河南兰考东北)县令,但他的府衙却是阴暗潮湿,下雨天还会出现漏雨的现象。于是,他命人将离县衙不远处的汉武帝在位时遗留下来的行宫打扫干净,腾出来让自己的妻子搬到行宫待产。

该行宫建造于元鼎四年(前113)之后,那时候汉武帝经常巡游各个郡国,为了方便其休息,修建了不少行宫,济阳城中的行宫就是在那时修建的。

在封建社会里,帝王的行宫只能帝王一个人住,其他人去住,就是犯下僭越不尊的罪名。刘钦竟如此胆大,敢公然让自己的妻子在行宫里生孩子,原因在于当时已不是多大个事了。这时已是汉哀帝建平元年(前5),西汉朝已历经二百年,汉武帝也去世了八十多年了。汉武帝之后,西汉又经历了汉昭帝、汉宣帝、汉元帝、汉成帝等四代皇帝,由盛而衰。有人因此认为汉德已衰,气数已尽,刘氏天下将被外姓所取代。正缘于此,刘秀的父亲刘钦敢在汉武皇帝行宫里放心大胆地养老婆、生孩子,并没有人干预。

公元前5年1月15日,即汉哀帝建平元年十二月初六之夜,刘秀应时而生。刘钦见自己的第三个儿子降生人间,自然高兴,时逢当年济阳县内有嘉禾生长,一茎生出九穗。当县令的刘钦认为这是好兆头,是祥瑞佳兆,预示着自己的儿子前途无量,遂给新生儿起名为"秀"。

夫人樊娴都是南阳郡豪强望族樊重的女儿,自幼受到良好的教育,性情温和、知情达理,是刘钦的贤内助。他们眼下共有六个儿女,年龄不大不小,正是读书求学的年龄。不过刘钦并没请私塾先生,六个儿女和侄子刘嘉的礼仪诗书,都出自樊娴之手。或许是受了她的影响,孩子们也都遇事谦恭明理,个个文质彬彬,全无纨绔气息。

花开花落,春去秋来。转眼孩子们都已经长大成人,樊娴都毕竟是女流之辈,孩子们应该接受正规的教育。最终几个孩子都离开了刘钦夫妇,去外面求学历练了。

转瞬又到一年一度的中秋佳节，玉盘似的明月高悬夜空，皎洁的月光倾洒下来，给万物镀上一层银色。后花园里，刘秀和刘黄、刘元、伯姬三姐妹一起围坐在母亲周围，陪母亲赏月谈心。儿女聚欢膝前，樊夫人似乎很高兴。但细心的刘黄却发现母亲的高兴之中还夹杂着淡淡的忧思，孝顺的女儿当然知道母亲在担忧什么。

"娘，您又在想大哥他们了？"

樊娴都再也掩饰不住思儿之情，叹息道："中秋月圆人难圆。今天是家家团圆的日子，可是缜儿他们求学在外，我们全家难享这天伦之乐。"

"娘，您放心，家里还有我们陪伴您。"刘秀轻松地一笑。大哥、二哥、嘉哥走后，他就成了家中唯一的男性，当然也是大家的主心骨，此刻他又安慰母亲道："大哥他们外出求学，为了日后能成大器，暂且离开母亲。几年以后，学成归来，就会回家团圆，娘还在乎这一时吗？"

樊夫人依然忧思不减，道："娘当然不在乎这一时的天伦之乐，娘是为他们担心。你们知道，刀币被摄皇帝废止，你大哥他们身上带的银两和五铢钱又不多。日间，娘和你叔父盘算过，即便他们省吃俭用，恐怕也所剩无几。你大哥性情刚烈，娘真怕他们出事啊！"

母亲的担忧不是多余，刘秀也想到过，知道再劝慰也没用，便慨然道："娘，不如让孩儿带些银两，去长安找大哥他们，也好让娘放心。"

"使不得，使不得！"樊娴都连连摇着手道，"你叔父和娘也这样想过，可是这兵荒马乱的，你一个人去长安，娘不是更担心吗？"

安众侯刘崇起兵反莽，攻宛失败后，不到一年，又有东郡太守翟义举兵反莽，拥立汉宗室刘信为皇帝。王莽官军与翟义叛军战于菑城，京师骚乱，三辅振动。才有了樊夫人的兵荒马乱之说。

刘秀没法安慰母亲，心里焦急，樊夫人理解儿子的孝心，故作轻松地说："也许，要不了几天，你大哥他们就会回来。"

果如樊娴都所言，第二天天刚亮，守门的家人就飞跑进来，兴奋地叫道："老夫人，大公子回来了！"

"真的？"樊娴都惊喜交加，丫头绮儿慌忙伺候着穿戴整齐，扶着她走出房门。

院子里，刘演、刘稷衣衫破旧，满面灰尘，两人身后还站着一个与刘稷年纪相仿的年轻人，一副比刘演、刘稷好不到哪儿去的狼狈相。刘演一见母亲，悲从心生，扑通一声跪倒在地，哽噎道："娘！"刘稷和那年轻人也一齐跪倒，齐声叫道："伯母！"樊娴都见他三人一副狼狈相，又不见刘嘉、刘仲，吓了一大跳，慌忙问道："你们这是怎么了？出了什么事？嘉侄呢？仲儿呢？怎么没跟你们一起回来？"

刘演两只大手抱着宽阔的额头，唏嘘半天，也没有说出话来。樊夫人更加着急。这时，刘黄、刘秀闻讯赶来，一见他们这般光景，也吃了一惊。刘黄颤声问道："大哥，求得功名了么？怎么如此狼狈？"

刘演面对弟、妹，更是气愤难平，好半天，才说道："一言难尽……"

原来，刘演四人到了长安，进太学，习学《尚书》《春秋》。他们在家时，已得母亲和叔父刘良的教授，故而学起来毫不费力，很快掌握了书中要义精髓。同舍的太学生都很钦佩四人的才华。尤其刘演，主讲师傅们也经常夸赞他。主讲《尚书》的太傅许子威还征求他的意见，打算推荐他入朝为官。刘演入太学的原意不是入王莽朝中为官。但转念一想，为了了解王莽发迹史，为了抓住更多的反莽时机，他便答应许子威，愿意入朝为官。

就在他们苦读经书的时候，王莽突然大改货币，罢金刀、银刀。一夜之间，刘稷带去的金银钱币，或贬值，或作废。四人的生活顿显拮据，难以继续求学。恰在此时，许子威把刘演推荐给朝廷，此时的安汉公王莽虽然还没有对刘室皇族进行大规模打击，但安众侯刘崇起兵攻宛，翟义拥刘信叛乱，都使他对刘室皇族心惊肉跳。一见许子威举荐的又是姓刘的，二话没说，不用此人。

刘演入仕无望，求学不得。四人愁肠难解，上街游荡。大街上，征讨翟义叛军的官兵横冲直撞，蛮不讲理。路两旁、店铺内，因罢刀币而破产的人们在伤心地哭泣。性情刚毅的刘演眼睛里揉不得沙子，见此情景，忍不住口出微言，当街斥责王莽无道，不料被密探听到，招来祸患。官兵顿时出击，上前捉拿。刘演四人只好各自为战，混乱中刘嘉、刘仲失散。刘演、刘稷亏得同邑太学生朱祐帮助，才逃出长安，辗转回到家里。

刘演越说越气，说到悲愤处，捶胸顿足，连声怒吼："王莽鼠辈，夺我刘姓天下，我必复高祖帝业，食其肉，浸其皮……"

刘秀深受感染，他那辛勤劳作一年收获的谷子，因王莽改币只换了一把废铜烂铁，如何不愤恨。因此，他扶起大哥道："大哥放心，从此以后小弟帮你，一定能匡复汉室，让那莽贼死无葬身之地。"

樊娴都听完刘演的叙说，更加担心刘仲、刘嘉的安危，但为了不让刘演三人更加难过，只得强忍悲愤，挨个拉起他们，安慰道："孩子，你们受苦了！"

当她扶起那陌生的年轻人时，刘演赶忙介绍道："娘，这位就是朱祐兄弟，亏得他我们才逃出京都。"

樊娴都忙道："孩子，难为你了。老身谢谢你。"

朱祐忙又施礼,谦恭地道:"伯母言重了,晚辈实不敢当,伯升兄慷慨有大义,豪杰人物,朱祐愿追随左右,终生无憾。"

刘秀也赶紧过来见礼,然后对母亲道:"娘,大哥他们多日奔波,又一宿没睡,一定又困又饿又乏,还是先让他们吃点东西,歇息一下吧!"

樊娴都一听,连声道:"对对对,演儿,快带他们去洗浴一下,换身衣服,然后吃点东西,歇息歇息。"

刘演早就困乏极了,忙招呼刘稷、朱祐二人,告别母亲,往后院走去。

刘秀心知母亲必为二哥、嘉哥担心,忙扶她入房中计议。这时,刘良闻讯赶来,询问刘演等人情况。樊娴都难过地说:"仲儿、嘉侄生死未卜,下落不明,怎么办?好兄弟,你给拿个主意吧!"

刘良沉思良久,方说道:"嫂子,此事着急不得,现在官府追捕正紧,演儿刚刚逃回,如果我们派人到处寻找仲儿、嘉侄,更容易让官府得了消息。不利于演儿,况且,仲儿、嘉侄正遭追捕,必然昼伏夜行,藏形敛迹。即使派人寻找,也是白费力气。"

刘秀也道:"娘,叔父说得有道理。况且,嘉哥行事稳重,两人又有武艺在身,不会轻易落入官兵之手。您耐心等待,也许用不了几天,他们就回来了。"

樊娴都心中稍安,但家里发生了这样的大事,心里总是不踏实。便对刘秀道:"秀儿,去把你舅父请来,再让他想想办法。"

刘秀遵命,当天便骑马去湖阳,第二天辰时,樊宏随他一同来到春陵。

樊宏得知事情经过,也赞同刘良的意见。因为事情尚未明朗,南阳地方官府尚不知长安追捕的逃犯就是刘演弟兄。如果贸然妄动,反而引起官府怀疑。为慎重起见,樊宏还叫刘家结交地方亭长,以备官府查问。

众人正在议计,守门的家人又飞跑进来,欣喜地道:"老夫人,大喜了,二公子和刘嘉公子回来了。"

樊夫人一听,心中一块石头落地,高兴地叫道:"在哪儿呢,仲儿,嘉侄?"

众人也是满心欢喜,慌忙拥着老夫人走出房门。却见刘嘉、刘仲已走进院内。两人衣衫褴褛,满面尘土,与刘演三人初来时一样的狼狈相。一见樊夫人,跪倒痛哭。刘演慌忙上前拉起他们,关切地问道:"嘉哥,二弟,你们怎么到这时候才回来?"

刘嘉用衣袖擦擦脸上的尘土,叹了一口气道:"别提了。我们被官兵冲散后,不敢再和官兵纠缠,就跳上了民房,甩掉了追兵。原想逃出城去,谁知长安四门都被官兵封锁,盘查甚紧,许进不许出。没办法,我们只好在城里跟官兵磨转转。过了几天,风声渐松,才寻个机会,潜出京来。"樊娴都一见儿子、侄儿这副模样，又是一阵难过，忙命人带两人下去浴洗、歇息。众人重回客厅叙话。樊宏笑道："姐姐，您该放心了吧？"樊娴都点点头，却又道："他们都平安回来，我当然放心了。可是以后的日子怎么办？我最不放心的就是演儿，他性情刚烈，不知何时又会得罪朝廷，为我刘家招来祸患。"

樊宏听了，忽然眉头一扬，道："姐，演儿年岁不小了，早该娶妻生子了。没成家的男人算不上成熟的男人，给他娶妻，可以拴住他的心，性情也会稳重些。"

樊夫人一听，当然赞同，可是，一时之间哪里去找合适人家的女儿。樊宏却轻松地一笑道："姐姐放心，演儿性情刚毅，有男儿本色，仰慕他的女子多的是。小弟就知道一个。"

"快说，是哪家的女儿？"

"新野令潘临的侄女。少时丧双亲，被潘临收养在府中，视同亲生。潘小姐不但生得容貌姣好，而且知书识礼，颇有大家风范。前次演儿怒杀申徒臣，潘小姐就有赞誉。守孝三年，传誉乡里，潘小姐更有仰慕之心。小弟只要去潘府作媒，必定马到功成。"

樊夫人闻言大喜，道："兄弟，那就有烦你辛苦一趟。"

樊宏却有些不放心刘演，道："演儿胸怀大志，恐怕还不愿意娶妻吧？"

樊夫人大包大揽道："你放心，演儿至孝，只要我以死相逼，他不敢不答应。"

计议已定，樊夫人选了良辰吉日，置下彩礼。叫樊宏去新野提亲。刘演听说母亲要为他娶妻，一百二十个不乐意，说道："娘，孩儿大业未成，不宜谈婚娶之事……"

樊娴都不由分说，训斥道："我儿胸怀大志，诚然可敬。可是，不孝有三，无后为大。娶妻生子，也是你应尽的责任。况且潘小姐明大义，识大体，只会助你建功立业，又有什么不宜之事？娘已是快入土的人了，怎么着也得看到刘家有后，方能瞑目九泉，你身为长子，难道不体谅娘的苦心？你若不答应这门亲事，娘也就追随你爹去了……"她连说带哭，假意寻死，吓得刘演慌忙跪倒磕头，连声说："娘，孩儿应下就是！"

樊宏去潘府提亲，果然一帆风顺，潘小姐早就听说刘演贤名，曾在樊宏面前暗示仰慕之情。听说樊宏前来提亲，满心欢喜。潘临与樊宏私交其厚，经常听他赞誉自己的贤外甥，这时见他果真前来做媒，也是高兴万分，当即收下彩礼，应下亲事。

三个月后，刘演迎娶潘氏，刘府上下，张灯结彩，喜气洋洋。潘氏过门后，待人谦和，伺候婆母更是细心周到，连刘黄、刘元也自愧不如。尤其是特

别爱笑,一天到晚,笑口常开,似乎有说不完的高兴事,府中上下,没有不喜欢新夫人的。刘元跟嫂子打趣道:"嫂子找了个如意郎君,所以天天乐得合不拢嘴儿。"

潘氏毫不掩饰自己的满意之情,得意地道:"二妹算是说对了。伯升胸怀大志,男儿本色,世间女子谁不仰慕这样的男子。哎,二妹,你要找一个什么样的如意郎君呢?"

刘元以为她要取笑自己,佯怒道:"嫂子真坏,刚过门儿就欺负人。"

潘氏又是一阵大笑,突然正色地道:"二妹,你也不小,该考虑自己的婚事了,想找个什么样的郎君,说出来嫂子也帮你参谋一下。"

刘元见她真的关心自己,非常感动,脸上一红,道:"天下像大哥这样的英雄男儿能有几人,小妹不如嫂子命好,恐怕难以找到称心如意的郎君。"说完,转身一声不响地走了。

心细如发的潘氏当晚便把刘元的话讲给丈夫听,刘演从来没想到这些事,不以为然地说道:"二妹尚小,怎么会考虑婚嫁之事呢? 我现在的心思都放在二弟、三弟身上呢,他们不下苦功习武,日后怎么帮我做大事?"

潘氏用指头一点他的额头,嗔怪道:"你就知道你的大事业,大事业是一朝一夕就能做的吗? 二弟、三弟能帮你做大事业,可是大妹、二妹是女流之辈,嫁人就是她们一生最大的事,长兄如父,你不操心谁操心?"

刘演被她说得哑口无言,才觉得自己作为大哥的真的对妹妹关心不够,于是说道:"这种事我真的不知道怎么办,你说呢?"

"二妹说得很清楚,也想找一个像你一样,将来做大事的郎君。"

"不行,"刘演断然拒绝道,"说得轻松,你以为做大事像是做游戏。如今王莽摄政,篡汉只在旦夕之间。诛杀汉贼,复兴汉室,不知要有多少英雄豪杰丢掉性命。二妹嫁给这样的人,将来要是有个三长两短,岂不毁了她的终身幸福?"

潘氏听了,深为他们兄妹之间的手足之情感动,但是,作为女人,她一眼就看出刘元对豪杰人物的一往痴情是不会轻易改变的,于是说道:"相公,你就知道你们男人要建功立业,光照千秋,可是,女子也有同样的抱负,可惜我们女子不能如男人一样冲锋陷阵,杀贼报国。女子最大的愿望就是嫁一个将来能建功立业的郎君,不管以后发生怎样的不幸,也无怨无悔。"她说着,一双秀美的大眼睛闪烁着激动的泪花。

刘演知道,她其实是在说自己,心中一阵感动,伸开手臂,把她搂在怀中,喃喃地道:"我听你的!""不,"潘氏伏在丈夫怀中,轻声地说道,"应该禀明母亲。还有,大妹要先嫁出来,二妹才肯嫁。"

第二天，刘演夫妇趁着给母亲问早安的机会，把他们的想法说了出来。樊娴都见儿子、儿媳如此关心妹妹，非常高兴。她知道，有不少富家子弟托媒人前来提亲。可是，不知为什么，两个女儿不容商量，一概拒绝。真让母亲操碎了心。亏得有心的儿媳，一眼看穿了她们的心事。

樊娴都于是命人请来刘良、樊宏，共同商议两个女儿的婚事。刘良笑道："既然两位侄女喜欢豪杰人物，演儿结交豪杰，宾客甚多，就由演儿细加斟酌吧，我们可以从旁参谋。"

刘演见两位长辈不拘常礼，把重任交给自己，心中感动，便不再推辞，他把自己认识的豪杰宾客细心挑选，反复权衡，最后才说道："棘阳田牧、新野邓晨都是胸怀大志、宁折不弯的义士，而且年少英俊，家境殷实，大妹、二妹也曾见过面。不知她们中意不中意？"

樊娴都瞟了潘氏一眼，笑道："既如此，就有劳儿媳探听一下她们的心思。"

"娘，您等着。"

潘氏满面带笑，走路一阵风似的，去找刘黄、刘元二姐妹。

刘黄、刘元听了嫂子的话，立刻低下了头，羞涩不能言。可是，经不住潘氏巧舌如簧的攻击，终于亲口说出各自的心上人。刘黄钟情于田牧，刘元则有意于邓晨。

潘氏大喜，一路笑着跑去禀明婆母。樊夫人明白了女儿们的心思，便分别选择吉日，托媒人去棘阳、新野问问。那田牧、邓晨素来景仰刘演，又亲眼看见过刘黄、刘元美貌，正求之不得，当即应了下来，并送来彩礼。

三个月后，刘黄出嫁。又三个月后，刘元也嫁到新野邓晨家。

刘演对家里的一切操之以手，忧之以心，时时处处不忘自己重振刘姓江山的责任和使命。而刘秀，却似乎与刘演的壮怀激烈格格不入，在刘演看来，他实在太心地平淡了。虽然刘秀每天也要抽出一些时间习文练武，但他心中念念不忘的却是白水河岸边那块他亲自开垦的良田，把很多精力和心思都放在了田地上。每天日出而作，日落而息，看上去似乎还不是有意装装样子，而是甘之如饴，别有一番滋味在其中，日日怡然自得，天天知足常乐。刘演将这一切看在眼中，痛在心里。

"难道刘秀真是这般懦弱，面对百姓受难，生灵涂炭，也不管天下将要姓啥，就此沉沦于琐事而无动于衷吗？他不把百姓水深火热放在心中倒也罢了，那他就连自己的功名利禄都不计较了吗？事不关己，高高挂起，是常理，也在情理之中，但事与己关，不生忧患，就未免匪夷所思，出人意料了。"

每次看着刘秀扛着农具悠然走出庭院，刘演总要望着他的背影想上半

响:"三弟呀三弟,你正青春年华,难道就注定甘愿这一生默默无闻碌碌无为?'人生非金石,岂能长寿考?奄忽随物化,荣名以为宝……'整天朗诵这首诗,你难道一点触动都没有?退一步说,不求取功名也罢了,免得利欲熏心,招惹是非。可是,当今形势下,作为皇族子弟,岂是一个远祸全身躲避退让就能了结的……"从刘秀想到自己,刘演千愁万绪集在心头,眉头皱上半天都展不开。

为此他也旁敲侧击地和刘秀谈论过,但无论他怎样想方设法点拨开化,刘秀似乎总不能领会他的良苦用心,常常是刘秀引经据典,出口成章,妙语连珠,娓娓道来,反而让刘演面红耳赤地对答不上来。他忧心忡忡却又束手无措。

自己本来是想劝劝刘秀树立起远大志向,不料却无端地被弟弟一大套一大套的道理所搪塞,白费口舌倒没关系,最重要的是根本起不到丝毫作用,刘演简直要摇头苦笑了。不过当他无意中把心事说给新婚妻子时,事情好像突然有了转机。

刘演的妻子潘氏,虽不是出自名门望族,但也算得上大半个大家闺秀,不但聪明贤惠,而且乖巧伶俐,常常有令刘演意想不到的奇谋巧计。正因如此,刘演对妻子很是佩服,说话也不那么粗声大气,而是分外温和。刘秀和刘玄曾开玩笑地在刘演面前朗诵一首他们胡诌的诗:大江过去是黄河,风波迎船可奈何。丈夫若有凌霄志,谁肯低头拜老婆?

刘演当然听出他们调侃的意思,不过自己并不以为然,依旧我行我素。刘演把自己想让刘秀务正业、立大志的想法告诉了妻子后,潘氏不假思索,当即微微一笑点点刘演的鼻子:"都说夫君精通兵法,读过许多计谋韬略,怎么轻易就被表面现象所迷惑?你可听说过养精蓄锐、韬光养晦,叫我说,三弟不是不出头,是时机未成熟,他大智若愚,此乃真人不露相,露相非真人呀!"

"哼,我就不相信,他会有如此心计。再说,即便是真人,总也得出山才能显出他胸怀天下的鸿鹄之志,一直这样打哑谜也不是办法。我就是想让他放弃什么老牛般的耕作,我们弟兄每日练兵习武,将来有机会,一道出去干番大事业!"听潘氏竟然夸奖开刘秀,刘演更不服气,瓮声瓮气地说。

"若是这样,其实也不难。夫君,自古以来都讲究千求不如一唬,劝将不如激将……"

"妙,妙,真是高屋建瓴,如拨云见日!"潘氏说到半截,刘演已经茅塞顿开,恍然大悟地一拍脑袋,连连赞说,"娘子所言极是,我明白了!"

暮春夏初总是天朗气清,艳阳高照。这是个干农活的最好时节,刘秀比平时更加忙碌，几乎一整天都泡在地里辛勤耕耘。他前腿弓，后腿蹬，一丝不苟地用力拉锄，干枯的地皮被划开，露出松软的土壤，仿佛一大块地毯正徐徐展开。歇息时四处眺望，田岗的禾苗长势可人，绿油油的随风摇曳，预示着丰收年景即将到来。纵使挥汗如雨，腰酸背痛，每次看到这情景，心里总是欢喜不已，刘秀看着一棵棵禾苗，就像看到一个好收成，看到一个大前程。面朝黄土背朝天，他知道，这就是生活，就是功绩，是让皇天和后土来见证的功绩。

白水河的对岸，刘钦墓地旁边，刘演和一群宗室子弟还有新结交的豪杰朋友朱祐，正在舞枪弄剑，挥戈跃马，人的喊叫声，马的嘶鸣声，加上兵刃碰撞声，回荡出老远。看看腾起的尘埃，就能想象出他们人欢马叫的情形，真是分外淋漓酣畅。开始时刘演试图以这种杀破天的巨响来惊动刘秀，激发他放弃农活。可是一连几天过去，刘秀似乎两耳不闻对岸声，一心只为稼穑用，并没表现出对他们羡慕的神情。刘演自然不甘心，他暗暗安排下去，要接着激将。

有一天操练完毕后，刘秀仍在田地里除草。刘家兄弟一班人马悄悄绕到刘秀的背后，刘演站着看了片刻庄稼地，第一个发话说："三弟，你整治的庄稼长得不错嘛！人就怕专心，一专心起来，没什么事情干不成。就拿种地来说，这玩意儿虽说是最末的雕虫小技，但不专心还真干不好。我看你别的不比弟兄们强，就这还能拿得出手，这方圆百里的，谁能担当起种田能手的美誉，自然是文叔了。我看文叔甚至都可以跟高祖皇帝之兄刘仲相媲美了！"

"是呀，是呀！"刘演引开了头，大家便按照安排好的唱和起来。"刘仲虽然没有高祖皇帝'大风起兮云飞扬，威加海内兮归故乡，安得猛士兮守四方'的踌躇壮志，一生无所作为，但能称得上一个种田行家，也算不错了！绿叶衬红花嘛，没有抬轿子的哪有坐轿的，人命天定呀！人的造化在呱呱坠地时就被注定了，有人如大鹏展翅，有人如老牛拉犁，不认命也下行呀！"朱祐借机添油加醋。

其他人也不甘落后，你一言我一语地装模作样议论着："文叔人家有自知之明，不能在男儿之志中占上风，就索性远离尘世，享用人间清静悠闲之福，这样不是足以和天地同朽吗？哪像我们，每天立志要站在风头浪尖，要振兴什么家业，要不负刘家皇族后人。唉，放着清福不享，傻哟！"

刘玄更是手舞足蹈地唱了起来："眼看世事两茫茫，光阴倏忽消长，何必四处奔忙？你看那种田的小事一桩，却不知人家聪明无量，既不用伤筋动骨，又不用费心思动愁肠。管他天下怎动荡，我文叔就是一介农夫，你们能

把我怎样!"

纷纷调笑中分明是另有一层嘲讽的意思,刘秀听了真不是滋味,暗想你们倒不如骂上一顿来得痛快,但自己的心思,他们岂能明白?忽然间刘秀眼前闪过父亲即将撒手人寰的一幕。当时大哥和刘仲不在,父亲将自己叫到身边,握住自己的手,缓缓而有力地嘱咐说,你们兄弟要戮力同心,共扶汉室……

这样想着,刘秀再不想听他们胡言乱语,扔下锄头,闷着头出了田地,分开众人,一声不响地往家走。刘演兄弟和朱祐等人见状,个个相视而笑,刘演得意地想,这下好了,刘秀终于上当了!

其实自从大哥他们从京城回来,刘秀就开始有了个想法,只是这个想法还不成熟,正在脑子里打转。现在他忽然坚定了自己的这个信念,到京城去,进太学观望朝廷动向!为什么会有一个这么大胆的想法,他自己也说不清楚,他只是看到大哥他们如此狼狈地回来,从而引发了他强烈的好奇心和好胜心。大哥如此英武却碰了一鼻子灰回来,京城到底是什么情形,是龙潭虎穴?哼,我偏不服气,若是我闯荡一番,风风光光地回来,看你们是否还会对我说三道四?!

这样琢磨着,他加快脚步回到家中,也不遮掩,把自己的想法一一说给母亲。樊娴都听他滔滔不绝,对刘秀的转变先是一阵惊喜,惊喜过后,一阵淡淡的忧愁又袭上心头。虽说刘秀年龄也不小了,按理说该历练历练。但他从来没有离开过家门,显得少不更事,照顾自己都是一个大问题。再加上刘演他们刚从京城回来不久,差点儿闯出大祸,刘秀孤身一人,能放心吗?

不过让樊娴都略微放心的是,刘秀脾性稳重,和他哥哥们风风火火的大不相同。刘秀舅舅樊宏前几天来家中闲坐,也正好提到,说外界纷纷传言王莽已经不满足摄皇帝,他一边安排心腹大臣联名上奏,让自己登基坐殿,一边调兵遣将,准备软的不行来硬的。总之刘家江山就要完蛋了。当时樊宏感慨地说,可惜咱们现在如同井底之蛙,消息闭塞。应该派个人到京城当做耳目才好。但让谁去,却是个大问题。

当时刘良也正好在,他和樊宏相对默坐,拿不定主张。樊宏忽然说,遍观整个宗族子弟,有胆有识者莫过刘演,但他遇到事情过于急躁,不肯容忍,太刚则易折,这是一大不足。其余的或勇力不够,或耽于安乐,都不让人放心。唯独刘秀,别看平日里不声不响,其实肚子里的道道倒不少。这孩子秀在内,拙在外,隐忍不发,或许哪天能一鸣惊人。刘良也点头说,刘秀这孩子我看是条潜龙,不妨就叫他去京城游历一番。

樊娴都听他两人把刘秀抬得这么高,一时竟估摸不透刘秀是否真如他们所说。不过他们都有一套见识人的本领,想来是不会错的。现在刘秀主动要求去长安,似乎正应了那天的谈话。樊娴都虽然还是不大放心,但却没让刘秀费多少口舌就答应下来。

接连几天,樊娴都细心地替他收拾行李,每一件衣服都要检查好几遍,唯恐哪儿没有缝好。刘秀看着油灯下的母亲,想着关山万重,前几天被激荡起来的雄心忽地又沉沦下去,他甚至不想走了。但箭在弦上,又不得不发。刘秀默默地垂下头,心情变得异样沉重。刘府上下立刻都知道了刘秀要游历京师的消息,惊讶之余纷纷过来劝勉。刘福主动请命,让自己的儿子刘斯干做随从,说刘斯干别看年龄小,人很乖巧,又能和公子谈得来,路上可以对公子有个照应。

终于到了离别的时刻。这天天空很暗,阴云重重,似乎有意增添一点忧虑惆怅。刘演、刘秀,还有妹妹刘伯姬等人走在大道上,刘斯干紧随其后,快快地谁也不说话。特别是刘演,他总觉得是自己一番激将,结果让刘秀赌气要出去闯荡。他既感到兄弟同心同志的兴奋,又有一丝不安,他怕此去路途艰险,万一有个好歹,对不起刘秀,也没法给母亲交代。"三弟,此去长安,路途遥远,切要保重,来,把宝剑系上,让它来为你消灾避难!"刘演仍拿出大哥的派头,神情尽量显得平静。

"嗯,说不定还真能用得上。"

"三弟,入了太学,要学得一身安邦治国的真本领,凡事要谨慎为上,伺机行事,等你学成归来,咱们兄弟又多了双手脚,大家一起恢复汉家基业……"

"大哥尽管放心,小弟已谨记在心。"刘秀一一答应。

"三哥,你只身在外,一定要照顾好自己,别管他什么'修身、齐家、治国、平天下'的大道理,只要你能平平安安完好无损地回来,咱娘就放心了……"伯姬抽噎着说。

"小妹,这又不是生离死别,你看你,脸上两条泪痕都刻在哥哥心里头了。来,三哥为你擦拭,不许哭了。哥就要走了,说不定要好几个月好几年才能见面,还不留给哥哥一个笑脸吗?"刘秀故作轻松地说,伯姬勉强地苦笑了一下……

家人送了很远的路途,刘秀这才转过身让大家停下,恋恋不舍地跟家人说:"千里搭长棚,天下没有不散的筵席。兄弟姐妹们都回去吧!我不在的日子你们要照顾好母亲……"说完,对大家拱了拱手,就翻身跃到了马上。刘斯干也上马,紧随其后,主仆二人荡起滚滚灰尘,没多久就消失在了大路的尽头。

白水河离得越来越远,那块辛勤劳作的土地,那盏秋冬陪伴自己读书至

深夜的灯光还在闪烁,所有的这一切都像磁石般吸引着刘秀,他每多走一步,就会加深自己内心的思念。转眼之间,主仆两个距离家乡越来越远,但记忆深处的那抹乡情确实越来越浓重,牵引着这个异乡人的心情,甚至让他产生过转辔归乡的念头。但是他不能,宗室子弟的嘲讽笑声激荡着他的耳膜,他懂得泼水难收的道理,男子汉大丈夫志在四方,更何况自己是皇室家族的后人,岂能让别人嗤笑。

第二章

新野城初遇俏美人　弘农郡刘秀遇哀章

此时的刘秀才十八岁,这个年纪还不能理解父亲和大哥对王莽篡权的仇恨为什么会如此之深。从南顿到春陵,刘秀过得一直都是平平静静的生活,每天做的事情就是读书和种田,无论谁当皇上,只要没有战乱,对他来说都一样。因此这时的刘秀,皇族的责任感和荣誉感在他的心里没有留下任何痕迹。他只当自己是个平民百姓,从来没有想过自己是皇室贵族,因为刘汉皇帝对于他来说是多么遥远而又陌生,仿佛跟他没有任何关系。刘演不同,他年长很多,深深地理解了王莽篡权为大汉带来的灾难,因此每次提起,刘演都表现得心情激动,总是捶胸顿足,悲愤难抑。刘秀则完全是一副麻木不仁的神态。如果说他仇恨王莽的话,仅仅是因为王莽改币,使他辛勤一年的收获换成一把废铜烂铁。

刘斯干完全不知道主人的心情,他第一次出远门,看什么都新鲜,骑在马上叽叽喳喳,说个没完。遇着不明白的事,还要问个不停。刘秀被他问得心烦,没好气地道:"你烦不烦,非把主人气死不可。记住:闭上嘴巴,赶路!"

刘斯干讨了个没趣,嘟囔道:"闭嘴就闭嘴么,干吗这么凶?我爹老说少主子好伺候,看来是白夸你。"

刘秀听了,忍俊不禁,慌忙转过脸去。说什么不能给他笑脸,否则,他没有完。可是走了没一顿饭功夫,刘斯干又忘了主子的训诫,嘻嘻一笑道:"三公子,前面就到新野城了。听说城里很好玩,要不要歇歇脚再走?"

"不行。"刘秀不等他说完,一口回绝。可是话一出口,他就后悔了。新野,他来过好多次,这一离去,还真是依依难舍,况且,如今新野城里还有他的二姐刘元。反正,故乡难返,在新野见见姐姐和二姐夫,多少也能平抑一下对故乡春陵的依恋之情。

刘斯干被主子拒绝,一脸的不高兴,闷声不响地跟在刘秀马后。主仆二人再不说话,只管低头赶路。天刚半晌,就到了新野。街上人来人往,车水马龙。两旁做买卖的、变戏法的、玩猴的,一个比一个叫得欢。刘斯干第一次进城,眼睛哪够用,走着走着就落在后面了,刘秀只好勒马等着他。

刘斯干赶上主子,忙堆着笑脸哀求道:"公子爷,您瞧这儿多热闹。咱们那块儿可没有。小人求您了,歇歇脚,吃点东西再走行吗?"

刘秀也舍不得这熟悉的街景。况且,他只是心情不好,并不想存心为难一个九岁的孩子。于是点头道:"姑且答应你。"

刘秀一路打听着二姐夫邓晨的住址一路寻来。他还是第一次来邓晨家,只知道邓家是新野富户。不多时,两人在一处镶着飞檐琉璃瓦的宅院前停下,刘秀报上自己的来历。

这里正是邓晨府邸,守门的家人一听是舅爷驾到,慌忙接过马匹、行李,一边请二人进府,一边说道:"刘公子,是否让小人先禀明主母,前来迎接舅爷?"

刘秀很随便地说:"骨肉至亲,何必拘礼。你只需带我去见二姐好了。"

邓府后花园内,春光明媚,绿草如茵。已为人妇的刘元正同一个十二三岁的少女在草坪上嬉戏。那少女一边追逐着刘元一边叫道:"嫂子,你好坏,看我不告诉邓大哥说你欺负我。"

刘元停住脚伴装成害怕的样子,笑道:"好妹妹,饶了我吧,你要我怎么样都成。"

"真的?"少女露出女孩特有的得意之色,略一沉思,说道:"小妹最喜欢听英雄豪杰的故事,嫂子家里就有一个现成的大英雄,不如讲来听听。"

刘元一听就明白了,她指的不是自己的丈夫邓晨,而是大哥刘演。于是笑道:"好妹妹,你不是听过好多遍了么?"

"我就是要听,"少女执拗地道,"怎么,嫂子不高兴讲,那我就……"

"别……"刘元忙举手表示屈服,笑道:"嫂子讲给你听。"于是她又把刘演怒杀申徒臣,为爹守孝三年,长安求学,当街斥责王莽大逆不道的经历添油加醋地讲了一遍。讲完之后,见少女还在凝神聆听,便取笑道:"我大哥可算得上真正的英雄豪杰,可惜他有了夫人,好妹妹,你要不要嫁给他做妾?"

少女还是孩子心理,不谙男女之事,不但不知羞怯,反而笑道:"谁稀罕,我将来要嫁个大将军呢。"

"好没羞,好没羞!"刘元一边嬉笑着,一边用指头刮着脸。迈步就逃。

少女哪容她取笑,一边笑骂着,一边追过去。刘元刚跑到园门口,忽见一个家人快步走来,禀道:"新奶奶,舅爷来了,正在客厅里等着呢。"

刘元一听娘家来人,立刻停住脚,这时少女追上来,一把抓住她的衣襟,叫道:"嫂子,看你还跑么!"

刘元忙笑道:"好妹妹,别闹了,我大哥来了,你不想见见?"

少女一听英雄就在眼前,高兴极了,忙道:"人在哪儿呢? 快带小妹见识见识。"

刘元忽然想起来,家人只说是舅爷,还不一定是大哥,便有些后悔,但话已出口,无法更改,只得带着她往前院走去。

刘秀、斯干被家人引进客厅。正在品茶等候,忽听门外传来一阵女子的银铃般的笑声,只见二姐刘元领着一个美貌少女走进门来。

刘秀慌忙起身,给二姐施礼,却见那少女面带微笑,一双美丽的大眼睛一眨不眨地打量着自己,不由得怦然心动。

刘元一看,果然不是大哥,言不由衷地说道:"三弟,原来是你。"

少女一听,眼睛瞪得更大,扫了刘元一眼,道:"他不是你说的大英雄刘演刘伯升?"

刘元只是看着弟弟窃笑,默不作声。刘秀莫名其妙,忙给少女深施一礼,自我介绍道:"在下刘秀,刘文叔!"

"刘秀刘文叔?"少女轻声念叨着,脸上笑容尽失,顿显失望之色,连给刘秀还礼都忘了。刘秀难堪极了,红着脸回到座上。

小斯干一看主人尴尬的样子,不高兴了,故意摇头晃脑地说道:"我家三公子是去长安游学的,将来做了将军丞相也说不定,看谁还敢小瞧了他!"

少女一听,忍俊不禁,"扑哧"一声笑了起来,忙给刘秀施了一礼,说:"文叔哥哥,小妹失礼了。您要是真的做了丞相或是将军,千万不要记恨哟!"

刘秀见她纯真可爱,拘谨顿失,轻轻地一笑道:"狗奴才缺少管教,小姐不要见怪。斯干,快给小姐赔罪。"

"是,三公子。"

小斯干极机灵,立刻走到少女跟前,深深施一礼。少女一见,又嘻笑起来。

刘元见他们又说笑起来,便笑着介绍道:"三弟,她是你姐夫的朋友阴识的妹妹阴丽华,年纪虽小,却是新野城里有名的美女,登门求聘的人排起了长队,可是人家心比天高,非要嫁个将军不可。"

三人说笑着走出大厅,却见一高一矮两个身穿青衫的青年男子走进院内。刘秀一看,那个高的正是二姐夫邓晨,矮个的当然是阴丽华的哥哥阴识。

"是文叔来了么?"

邓晨老远就打着招呼,并把阴识介绍给刘秀认识。刘秀忙给姐夫行礼,又给阴识施礼,阴识待人谦恭,忙迎礼问候。众人重回客厅落坐。

叙了一会儿闲话,阴识给妹妹使了个眼色起身,道:"邓兄、刘兄,小弟府

上还有事要办理,先告辞了。"

邓晨知道他是因刘秀在此不便才要走的,便诚心挽留,道:"文叔又不是外人,何必客气,用过午餐回府不迟。"刘元、刘秀也起身挽留。

"谢邓兄盛情,只是我兄妹三天没回府了,也该回去看看。"

邓晨见他执意要走,也不强留。便和刘元、刘秀一起,送他兄妹出府。到了府门外,阴氏兄妹挥手告别。刘秀心系阴丽华,怅然若失地望着他们上了马车。

马车起动了,刘秀的目光还舍不得移开,他盼着那华丽帘子突然卷开,露出他渴望的面庞。

邓晨和刘元准备酒菜为刘秀践行,趁机将邓禹介绍给他。邓晨说道:"文叔,不要听你姐的话,我也不想强留你。只是我家左邻有一个本家弟弟,名叫邓禹,虽年仅十二,却能诵诗书,常有惊人之语。邓禹一心想去长安游学,无奈他年纪太小,又无人作伴,家中老人怎能放心让他独自一人前去。贤弟不妨与他同行,既有了旅伴,也可相互照应。"

刘秀一听姐夫就是为了这个邓禹,便爽快地一笑道:"既然这位邓兄弟一心向学,小弟能不帮这个忙吗,邓兄何在?烦请姐夫请来一叙。"

"三弟稍候。"邓晨说道,也不招呼下人,而是亲自起身离座去寻邓禹。不多时,便引领一个清秀的端庄少年来。邓晨立刻给邓禹引见。

邓禹和刘秀一见面便相谈甚欢,简直有相见恨晚的感觉。

酒宴罢了,邓禹回府禀明二老,父母大人闻听有春陵皇族子弟作伴,完全放心了,当即为儿子打点行装。邓禹返回邓晨家,言明次日动身。刘秀有了新伴,心里不再浮躁不安,也不急在一时,便决定明日起程。

当晚,邓禹也宿在邓晨家,与刘秀共寝,两人移灯一处,共读诗书,谈论心得,彻夜不知疲倦。

第二日,两人动身,邓晨送别之时,各赠两人盘资银一百两。两人推辞不过,只得收下。感激之情,难以言表。

刘秀、邓禹结伴,执辔而行。汉时儒生求学,并不局限于子诗经集,也包括游历天下,开阔视野,增长阅历,故而又有游学之称。在今天看来也是一种务实的求学作风。因此,两人一路上游山玩水,览阅名胜。逢岛必登,把酒临风,都有飘飘欲仙之感。奇峻的翠峰,奔腾的山河,呼啸的丛林,都使刘秀有见识恨晚之感。春陵太小,天下何其大,何其美哉。

刘斯干一路也不寂寞,邓禹随行带着一个十二三岁的书僮,叫文峰。文峰也是少年天性,与小斯干一路说笑玩耍,成了一对难舍难分的小伙伴。两个僮儿嬉戏起来,没完没了,连主人的吩咐都忘了。好在刘秀、邓禹都是宽容仁厚的主子,也不责备他们。

一连几天,风和日丽,正是出门行路的大好时候。刘秀、邓禹执辔并肩,相伴而行。刘斯干和文峰年龄相仿,更是天真烂漫无忧无虑,跟在主人身后有说有笑,并不觉得旅途劳累。穿过河南平原,道路逐渐崎岖起来。有时候峰回路转,山道盘旋,景色和家乡更是不同,大家指点着议论,不觉间已出南阳地界,进入弘农郡。

不久,一行人又遇到了同去太学求教的严光,三个人很是合得来,于是便结伴同行。这天,三个人走到了一个酒楼处,严光提议进去歇歇脚。

刘秀、邓禹同时点头。一路上,三人已成知己,可惜还没有一块真正开心畅饮过,正好这是机会,岂可错过。

五个人向酒楼走来,店伙计一看又有生意来了,热情地上前接待。先把马匹、行李安置好,然后把他们安排到楼上临窗的雅座。大家一看周围的客人,多是儒生和富家人。知道是一家档次较高的酒店,非常满意,当即叫上酒菜,严光、邓禹、刘秀边喝酒边叙话。刘斯干、文峰早饿坏了,反正主子宽容,这会儿甩开腮帮子,只管吃。

酒过三巡,严光放下酒杯道:"如今已到京城,不管天下时势如何变化,求得真学问才是治世济民的根本。酒后,咱们就去太学报到吧!"

邓禹道:"刘兄是皇族子弟,跟你我不一样。"

严光有些惊讶,结识刘秀这些日子,还不知道他是汉室子弟,也难怪,刘秀从不以皇族的身份自傲于人。按照当时的规定,入太学的儒生一则是当朝廷臣的子弟,二则是各郡县举荐的官宦子弟。严光、邓禹就是后者。但刘汉皇室子弟享有特权,不必由地方举荐,只需向朝廷宗室注名即可。

刘秀见严光的目光有些特别,也有些不自在,忙谦恭地道:"两位可先去太学注册,小弟去国师府刘歆处投书注名,就可入学。我们仍是同窗学友,岂不美哉?"

尽管他谦恭备至,但严光、邓禹一听到刘歆的名字,还是吃了一惊。刘歆不仅是摄皇帝王莽的国师,而且和其父刘向都是当世盛学古文经的鼻祖。天下儒生谁不知道刘歆的盛名。到底是皇族子弟,一到京城就攀上了这样的后台,寻常官宦子弟是可望不可及的。

说话之间,已是酒足饭饱。三人结账下楼,到了楼下,互道珍重,分手而去。严光、邓禹去太学学宫。刘秀带着斯干奔国师府。

刘秀第一次来长安,还不知道国师府在哪儿呢。但这不难,刘歆的名字,京城无人不知,一问就知道。穿过十字路口,见前边有家铁器铺,房主正没事儿闲坐着。他正要上前打听,忽听身后有人叫道:"刘兄,请留步!"

刘秀吃了一惊，长安城内，除了严光、邓禹之外，还有谁认识自己？忙回头一看，却见一个儒生打扮的矮个男子正笑吟吟地看着自己，便惊讶道："兄台是喊在下吗？"

"不是刘兄，还会是谁！"矮个儒生操着巴蜀口音，恭敬地道。

刘秀看他面生，不会是故旧，不解地问道："兄台哪里人，怎么认识刘某？"

矮个儒生一脸的恭维之色，揖手道："在下蜀郡梓潼人哀章，也是来长安求学的。刚才在刘兄隔座吃酒，因而认识刘兄。"

刘秀一听，他是这样认识自己的。看对方一脸的恭维相，恐怕别有所图。这样一想，便心生厌恶之情。但出于礼节，只得稍施一礼，道："原来是哀公子，失敬，失敬。在下还有要事在身，告辞了！"说完抬步要走。

哀章却进前一步，讨好地道："刘兄是去国师府吧？在下可以帮忙，给刘兄引路。"

刘秀一听，更是不快。看来他们三人在酒楼上说的话全被哀章听到。哀章这么殷勤，到底为的什么？于是他单刀直入道："不敢有劳尊驾，哀兄有什么话尽管直说，小弟能帮忙的一定尽力而为。"

哀章一听，眉开眼笑，道："刘兄真是爽快人，我也就真说了。小弟也是求学上进之人。大老远地来到京师就是为了进太学习经书。可惜小弟出身卑微，地方上不予举荐，入太学无门。如今已来京师数月，川资耗尽，正走投无路。求刘兄在国师公面前为小弟美言几句，让小弟也能入太学，遂了平生之志。"

刘秀半信半疑，也生了同情之心。是啊，天下有多少读书人梦想入太学攻读经书，因为太学是当时的最高学府，在太学里读几年经书出去就可以做官了。可是自己是个家道中落的皇族子弟，能否见到国师公面，尚不可知，又如何帮别人呢？因此他摇头苦笑道："不是刘某不肯帮你，实在是人微言轻，无能为力啊！"

哀章却不肯死心，继续纠缠道："不管怎样，刘兄总是皇族子弟，应该进得国师府，求刘兄带小弟一同进去，待见到国师公，小弟自有办法。"

刘秀不想驳人家的面子，于是就同意了哀章的请求，但事情能不能完成，他也不敢保证，毕竟自己也只是一介学子而已。哀章听了刘秀的话，简直喜出望外，他拍着双手向刘秀答谢，并亲自到前面指路。到太学的路，哀章早已经轻车熟路，根本就不需要向他人打听，直接就带着刘秀主仆到了太学的门口。

虽然见到了刘歆，但刘歆并不好说话。原来生逢乱世，身为刘家人的他也想着有朝一日能够登上那至尊之位。可是近日京城中却流传着一句话：刘秀发兵捕不道，四七之际火为主。刘歆本以为这是一句无稽之谈，没想到真的存在刘秀这个人。因此这对于一个野心家来说，自然不是什么好事。

刘歆一见到刘秀，并不客气，更不会将他留在太学，刘秀无奈，只好气愤地离开了太学。哀章和邓禹也感到无奈，三个人结伴游荡在京城。

三人正走着，便看到前方出现了一队官兵，押着两辆车，车上放着两个大石，被称为石牛和雍石。这两块大石被称为祥瑞。

原来摄皇帝王莽早就有代汉自立的野心，为了实现这一目标，他不断在民间制造天降祥瑞的谣言，这次的石牛和雍石就是王莽为称帝做的准备。

刘秀和邓禹两个人对这件事大发议论，认为王莽这样的做法根本就是盗窃，但一旁的哀章一拍脑门，拉住刘秀说道："我想到建功立业的方法了，我们只要顺着王莽的意思，帮助他称帝，那我们就是开国功臣，一定会封官加爵。"刘秀和邓禹对这样的做法不屑一顾，哀章只好独自一个人走了。

第二章 新野城初遇俏美人 弘农郡刘秀遇哀章

第三章

造假象王莽始称帝　汉太后痛心交玉玺

　　也许这就是天意,真真轮到王莽当政,没想到时机竟真的到来了。第二天早朝的时候,摄皇帝御光明殿,刚刚接受了群臣的朝拜大礼,太仆就出班奏事,他告诉摄皇帝,今天早上有儒生送来一个古式的铜匣和两张金策书,而且还声称自己昨夜梦见了一个金甲神人,因此才得到了这些铜匣和金策书,让他交给摄皇帝。他自知是做梦,可是天明醒来的时候,床前竟然真的有铜匣和两张金策书存在。

　　殿前众臣一听又是今文图谶一类的事,都有厌倦之意。就连王莽也没有多少兴趣,但是,这一次似乎有些例外,进献符命的人,不是自己的心腹臣子,也不是朝廷官员,而是一个没有功名的儒生。如果如王舜所说,朝臣争献祥瑞,是为媚宠摄皇帝,所奏符命多为不实。那么儒生所献符命也许是真正的天命,王莽有些诚惶诚恐,谨慎地问道:"那金策书上可有符命文字?"

　　"回摄皇帝,那金策书和铜匣用神符赦封,儒生说神人有约,必面呈摄皇帝开启。"

　　王莽听了,心里怦怦直跳,前几次心腹臣子呈献祥瑞,是自己多次暗示的结果,当然不会全信,这次儒生呈上真正的上天符命,关乎他未来的命运,他能不紧张吗?

　　"那儒生现在何处?叫他带上铜箱、金策,进殿见摄朕。"摄皇帝传出旨意。

　　文武群臣分列两边,一个个伸长脖子往殿门口看,都想早点目睹那位深谙今文谶讳的儒生的尊容。

　　御前黄门宣完旨意没多长时间,殿门外小黄门引着一个穿黄衣衫的矮个子儒生走了进来,儒生胸前,双手捧着一个用红绸包裹得方方正正的东西,红绸的上面放着两只用黄色丝带捆扎的帛卷。大家一看他虔诚而谨慎的样子,便知他手上便是那神秘的铜匣和金策书。

　　儒生来到金阶前,双膝跪地,双手上举,施叩拜之礼。

"小民蜀郡儒生哀章参拜摄皇帝陛下,愿摄皇帝陛下万岁、万万岁!!"

阶前众臣一听,便知此人绝顶精明,一句话便把生地、身份、姓名全告诉了摄皇帝,王莽果然高兴,含笑道:"蜀郡儒生哀章,摄朕知道了。来人呀,把神命之物呈上御案来。"

御前黄门遵旨,从哀章手上接过铜匮、策书,双手送到御案上。王莽起身离座,对着铜匮、金书拜了三拜。方才小心翼翼取过一只金帛卷,解开丝带,慢慢展开。不由大吃一惊。只见金帛内全是一行行的梵文。王莽饱读经行,对梵文却是知之不多,仅仅知道上面是梵文文字,看了半天也不懂其中之意。只得喊道:"国师公刘歆!"

刘歆就在殿上,正猜测哀章的来意,忽听王莽喊到自己,慌忙来到阶前跪倒。

"臣在!"

王莽一向尊敬刘歆,便道:"国师公请起。赐座。"

小黄门搬过软凳,放在御案旁。刘歆谢过圣恩站起来,走上金阶,在软凳上坐下。王莽拿起那份金书,谦恭地道:"说来惭愧,摄朕孤陋寡闻,竟识不得梵文,请国师公赐教。"

刘歆一怔,他是谶讳名家,不知道见识过多少图谶符命,还是第一次听说梵文的。忙谦逊几句,双手接过,仔细一看,大吃一惊。道:"摄皇帝陛下,这上面写着天帝行玺金匮图,其细文还有解说。"

王莽也是大吃一惊,慌忙问道:"如何解说?"

"大意是,摄皇帝乃黄帝嫡后,恩德齐天。汉室气尽,天帝命摄皇帝做真皇帝。故降下符命。"

王莽闻听大喜,面上却平静如常。又取过另一只金帛打开,送给刘歆。刘歆细看,心中突突直跳,惊喜道:"此为赤帝行玺传予黄帝金策书。"

王莽心里一阵狂喜,真是踏破铁鞋无觅处,得来全不费功夫。如果前几次的符命是朝臣有意迎合自己,有造假的可能,那么这一次哀章所献符命足以令天下信服。天命如此,汉自立,还有什么可犹豫的呢?但是,为了让殿下的文武大臣明白天意,他竭力掩饰住内心的兴奋,佯装不解地问刘歆:"赤帝行玺传予黄帝,是何意思?"

刘歆见他故作姿态,心知其意。便面向群臣,大声解释道:"赤帝即驭天的高祖皇帝,摄帝乃黄帝转世,金策书之意,再明白不过:高祖将汉室江山禅让给摄皇帝,摄皇帝承命当做真皇帝。"

群臣中王莽心腹之臣崔发、平晏、甄邯、王寻、王邑、甄丰等人闻言大喜,一齐跪倒奏道:"天意如此,摄皇帝当顺承天命,早登大位。"

群臣一见，呼啦啦全跪伏在地。乱糟糟地奏道："上天屡降符命，请摄皇帝勿再推辞！"

"摄皇帝早承天命，天下早得贤君恩泽。"

摄皇帝御座下首，四岁的孺子皇帝见众人乱嘈嘈的一片，吓得哇哇大哭，宫女们上前哄他也无济于事，几位老臣心酸地低下头去。王莽心里也咯噔一下逝去了兴奋之情，顾不得众臣的恳请，立即起身离座，把刘婴抱在怀中，像一位慈父一样哄逗着。说来也怪，刘婴一到他怀中，哭声竟嘎然而止，挂满泪水的小脸上露出了笑意。王莽在孩子脸上亲了一下，才把他放回小御座上。然后回到御案前坐下，面无表情地揭去那只铜匣上的黄色封条，打开铜匣，里面又是一张写满梵文的金帛。他双手取出，庄重地交给刘歆。刘歆躬身接过，细看之后，才郑重地说道："这是天命辅政之臣的符命。上天指定辅佐新君的十人名单是：王舜、平晏、刘歆、甄邯、王寻、王邑、甄丰、哀章、王兴、王盛。"

没等刘歆说完，阶下群臣中已是一阵骚动，有人小声嘀咕，有人轻声叹息，有人洋洋得意。进献符命的哀章也听到了自己的名字，却面无欣喜之情，依旧漠然地跪在原地，一动不动。

刘歆念完，将铜匣和金策书重新包裹好，小心地放在御案，然后谢过圣恩，回到群臣班首跪下。

王莽站起身，走到金阶前，神情庄重地扫视一遍群臣，声音沙哑道："上天屡降符命，旨意一次比一次明显，可是摄朕怜惜汉室，不敢仰承天命。如今又有赤帝行玺黄帝金策书，汉祖禅让天下于摄朕。孔子云，畏惧天命。摄朕也不敢违逆上天，仰承天命，摄朕不日废去汉室名号，拟立新朝。筹备即位事宜交与国师公刘歆、哀章！"

一直跪在阶前没说一句话的哀章听见摄皇帝喊到自己的名字，慌忙伏身应道："小民在！"

"你名列金策书中，将是新朝辅政之臣。可是，朝臣中并无王兴、王盛二人。摄朕暂封你为越骑校尉，代朕访寻王兴、王盛，邀请入宫，拟将入仕新朝。"

哀章抑不住内心狂喜，激动得涕泪交流，多日的精心谋划，今日终于如愿以偿，他把头磕得山响，语不成声地答道："章氏谢摄皇帝隆恩，谨遵君旨。"

摄皇帝王莽废汉自立的消息正式从明光宫内发出，迅速传遍皇城大内乃至整个长安。皇城内外的人们尽管早已预料到这样的结果，但一经成为事实，内心仍有些震动，反应最为强烈的是长乐宫中王莽族姑，太皇太后王政君。

　　年近八十的王政君已有数月没走出长乐宫一步，当然不是年纪的原因。王莽居摄以来朝野就不断有人进献祥瑞，称颂摄皇帝德泽。初时，王政君没当一回事，非常欣赏侄儿治世有道，天下归心，庆幸自己从家族子弟中选出这样德才兼备的权力执行者。但是，后来朝廷上谶讳越来越泛滥，符命越来越露骨，刘齐新井、巴郡石井、扶风郿石则明白地暗示王莽代汉自立，摄皇帝当做真皇帝，王政君开始不安起来。尽管王莽待她依旧殷勤备至，事亲至孝，政治嗅觉极为灵敏的王太后还是有一种预感。首先是自己的耳目不再灵通，朝廷大事都是侄儿亲口告诉她之后才知道。其次是她作为太上皇对摄皇帝的威慑力越来越微不足道。摄皇帝的贤名则日益远播，赢得越来越多朝臣的拥戴。人们只知道有摄皇帝，对她这个曾经煊赫一时的王太后渐渐地淡忘了。

　　最后，王政君决定向侄儿摊牌，要求王莽明令禁止朝野进献有僭越汉室之意的祥瑞符命。但是王莽在姑母面前一面诚惶诚恐表示不敢拂逆太皇太后圣意，一面却以畏惧天命为辞，婉言拒绝。王政君气得大哭，王莽却跪在她面前不起来，请太皇太后颁诏废去他这个摄皇帝。这是有意将王政君的军，王莽声名日隆，朝野拥戴，而且大权在手，一个汉家老寡妇有力量罢去他吗？

　　姑侄之间从此有了隙痕，王政君气得大病了一场。王莽于日理万机之际，衣不解带，发不梳洗，日夕侍疾病榻前，药必先尝，直到姑母病体痊愈，才不再常来。

　　王政君最担心的事情终于发生了。当王莽宣布废汉号自立的消息传入长乐宫的时候，这位操纵汉室四十余年，有着强烈的权力欲望的老太太一下子晕厥过去。宫中的黄门侍女吓得大呼小叫，忙着上前捶后背、掐人中、翻眼皮，折腾了半天，王政君才悠悠醒转来，一阵哀号痛哭之后，命人请出汉传国玺，她把玉玺紧紧抱在怀中，哭道："当年高祖皇帝从秦子婴手中夺得这块传国玉玺，创下汉室基业，历经惠、文、景、武、昭、宣、元、成、哀、平十帝，传至今日孺子皇帝，已二百多年，想不到竟要落到篡汉的野心家之手。我为汉妇，誓死保护玉玺，也算是为自己的过失赎罪。莽贼要篡汉，让他跟我来取玉玺好了。"身边的侍女、黄门听了也跟着号哭不止。

　　"哭什么！"王政君突然擦干眼泪，大声道，"你们是汉家的奴才，如今汉室被奸贼废掉，你们也有忠君报国之责。听本宫号令，去宫门，搭建灵棚，设置更祖灵位，宫中男女，一律穿戴孝衣，随本宫哭祭汉室。"

　　黄门侍女们一听，吓了一跳，摄皇帝要废汉，老太太却要祭汉，这可不是

· 23 ·

好玩的,弄不好要掉脑袋。因此,他们一个个干答应着,却没有一个人动弹。

王政君大怒,颤巍巍站起身来,顿足大骂道:"你们这些天杀的奴才,吃汉家的饭,穿汉家的衣,如今眼看汉室将尽,竟敢不听太皇太后懿旨,真是狼心狗肺。"

奴仆见老太太发怒,吓得一个个变了脸色,"扑通"一声全跪了下来,齐声哀求太皇太后恕罪。

正闹得不可开交,忽听官门外有人大声斥道:"谁敢不听太皇太后旨意?"

众人闻声回头一看,只见摄皇帝王莽带着几个黄门侍卫走进来。大家心中窃喜,有摄皇帝在,老太太奈何他们不得。便一齐转过身来迎着王莽叩拜。

"奴才叩见摄皇帝陛下。"

"奴婢给摄皇帝陛下请安。"

王莽看也不看他们一眼,径直走到王政君面前,行跪叩大礼。

"儿臣叩拜太皇太后金安!"

王政君斜躺在软椅上,怀中紧紧搂抱那块汉传玉玺,干瘪的眼皮低垂着,冷笑道:"你如今是新朝皇帝,跪拜一个亡国之妇,本宫担当不起啊!"

王莽知道她痛恨自己代汉自立,仍谦恭地道:"请太皇太后放心,不管何时您都是儿臣的太皇太后。"

王政君依旧不抬眼皮,冷哼一声道:"说得好听,本宫还是太皇太后吗?连这班狗奴才都敢抗命不遵。"

王莽一听,登时大怒,回头扫视一遍跪倒一片的宫女、黄门,喝斥道:"大胆的奴才,竟敢违抗太皇太后懿旨,来人,给我拉出宫门,乱棍打死。"侍卫应声"遵旨!"慌忙跑到宫门外,一招手,立刻有几十名宫中侍卫冲进来,不由分说,拉起跪在地上宫女、黄门往外就拖。

那帮奴才原以为摄皇帝会救他们,做梦也没想到会是这种结果,一个个吓得面如土色,体似筛糠。王政君正在气头上,也不阻拦,任自己的奴才号哭着被拖出宫去。

王莽听着宫外传来的惨叫声,万分恭敬地道:"请太皇太后放心,今后如果谁敢不遵懿旨,顶撞您,儿臣一样不会轻饶。"

王政君见自己一向最喜爱的侄儿居然还要表演下去,再也忍不住满腹的怨恨,忽然挺直了身子,瞪着昏花的双眼,厉声骂道:"奸佞小人,居然还敢在此假仁假义。想一想,我王家世受皇恩,几代显贵,你王莽也是位极至尊。可是你丧尽天良,恩将仇报,乘孤儿受托之时篡夺汉室天下。你说,你是人吗？你是猪狗不如的东西，本宫生为汉妇，死为汉鬼，王莽小儿，你今天不就是为了这块玉玺么？"说着，把怀中的玉玺从匣中取出，双手托着举过头顶。

玉玺闪烁的金光刺激着王莽的眼睛，他顿觉一阵眩晕，浑身的血液沸腾起来。是啊，玉玺是权力的象征，谁得到了它，就等于得到了天下。凭心而论，自己争夺它，并非完全为了满足个人的权力欲望，更多的是为了施展抱负，实现自己的人生理想。可是，自古以来为了争夺它，不知有多少人付出了血的代价。时来运转，今天，它该投入自己的怀抱中了。他尽量采用温和的手段，不使太多的人流血。可是，眼前的老人，既是汉室的皇太后，又是自己的姑母。要想既不伤害她，又能得到玉玺，王莽还要用点心思。

王政君见他低头不语，得意地道："本宫是汉家的老寡妇，反正也没有几天好活。这汉传玉玺就是本宫的陪葬品。你要得到它，就先杀了本宫。"

"太皇太后何出此言，"王莽抬起头，面色平静如常，谦恭地道，"儿臣并非为玉玺而来，太皇太后要把它放在身边，没有人敢有非分之想。可是，儿臣要禀明太皇太后，儿臣废汉立新，是顺承天命。太皇太后能留得玉玺，却不能阻止天命。"

王政君把玉玺放回怀中讥讽道："什么天命，你自己之命吧。小人伎俩，骗得天下，哄不得本宫。"

这时，王莽的侍卫回来复命，禀道："回摄皇帝陛下，长乐宫的宫女黄门全部乱棍打死，无一遗漏。"

王莽满意地点点头道："传摄朕旨意，着内务官员另派宫女黄门来长乐宫侍候太皇太后。"

"遵旨！"

王政君这时后悔起来。不管怎么说，那些屈死的奴才侍候自己多年，总还有点忠孝之心。如今被王莽全部打死，换上一班新奴才，自己还不是被他牢牢控制在手中。王莽奸贼，你太阴险了。

王莽交代完毕，仰脸对王政君恭敬地道："儿臣刚来时，听见太皇太后说，要在宫中搭灵棚，设设汉祖灵位，哭祭汉室，是吗？"

"是又怎样？本宫身为汉妇，难道不可以哭祭汉室！新皇帝不肯恩准吗？"

"儿臣岂敢拂逆太皇太后圣意。汉室将亡，儿臣心里也难过，愿陪太皇太后一起哭祭汉室。来人，速命内府搭建灵棚，设置灵位。明日吉时，摄朕要陪太皇太后一起哭祭汉室。"

"遵旨！"

王政君一愣，这一刻，她才发觉，这么多年自己对王莽竟知之甚少。作为实际操纵汉室四十余年的王太后对宫廷内的权力斗争再熟悉不过。可是,王莽的言行常使她揣摸不透。在她的记忆中,谦恭的王莽似乎很少违逆自己的意旨,可是,在不知不觉中自己做事总是符合他的意愿。

王莽简直有些神了。

此后的日子里,王莽果然陪王政君在长乐宫里哭祭汉室,并率孺子刘婴和百官去高帝庙哭祭,同时向天下公布哀章所献铜匣金策书符命,表示汉室气尽,天命王莽立新朝。王莽便决定以"新"作为新朝廷国名。为拟建新朝开国大典,王莽与朝臣日夜忙碌,但每天仍抽出时间去长乐宫问安,只是从没提到玉玺的事。

日子久了,王政君反倒不安起来,她本不是汉家节妇,也犯不上以身殉汉。她不愿意王莽篡汉自立的真正原因,一是怕落下助莽窃汉的恶名;二是怕失去太皇太后的权力。如今眼见王莽立新,臣民拥戴,大势再无扭转的可能,自己抱着个冰冷的玉玺又有何用。

正当她心灰意冷的时候,安阳侯王舜来到长乐宫。在王氏子侄中,王政君喜爱王舜仅次于王莽。王莽居摄后,则最喜爱王舜。这其中当然是因为王莽声名日隆,越来越难以控制,而王舜一直不赞成王莽废汉自立,始终与王政君政见一致,自然成了她最信得过的娘家人。

老太太听说王舜来了,激动得让侍女搀扶着,亲自到门外迎接。王舜见了,感动得直掉眼泪,纳头便拜。

"儿臣给太皇太后请安,愿太皇太后玉体康泰,福寿齐天!"

王政君一听,又是高兴,又是难过,叹息道:"舜儿,如今要变天了,姑母这太皇太后也算做到头了。快起来吧,别讲究这么多礼节了。进屋去。咱姑侄俩好好叙叙。"

"谢姑母夫人。"王舜改了称呼,站起身来,搀扶着王政君走进客厅。两人落座,侍女献上茶水、糕点,老太太扫了一眼周围的奴才,冷冷地道:"这里用不着你们伺候了,都退下吧!"

"是!"

待奴才们全退出门外,她才低声说道:"这帮奴才全是莽贼的耳目,咱娘儿俩说话他们说不定就去打小报告。"

王舜觉得好笑,坦诚地说道:"姑母怕什么。咱们没有什么见不得人的话,有什么可回避的。"

"还是小心点好,姑母知道你一向反对王莽篡汉称尊,万一哪一句话不慎被新君听到,恐怕要有麻烦的。"

王舜轻松地一笑道:"姑母太过小心了。侄儿虽然不赞成摄皇帝称尊,可是,如今废汉立新已成定局,侄儿只能是艄公跟着风浪走,生死捆在船上了。"

王政君愕然,但也觉得他说得有点道理,不由陷入沉思。王舜知道她在想什么,接着说道:"巨君(王莽字巨君)废汉立新,便把我们王氏家族捆到新朝这条大船上。侄儿苦谏无效,姑母您以死相逼也无济于事。如今这条大船已驶离口岸,断无回头之理。尽管侄儿和姑母都不乐意,还是和巨君一起被捆在同一条船。前程艰险,凶多吉少。可是,我们再无回首的希望,唯有同舟共济,通力涉险,也许还有一线生机。"

王政君听得心惊肉跳,布满皱纹的脸上也显现惊慌的神色。她不能不承认王舜说的是事实。不管自己怎么做,都难逃汉室罪人的恶名。王莽贼子!太皇太后一生谨慎,没想到身后声名竟毁在你的手上。可是,诅咒,痛恨都毫无意义,目前,自己该怎么办?她看了王舜一眼,忽有所悟。怀疑地问道:"舜儿,你是奉王莽之命……?"

王舜毫无隐瞒,直率地说道:"侄儿身在船上,也须奋力一搏,为我王氏宗族求得一线生路,况且,新君的旨意,侄儿不得不听。"

"王莽命你来取玉玺?"

王舜又点点头,声音沙哑着道:"侄儿虽然是奉旨行事,可是这玉玺交与不交,全在姑母之意,侄儿决不敢勉强姑母。至于新君那里如何交差,不劳姑母挂心。侄儿自登上新君的大船,早将生死置之度外。"

王政君听了,更加难过,仰天长叹道:"王莽害我,亦害我王氏宗族!"

王舜怕她太难过,忙着劝慰道:"姑母也不必太担心,也许我等同舟共济能够安然无恙。新君还说,拟将姑母汉太皇太后名号改为新室文母太皇太后,孺子皇帝改封定安公,皇后称定安太后。"

"姑母还在意这些么!"王政君嘴里虽然这么说,心里多少得到点安慰,不管怎样,她还是太皇太后。这倒出乎她最初的意料之外。她的心情开始平静下来,含泪道:"舜儿,本来姑母要和这玉玺共生死的,可是,姑母不想看到你为难,今天就把玉玺交给你。"说着,哆哆嗦嗦地站起来。王舜慌忙上前扶着她,一步一挪地走向寝宫。

王政君亲手打开金匣,双手捧出玉玺。在金光的照耀下,这位权力欲极强烈的老太太又激动起来。昏花的双眼紧盯着玉玺,一时间,她又有些不甘心就这样把它交出来。突然,她双手高高举起玉玺,猛地摔在地上。

王舜大惊,慌忙丢开姑母,俯身去接。可是迟了,玉玺落地,正巧碰在一块石头上。所幸玉玺是金制的,只是一只角上碰掉黄豆大小的豁儿。

长安城里,西市大街和东市大街交叉的十字路口最为热闹,坐落在路口

东北角的兴盛客栈得地之便,一向生意兴隆,南来北往的客商行旅都喜欢在此落脚。经营此店的王兴、王盛弟兄二人腿脚勤快、待客热情,住店的客人更是交口称赞。

这两天,兴盛客栈的客人特别多,而且客人们大多喜欢在楼下围坐在一起,或吃酒,或品茶,但真正的兴趣却是相互打听皇城大内传出的最新消息。这些天,摄皇帝废汉立新,将要做真皇帝的消息,早已传遍京师内外街衢胡同,人们都在密切关注着新皇帝、新朝廷会给充满罪恶的混沌世界带来什么。

与楼下的喧嚣嘈杂相比,楼上却是一片清静,除了刘秀和刘斯干待在客房内,其余客人全都出去了。刘秀房间的窗口正对着路口,凭栏之处,繁忙热闹的街景一览无余。可是他却把窗户关上,宁愿孤独坐在屋里。刘斯干明白主人心里不高兴,也失去平日活泼天性,仿佛一个小大人似的,默默地陪坐在刘秀身边,搜肠刮肚地寻找着安慰主人的话。

"三公子,许大人那里不成,您再想想别的方法,活人还能让尿给憋死。"

刘秀头也不抬,幽幽叹息道:"连许大人那里都不敢违逆刘歆之意,接纳我入太学,还有什么办法可想的。"

许大人就是中大夫许子威,太学里的太师。刘演入太学时,就拜他为师,专攻《尚书》。刘秀一气之下,离开国师刘歆的府邸,径直去许子威府上,献上大哥的推荐书,许子威看了荐书,观刘秀言谈举止,便十分喜爱,当即答应刘秀入太学。可是这时刘歆遣使送书来到。许子威接待来使出来,刘秀绝顶聪明,见他脸色有异,全明白了。为了不使他为难,刘秀拜辞而去。入太学的事当然没有了指望。

刘斯干见他依旧愁眉不展,苦思良久,才说道:"不如小人去请邓公子、严公子过来一起想想办法,说不定就能行。"

"斯干,我说过好多次,不许去请邓公子和严公子。"刘秀有些气恼,不容置疑地说道。

刘斯干挠挠头,不明白主人为什么不去找这两位好友。他们都有学问,还能想不出办法来。他哪里理解主子的心情。作为皇族子弟,连太学的大门都迈不进去。刘秀实在没有颜面见严光和邓禹。

主仆二人正愁肠百转、苦闷无计之时,忽听楼口道中传来沉重的脚步声。刘秀转目一看却是三十多岁的店家王兴走上楼来。王兴一见他二人闲坐在房里,便上前热心地道:"客官怎么老是闷在房里,何不下楼去吃酒散散心。"

刘秀虽然才住两天,却看出店家待客殷勤,热心忠厚,见王兴十分关切,便老老实实地回答道："谢店家好意,只是我们有烦心之事在身,吃酒散心也是无济。"

王兴豁达地一笑道："客官只记得自己的烦心之事,可知道天下发生了大事?"

"什么事?"刘秀有些惊奇。

"摄皇帝要废汉立新,做真皇帝。以后咱们都是新朝子民了。"

刘秀心头一惊,想不到王莽竟真的篡汉了。父亲生前的预言终于变成了现实。回想自己这个汉室子弟竟连太学的大门都跨不进去,内心深处涌起一股对王莽篡汉的切肤痛恨,他开始反思自己是否太看重个人的得失荣辱,而对天下大事竟充耳不闻。第一次深切地感受到自己的前程与刘汉江山是休戚相关的。

王兴见客人惊奇不语,更加热心地道："说起来,还有更令人惊奇的事,有一个叫哀章的儒生向摄皇帝进献铜匮谶文,说是上天命摄皇帝废汉立新,摄皇帝因此顺承天命。那哀章一夜之间,从一个无名儒生变成新朝辅臣,真是该他走运。"

刘斯干一听,惊奇地瞪大眼睛,失声叫道："是他?那个厚脸皮,爱吹牛的家伙?"

刘秀一听哀章的名字,也吃了一惊,想不到他竟如此精明。那铜匮谶文必是伪造无疑。怪不得临分手时哀章曾欣喜若狂地说,有求得显贵的办法,王莽废汉,哀章献图谶符命,一切都是有阴谋地欺瞒天下,争夺显贵。刘秀第一次看到权谋,不由一阵恶心。王兴惊诧道："怎么?二位认识哀章?"刘斯干有些得意,正想点头说话,刘秀忙抢先道："不认识。新朝显贵,我们怎么会认识。"王兴将信将疑,但见客官有意掩饰,不便多问,便话题一转,轻松地笑道："客官正值青春年少,却愁容满面,是否正如你们读书人说的,少年不识愁滋味,为赋新诗强说愁。不瞒客官说,小人年少时,常做犯法事,算是官府衙门里的常客,如今已改恶从善,与弟弟一起开了这家酒店,日子过得繁忙而称心。天下没有翻不过的人,涉不过的河,客官何不看开些,霉运总会过去的。"

刘秀很是感动,面上愁容终于舒展开来,显出笑意来,起身深施一礼道:"店家金玉良言,胜读万卷书,在下感激不尽。咱们下楼,畅饮几杯。"

王兴见自己的劝慰起了作用,也非常高兴地笑道："难得客官高兴,今儿个小人做东。客官请!"

三个下了楼,在一张空桌前坐下,王兴命店里伙计取来酒菜,他亲自斟酒作陪,刘秀主仆也不客气,啥事也不去想,只管说笑吃喝。

店家请客官吃酒,也算得上是新鲜事,王兴、王盛兄弟在这一带也算是小有名气,因此店里的客人和四周的闲人全都过来看热闹。刘秀三杯酒下肚与王兴越谈越投机,大有相识恨晚之憾。

　　正喝得高兴,忽听人群外面有人大声喝斥道:"闪开,闪开!都在这儿干什么?聚众闹事!"

　　看热闹的人们慌忙四散走来,只见两名禁军士兵大摇大摆地走到桌前,打量着刘秀三人。其中一个大声问道:"谁是王兴、王盛?"

　　王兴一见是官兵,心里就有些紧张,但这些年自己安分守己,再没做过犯法事,也没有必要害怕,便起身施礼陪笑道:"小人就是王兴,王盛是小人胞弟,有事出去了。两位军爷有何公干?"那士兵面无表情,道:"请二位跟我们去越骑校尉衙署走一遭。"

　　王兴吓了一跳,越骑校尉衙署是他这种人去的地方么?长安衙署他倒是去过多次,可那是年少时被官府抓去受审的。现在回想起来都害怕。他脸色灰白,不安地问道:"两位军爷,小人兄弟究竟犯了何事,求您给个明白话。"

　　"谁说你们犯事了!我们只是奉命寻访叫王兴、王盛的人。你叫王兴,就跟我们走吧。待王盛回来,让伙计告诉他,自己去校尉衙署得了。放心吧,反正是好事。"

　　王兴哪里相信他们的话,以为是官府还揪住他以前的事儿不放,两条腿像是灌铅一样难以挪动半步。刘秀一直在冷眼旁观,揣摸着到底是怎么回事。一见王兴这副样子,也为他不平,忍不住站起身来,对两名兵卒道:"就算是好事,两位军爷也应该给人家一个明白。要知道,官府当众带人,街坊四邻会怎么看,他以后还如何做人。"

　　两个兵卒一见站起个年轻儒生,本想对他客气点,一听他说话的口气,根本没把自己放在眼里,立刻恼怒起来,嘲讽道:"你不就是个读书人么,好大的口气,天下事你不明白的太多了,难道还要皇上亲口给你解释吗?"

　　刘秀岂是服输的角色,反唇相讥道:"自古君子行事光明磊落,只有小人行径不敢见诸阳光……"

　　两兵卒大怒,叫道:"狂生大胆,要造反么,爷们抓你见官去。"

　　说着,竟丢下王兴不顾,一齐来抓刘秀,刘秀先给斯干使个眼色,示意他先逃。自己却端坐不动,专待教训这两个小子。反正入太学已经无望,出口恶气心里也舒服。

　　他一心想出口恶气,可是那两个兵卒的拳头还没有落下,忽听有人大声斥道:"住手,不得对刘公子无礼。"

两名兵卒吓得慌忙收起拳头。刘秀循声看去，却见门内不知何时闯进一伙官兵，为首的是一个高级武官，个头不高，那身校尉官服过于肥大，穿在他身上，十分滑稽可笑。奇怪的是这人好面熟，像是在哪里见过。刘秀在记忆中搜寻，自己怎么会见过校尉大人。正百思不解，那两名禁军兵卒已跪倒在校尉面前。

"小人叩见大人，不知大人有何示下？"

那校尉根本不看他们，昂首走到刘秀跟前，脸上立刻堆满笑意，得意地道："刘公子，怎么不认识在下了？"

刘秀一看那熟悉的笑容，如梦方醒，这才想起那个在街上死活让自己帮忙的人，此时看着他一身官府的样子，刘秀竟然张口结舌，半天才失口叫道："哀章！怎么是你？"

刘秀刚刚说完，就被哀章身边的侍卫大声呵斥了一顿。哀章赶紧约束住身边的侍卫，显出宽宏的样子，告诉众人这位是自己的好友。

刘秀本就对哀章没有什么好感，得知他帮助王莽篡权，心中更是气愤。但碍于他是新朝权贵，只得客气地周旋。哀章了解刘秀，知道他看不起自己的这些做法，但他有自己的打算，他就是要帮助刘秀，让他认识到权力的重要性。所以他帮助刘秀进了太学。

但是太学早已经换了姓氏，刘氏之人在这里受到那些新朝皇贵的欺辱。尤其是王莽的孙子王吉，总是在这里仗势欺人，就连师傅们都要让他三分。

王吉让刘秀对他行叩拜大礼，这让刘秀立即感觉到一种侮辱，刚要发作，便被师傅许子威喝住了。虽然许子威帮着王吉说了几句话，但他早就对王吉的做法不满，只是碍于他的身份，不得不给他面子。对于这一点，刘秀自然明白。

刘秀和邓禹、严光等人为刚才的事情愤愤不平，三个人一商议，决定去街上逛街。刚到街上就看到当朝新官在仪仗队的护送下路过此处。刘秀对此大为不满，心想：自己一身才华，又是汉室后裔，凭什么在这里受人欺辱啊。刘秀的心里突然出现了一个想法：我要成为大将军，这样才能娶自己心爱的姑娘。

王莽登基，废除汉室名号，改国号为新，封妻封子，将王氏子孙分别进行分封，同时改革朝中政治，希望树立自己的威信。

第四章

王莽改制欲显声威　民间哀怨聚众起事

　　始建国二年，王莽在对待匈奴的问题上接连下令，把匈奴单于的称号改为了"降奴服于"，这个称号的意思里当然就包含轻视侮辱的意思了。虽然汉人与匈奴的语言不通，但他们并不傻，匈奴单于立刻觉察出新朝政对他们并不表示友好，便联合着周边的部落，叫嚷着起兵反抗。王莽刚刚建立新政，正需要通过对外用兵，来显示自己的威望和才能，这样才能达到镇服国内的目的。匈奴的起兵正好是个机会。于是王莽在国内广泛征兵，准备进攻匈奴。王莽对匈奴的战争是历史上耗时最长，规模最大的一次战争，当然也耗费掉了大量的人力和财力。

　　对少数民族发动的战争不仅在北方，在东方，因高句丽人没有及时对王莽新政权前来朝拜，王莽感觉威严受损，派严尤征服了高句丽，并轻蔑地将其改为"下句丽"。在西边，因王莽发动战争，西域各国纷纷抵抗，与之断绝往来；在西南，匈奴五部起兵反莽，响应北方。王莽派冯茂等巴蜀军队镇压句町，大规模的战争历时三年，因为西南气候水土和中原大不相同，士卒不断发生大范围疾疫，死者十之六七。尽管王莽在后方赋敛民财，把整个国力虚耗殆尽，但始终未能使这些所谓的蛮夷屈服。自新朝开始，四境战乱便时断时续，始终未停止过。

　　不仅对外战争如火如荼，新朝对内策略也花样迭出，各种新政策三天两头就出台一个。王莽摄政时就力图把自己从儒家学说中得来的为政理论付诸实践，现在终于爬上权势的巅峰，更是毫无顾虑：极欲大展雄心，革新所谓弊制，建立一套前无古人、后无来者的新局面。

　　汉成帝时，王政君的兄弟王凤、王商、王立和王根等四人相继被委任大司马大将军。而后，王氏封侯者前后达九人之多。朝廷中一些位重权大的职位及州刺史、郡太守等，多出自王氏门下。这样一个强大的家族后盾，也使王莽推行新法信心十足。

　　家族后台为王莽撑腰，王莽为家族后台做主，两者相得益彰，似有一番就要天翻地覆的迹象。王莽好不容易耗尽心机,不择手段,才戴上这顶桂冠,登上权力顶峰,他靠沽名钓誉发迹,当然不肯错失这个施展抱负证明雄心的天赐良机。王莽凭借他十余年的辅政经验,锐意改革。长期的朝堂斗争中,他自诩深谙诸道,感觉自己的洞察力还是比较敏锐,他深深明白汉室之所以衰败,是由于一些政策落后而引起尖锐的各阶层矛盾。为此,他对症下药,颁发诏令,进行改革,其主要内容包括,实行"王田"、实行五均、赊货及六筦制、改革币制。

除此之外,王莽还仿效一统天下的秦始皇,下令统一度量衡。王莽于始建国元年推行关于度量衡的制度,制造标准的度量衡器,颁行天下,让各地作为统一的法则,不得随意加减,违者要严加惩处。

络绎不绝的各种新法规接踵而至,令人眼花缭乱、应接不暇。但王莽还不满足,他接着对中央地方的官员、官制郡地名以及行政区划,也按照儒家学说的礼仪规章,屡次加以更改。甚至连新朝的国号也作了多次变更。总计王莽改朝,前后用了"新家"、"新室"、"黄室"、"新成"、"薪世"和"薪"等多种名称。地名、官名和国号还有各种措施的来回变更,不但普通百姓弄不明白,就是朝廷大臣甚至专管礼仪的官员也记不清楚,时常犯糊涂。

对于王莽改制的评价,上至王公大臣,下至平民百姓,私下里众说纷纭,议论来议论去,谁也说不出个所以然来。王莽深信儒家学说所包含的治国理念,可以齐家、治国、平天下,所以他事事都以此为标准。他实行的"王田"制,试图把上古时代周公作为政治模范,也就是所谓的"托古"改制。然而王莽没有看到,这种托古而不顾今的做法,根本就不合时宜,今人毕竟不比古人。所以王田令一推出,立刻引起强烈的反响,轰动朝野,怨声四起,一个个敢言直谏的大臣纷纷上书,请求王莽收回成命。

但踌躇满志的王莽并不承认自己的失败,为了表示推行新法的决心,也为了杀一儆百,树立威信,王莽怒气冲冲,在朝堂上就把几个闹得比较凶的谏臣推出午门斩首了,吓得大家战战兢兢,再不敢吭声。

然而王莽没有料到,虽然朝堂上的百官缄口不言,对他的每次新法唯有称颂赞叹,但他的美好愿望最终还是夭折在全国一片愤怒的声浪中。王莽仔细思量,从良心上来讲,自己推行新法的本意原是以民生为本,是要为百姓谋福利。但因为呆板的新法和现实格格不入,更由于吏治腐败,新法推行到百姓中间已经完全变了味,成了贪官污吏中饱私囊的借口。他们趁众人不了解新法为何物之际,胡乱解释,鱼肉百姓,搜刮民财,百姓痛骂新法的时候,他们正躲在内室喜滋滋地整理自己的钱财。

这样的情形多不胜数,执掌五均赊货大权的富商大贾,如洛阳薛王仲、

张长叔和临淄毛伟等人，个个腰缠万贯，挥钱如水，家中金库充盈，富得流油，和满城嗷嗷待哺的百姓形成鲜明对比。正是他们这类人，让全国经济每况愈下，各地府库财源枯竭，广大百姓苦不堪言。王莽最信奉儒家学说，而儒家向来提倡天地之间人为贵，可恰恰是新法的推行，百姓流离，人比什么时候都"贱"。

不但地方上如此，即便朝堂中的公侯卿相，他们和地方绅吏勾连在一起，官官相护。另外，豪强大户，名门望族，富富互庇，政策从朝廷一级级执行到地方，很快就面目皆非了。有的被添油加醋，有的被偷汤换药，有的被另法炮制，有的则被折减叶。总而言之，好处尽被豪强官吏占得，百姓们得不到半点实惠，反而埋怨新朝欺世盗名，致使自己负担比以前更加沉重，日子更加难熬。王莽高坐庙堂之上，做梦都没料到，自己已经逐渐失去万民拥戴，哪来江山永固！

一悠悠白水河又迎来一个莺飞草长的春天。南顿令刘钦墓旁的苍松翠柏又长高了丈许。墓碑前，长安归来的刘秀面容肃然，跪伏在地。刘嘉、刘演、刘仲、刘稷依次跪在他身后。

"爹，儿子不孝，一去三载没有回来看您。今天总算回来了。儿无能，没取到功名，光耀门庭，可是，儿子取回来了比功名更重要的东西：匡复汉室之志。儿子愚顽，直至今日，才理解作为一个汉室子弟肩上的责任和义务。爹，请您相信儿子一定不会忘记您的遗愿，杀贼灭新，匡复我刘汉，建功立业，光大门庭。"刘秀字句铿锵，哀哀祭告。

刘演对刘秀的话听得字字入耳，心中不禁又悲又喜。便进前一步道："三弟不忘家父遗嘱，有复汉之志，足以告慰家父在天之灵。如今，王莽失政，天下怨恨，正是我们举事的良机。三弟谋略过人，可参与谋划。"

刘嘉、刘仲、刘稷也齐声言道："是啊，新朝官吏依恃王莽权势，可把咱们姓刘的欺负苦了。文叔既然回来，就快点说说怎么起事吧！"

"起事？"刘秀扫了众兄长一眼，盯住刘大哥刘演问道："大哥现在就有举事之心吗？"

刘演郑重地点点头："如今正是天赐我复汉灭莽的良机，我们还犹豫什么呢？可是，大哥自知才疏学浅，所以要请众兄弟一同具体计议。"

刘秀正色道："大哥和各位兄长的高见，小弟实在不敢苟同。长安三载，小弟不仅习学经书大义，更关注天下时势，搜集王莽发迹的历史。王莽所以能够篡汉自立新朝，并非完全依仗权术。一则汉室失政，天下寒心；二则王莽谨慎，贤名日隆，士人归心。两厢对照，王莽才敢代汉自立，却没有立即招致天下的反对。而今，王莽已立，日益骄横，施政暴虐，天人怨愤。虽然新朝败相已现，但尚未到必死之地。如果贸然起事，成败难测。安众侯刘崇、东郡太守翟义、徐乡侯刘快，先后举兵反莽均遭失败。前车之辙，不可不查。我们既有复汉之志，不举则已，一举必成。切不可功败垂成，枉为他人做嫁衣。"

这一席话，说得入情入理，切合实际，比长安游学狼狈而回的刘演，性情稳重多了。刘演听完之后，对读过太学的三弟顿生钦佩之情。三弟看问题有头脑，有眼光，比自己强多了，将来可有大出息。他不由自主地点点头。

可是，刘仲、刘稷却以为刘秀还是三年前的老样子，胸无大志，胆小怕事，刘稷不高兴地讥笑道："文叔，照你这么说，咱们只有等到王莽死了，把死尸从御座上拉下来就成了。"

"那当然再好不过了。"刘秀完全是一副认真的样子，笑道，"豪杰人物，待势而起。耐心等着吧，也许一年半载，也许三年五载。你们照旧习练武艺，总有用得着的那一天。小弟还去侍候那几亩田园，当然不会影响读书习武的。"

说完，冲父亲墓碑拜了三拜起身往白水桥走去。隔河相望，他开垦出来的那块田园，禾苗茂盛，长势喜人。

刘演没想到刘秀又去侍候那几亩田地，心中很不舒服，可是，他知道，三弟长大了，有他自己的主见，自己再也没有必要来管他了。

白水河畔，刘演等家族子弟及其宾客为着一个共同的理想，跃马挥刀，苦练不止，雄壮的喝叫声传出老远老远。

刘良、樊娴都放下了两颗悬着的心，王莽建立新朝以来，刘演众兄弟就多次嚷着要举旗反莽，都被他叔嫂二人给阻拦住了。刘崇、翟义、刘快等人的结局让他们心惊肉跳。举兵叛莽是一件容易的事么？弄不好反莽不成反招来灭族之祸。他们并不是怕死的人，而是怕刘演这帮弟兄行事鲁莽，难成大业，枉送了家族人的性命。现在约略放心了，有三儿刘秀在，这班兄弟安分多了。可是，眼见天下大乱，他们能安分几时，等待他们的是怎样命运？

如此蛮横无理的做法惹恼禀性耿直的四夷头人，一时，边境线上风云乍起，融洽的民族关系不见了，战争的阴云笼罩在人们头上。高高在上的王莽容不得狄夷小视新朝，立即调兵遣将，一扬国威。东北战匈奴，西南镇句町。一时，郡县凋零残破，百姓流离失所，士卒疾病战死者十之六七。

四边战争的负担当然要由老百姓承担，新朝内部的政治、经济更加恶化。官吏们为迎合圣意，报喜不报忧。王莽开始按部就班地改制，推行"五均六管"赊贷令，规定凡从事渔猎樵采的人，养蚕缫丝的妇女，甚至医巫卜秋之流，都要向官府纳税。官吏们更是上下其手，横征暴敛。穷苦的百姓没能

从改制中得到任何好处,反而被逼破产为奴,家破人亡。

天凤四年,琅玡海曲人吕母率先发难,聚起千人起事,为被冤屈而死的儿子复仇。吕母自封为将军,几千人攻破海曲城,杀死县宰,周围走投无路的穷苦百姓争相投奔,义军迅速扩大。此时,南方的荆州地区发生饥荒,成群结队的饥民涌入沼泽之地,挖掘野生的水草根充饥,因相互争夺死了不少。这时,早有反莽之心的新市人王匡、王凤两兄弟乘机自立为渠帅,聚集几百人起事。一直逃之在外的王常、马武、成丹等英雄争相投到其麾下。义军以绿林山作为根据地,四处出击,打击新军,声名鹊起,时称绿林军。

一年之后,琅玡人樊崇因穷为盗,聚众一百多人,在营地起义,时蓬春、徐二州饥荒饥民成群结队吃大户。樊崇身怀武艺,专门打劫官绅之家,所得钱财尽行分给饥民,因而得到众人拥戴,一年之内,投奔他的饥民近万人。此时,东莞的宝安、临沂的徐宣、谢禄、杨音也同时揭竿而起,与樊崇遥相呼应。为了作战时能与新军相区别,樊崇令义军将士把眉毛都染成红色,称为赤眉军。同时,在冀、幽之地还活动着"铜马军"。

各地义军风起云涌,迅速漫延开来,新朝天下,大有山雨欲来风满楼之势,王莽调兵遣将,往各地镇压。

南阳春陵,刘演等汉朝宗室眼看着新朝天下大乱,兴奋不已。但是,为慎重起见,他们忍耐着、等待着、谋划着,为着复辟刘汉天下积蓄着力量。

一日,刘演弟兄练完武艺,刚刚从白水河边回到府里,家人刘宽神色慌张地跑进来,禀道:"大公子,不好了,官府又来征用马匹了。"刘演吃了一惊,马匹是自己将来起事必不可少的坐骑,哪舍得让新朝官府征去。

原来,王莽改制封号,挑起同周边狄夷之间的战争。内地义军风起云涌,战事不断,马匹一时奇缺。自古以来,中原战马不如北境西边游牧地区的马强壮善战。游牧民族过着逐水草而居的生活,饮食以肉类、奶类为主,生活中缺少粮食和茶叶。中原骑兵坐骑的来源,主要靠粮食、茶叶与游牧部族相交换。王莽挑起双方的战争,边境战事不断,马匹就很少能进入中原。新朝为弥补战争中的马匹不足,只得向民间有马的人家强征硬拉。

刘演一听说官府要征马,一百二十个不乐意,对刘宽吩咐道:"告诉他们我们府里没有马匹,实在不行,取些银两给他们。"

刘宽摇头道:"小人也是这么说的,可是他们说,只要马匹,不要金银。咱们府上应征五十匹马,一匹也不能少。"

刘演气得一掌击案,怒道:"王莽走狗,竟敢如此欺凌我刘氏。出去告诉他们,就说我府上一匹马也没有,看他们敢怎样!"

"小人遵命!"

刘宽得了主子的旨令，登时腰杆直了，摩拳擦掌，跃跃欲去。却被一旁的刘秀阻拦住。刘秀面色沉静，对长兄道："大哥，欲成大事，须详加谋划。且莫逞一时之勇引起官府的警觉，府中尚有羸老病弱的马匹，权且搪塞过去就是。"

刘演醒悟过来，叹道："三弟言之有理，愚兄险些误了大事。来人，就把那羸弱的马匹牵出去几匹，把王莽走狗打发走。"

刘宽遵命而去。刘演弟兄四人说起王莽新朝悖暴无道，贪征暴敛，无不切齿痛恨。正说得激愤，忽见伯姬扶着母亲进来。四人忙施礼迎进。樊娴都在椅子上坐下，逐一打量着子侄四人，叹息道："孩子们，你们的爹去世十几年了。娘熬到今天，总算把你们盼大了，能自立了。总算对得起你爹的在天之灵。娘知道，你们都是有血性的男儿，要继承你爹的遗志，为匡复汉室出力。娘一个妇道人家，帮不了你们，唯求能老死春陵，守在你爹的身旁，看着你们复兴汉室的那一天。"

刘演打断母亲的话，说道："娘，您放心。儿子一定让您在有生之年看到复兴汉室的那一天。到那时，您就可以安享荣华富贵了。"

樊娴摇头笑道："娘可不敢有此奢望。复兴汉室岂是一朝一夕之事，我儿要有长远的打算，方能有望成功。娘老了，不能跟随你们东挡西杀，反而成了累赘。宁愿安守春陵，静待你们的佳音。"

刘演等人听了，心里一阵难过。举事在即，忠孝两难全。自古贤者都不能两全，何况他们。

正说着话，刘宽一脸的得意之色又跑了回来，禀道："回老夫人，诸位公子，小人遵大公子之命拉了十匹羸弱的马，交与官差，他们还不肯罢休。小人就招呼府上的十几名家人仆从挈刀弄棍地跑到出口，那帮小子吓得转身就跑了。"

刘演乐得拍手叫好，称赞刘宽做得对，可是这件事却给新朝官府刁难刘姓的借口。刘秀为了息事宁人，只好把刘府的五十匹马全部捐给了官府，就连自己的黄花马也拉上冲数了，这件事总算了结了。

王新贵被打发走后，刘府里，人心却是难以平静下来。刘秀回到客厅里，众人围坐在一起，免不了还是议论举起反莽。可是举事难，举大事更难，千头万绪，何处入手。刘演心里还没有底，禁不住叹息道："如果我宗室子弟都能跟咱们几个一样有匡复汉室之志，举事反莽不是难事。可惜我宗室当中胆小怯懦、苟且偷生者大有人在。真使愚兄恨铁不成钢啊！"

"伯升兄说得对，"刘稷深有同感地道，"圣公兄（刘玄，字圣公）就根本不把反莽复汉当回事，小弟劝说过好几次，他反倒说小弟多事，自寻死路。

子张伯父干脆不让圣公兄跟咱们来往。"

刘仲气得指头乱敲桌案,叫道:"那些不明时势的家伙,只有等到王莽把钢刀架到他脖子上去才会明白过来。"刘嘉自嘲地笑道:"到那时就迟了,还来不及弄明白,脑袋就搬家了。我就是不明白,樊崇的赤眉军、王匡王凤的绿林军、还有铜马军,他们为什么就不怕掉脑袋,就敢跟王莽老贼真刀实枪地干。咱们那些宗室子弟,被老贼毁了宗庙还不知羞耻,真是令人汗颜。"

刘秀一听,不对劲儿,今天怎么尽是泄气的话,照这么说,大事还要做么。不行,必须给大家鼓励,于是自信地一笑道:"诸兄差矣,我宗室子弟都有宗庙被毁的痛苦,深受王莽新朝所害,怎么会不对王莽新朝切齿痛恨呢?宗室世受汉朝厚禄,虽至新朝不少人仍有薄产,尚不至于无一线生路。宗室子弟因而也不愿拎着脑袋去反莽。赤眉、绿林、铜马则不同,其部众多是一无所有,无法苟且偷生的穷困子弟,因而,孤注一掷,一意反莽,无所后顾。我等若举大事,必得唤醒宗室子弟之心,才能一呼百应,迅即壮大队伍,灭新复汉。"

大家一听,也赞同他的看法,但如何唤起宗室子弟反莽复汉之心,却是最棘手的难题。大家正一筹莫展,忽然院内传来一声凄厉的哭喊声:"伯升兄,帮小弟报仇啊!"

刘演等人一听,是刘玄的声音,不由大吃一惊,慌忙向门外奔去,却见刘玄披头散发,双手血淋淋地跪爬进来。刘演知道肯定出事,慌忙迎上去拉着刘玄沾满鲜血的双手,问道:"快说,出了什么事?"

刘玄已哭倒在地,哽咽着说不出话来,好半天,才含混不清地哭出声来。"伯升兄,我爹……他被人杀了!"

刘演等人脑袋里嗡了一下,半天才明白过来。刘演瞪大眼睛,叫道:"快说,到底是怎么回事? 是谁杀的叔父?"

刘玄哭道:"就是那游徽王新贵,伯升大哥,我爹死得太惨了……"

原来,那王新贵刚刚离开刘演的府上,便顺着道路来到了刘玄的府门口。刘玄的府邸距离刘稷家也不过四五里地的距离,两家人本就是刘汉同支的关系,日常的来往更是密切。可是,当刘子张得知刘演想要起事反对王莽篡汉之后,害怕受到牵连,便不让刘玄再与刘演弟兄来往。刘玄也乐得不受刘演的约束,便依着父亲,不再去刘演府上。

这日王新贵从刘秀家中出来便到了刘玄府上,要征讨马匹,刘玄父亲刘子张死活拦着不让拉走。王新贵气急,直接叫人把刘子张打死了。

数日之后,刘演按照刘秀的嘱托,在当地酒楼大摆宴席,请来了征马的游徽王新贵和刘氏各方名人。借着这个机会,刘演趁机除掉了王新贵,百姓们欢呼雀跃。刘秀趁机说起事之事，百姓们早就受够了新朝的剥削，对刘秀的建议一呼百应。

游徼王新贵被杀，官府震怒，官员韩虎带着一队人马包围了刘府。但韩虎哪是刘演的对手，二十几个回合下来，韩虎就败下阵来，只得带着官兵往回走。

这年秋天，刘秀和刘稷赶着牛车去宛城卖谷。看着道路两旁空空如野的田地，随处可见的饥民，刘秀的心里五味陈杂。

好不容易才走到宛城。但谷市里根本就没几户买谷的，而且将价钱抬得很高，穷苦人家根本买不起。想买谷子的人蹲在谷市一角，看到新卖主立即涌上前问价。刘秀听着人们七嘴八舌的问题，突然看到一个被人群挤在外面，脸上挂着泪滴的小姑娘。

刘秀跳下谷车，拉起小姑娘询问，才知道小姑娘的爹早已被饿死，家里的娘和弟弟也三天没有吃饭，小姑娘自己更是忍受着饥饿。小姑娘见有人理自己，赶紧跪下，拿出手里的两枚五铢钱，乞求刘秀卖给自己一些谷物。

刘秀看着那两枚五铢钱，心中对新朝的痛恨更加沉重。要知道，王莽建新朝后，经过一系列改革，五铢钱早被贬得一文不值。

刘秀看着眼前的穷苦百姓，心中顿生怜悯，拉起小姑娘，走到谷车旁，便取出十斛谷子倒进了小姑娘破旧的布袋里。小姑娘赶紧跪下，询问刘秀的姓名。刘秀本不想说，但他转念一想，或许这是扩大刘氏影响的机会，于是大声说道："我们是春陵刘氏，刘演刘伯升府上的。我刘氏以天下苍生为念，乐善好施，绝不会眼睁睁看着大家饿死。一个个来，人人有份。"

穷苦百姓们一听来了行善的人家，齐刷刷地跪了一地。没多久，刘秀的一车谷子就全"卖"光了。刘稷心疼地说道："一车的谷子就这样白白地给了人家？"刘秀拍了拍刘稷，说道："虽然我们没赚到钱，可是我们赚到名了啊。"两个人说说笑笑地开始收拾东西，打算驾车往回走，刚走了一段路，就听有人喊："请问，两位是不是春陵刘氏？"刘秀和刘稷停下车子，转身一看，是一位衣着华丽的公子。三个人互通姓名，来人便是李轶。刘秀和李轶也算是旧相识，三人来到李府，见到了李轶的兄长李通。李府上下对刘兄和刘稷二人殷勤招待，然后便开始商议刘氏复汉的事情。

第五章

刘文叔赶牛闹京官　招兵买马放手准备

刘秀觉得李通兄弟如此坦诚，这么信任自己，如果自己再继续隐瞒下去，那也太不像话了。于是便一五一十地把实情告诉他们："其实我刘氏也早有反莽之心，只因时机未成熟，起事的诸多事宜未能安排妥当，才一直隐而不发。如今，新朝虽然还新，但已经渐显衰败气象。各路豪杰并起，正是我等举事良机。此次来宛城，名为卖谷，实则想探听宛城官兵部署，为将来攻打宛城作准备。"

这才是真心话。李轶听完不禁哈哈大笑："文叔兄，这次你算是来对了。你所需要的情况尽在我们掌握之中。我们为着这一天可已经忍了好久了！不过，也总算不枉我们如此苦苦等待。"

刘秀听李轶这样说，更是喜不自禁，拍手叫好："还请李贤弟不吝赐教。"

李轶兴致勃勃地说道："茫茫四海人无数，哪个男儿是丈夫？遍观河南河北，春陵刘氏有勇有谋，完全可以成就大事。你们杀游徼、败韩虎，其实已引起南阳官府的高度警觉。但他们却至今未派兵找你们的麻烦，为什么呢？不是他们不想派兵，而是如今南阳局势动荡不安，他们根本无力应付。就现今形势而言，东方有赤眉军攻城掠地，屡战屡胜，新近又大败新军。南方有绿林军与莽军在云杜交锋，最后打得莽军落花流水，溃不成军。新军统帅荆州牧还算命大，耍了点小聪朋，扮成妇人模样抄小道逃跑了，勉强逃过一劫。哈！全军覆没，真够惨的！"

"打得好！如此一来，新朝覆灭便指日可待了。"这些情况刘秀也听人说起过，不过再听他们描绘一番，仍分外激动，忘情地拍着双手说道。

可是正当刘秀沉浸在欢欣鼓舞中时，忽听李通叹了口气，神情沉郁下来："本来东边赤眉、南边绿林，如果能南北夹攻，王莽必无回天之力，新朝覆灭就在眼前。不料，恰在此时，也就是前些日子，关东闹蝗灾，加上疾疫流行，使得绿林军陷入困境，义军将士染疾而死者已过万余。王莽趁此机会，加紧攻势，派心腹大将纳言将军严尤、宗秩将军陈茂，合力攻击绿林军。形势对绿林军极为不利。最终,绿林军被迫下山,兵分两路继续作战。由王常、成丹、张印等统领的一支为南路,向西挺进,号为'下江兵'。另一路由王匡、王凤、马武、朱鲔等率领,北人南阳,号为'新市兵'。虽然气势仍然浩大,但毕竟不如从前,王莽开始占据优势。"这个消息刘秀倒还没听说过,不禁双眉紧锁,开始担忧起来。"不过……"李通平静一下脸色,换了语调继续说,"绿林军下山也不完全是坏事。平林兵陈牧、廖湛受绿林军影响,聚众千人于平林起事,号称'平林兵'。这样一来,他们的队伍又壮大了。我们只是想说,在此天下大乱兵变并起之际,春陵刘氏还在犹豫什么呢?要知道,这可是天赐良机呀!时乎时,不再来,得把握住良机才是。"

受到李通情绪的感染,刘秀此时也感觉热血沸腾,心潮澎湃。他好像看见了天下正风起云涌,而自己正站在风头浪尖之上,挥挥拳头激昂地说:"春陵刘氏早已蓄势待发。如今再加上二位相助,还有什么可担心的呢?那就开始干吧!"

李通却忽然从亢奋中冷静下来,缓缓摇摇头,打断刘秀的话:"文叔万不可大意,据我所知,王莽为防南阳再起风波,已遣心腹甄阜为前队大夫,南阳太守梁丘赐为属正,还特意派绣衣使者苏伯阿出巡地方。所以说,尽管天下动荡,但南阳形势仍然十分危急,咱们时刻都有遭受突然袭击而陷于被动的危险。所以我们要早做准备,以备不测。另外,李通有一想法,不知可否合适,想拿出来商量。"

"愿闻其详!"

"根据可靠消息,半月后,便是选材官考试骑士的日子。甄阜、梁丘赐必定亲临校场检阅骑士。我们就来个出其不意,发动校场兵变,趁机劫持了他二人。这样,城内官兵群龙无首,必然大乱。你们则率众攻入城下,造成更大的声势。由于头领被劫,新军肯定会军心不齐,如一盘散沙四散逃窜,那么宛城就是唾手可得了。有了宛城这个根据地,我们进可以北上洛阳,和王莽争夺下半壁江山。退可以守住宛城,和绿林、赤眉取得联系,打成一片。这样,局面就闯开了!"说到最后,李通竟兴奋得不能自己,伸出右手掌捏住杯子,使劲摔在地上,眼中流露出热切的神情。

"太棒了,李兄!李兄高见,实在让在下……"刘秀深受感染,双手抱拳,脸色通红,"佩服!佩服!"

李通放心地笑了:"文叔过奖,我这人一向比较粗糙,讲究随性而来,自己怎么会想到这么周全?说来还有轶弟的功劳。"

李轶忙摆摆手,对李通也对刘秀说:"大哥!我怎么从来没发现你是这么谦虚呢?明明是你想出来的,偏要我居点儿功,我这脑筋嘛,哎呀!"他又

第五章 刘文叔赶牛闹京官 招兵买马放手准备

摇了摇头,闪过个鬼脸,"还真转不过来这个弯。"

听他这样说,李通故作无奈地指了指李轶,三人会意地大笑起来。

刘秀一想到举事就在眼前,而且找到个绝妙的契机,顿觉畅快,笑得正开心,忽然他想到了什么似的,脸上的笑容立刻僵住了,很是严肃地对李通说道:"李兄,虽说此计较好,可是,王莽既然能轻易篡权夺了帝位,说明他不会是一个简单人物,咱们对他了解还远远不够。所以我想,咱们还是应该谨慎点,即使机会再好,也要小心把握,千万不能浮躁。这样吧,有什么需小弟帮忙,李兄尽管开口,春陵刘氏一定鼎力相助,决不推辞!"

李通拍拍刘秀肩膀,爽朗地哈哈大笑:"文叔放心,这个计划我已想了多日,万事俱备,应该不成问题。只是家父尚在长安,一旦起兵,可能危及到他。不过,我早已命族人李季动身去了长安,如无意外,家父很快就能回来。放心,起事之日尚早,他一定能平安归来的。到那时候,没了后顾之忧,肯定没问题。"

刘秀听后放心地点了点头,再看窗外,天已是暮色沉沉,最后一抹晚霞已经完全收敛,不觉间竟坐了大半天。李通大声叫喊,命人置办酒席,又赶忙派人请来刘稷。刘秀三言两语把三人商讨的事情讲给刘稷听。刘稷听后又惊又喜,他瞪大双眼,简直不敢相信自己的耳朵,此次卖谷竟有如此意外收获!他高兴得忙给李通兄弟行礼,大家彼此见过,又是一番客套。

酒席准备好后,四人已经不再客气,很随意地纷纷入座。酒席上觥筹交错,谈论着美好前景,不一会儿四人已喝得满面通红。但他们仍不罢休,激动地举杯对饮。不知不觉间,月亮悄悄爬上树梢,桌子上一片狼藉,四人已是酩酊大醉。

第二天清早,刘秀、刘稷便动身回春陵。李通、李轶兄弟一直将二人送到城门外。将走时,刘秀想一想,回转身来又再三叮嘱:"李兄,万事小心!宛城就拜托你了。咱们目前人少势力弱,经不起挫折,所以只能成功,不能失败。一定要见机行事,能干则干,不能干宁可继续等待时机,决不要硬上!"

李通庄重地点头答道:"文叔尽管放心,事关重大,我一定会慎之又慎的。"

刘秀这才双手抱拳说:"那好,我先代刘氏宗族,代天下苍生,向二位兄弟道谢了!"说着长长一揖。

两人赶忙扶起刘秀。刘秀和刘稷二人一起道声"后会有期",翻身跳上牛车,沿着苍茫的大道向远处驶去。走出很远,还能看见李通和李轶站在路旁向这边眺望。

"驾!"刘秀挥起手中的鞭子啪啪啪地甩到了大黄牛的身上。

"咦?文叔,你平时那么爱惜它,可是从不打它呀!今天这是怎么了?"刘稷笑着问道。

刘秀看了看刘稷,笑而不答,仍继续赶他的牛。

这头大黄牛春种秋收,很是卖力。为刘秀干了不少的活,出重力全靠它。因此刘秀很是喜欢它,从不鞭打它,喂的是上等草料,有空还给它洗洗刷刷,简直就是个老伙计。可今天刘秀却很是反常,接连大声呵斥,鞭影不住晃动。大黄牛从没受过如此虐待,也不知主人是怎么了,今天会对自己这么不讲情面。于是它登时火了,牛脾气上来,不用主人再吆喝,使出全身力气没命地往前冲,边跑边呼哧呼哧地喘着粗气。

牛车飞快地行驶在大道上,引来很多行人侧目而视。刘秀露出满意的笑容,他多么想赶快回春陵,好把这个令人振奋的消息告诉宗族子弟。大哥知道了后,不定会乐成什么样呢!刘稷望着拼命奔跑的大黄牛,忽然想起刘秀曾说过要骑牛上战场的话,不禁哈哈大笑道:"文叔,瞧这牛的腿脚,真够利索,看来你骑这头大黄牛冲锋杀敌,挺有可能哟!"

"这有什么可稀奇的?骑牛上阵,古已有之。像黄飞虎骑五色牛冲锋陷阵,助西岐讨伐无道商纣,最终打下了周朝天下,成为千古美谈。还有道家的李耳,不是也骑一头青牛,最终得道成仙了吗?所以,我所说骑牛杀敌,并不是一句玩笑话,到时候你就知道了。"刘秀一本正经地答道。

"那等将来汉室复兴之日,咱们的这头大黄牛算是大功臣一个喽!"因为心情格外好的缘故,刘稷望着大黄牛诙谐地说:"大功臣,快跑吧!"然后伸手拍了拍它滚圆的屁股。

大黄牛正卖命地狂奔,忽然感觉有人爱抚地拍了拍自己,顿时精力倍增,不觉脚步又加快了。刘秀两人见此,又禁不住哈哈大笑。

正在谈笑间,忽然刘稷惊愕地大喊:"不好!快看,前面有官兵!"

刘秀仔细看去,果然有一长列官兵缓缓朝这边走来,队列中间一面杏黄的绣着飞龙在天的彩旗随风猎猎飘摆,旁边另有一面红色旗子,绣着大大的"苏"字。

"飞龙旗!肯定是皇室显贵!快,停车回避!"刘秀边说边赶忙拉牛缰绳。可是,牛跑的速度太快,也意识不到前边是危险之地,只是仍旧一个劲地狂奔。刘稷也着慌了,赶紧帮刘秀拉缰绳,两人使劲往后拽,"吁,吁,吁……"

忽然,缰绳一松,两人被弹倒在车里。还没等他们缓过神来,大黄牛哞的一声惨叫,发狂似的向前疯跑,两人赶快起身再拽缰绳,却发现缰绳早已无踪,牛鼻子被拉穿了,鲜血一股股地涌了出来,滴洒在大黄牛身后的路面上。

正如刘秀所料,前面来的正是王莽心腹大臣、特意派遣下来巡视各地的绣衣使者苏伯阿。如今他刚在新野巡视完,正返回宛城的途中。苏伯阿车轿左边,一个粗壮高大裸露着胸毛的汉子,手执大刀背挎弓箭,肉块纵横的脸上得意洋洋,傲视一切地骑着高头大马,他就是新野尉冯正劲。旁边是他的心腹爱将朱金虎,前后左右簇拥着数十个羽林军。沿路浩浩荡荡,百姓纷纷躲避,好不威风。

正趾高气扬地行进着,忽然望见前方滚滚黄尘,席卷而来。羽林军不禁惊诧怪异,这是什么东西?仔细看去,那怪物转眼已经冲到跟前,却是一头发了疯的大黄牛,正低了头仗着犄角朝这边猛冲。保护大人多年,各色刁民见过几个,还真未遇到过今天这样的对手,大家纷纷着了慌,一时不知该如何是好。再眨眼的工夫,黄牛已来到眼前。随着几声惨叫,十几个羽林军躲避不及,被撞倒在地。两边的羽林军赶忙闪躲开,眼见大黄牛就要撞到苏伯阿的车轿了,万分危急时刻,忽见一壮汉迎着大黄牛跑来,狠命抱住了大黄牛的头部。大黄牛鸣地一声惨叫,四蹄踏地,因为冲力太大,腿弯曲着跪倒在地,身子竟一动不动地未能前进半步。

刘秀、刘稷被甩倒在牛车里,车子向前滑动一大截,跟在大黄牛后边,冲到队伍跟前。两人知道大事不妙,赶快从车厢里爬起,正要下车,却被众人刀剑并举架在脖子上。朱金虎骑在马上,横着手中的兵刃,大喝一声:"好呀,哪里冒出来的浑小子!敢冲撞苏大人的仪仗,居心何在?活得不耐烦了!"

刘秀虽然惊慌,但心里很清楚,此时暴露身份便必死无疑,不如碰碰运气诈他一下。他暗中给刘稷使了个眼色,刀尖之下,不敢动弹,慌忙跪倒在车厢里,满脸木讷地磕头求饶说:"大人!小民该死,没赶好牛车,让牲口受了惊,冒犯了大人,还望大人您大量,放我们一条生路……"

刘稷也跪地求饶,故作惊慌地祷告:"大……大人,饶,饶命啊!"

"跟他们啰嗦什么,说不定他们是故意来以此行刺苏大人的,杀了得了!"冯正劲一脸卖弄地松开牛头,不耐烦地叫道:"你们还愣着干什么,来人,把这两个小子给我拉到河边活埋了!"

"闹哄哄的,发生了什么事?"忽听车轿内有人懒洋洋地问道。接着,车帘被掀起一角,一个年过半百的人探出头,张开口打了个大大的哈欠。

冯正劲慌忙躬身施礼道:"苏大人,这两个人冲撞大人的车驾,很可能是乱民,下官认为,安全起见还是杀了为好。"

"让开,叫我看看。"苏伯阿眯起细眼,仔细端详了两人一阵,又打了一个大哈欠，朝冯正劲摆了摆手，放下了轿帘。

"苏大人命令，你们还愣着干什么?!拉到河边砍了!"冯正劲更加来劲儿地命令道。

羽林军遵命，纷纷上前拖拽车中的刘秀和刘稷。到这种时刻，刘秀见别无选择，只有反抗还有可能活命，否则必是死路一条。情急之下，他还能稳住自己，纷乱中向刘稷使了个眼色，又朝朱金虎努努嘴。刘稷也是急过了头反而镇静下来，会意地微微点点头。

刘秀佯装瘫软地被两个羽林军拖着下了车。见刘秀手脚都打哆嗦，一副任人宰割的模样，官兵知道，这是被吓坏了。他们这类经验很多，平常处置小民百姓时，哪个不是这样？也就没放在心上。正当他们没注意时，刘秀忽然挺身而起，抽出一脚狠狠踹倒一个羽林军，随即转身扼住另一羽林军脖子，顺手从那人腰间抽出宝剑，嗖地向马匹上的朱金虎投去。

朱金虎本认为"行刺"事件已结束，不过就是杀掉两个吓傻了的老百姓而已，便调转马头准备离去。忽听后面有动静，而且风声怪异，情知有变，赶忙转身向后看，刚转过身，眼前一道白光闪电般射来，不容他看仔细，宝剑便直直地刺入了胸部。随着扑通一声，朱金虎跌下马去，一命呜呼，连哼都没哼一声。

刘秀趁势推开手上的羽林军，翻身一纵，跃到了朱金虎的马上。这边刘稷也不含糊，迅速将另两名羽林军打翻，纵身上马，落到了刘秀身后，两人趁冯正劲和众羽林军还未反应过来，拍马便跑。

事情来得太过突然，几乎在一瞬间发生，众人木偶一般看着他们一连串动作之后飞奔而去。冯正劲就在旁边，等他大吃一惊反应过来，刘秀两人已跑出十几步远了。他冷笑一声："这两个刁民身手这么快，真是王母娘娘坐月子——天下少见。可惜你们却遇见了咱，活该倒霉去吧!"

嘴上说着，从背后取下牛筋强弩，右手把一支雕翎羽箭搭在弦上，用力拉满，瞄准了二人。猛然松手，雕翎羽箭"嗖"地朝二人方向窜去，如同流星追月，转瞬即到，恰好射中了马的屁股。那匹马疼得咴儿咴儿嗷叫，前蹄腾空而起，立了起来，两人猝不及防，都被摔到马下。冯正劲见他二人跌下马来，大喜地抖动缰绳，翻身上马喊道："快追! 把他们乱箭射死!"

两人摔下马后顾不得疼痛，爬起来就往前跑，忽然听得耳边嗖嗖嗖箭如飞蝗般密集地射过来。刘秀大喊："快趴下!"两人趴到地上一动不敢动。可是片刻之后，刘稷扭头往后一看，不禁惊叫道："不好，他们追上来了!"

刘秀回头一看，也惊出一身冷汗。数十名羽林军边射箭边往这边追来，立刻就要来到眼前。"怎么办？这样下去不被乱箭射死也会被他们活捉，若

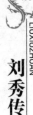
被捉住,那是必死无疑。"刘秀焦急地四处张望,忽然看到离自己不远处,就是通往春陵的白水河。他顿时有了主意,对刘稷喊道:"右边,快,跳河!"

然而箭太急太密,在很低的上空飞来飞去,二人无法站起。刘秀就蜷缩起身体,如纺布梭子般就地滚向右边的白水河。刘稷已经辨不清南北,也不管河是哪个方向了,紧跟着刘秀往右边滚去。随着扑通扑通两声,二人消失在了羽林军的视野中。羽林军冲到岸边,看到水花翻起处水面一片平静,只好对着白水茫茫的河流乱射一通,回去复命。

"混账!一群饭桶!你们几十个人还抓不住两个?还有你,冯正劲,老夫一向认为你办事沉稳,勇猛果敢,怎么今天如此麻痹大意?老夫看这两个人身手不凡,必是人们传言的春陵刘氏。"

"是,小人太过疏忽,小人知罪。"冯正劲知道这位大人的脾性,不敢分辩,慌忙俯首认罪。认过罪后停顿一下,抬头偷瞟苏伯阿一眼,见他怒气稍微消了些,便表功似的小心说道:"既然大人说他们是春陵刘氏,那为绝后患,我们何不调些人马,包围春陵他们的老巢,一网打尽呢?"

苏伯阿斜一眼冯正劲,冷笑道:"一网打尽?两个人你们都对付不了,一网打尽谈何容易?!本官曾遥望春陵,见那里地势虽然平缓,然而丘陵连绵不绝,摆成一条阵势,既沉而昂,沉而稳,起而昂,仿若一尾真龙,摇首摆尾,穿山越水,当真是龙气郁郁,气象万千。再加上这条河,龙遇水则兴,了不得。并且老夫望见其上空云雾迷蒙,隐约呈龙虎状,有天子征兆。看来刘氏终为新朝大患。不过眼下当务之急,还是要灭了绿林逆匪,这是朝廷交代给老夫的任务。至于灭春陵刘氏,还是请朝廷另派人选吧。"

冯正劲在一旁恭敬地叉手站着,不敢多言语半句。等苏伯阿自言自语似的说完了,冯正劲忽然想起什么,忙向苏伯阿禀道:"大人,时候不早了,还是赶快上路吧,宛城的甄大人和梁大人还在等着呢。"

苏伯阿忽然忧郁地叹了口气,点点头,转身上了车轿。

刘秀和刘稷潜入河水中,侥幸躲过了羽林军的追击,在水中使劲儿憋住气潜出老远,才敢露出头来。从水波中望去,见官兵已经缓缓移动着走开,忙手脚并用,游向河对岸。爬上岸来,拧干湿淋淋的衣服,好在天正暖和,衣服潮湿点也不碍事。

侥幸逃过一劫,死里逃生,应该倍感庆幸,然而一路上刘秀却闷闷不乐,愁眉苦脸的。刘稷明白,他这是在记挂着那受了伤的大黄牛,便劝导刘秀说:"文叔,其实你也不必难过,我想他们只顾上抓人,不会对一头牛怎么样的,早把它给忘一边了,说不定过一天那牛就自己找到府上了。"

刘秀听了并不以为然,仍伤心地摇摇头:"唉,可怜的大黄牛,为咱们耕作不知出了多少身汗，现在鼻子也被……唉！不管怎么说，将来汉室复兴，先得给它记上一功。”

两人回到家后，把在宛城遇李氏兄弟，以及他们兄弟二人计议起事的计划，一五一十地告诉给了刘演。刘演一听果然高兴得不得了：“太好了！早听说李通不仕新朝，是个硬汉、义士，他们兄弟在南阳也颇有些威望，召集人马比较容易，看来此事应该不会有错。有他二人相助，匡复汉室便指日可待了！真是上天有意帮助咱们呀！”

刘秀和刘稷等人也很兴奋，都表示赞同。“既然这样，我们应早作准备了。三弟，你去派人通知府中各位英雄来客厅，我们商量一下起事事宜！”

“好！”刘秀转身走出客厅。

接下来的日子里，刘演府上人来人往，一片繁忙景象。他们索性放开手脚，以地方治安混乱要保护家中庄园为由，张贴出招兵告示，又忙着打造兵器，买马备粮。大家都在为宛城一战忙得不可开交。

这天，刘演刚指派家人去通知各路豪杰，又吩咐增加人手给前来报名应征的人登记造册。忽然看见刘嘉和刘仲神色慌张地从外面走了进来。刘嘉一进门便大嚷大叫：“大哥！”

“发生什么事了？看你们这副样子，是没有人来应征还是官府又来找麻烦？”刘演不放心地接连发问。

“应征倒没多大问题，已有很多人来报了名了。只是，也有少数宗族子弟胆小怕事，不愿造反，还说我们是在坑害他们。另外……”刘嘉神情稍微缓和一些，皱起眉头，停顿了一下，欲言又止。

“另外什么？说啊。”刘演百事缠身，不耐烦地催促道。

“竟有人造谣说，叔父大人要到官府告发我们密谋造反。”刘嘉气愤愤地答道。

“此话当真？”刘演不大相信。

“这……我也不太确定，是听一个宗族子弟说的。”见大哥变了脸色，刘嘉又有些支吾。

“唔，叔父一向开明，许多复兴汉室的大道理都是他教给咱们的，应该不会……不过凡事都有意外，你方才所说的确也有可能。前些日子，咱们商议和李氏兄弟里应外合攻取宛城时，叔父极力反对，说对李氏兄弟信不过，说他们不是干大事的人，应该小心。后来话不投机，争执了几句。并且他与咱们发生争执之后，就再没出现，如此说来……不行，一定得去证实一下，事情重大，万不可大意。你快去把三弟找来！”刘演不无担忧地说道。

刘嘉转身准备离去，又被刘演叫住：“还有，这事关乎人心动向，一定不要张扬出去。"刘嘉点头离去。

得了大哥吩咐,刘秀不敢怠慢,疾走在去叔父刘良家的路上。凭直觉,他坚定地相信大哥所说的都是谣言。他相信这个平日最疼爱他的叔父决不会背叛刘氏宗族,之所以有这样的谣言,一定是其中发生了误会。而这个节骨眼儿上发生误会,恰恰又可能会造成致命的后果。

他耳畔又响起自己刚刚对大哥所说的话:"叔父一向教诲我们要有匡复汉室之志,况且他为人正直坦荡,断不会做出这种事情的,一定是别有用心的人造谣中伤!"刘演也攒着眉头说:"三弟怀疑的有道理,不过谣言无根,遍地生花,一定得弄清楚才行!"这样走着想着,不知不觉来到叔父刘良家门口。

甫进大门,门人一见刘秀来到,忙含笑上前施礼道:"三公子来了。"

刘秀点点头随口问门人:"叔父可在家中?"

"在。"门人施礼答道。

刘秀听罢,也不用他通报,直奔刘良书房。进到书房,却见书房内空空如也,冷冷清清好像好久没人来过了。"奇怪,以前每次来家,叔父总是在书房,可今天为何……难道那些谣言还真有几分影子?"刘秀开始紧张,整颗心像是被线吊着悬了起来。不容多想,他赶忙往客厅奔去。

急奔客厅的路上,他偶然透过花格砖墙瞥见后院花园的空地上,一个人正在腾挪跳跃,练习拳脚。熟悉的身影让他倏地停下脚步。"叔父?"他这是怎么啦,这个时候还有心思……一肚子疑惑,他赶忙转弯往后院走去。

刘秀走到刘良身边不远处停了下来,静静地驻足观看,看着看着,脸上露出一抹淡淡的微笑。

刘良练习得很专注,但也感觉到有个人正一直在望着自己,便停了下来。"秀儿,你怎么来了?"刘良并不惊讶地问道。

"叔父!"刘秀快步走上前来,施个礼说,"侄儿受刘氏宗族子弟之托,特来邀叔父。我记得,从小叔父就教诲我们有匡复汉室之志,如今举事在即,匡复汉室必指日可待,叔父不会不支持我们吧?"刘秀知道刘良的性格,也不用拐弯抹角,直截了当地说。

刘良冷笑一声,并不作答,捡起地上的大刀默默走开。

"叔父!"刘秀一见势头不对,知道其中必有原因,赶忙追上去,边跟在后边边说,"叔父,王莽篡汉,弄得民不聊生,贼盗狂獗。难道你就忍心看着天下苍生继续受苦吗?"这话虽是老生常谈,说了多少遍,但情急之下,刘秀也只能再这样说。

刘良仍不作声,疾步朝前走去。刘秀在后紧随。

忽然刘良快步拐进客堂后边的一间狭窄而高耸的房屋,刘秀抬头一看却是祠堂,不明白其中意思,便小心地跟了进来。

刘良默默上前,先给祖宗神位上香,上罢香虔诚地跪倒在香案前的毡子上,只听他轻声念叨道:"不肖子孙刘良刘次伯拜见列祖列宗。求列祖列宗保佑演儿秀儿等兄弟能举事成功,匡复汉室,光复我大汉河山,拯救我黎民百姓。"

刘秀一听从心底里感动,鼻子一酸,差点儿哭了出来。他颤抖着声音叫道:"叔父,你有什么话为何不早说呢?害侄儿替你担心。若是吵吵出去,弄得人心惶惶,反而坏了大事。"

刘良听出刘秀感动之余,仍有些不解和不满,忽然幽幽地叹了口气,面向神位,背对着刘秀缓缓地说:"文叔,你是个聪明的孩子,或许你现在想不通,但迟早能明白。不是叔父不支持你们,而是实在不愿看你们白白去送死。你仔细思忖过没有,那个李通,你们不过一面之交,你对他了解多少?靠得住吗?"

原来是这样,刘秀放下心来,走上前劝慰说:"叔父放心,虽然我们过从很浅,但李通兄弟为人早有口碑,肯定靠得住。侄儿行事一向小心谨慎,叔父难道还不知道吗?你还不止一次地夸赞过我呢!"

刘良拍拍刘秀肩膀:"我年纪大了,未免想得多些。唉,世上的事情,往往半靠人力半靠机缘。事有机缘,不先不后,刚刚凑巧;命若蹭蹬,走来走去,步步踏空。李通到底怎样,只有你亲自打过交道,既然你这样说,叔父这把老骨头,就只有双手赞成了。咱们共同努力吧!"

刘秀点头满意地笑了。

刘良对起事怀疑的态度彻底转变,激励了更多的年轻人前来报名,刘黄的夫婿田牧从棘阳赶来,新野的邓晨和湖阳的樊宏,纷纷带了亲朋好友前来投奔。为着起事,人们紧张而又有条不紊地忙碌着。

为了不使举事的消息泄露出去,刘演下令把舂陵周遭封锁起来,只准进不准出,距离起事之日前三天的上午,舂陵刘家到处活跃着执戟持刀的兵士。

舂陵新建的演武场上,舂陵子弟们个个全副武装,士气高昂地等待着起义将领的出现。三通鼓响之后,身披红色大氅的刘演登上了点将台。望着台下整齐的队列,迎着天边绮丽的彩霞,刘演心中如波涛般汹涌澎湃。祭告天地之后,便开始誓师起兵。人头攒动的演武场上,刘演粗壮豪迈的声音在四下里每个人的心头回荡。

"诸位壮士,王莽伪善君子,阴谋篡汉,夺我江山,毁我宗庙,使我大汉蒙上奇耻大辱。如今莽贼又横征暴敛,欺压百姓,使得民不聊生,盗贼猖獗。我等身为大汉宗室子弟,理应奋起抗敌,反莽覆新,匡复汉室,还天下百姓一个清平世界!今日特祭告天地神灵,保佑我春陵子弟旗开得胜,攻下宛城,杀奔长安,推翻莽贼!"

祭告完毕后,应者轰然,宛若滚滚巨雷。台下飘起两面大旗。一面是人们阔别已久的杏黄色汉室飞龙旗,另一面赫然印着一个斗大的"刘"字,迎风招展,仰脸望去,似乎高耸云际。接下来刘演宣布,自己为柱天都部,总领义军。任刘秀为将军,其余众人,各有任命。春陵刘氏子弟兵称汉军,各宾客豪杰暂无称号,等攻下宛城凯旋归来之后再论功赐号。

第六章
陷平林刘秀找刘玄　见渠帅刘氏谈合兵

刘演宣布完毕之后退到了一旁。随着通通的脚步声响动，人们的目光忽然齐刷刷地转向一位年轻将军身上，只见他头戴金盔，身披锁子黄金甲内衬蜀锦的大红袍。腰间束一条玲珑碧玉扎带，左挂雕弓，右悬羽翎箭，佩一柄长剑，外披绛色斗篷，威风凛凛，宛如天神。

"啊？我当是谁，原来是刘三公子呀！"

"啧啧，真想不到，平常柔弱洒脱、文质彬彬的刘三公子，穿上戎衣竟然如此威风，的确有大将风度！"台下的刘氏子弟一见刘秀登上点将台，纷纷交头低语，"看来，是列祖列宗显灵保佑我们，成事大有希望！"

刘秀登上点将台，环顾台下，稍顿片刻，威严地喊道："全体肃立，清册点名！"

"遵命！"众人双手抱拳，朗声答道。

稍过片刻，各队小队长便点兵完毕："汉军将士八千人全部到位并无遗漏！"

"好！八千乃是吉祥数字，正是上天有意安排。当年楚霸王项羽以八千子弟兵横扫天下，大败秦军。如今我们也要以八千子弟大战新军。亡莽灭新，匡复高祖帝业。刘秀不才，愿与诸君同仇敌忾，誓死效力！"刘秀一向能言善辩这次也不例外。他慷慨激昂的言辞顿时激起众子弟内心深处高昂的斗志，他们纷纷高举手中刀戈大喊："愿为匡复汉室誓死效力！"声音回荡，经久不息，伴着两面大旗威武地在风中飞舞。

诸事皆备，春陵汉兵枕戈待旦，只待宛城李通举起义旗，便向新野地方府衙发难。

材官都试骑士日一天天临近，宛城方面毫无消息，李通也没有信使遣来。到了约定之日的前一天晚上，刘良沉不住气了，责怪刘演、刘秀道："我就说这姓李的靠不住。明日就是材官都试骑士日，这么大的事，总该派人先联络一下。演儿，叔父总觉得有变，还是另做打算吧！"

"不,叔父,"刘秀坚决不赞同刘良的建议,"李通一心匡复汉室,决无二志。没派人联络,必有原因。我们要耐心等待,千万不可轻举妄动。"

刘演心里也很着急,但是他同意刘秀的看法,道:"叔父请稍安勿躁,等到明日,我们再作打算。"

樊宏也道:"情况不明,千万不可盲目行动。"

第二天,天还没亮,刘演、刘秀等一千人就来到春陵的最高处,遥望宛城方向,跷足企盼,谁知望眼欲穿,直到午时,还是杳无消息。恰在此时,邓晨从寨子里赶来,着急地道:"不好了,寨子里有人传言,说南阳太守甄阜和属正梁立赐正率重兵赶来,要血洗春陵,军中人心惶惶,家家惊恐。"

刘良一听,顿足哭骂道:"大难将至,伯升、文叔不听我言,害我宗族。"众人一听,顿时惊惶失色。刘演也不知所措。

刘秀心知宛城有异,但他镇静如常,不慌不忙地道:"叔父不必害怕。这是有人故意造谣,扰乱军心。甄阜、梁立赐正全力应付新市、平林两支绿林军,无力顾及春陵。大哥,义兵初起,军心动荡,越是情势紧迫,我们越是要沉着应付,切忌忙中出错,酿成大祸。宛城情况不明,小弟要亲自探明真相,我义兵才好行动。请大哥坐镇军中,安抚军心。"

刘良经他一说,心情逐渐平静下来,羞愧地躲到后面去了。众人心里也渐趋稳定。刘演又是钦佩,又是担忧,拉着刘秀的手道:"三弟言之有理,愚兄就依你而行。可是宛城情况不明,吉凶未卜,三弟此行不知是怎样的艰险。"

"不入虎穴,焉得虎子。成大事者,不避艰险,知难而上。"

刘演感动万分,并不劝阻他,却对刘稷、朱祐说道:"两位贤弟请陪三弟去宛城走一遭。千万小心谨慎,注意安全。"

刘稷、朱祐上前拱手道:"小弟正求之不得,请伯升兄放心。就是拼上性命,小弟也要保证文叔的安全。"他们两人的武艺在众人中算是佼佼者,刘演命他俩去,可见对刘秀的关切。

情况紧急,不容耽搁,刘秀、刘稷、朱祐与刘演等人告别,刘秀叮嘱道:"请大哥切记,情况不明,千万不可轻举妄动。"

因为马匹奇缺,三个人连战马也没有。刘演把自己的黑龙驹让给刘秀,邓晨把赤兔马借给刘稷,樊宏也把心爱的桃花马交给朱祐。三个人装扮成行商,暗藏利刃。出了春陵,飞身上马,沿着官道,如旋风一般驰向宛城。

日头偏西的时候,三人便赶到了宛城南门外。刘秀远远地往城门口一看,不由大吃一惊,只见城门口的官兵比平日增加了一倍,而且个个刀剑出鞘,弓箭上弦,如临大敌。刘稷一看,失声叫道:"不好,官兵盘查如此严密,肯定是李氏兄弟举事失利。城内还不知怎么样，咱们连进城都成问题。"

刘秀勒住黑龙驹，仔细观察了半天，才道："看情形城内正在搜捕。进城容易，出城就可就难了。"

朱祐仔细一看，果然官兵对进城的人虽然盘查很严，还是放行了。但半天也没看见一个人出城。便道："咱们进城吧！"

刘秀忙阻拦道："还是小心为好，这三匹马太扎眼，就留在城外，咱们徒步进城。"

刘稷、朱祐表示赞同。三个转辔回来，把马匹寄养在路旁的一家客栈里，才再次进城。

守门的官兵对徒步而行的三人果然没太注意，只盘问两句，便放他们进城了。

宛城城内，完全不见了往日的繁华热闹，街道上冷冷清清，刘秀知道情况不对，赶紧找旁边的老者询问。这一问才知道，他们的计划泄露了，而且李通被抓，即将斩首示众。

刘秀听了，热血上涌，想不到李通一心匡复汉室，竟遭此大难。他强忍悲愤，告别老者。把打听到的情况告诉了刘稷和朱祐。朱祐一按衣内的短刀，愤然道："咱们马上去西市口，杀官兵，劫法场，救出李氏全家的性命。"

刘稷也满腔怒火道："李通、李轶一心复汉，不想遭此劫难，咱们不能见死不救。"刘秀压住二人，告诉他们千万不能轻举妄动，西市口一定要去。

这天，他们挤到人群中，仔细辨认，并没有发现李通。刚要退走，从监斩棚里走出了杀人如麻的梁立赐，人称梁剃头。百姓对他简直恨之入骨。

刘秀将此人默记在心。抬头看去，监斩棚又走出一个年约五十穿官服大冠的人，自然是南阳太守甄阜无疑。甄阜走上台前，满脸堆笑，双手抱拳，声音响亮，说道："各位父老乡亲，下官有幸破获李氏谋逆一案，实是仰赖陛下齐天之恩德。我宛城官民既是新朝子民，理当剖心沥胆报效陛下，尽忠于朝廷，恪尽臣民之责。可是有乱民如李氏者，不思君恩，悖逆纲常大义，密谋叛逆朝廷。今日得此下场，实是天不容他。南阳之民，是否还有像李氏一样，有不轨之心的么？就请刑场下看一看。胆敢悖逆犯上，图谋不轨，李氏一家就是前车之鉴。本官顺便说明一句，李氏一案，尚有主犯李通、李轶侥幸漏网脱逃，有知情的，举报官府，自有千金官位之赏。若知情不报，藏匿钦犯，罪同李氏，灭其宗族。"甄阜脸上的笑容凝固似的，声音阴冷瘆人。突然嗥叫道：

"时辰已到，行刑！"

刘稷、朱祐亲眼看着李通的家人被斩杀，又要冲上去拼命，刘秀紧紧拉住两人的手,低声而有力地说道:"小不忍则乱大谋,为他们报仇的时刻不会很远,咱们当务之急是回去报信。"

城内官兵的搜捕依然紧急。刘秀暗忖,出城肯定困难。眼见天色擦黑,三人便躲在一家客栈。等到夜深,方坠城而出。城外取了战马,连夜赶回春陵。

春陵正等得焦急,听李通全家惨遭不幸,八千子弟兵人人义愤,争相向柱天都刘演请战,原先怯惧的情绪不见了。的确,匡复汉室的第一役,流血的不是刘氏,却是李氏,足以令每一个刘姓人羞愤。刘良涕泪横流,合掌叹息道:"李通君子,李氏忠义。刘良惭愧,错怪李通。演儿,快下令兵发宛城,叔父就是舍去这身朽骨,也要为李氏一家报仇雪恨。"

刘氏族人被仇恨击怒,纷纷主张出兵宛城。刘秀从大局出发,建议联合绿林军。

刘秀话音刚落,樊宏、邓晨、朱祐、刘稷、臧宫等人纷纷表示赞同。刘演却道:"新市兵、平林兵不过是山野贼寇,为新朝不容,起兵反莽。我春陵汉兵反莽为的是匡复汉室,岂能与他们同流合污。"

刘良也道:"演儿说得对,我刘氏岂能与贼寇共事。"

刘秀耐心劝说道:"匡复汉室虽然是我春陵起兵的宗旨,可是不反莽何能复汉。绿林军举义旗,反王莽,天下归心。同样是反莽,为什么不可并肩作战共击新朝?何况目下形势危急,合则共享其利,分则皆受其弊。甄阜、梁立赐就是不希望咱们兵合,以利他们各个击破,逐一剿灭。"

一番话,合兵之利,清清楚楚,众人纷纷表示赞同。刘演只得道:"既如此,便请三弟速往随州、郢州,说动两家合兵,共创大业。"

计议已定,刘秀来不及歇息,又要起程。刘稷、朱祐又要跟随,刘秀笑道:"两位是刚猛之将,冲锋陷阵不在话下,可是这次不是去打仗,还是请嘉兄同去为好。"

刘嘉行事一向稳重,武艺也不错,听到刘秀点到他,欣然同往。两人稍作装扮,便跳上战马,往南奔驰。

春陵距随州,近四百里,两人抄近道,急行如飞,赶了半天一夜,第二天辰时,总算赶到随州地界,已是人困马乏。在马上草草吃点干粮,强打精神,继续赶路。刘秀四下张望,见前面山峦起伏,行人稀少。暗忖道,随州已在平林兵手中,这一带也该有平林兵活动,怎么才能跟他们联系上呢?

两匹马缓缓进山,因为赶了一夜的路,马也乏了,两人不忍心再急赶了。抬头往山上看,但见树木葱葱,似乎藏有千军万马。刘嘉担忧道:"如此险地,恐怕会有盗贼出没。"

刘秀笑道："随州尽为平林兵所有，就是有人埋伏，也是平林兵无疑。咱们正愁找不着他们呢！"谁知，他话音刚落，忽然感到马往下沉，黑龙驹也知道不妙，奋力往上跳。可是晚了，只觉得脚下发空，"扑通"一声掉进陷马坑里。

刘嘉紧跟其后，一见大惊，慌忙拨马躲闪，谁知马蹄刚踩上路边的草地，也是"扑通"一声掉了下去。

刘秀知道中了埋伏，急也没用，干脆耐心等着。不多时，就听见杂乱的脚步声传来，有人叫道："又抓住两个奸细！"

"哈，交给渠帅，便是奇功一件。"

紧接着，有两只挠钩伸了下来。刘秀不等挠钩钩住自己，便用双手抓住。上面觉得钩住了，便用力往上提。刘秀刚露出坑口，就被几个衣衫破旧的汉子摁倒在地，用绳子捆了。紧接着马匹也被钩了上来。回头看，刘嘉也被另几个捆了。

刘秀细心观察，猜测可能是平林兵。便不慌不忙地问道："请问你们是什么人？大天白日竟敢劫道岂是君子所为？"

一个小头目模样的人冷笑道："告诉你，我们是平林兵，专门在这儿抓奸细，怎么算劫道。再敢胡说，小心你的狗头。"

刘秀大喜，忙道："平林兵弟兄，我们不是奸细，是专门来找你们渠帅，共商大事的。"

"呸，还敢嘴硬。瞧你们这身打扮，不是新朝狗官，就是豪强地主。待会见了我们大人，自会有你的好看。"

刘秀哭笑不得，低头看看自己身上，衣服落满灰尘，经汗水浸透，又涩又臭，哪像官宦人家的打扮。不过，比起平林兵身上的破旧的衣衫，还算得上奢华。

几十个兵卒押着刘秀、刘嘉，牵着马匹，沿着盘旋而上的小路上山，走了小半个时辰才爬到山顶。山上只有一座简易的山寨依山势而建，几百名兵卒正在树下习练武艺。小头目看了两人一眼，对手下吩咐道："好好看着，别让他们跑了。我去禀报安集掾大人。"

小头目进了山寨，没多会儿就回来了。一脸的阴笑，说道："我安集掾大人说了，先打一百军棍，再行审问。来人，给我打。"

两旁的兵卒二话不说，按倒刘秀、刘嘉，举棍就要打。刘秀一看要吃亏，自己挨打，受点委屈事小，见不着平林兵渠帅事大。心里一着急，忽然想起了刘玄。刘玄杀了游徼的当晚，刘秀亲自送他出了舂陵，刘玄就说过要去投奔平林兵，这时候说不定真的就在平林兵当中。想至此，他突然大声喊道：

"刘玄刘圣公何在,我们从春陵而来,有急事相告。快带我们去见刘圣公。"

手举大棍的兵卒一听,慌忙扔了棍子。小头目吃了一惊,忙问道:"你们真是从春陵而来?"

刘嘉不耐烦地道:"这还能有错。我们是来找你们渠帅商议大事的,你们这么做,岂是待客之道?"

小头目赶紧松绑。忽听身后有人问道:"刚才抓来的奸细在哪里?"

刘秀听出是刘玄的声音,抬头一看,见寨门前站着一名平林兵将官,正是刘玄。忙惊喜地叫道:"圣公兄,我们在这儿!"

刘玄走过来定睛一看,认出二人。慌忙上前拉着两人的手激动地说:"文叔,嘉哥,你们怎么会来这里?"

刘秀道:"一言难尽,还是进了山寨再说吧!"

"对,对。"刘玄这才想起自己是主人,忙殷勤地邀请二人进了山寨,来到大厅。刘秀把此行的目的说了一遍,最后说道:"请圣公马上带我们去见平林、新市渠帅早定大计。"

刘玄闻听大喜,道:"想不到伯升兄这么快就起兵了。刘玄无能,在平林兵中只做个安集掾的小官,也帮不上大忙。不过,平林、新市兵势单力薄,难以对新军展开大的攻势。两家渠帅也许有合兵之意。平林渠帅陈牧就在随州,我带你们去见他,晓以合兵之利,也许他会考虑的。"

刘秀、刘嘉心系春陵,不敢耽搁,立刻就要动身。这时,从后房走出一名二十来岁的秀丽女子,对着刘玄嫣然一笑道:"相公,妾身听说春陵来人了。"

刘玄笑而不答,却向刘秀道:"文叔,你看她是何人?"

刘秀莫名其妙,仔细打量着那女子,觉得有些面熟,却想不起在哪儿见过。只得摇摇头,刘玄有些失望,说道:"文叔还得么?当年你我去新野卖谷,在酒店里遇着一个豪饮女子……"

"韩氏女?"刘秀忽然想起,脱口而出叫道。

"不错,正是小女子。"那女子上前,给刘秀、刘嘉道个万福说道,"我兄长韩虎硬逼我嫁给了当时的新野游徼屠天刚做妾。可是屠天刚生性暴戾,根本不把我当人,非打即骂。后来圣公逃避官兵追捕,躲入屠天刚府中,我把他藏入房中,躲过官兵的搜捕。再后来,我们就逃离都尉府,投奔平林兵。"

刘秀听明白了,忙上前施礼。

"原来是嫂夫人,小弟有礼了。"

刘嘉着急地道:"此时不是细谈的时候,咱们速去随州要紧。"

刘玄知道他们心里有事,忙与夫人匆匆告别。三人出了寨门,上了马,如飞一般驰骋,不过一顿饭的功夫,便赶到随州城外。因为有刘玄带路,诸事顺利。两人顺利地见到平林兵渠帅陈牧,正巧新市兵渠帅王凤也来随州与陈牧商议军情。四人围坐在一起,谈起合兵之事。

铁匠出身的陈牧人高马大,脸色紫黑,说起话来,直来直去。粗大的嗓门说道:"春陵刘氏,那是汉家皇族。瘦死的骆驼比马大。再穷也少不得吃穿,为啥非要拎着脑袋反王莽?"

刘秀笑道:"如今是新朝天下,我刘氏没有了那分尊贵。跟平民百姓一样受尽新朝的欺压豪夺。祖宗留下的那点儿家财,支撑不了几年。趁着还有点家底可以充作军资,不如跟天下豪杰一道起兵反莽,也算我刘氏为天下百姓出点力。"

"刘公子说话,果然痛快!"陈牧拍手称赞。

与陈牧相比,新市兵渠帅王凤讼师出身当然要儒雅得多。他审视刘秀二人,道:"春陵刘氏,汉室宗族。今王莽篡汉,身为汉室子弟,你们不会甘心吧。此次起兵,是否有复兴汉室之旨?"

刘秀笑道:"我兄弟孤陋寡闻,才疏学浅。此次起兵实在是官家所迫,求一条生路罢了。至于复兴汉室,需我宗族中才识非凡的人才能实现,我弟兄眼下倘不敢有此奢望。自古天下,贤者居之。王莽暴虐,神人共愤,天灭新朝为时不久。豪杰并起,渠帅也可称王。关于天下归谁,自有天命,非人力所能为。眼下我们共同的敌人就是新朝王莽。合兵之利……"

"合兵之利不屑细说,我们自会明白。"王凤打断了他的话,看了陈牧一眼道。

刘嘉惊喜地道:"这么说两位渠帅愿意兵合一处。"

陈牧大笑道:"兵合一处,将打一家。傻瓜也会懂得这个道理。"

王凤站起,走到张贴着地图的屏风前,道:"我们两家早有合兵之意。现在,请两位一起商议具体的作战方案。"

刘秀、刘嘉相视一笑,一夜的奔波总算换来了满意的结果。

秋风瑟瑟,原本生机盎然的田野一片荒凉,枯枝败叶在风中飘舞,风声从树梢间发出呜呜的凄鸣,仿佛一切满是哀伤地奄奄一息。顷刻间冲进家门,刘演在前,刘秀兄弟前脚踢着后脚,一阵风冲进厅堂后边的内室。未进门大家不约而同喊一声:"娘!"

樊娴都躺在病榻上,正安详地闭目静养。唯有此时,她那柔弱而操劳不息的身躯犹如婴儿般沉静,那祥和的表情仿佛正沉浸在淡淡的喜悦中。经过了一辈子的风风雨雨,在多少次艰难的动乱和挫折面前,她从未畏缩,始终心平气和地面对,默默无闻地料理着家中的大小事情,面对生活的种种磨难,她用隐忍化解了一切。而今静静躺在花费了多半辈子心血来操持的繁大家业中,她如同波涛汹涌汪洋大海中一叶沉静的扁舟。

刘家众兄弟在大哥带领下,一头扑到母亲榻前,铁血汉子们此刻再也坚强不起来。刘演抬起脸来看看平日如此熟悉的娘,才几天没见,而此刻却似乎有些陌生。他的心如刀绞般疼痛,心中有千言万语又如何吐得出?滚烫的眼泪在他沙尘满面的脸上冲出两道泥沟。

樊娴都听到响动,挣扎着侧过身子。望着盈满泪水的刘演,嘴角费力地微微翘起,枯槁的手臂已大不如前灵活,微微向这边伸来。刘演领会母亲的意思,上前挪动着,伸手紧握住母亲那印证着几十年来沧桑变化的枯叶般的手,直起腰身,用粗大的手掌,轻抚母亲那布满皱纹的额头。作为家中的长子,刘演虽然性情不是很细腻,但他眼前分明闪过一丝悲伤:那曾经如瀑的青丝转眼间如何染上一缕缕清霜。

刘秀传
LIUXIUZHUAN

第七章

春陵刘氏忍痛发兵　长聚战刘氏获捷报

　　刘秀就跪倒在大哥身后，他的心在无声地滴血。看着母亲那温和而深邃的双眸，他无比惭愧，为成就大汉祖宗的基业，母亲在背后不知做了多少牺牲，她在丈夫在子女面前贤淑勤俭，任劳任怨，积极开导子女，以身作则，家事国事同等对待；而在人后，她不得不独守空房，多少年来，从未享受过天伦之乐，反而为了能让儿女们有个可以发展的良好环境，她宁愿带病跟随子女四处奔波，其中苦痛又有何人体谅？想到这里，刘秀抑制不住懊悔自责，上前一步，趴在母亲身边泪如泉涌般号哭起来。刘秀这一哭，刘演也忍不住哭出声来，其余兄弟顿时也抽噎成一片。

　　刘秀的母亲樊娴都叮嘱了儿女几句，便永远地闭上了眼睛。刘氏子孙跪倒床前，哀声一片。

　　众人的哀痛尚未平息，平林兵和新市军都派人来联络，战事紧逼到眼前。在这非常时刻，大家匆匆商议一下，不得不紧锣密鼓地匆忙张罗樊娴都的丧事。在临时搭建的灵堂前，刘演、刘仲、刘秀、刘黄、刘元、刘伯姬几个兄弟姐妹，长久地跪立着，几天来的悲痛，已经使大家欲哭无泪，大家只是默默地沉静着，一任历历在目的亲情往事在思绪中飞扬。

　　站在近旁的樊宏却是踟蹰不安，倒背着手来回踱步。妹妹的去世，他自然哀伤，但毕竟是年长许多，他更清楚逝者长已矣，而要紧的是如何应对眼下时局。不过见几个外甥个个悲伤憔悴，本来想把自己的意思给他们讲清楚，可又不忍心打扰他们那份诚挚的孝心。

　　正当他焦虑不定时，一个士兵跑入灵棚内，先跪在刘演身后，给太夫人跪拜一下，随即小心翼翼地禀报："将军，新市军、平林兵都派人来报信，说他们大军已经向新军营寨移动，请将军如约带兵前去接应。请将军训示，迅速发兵。"

　　正满面悲伤无精打采的刘演闻听这话，登时来了精神，霍然挺立起身子，满脸坚定地沉吟一下，欲言又止。刘秀就跪在旁边，听得清清楚楚，也立

刻跳起来，目光热切地看着大哥，等着他发号施令。

但刘演双拳紧握，咬着牙沉思一下，犹豫不决地像是对周围的人，又像是自言自语地缓缓说："娘亲辛苦一辈子，特别是近来，闹腾着起事，害得她老人家也跟着担惊受怕，临了也没享上一天福。按说咱们应该守孝三年才是，即便眼下形势危急，也不能把娘扔下不管吧?!"说着这话，对娘的愧疚之情愈加热烈，眼泪不觉又涌了出来。刘秀等人见大哥这样说，自然不敢再辩解，只得陪着流泪。

樊宏站在旁边，见此情景，原先的焦虑之感顿时化为激愤，大踏步走上来厉声呵斥说："演儿，没想到你竟然这么糊涂！舅舅算是看错你了！大战在即，你也不想想孰轻孰重，不要为捡芝麻而丢了西瓜！你方才也说了，你娘这些日子担惊受怕，她到底为了什么，还不就是为了眼下你干的事能成功?! 你犯糊涂不要紧，这么多将士的性命都掌握在你的手上啊！你有娘，他们难道就没娘?! 你为你娘尽孝心耽误了大事，他们就得因此而丢命！你想过没有，他们的娘到时候是什么心情?!" 口气凌厉地说出这番话，见刘演面红耳赤地低下头，樊宏也觉得指责得有些过分，便缓和了一下语气，"你娘的丧事，你们兄弟不必操心，一切由我和你叔父代办。我想，九泉之下你娘一定能谅解你，不但谅解，还会高兴。"刘演听樊宏这般训教，仿佛被人狠狠掴了一个耳光，从里到外火辣辣的，马上起身冲向帐外。刘秀兄弟也跟在后边，临出灵棚时向樊宏作了长长的一揖，意思是就拜托舅舅了。

樊宏这才赞许地点点头，恢复了平日的慈祥，挥手催他们上路。听渐趋渐远的马蹄声和扬鞭声，樊宏安心地长舒了一口气，却再也抑制不住，任凭眼泪哗哗地流了满面。

刘演率领众兄弟赶赴营地，立刻召集八千子弟兵集合待命。大家都知道刘家主母新丧，悲哀气氛中，士气反而别样高涨。刘秀知道，这就是哀兵必胜的道理。他想，娘为他们付出的实在太多了，就连她的去世，也要为自己的事业增添一点力量。这样一想，他就忍不住要心酸。

柱天都部刘演一举令旗，应者云集，舂陵子弟兵八千人马浩浩荡荡地向长聚方向急进。在人马杂沓的急行军队伍中，最引人注目的便是刘秀。众位大将都有自己的坐骑，实在没有坐骑的，便和士兵一道徒步前进。唯有刘秀，骑着那头险些丧命，两天后又回到家中的大黄牛，夹杂在队伍中，像模像样地要冲锋上阵。

众将士见刘秀和那大黄牛在军中简直是鹤立鸡群，特别显眼，一个个都忍不住哄堂大笑起来。就连主帅刘演，见弟弟与那黄牛的"完美"结合，想起他平时也就说说，没想到竟然真的要骑牛上阵了，也禁不住抿嘴笑起来，哀伤心情倏忽缓解许多。

刘秀见大家看着自己发笑，知道他们想什么，并不介意，爱惜地抚摸着大黄牛肥厚的脖子，等大家笑过劲了，便咳嗽一声清清嗓子，郑重其事地向大家讲述说："诸位别笑，这黄牛来得不容易啊，辛苦耕作流了无数身汗不说，就是上次，它一高兴，冲进苏伯阿的仪仗队伍中，被羽林军砍了十几刀，竟然能死里逃生，捡回这条牛命，后来又自己血淋淋地跑回了家，也算古今少有的一大奇事吧！看来这大黄牛命大必然福大，我就骑上我这个老伙计，到时候大家就知道了，它的劲头，不会亚于各位将军的火龙驹。"

刘稷听刘秀侃侃而谈，况且有些事情是自己亲眼所见，按捺不住激动，赶忙抢过话来："文叔的话没错。当年黄飞虎骑五色牛冲锋陷阵，帮助西伯侯姬昌打下周朝天下，道家祖师李耳骑着一头青牛，得道成仙，名载汗青。如今文叔骑牛上阵，说不定也能建功立业，名留史册呢！"话音刚落，又是一阵哄笑，不过这次笑声里充满了善意，大家纷纷交头议论，说刘秀真是奇人奇事碰到了一起，说不定将来要做出什么更奇的事情呢！

正兴意盎然地边走边议论，走在军队前面的探马快马加鞭地赶回来，一直冲到刘演面前，拱手禀报："禀刘将军，前面五六里发现有大队新军，人数约有一万人。"这是他们自起事以来，第一次正儿八经地遇到新军，空气顿时紧张起来，大家都不说话。刘秀催牛上前，走到一个土坡上，手搭凉棚登高而望，果然看见不远处烟尘腾起处，一片军旗高扬，黑压压的军马夹杂着尘土浪涛般涌来。

略微看看，刘秀心里疑惑起来，按计划不应这么早就和新军相遇的。难道是新市兵、平林兵追堵不利？这是舂陵汉军与新市兵、平林兵第一次配合作战，长聚又是第一战场。如果这次作战失利，将会影响全军上下的锐气，后果必将很严重。可是敌人已经出乎意料地出现在眼前，怎么办？

而当前形势已不容刘秀再作周全的规划，他急中生智，脑子里迅速转个弯，索性就把现在的突变当成原先的作战计划，在尽可能短的时间内调动士气，冲锋上阵。

想到这里，刘秀调转牛头，先看一眼大哥，然后面对八千军士，大声喝令："我们和友军已经按计划把新军围困到这里，咱们要斩灭新军，开个好头。来呀，擂鼓进军！"

隆隆战鼓骤然间震天敲响，众将士在舂陵长期演练，早已是蓄势待发，浑身力气着急地要发泄出来。战鼓声响彻天宇的时候，更使他们热血奔涌，齐声呐喊着，加快脚步冲了上去。

新市兵、平林兵本是在新野抵抗新军。但甄阜、梁丘赐早已做好防备，

增添许多兵力,这就使得兵力相对不足的新市兵、平林兵无隙可乘,只得另想办法。随着战争情势的推移,要和宛城,新野一带的新军决战的局面越发明朗,生死角逐一触即发。战场也由新野开始转移至长聚。长聚是战略要地,聚积着大量军用物资,所以这一战万分关键。因为时间紧迫,新野尉冯正劲临时调动新野官兵与游徼韩虎,共同增援长聚。按他的计划,要在长聚抓住叛军的主力,一举消灭掉。而令冯正劲没料到的是,他们杀奔长聚,没有和平林兵、新市军交手,倒先碰上了春陵刘家兄弟。

两军对垒,既是武力的较量,更是斗志的拼搏。新军中的士兵,大部分都是强拉硬拽来的,大家本来就满腹怨气,又担心家中老小的安危,处处弥散着颓丧的气息。颓丧的新军在长官的威逼下,被动地挥舞着矛盾,岂可与英勇的汉军相匹敌?刚交手没多大工夫,眼看新军兵力人数虽多,却节节败退。

冯正劲本以为凭借宏大的气势定能压过汉军,不料形势突变,连他也弄不清楚,眼前这些人马,到底是平林兵还是新市军,为何比以往更加勇猛?但此时已不容他再重新调度,后备军被其他反贼军队拖着,又跟不上来,没办法,他只好硬挺着不要命地杀将过去,尽量挽回不利局面。

刘稷、朱祐对冯正劲总与春陵刘家作对,早就怒火中烧,这次岂可放过杀敌的好机会?但刘稷和朱祐没有坐骑,而冯正劲人高马大,来往冲突动作迅速,因此很容易对付他俩,连碰几个照面,竟没占到丝毫便宜。见对冯正劲久攻不下,刘秀在旁边瞥见,暗暗发急,正想三下两下解决掉一个和自己纠缠的兵卒,冲上去来个三打一。不料,就在这关键时刻,他的大黄牛又不听使唤了。事先刘秀并没考虑到,大黄牛虽然有天生蛮力,而且和自己配合很是默契,但它并没有参加过战阵演练,在战场上没有经验。看到人山人海地聚成一堆,大喊大叫,杀声震天,不知道发生了什么,胆胆怯怯地有些畏缩,对冲上来的人马左闪右躲,不管刘秀如何费力地鞭打,牛的犟脾气始终如一,就是不往人群中钻。

眼看冯正劲越战越勇,手中长矛轮起来如风车一般,刘稷、朱祐二人越发不是对手。冯正劲交战中,见汉军势大,甩开二人,就要突出重围。再不上手,冯正劲就要跑掉了,若是他这次跑掉,不但以后很难有机会再对他围困攻击,而且这样一员猛将,对汉军以后肯定是个很大的威胁。焦急之下,刘秀迫不得已,对心爱的大黄牛下了狠心,咬咬牙一刀戳进黄牛尾部。大黄牛冷不丁挨了主人一刀,顿时被惹急了,哞的一声长啸,不管前方有人没人,不顾刀光剑影在眼前晃动,低下脑袋,直冲过去。

刘秀紧紧抓住大黄牛犄角,眨眼来到冯正劲跟前。冯正劲正和刘稷、朱祐厮杀得聚精会神,猛不防眼角余光中有个怪物横冲过来,吓他一大跳,还没等看仔细,刘秀已经贴到他跟前,手持大刀嘿的一声劈下来。血光迸溅中,冯正劲莫名其妙地已经身首异处。

"好啊,杀得好,简直像天神!"刘稷横刀兴奋地大喊。但刘秀来不及高兴,被大黄牛驮着依旧没命地继续向前冲,简直控制不住。这样下去,还不叫人一枪给捅下来?刘秀吓出一身冷汗,正不知所措,忽然看见前面有一匹青骊马,马背上的新军将领已经叫人拉下来杀掉。他赶紧抓住这个机会,在大黄牛即将接近青骊马时,双脚用力一蹬,纵身一跃,恰好落在那马背上。望着发疯一样跑开的大黄牛,刘秀长舒了一口气,又苦笑着摇摇头,转身向战场中心方向眺望过去。

形势对汉军越来越有利。刘家汉军虽然人数相对较少,但是个个如初见世面的牛犊,毫不畏惧,让硬着头皮应战的新军疲于应付,节节败退。就在这时,忽听不远处吼声震天,继而地平线上人头攒动,战鼓敲击声震耳欲聋,仔细望去,分明是平林兵和新市军的旗帜。

游徼韩虎见状大惊,不想原先被压制住的新市兵、平林兵怎么会突破围击,合拢了过来,这就完全打乱了自己和甄阜、梁丘赐合计好的各个击破的作战计划。一个汉军尚且对付不了,他们三家要是一合围,哪还有自己的活路?眼看战败已成定局,韩虎转过一个念头,还是先逃命要紧,于是调过马头就要逃跑。

然而堂堂将军,甲胄分外显眼,在万众瞩目下,逃跑谈何容易?韩虎略一有动作,他的想法立刻被刘演看出来。机不可失,刘演策马奔至韩虎面前,横刀立马,挡住去路。

"韩虎,现在你应该明白,你已难逃我汉军掌心。若早日投降,念你也是一条汉子,尚有条活路!"不等刘演说完,韩虎火冒金星,络腮胡须简直要倒竖起来,呀呀怪叫着。他嗤的冷笑一声:"睁开你的狗眼看看,我堂堂淮阴侯的后人,岂是你们破落子弟如今又是反贼之人所能比的?你们哪有资格和爷爷讨价还价,爷爷我今日宁可战死沙场,好歹总是正统朝廷的战将,也不会上你这贼船与你同为反贼!"

韩虎粗着嗓门,一口一个贼,刘演也是火暴脾气,怒吼一声:"你这不知死活的蛮货,那就别怪我不给你活路!死去吧你!"两人叫嚷着打马互相杀将过来,叮叮当当刀枪撞击,转眼一盏茶工夫,已经杀过了几个回合。韩虎除了蛮力大些,论武艺本来就不如刘演精湛,特别是此刻兵败如山倒,人心惶惶不安,韩虎难免分心,一不留神,挨了刘演一枪,扑通掉下马来。没等他翻身爬起,早被败退下来的自己人踩踏在脚下,眨眼间,堂堂新军大将成了

一摊肉泥。

主帅接连战死，又被两股势力夹在中间，新军逃无可逃，大家正好乐得解脱，纷纷扔下刀枪投降，归顺了义军。战事很快宣告结束。

这次攻占长聚，既快又狠，给了新军一记重创，同时，也使汉军势力大振，一扫先前犹豫彷徨局面，将领和士卒的战斗激情可谓如日中天。战斗告捷后，汉兵首领刘演和平林兵主帅陈牧、廖湛，新市兵主帅王匡、王凤、朱鲔、马武等人，在刘秀介绍下，相互抱拳相见，大家谦让着走进临时搭建起来的营帐中，商议下一步进军计划。

论起长聚之战中的功劳，刘演要算东道主了，他黑红色大脸庞上带着微笑，掩饰不住兴奋，目光炯炯地环视半周，满眼看到的各路将军，都是自己久闻大名仰慕已久的江湖豪杰，素爱结交朋友的他更是激动万分，也不客气，放开嗓门大声说："好，这回弄得好！早就听说平林兵和新市军两军势力威猛，果然是强将手下没有孬种！别的大道理咱先不讲，如今咱们能共同抗敌，我刘演万分荣幸，希望将来合作愉快，狠狠猛揍王莽狗贼！"

王匡忙起身客气地回答："哪里，哪里，将军言过了，我们这等无名小辈，还指望您多多关照。"其余众将领也纷纷附和着说："就是，就是，俺们说到底也是草民出身，比不上将军文韬武略，有什么指教，尽管下命令就是！"

看大家热情地七嘴八舌，刘演思忖一下，忽然面露难色，欲言又止。刘演知道，刚经过一场激战，应该趁此机会休息休息，养精蓄锐。但他又有个心思，眼下的情形是，战火还远远未尽，不过刚刚开始。新军虽然受了损失，其实并没消耗掉多少元气，他们说不定正组织更大规模兵力，前来四处围攻。而且，湖阳离长聚不过三十里地，既已攻下长聚，湖阳便是小菜一碟，自己放着娘的丧礼都不能在家，李通满门惨死，对王莽军恨之入骨，恨不得立刻将王莽身首异处。现在新军初战失利，应当给他一个措手不及，正是主动进攻湖阳的大好时机，刘演打心眼里不想错过。可是，自己毕竟刚和这帮义军朋友结识，客气话虽然说的好听，人家真能听从自己的意见吗？

正当刘演犹豫不定时，就听旁边一个声音说："刘兄的心思不用说我就明白。俗话说，救人救活，杀人杀死。要干就干个彻底，干个痛快。现在我看最要紧的还是再接着杀下去，一鼓作气，拿下湖阳，给咱们找个喘气的地方。再说，多杀几个新兵，比喝酒痛快得多！"

大家扭头看去，原来是一向心直口快的陈牧，他说着腾地从椅子上跳起来，挥舞着双手似乎立刻就要出发。众人听后略微一想，也纷纷点头称是。刘演这才长舒了一口气，暗想，文叔见解果然不差，这帮兄弟们个个爽直，还真是值得交往的朋友。这样想着，也就不再客气，站起身来胸有成竹地宣布说:"那好,既然大家一致同意立即冲锋上阵,我们就来部署下步的作战策略!"

得知接下来还有好仗要打,聚集在帐外的士兵们无不摩拳擦掌,赶紧动手开始紧张的筹备,谈及将来推翻新朝后,自己当家做主的日子,人人无不欣慰振奋,愁苦了多少年的脸上露出久违的笑容。在这样的好心情下,干什么都有劲。帐篷旁边,来回穿梭着急步前行的士兵,有搬运粮草的,也有收拢马匹的,大家虽已疲惫不堪,但必胜的信心鼓舞着他们,就连平素最胆小的人都意识到,要活下去,只有就此拼出一条血路。有人边干活边哼唱着:"漫漫烽火路,怎堪英雄回顾? 好男双手握乾坤,扶摇直上轩辕台!"

帐内气氛热烈而紧张,三路军马将领头一次围坐桌旁,指指点点地分析地形、地势,讨论着各条进军路线的利弊。

就在基本讨论妥当,只待发令时,只见一个小队长模样的士兵,满面通红地进到大帐里来,小跑几步,来到新市军渠帅朱鲔身旁,俯在他耳旁低语几句,然后起身,略带歉意地向其他将领深鞠一躬,退出帐外。

听他士兵说完话,朱鲔神情明显地咯噔一愣,却随即恢复平静,故作不慌不忙地笑着刘演,语气似乎淡淡而分明又满是不平地说:"刘演兄,听说这次长聚之战,你们出力最多,所以所缴获的财物统归你们春陵军所有,这是怎么回事?"

刘演大吃一惊,大战在即,最忌讳离德离心,朱鲔这话言辞虽不激烈,但处理不好,就会弄出尴尬局面。而战利品的分配,大家都还没顾上安排,这话从何说起? 飞快地一想,刘演立刻猜测出来,一定是春陵汉军不明大体,在下面私自吵嚷,结果搞出不大不小的内讧。

场面立刻静冷下来,大家的目光立刻集中到刘演身上,刘演极力保持镇定,正要对众人解释,身旁刘秀忽然慢条斯理地开口说:"朱将军这话就见外了,咱们三军既已合兵,就不必再分彼此,哪有什么你们我们的? 事情是这样,只因为了准备应战,春陵军提前设营地于此,地方比较宽绰,所以暂时保管,横竖咱们有个宗旨,有粮食大家一起吃,有银子大家一起花,各位将军不必担心。要不这样,春陵军要全体出动,全力进攻湖阳,那些战利物资就由新市军和平林兵的弟兄看管,咱们省得操心,也正好方便集中精力攻打湖阳,哥哥你看如何?"

刘演立刻点头:"那好,就这样办。把所有东西都交给平林兵和新市兵弟兄们,反正大家的东西,谁保管都一样。"

朱鲔听刘秀和刘演一问一答,从容自然,不觉赧然,羞愧地低下头来。王匡心机灵活,忙站起来推辞说:"刘兄误会了,其实我们别无他意,不过下边有人提出来，随便问问而已。既然如此，别的话也不多说，平林兵和新市军也会全力以赴，尽快攻下湖阳，再打他个漂亮仗。至于什么军粮银饷，些许身外之物，不必管它。"

刘秀立刻拍手叫好："王将军说得好！贪他一斗米，失却半年粮；争他一脚豚，反失一头羊。为了一点小误会而叫王莽偷笑，这样的蠢事咱们断然不会做。王将军做事情从小处着手，大处着眼，真是英明！"

听他说得这么利落，王匡高兴地笑了。

刘演拍案而起："好，那我们即刻发兵，进军湖阳！诸位多保重，咱们齐头并进，争取尽早凯旋！"

根据安排，刘秀和刘稷、朱祐为一路，率领一部汉兵，从侧面进攻湖阳。按照计划，他们的任务是先占领新军的粮仓，阻断其粮食供给，从而给其他进攻将领创造条件。此时三人领兵在前，身披锐甲，各骑威猛的坐骑，气势比长聚之战之前，顿时又浩大几分。

三人并排策马而行。刘稷在朱祐旁耳语："怎么样？看我们家文叔，当初他在田地里摆弄庄稼时，你还笑话过他呢！现在你看看，人家凭着实力，不但千军丛中手刃敌军大将，还用一头大黄牛换来一匹上好坐骑，比你这大胡子还要强几分吧！"

朱祐本是个粗鲁人，听完后信以为真，顿时面红耳赤，怒冲冲地大声说："好小子，你小看我！咱们走着瞧！"

刘秀就在旁边，见朱祐如此忠诚恳切，朴实得可爱，会心地一笑。但他忽然想到，眼下正是用人之际，万不可鲁莽，莽撞只会坏事。于是他佯作无意地悠然说："朱祐兄，你这口气，让我想起了当年跟着高祖打天下的樊哙，果然豪壮。不过现实情形却要胆大心细，虽然刚打一场胜仗，但咱们毕竟处于弱势，遇到事情一定要考虑全面，不能意气用事。如果真想证明自己，就来他个君子斗智不斗力，又何必冒那么大危险去非得拼命呢？"

朱祐虽然听得不是特别懂，他知道刘秀肚里道道多，说出话来肯定有理，庄重了脸色点点头。

再行进一段，湖阳已经遥遥在望了。前去打探消息的士兵回来禀报，说湖阳已经有很多戒备，似乎如临大敌，气氛很是紧张。刘秀不禁皱一下眉头，本想快刀斩乱麻，打他个措手不及，但现在人家既然已经防备，如何实施作战计划，就成了一个问题。是临时见机行事，还是不管三七二十一，按原先商议好的死打猛冲？他一时拿不定主意。

见刘秀踌躇，刘稷忽然诡秘地一笑："文叔，碰到难题了吧？嘿嘿，智者千虑，必有一失，愚者千虑，必有一得。你别说，这话还真有道理。湖阳有所警觉,我在出发时就料想到了。长聚一战,杀声震天,再说难免有漏网的逃亡士兵到湖阳报信,人家能不知道吗?不过也不要紧,你瞧,我已经想好了个对策。"说着附在刘秀耳边,说出自己的计划。

刘秀仔细听罢刘稷的计策,当即表示认可,可是又摇摇头叹口气。刘稷知道他是对自己的安全不放心,一拍胸脯,满是英勇气概地向刘秀承诺:"没事,我知道怎样保护自己。还不是你教给我的,遇到危急时刻,不管有天大的事情,保命是头一条。命都没有了,还能做什么?放心吧,我都记住了。你们就等着看一场好戏上演吧!"

刘秀这才勉强同意。刘稷得令,信心满怀,立刻把预先准备好的衣服从囊中取出来,迅速换上,黑衣帽红扎裤,俨然一新朝小吏,不仔细看,还真认不出真假来。临走时,刘秀递给他一把短柄利刃,让他藏在身上,以备不时之需。刘稷准备停当,冲大家挥挥手:"你们也赶紧做好准备,听我给你们发暗号,到时候叫你们知道什么是痛快!"

第八章

湖阳城刘稷杀县令　新皇帝盛怒谈边郡

刘稷告别众将之后,单枪匹马向前一阵飞奔,很快就到了湖阳城门外。只见湖阳城门紧闭,吊桥高挑,城墙上雉堞处三五一群地聚集着全副武装的士兵,正张弓搭箭地向远处张望。刘稷知道,一定是长聚之战新军惨败,湖阳新军打草惊蛇,顿生惧怕之心,加紧了防卫。他暗暗得意自己未卜先知,对胜利愈加有望。

虽然这样想,刘稷丝毫不敢大意,快马加鞭赶至城门下,隔着护城河和吊桥对城上的守军大声高呼:"喂,守城的弟兄听着,我是江夏派来的使者,有军情向县令禀报,军情关系重大,耽误不得!快让我进去!"

此时防守正严,人人绷紧着一根筋,上级再三地命令要严密防守,一只飞鸟也别放进来。黑云压城的情况下,谁敢有一丝马虎?但听城下的小吏说是江夏来的人,奉了上司的命令,耽误军情可是顶大帽子,谁也担当不起,又急慢不得。立刻有一人撒腿飞奔着前去禀明湖阳令。

湖阳令此刻正与都尉坐在衙门内,紧张而忧郁,商量着万一贼军从长聚直奔湖阳,这座孤城应当如何抵御?还没商量出个所以然,忽听兵卒报告说有江夏使者来联络,顿生狐疑:"在这紧要时刻,怎会有江夏来的使者呢?前两天不是就已经安排下来,说要各自为战,死守城池吗?难道先前的安排有变?或是这个使者有问题?"

湖阳令猜测着,不敢大意,立刻和都尉一起,随兵卒来到城墙上,手扶墙砖向下俯视,果见一个新军小吏在城门外等候。再穷极目力向远方翘望,一马平川的原野上,野草萋萋,林木幽静,一片风平浪静,并没有大军尾随的迹象。他这才略微放心了些,沉吟片刻下令说:"先把他放进来,如果真有诈,凭他单枪匹马,量他也不会折腾到哪里去!"

吊桥吱吱扭扭放下来,城门犹犹豫豫着闪开一条缝。刘稷见第一步如愿,立刻打马冲了进去。根据刘稷的计策,他也想到了,新军队伍如此壮大,想要直刺入其心脏谈何容易,况且其内部军事部署严密与否尚未明确,但不入虎穴,焉得虎子? 对此他做好了充分的准备。

进得城来,让一个士卒带上城头,湖阳令远远打量一下刘稷,半信半疑地问:"大战在即,江夏有何指令?"

看他装束,听他问话的口气,刘稷知道眼前这个半大老头就是湖阳令了。他做出谦恭而理直气壮的神情:"确如大人所料,近来战局有所变化,江夏方面作了紧急调整,每个县城都要做出同样变动。小人有一份紧急情报需面呈都尉大人。"刘稷说着似乎无意地上前一步,向湖阳令半躬着身子施礼。

湖阳令听他说到战局,敏感的神经顿时又紧张起来,眼睛看看都尉,都尉心里也着急,忘记了警惕。两人上前两步齐声说:"情报呢,拿来我看!"

"在这里,请大人过目!"刘稷一边继续躬身施礼,一边装出掏东西的样子。突然以迅雷不及掩耳之势,将准备好的匕首抽出。闪电般侧身转到湖阳令和都尉中间,先是不等两人看清自己手里是什么东西,准确无误地刺入了都尉的心脏,一匕致命。都尉来不及喊叫,瞪大恐惧的眼睛疑惑地看刘稷一眼,似乎怀疑事情的真实性,然后歪扭着躺倒地下。

事情实在太突然,几乎没人挪动半步,眼睁睁看着这一切,似乎和自己没有关系一般。趁着众将士兵卒没缓过神来的时候,刘稷已经迅速转身,将身旁的湖阳令抓入怀中,白光一晃,匕首横在他脖子上。

直到此时,大家才意识到发生了什么事情,众人发出声喊,正要仗刀枪上前捕杀,湖阳令的脖子被狠狠划了一刀,血顺着匕首往下滴。湖阳令本是一介书生,一向胆小怕事。见武官出身的都尉都让人家眨眼间杀掉,如何能经得起惊吓,早已手脚瘫软,屎滚尿流,赶忙低声下气地求饶:"你……你们,先闪在一边。好汉,是什么人? 意欲如何?"

"真人不打妄语,我乃春陵汉军猛将刘稷,今日特来取你等莽贼奸臣狗命! 识相的要活命的,就听爷爷吩咐,赶快下令撤出湖阳,免得怪我汉军不给你们活路!"

果然越怕鬼越有鬼缠身,贼军这么快就来了,而且还耍了诡计! 湖阳令心头咯噔一下,战战兢兢伸头斜视,却见城外一片寂静,顿时狐疑,但人家手中的刀子就在脖子上架着,又不敢有任何反抗举动。眼珠一转,软中带硬略带蔑视地说:"将军果然英勇,浑身是胆,下官佩服。但春陵汉军仅你一人,即便你杀了老夫,你自己也难出城,何必两败俱伤? 以老夫所见,倒不如大家坐下来,心平气和地谈谈将军有什么具体要求。你看?"

刘稷哈哈一笑:"你的意思我明白,你说春陵汉军仅我一人? 这样一来你便侥幸反守为攻? 哼,大错特错! 你仔细看看,要不了一时三刻,你手下

的兵卒便也要成汉军了!"说着鼓起腮帮子,连吹三下响亮的口哨。哨声激越,在空旷的原野上回荡。响声未落,但见城外树林里、草丛中、河沟下,突然冲出无数汉兵,眨眼间,汇聚成汹涌澎湃,呐喊着向城门下攻来。

见此场景,湖阳令早已吓得魂飞魄散,语无伦次地发出微弱的命令:"放刀投降,快!"说着身子软绵绵地委顿下去,再站立不起来了。

刘秀兵不血刃进驻湖阳。紧跟着,刘演率本部汉兵,陈牧、廖湛率平林兵,王匡、王凤、朱鲔率新市兵进了湖阳。

义军不费一兵一卒攻取湖阳,刘稷功不可没。刘秀兴冲冲地来找大哥,给刘稷请功。刘演仔细听完经过,点头赞叹道:"刘稷贤弟一向性情急躁,不想竟然粗中有细,赚取湖阳。功不可没。为示褒奖,赐封将军。"

弟兄二人正在商议下一步的进军方案,忽然朱祐神色慌张地跑进来,惊叫道:"不好了,平林兵和新市兵跟咱们春陵子弟兵打起来了。"

刘演、刘秀大吃一惊,慌忙问道:"发生了什么事?"

朱祐结结巴巴地道:"是……是这么回事……"

原来义军进城之后,兵卒冲进各个官署,搜出许多金银珍宝,新市兵、平林兵、春陵汉兵为分这些财宝,发生了争执。新市兵在绿林山,从背江背海贫瘠之地进入富饶的南阳郡,有生以来,从没见过这么多的财宝。就是平林兵,虽说都是南阳人,但大多是穷苦人家出身,也从没摸过这么多的财物。至于春陵兵,虽说是汉室宗族,但也是凡夫俗子,哪有见钱眼不开的。何况这次攻取湖阳,是刘稷功劳最大,汉兵理应多分一些财物。争执到最后,为争夺一箱赤色足金,春陵汉兵与新市兵、平林兵打了起来。当然,大家都有所顾忌,没敢用刀刃,赤手相搏。春陵子弟兵受过正规训练多少都有点武艺在身,新市兵、平林兵当然不是对手,吃了大亏。这一下,惹恼了新市兵渠帅朱鲔、王匡,立刻撺掇平林兵渠帅陈牧、廖湛,一齐对付刘氏子弟。朱祐见势不妙,才忙着赶来通报。当然,他只说新市兵、平林兵刁蛮无理,却不说汉兵的任何不是。

刘演听了朱祐一面之词,怒形于色,骂道:"新市、平林毕竟贼寇出身,禀性难移。如此下去,怎能诛杀王莽,匡复汉室。"

刘秀忙捂住他的嘴道:"大哥身为汉军主帅,不可轻言新市平林兵过失。大敌当前,以和为贵,千万不能因此引起义军内部争斗。大哥暂且留在营中,此事就交给小弟处置好了。"说完,他大步流星赶到出事地点。正在搏斗的春陵子弟兵见他来到,慌忙退到一边,瞪着眼怒视着新市、平林兵。朱鲔、王匡、陈牧、廖湛手按刀柄,也退到一侧,冷眼旁观刘秀对事件的处理。

刘秀走到跟前,挨个扶起倒地的新市、平林兵卒,语带歉意道:"绿林军兄弟们,刘秀有错,约束部下不力,得罪诸位,刘秀在此赔礼了。"说完,深深地一鞠躬。

新市、平林兵见汉军主将给自己赔礼,心中很是羞愧,忙低头退到一边。刘秀走到子弟兵面前,温厚谦和的神色不见了,严正的目光冷冷地扫视众人,无比痛心地质问道:"你们是高祖子孙,汉室宗族。如今,王莽篡汉,宗庙被毁,天下尽失。试问天下有多少城池,多少金银财物都被强行霸占。你们怎么不去争、去抢?在这里与助我们起兵反莽的穷兄弟争夺,不觉得羞耻,愧对祖宗么?"

刘氏子弟被训斥得羞愧交加,低头不语。一声不响地把那箱赤金和所有财物送到新市、平林兵的面前。

人怕敬,狗怕横。满腹怨气的新市、平林兵将士都被刘秀宽厚大度深深感动,纷纷揖首请罪,道:"愿听刘三将军差遣!"

刘秀的做法,使朱鲔、王匡、陈牧、廖湛大为意外。朱鲔羞愧地道:"刘三将军雍容大度,君子之风,令朱某汗颜。"

刘秀平静地一笑道:"三家合兵,就是一家,何分彼此?宗族失礼,理应约束。朱帅切莫在意。柱天都部正欲兵进棘阳,请诸位英雄一同商议军情。"

众人入帐,参议军情。刘演见前嫌尽释,放下心来,道:"棘阳城小,守兵不足千人。我军宜速战速决,威逼宛城。诸位英雄以为如何?"

平林、新市渠帅都赞同刘演的意见。朱鲔为挽回新市兵的面子,主动请战,道:"合兵以来,汉兵战长聚,取湖阳,连战皆捷。我新市兵却寸功未立,很是羞愧。棘阳就交给我新市兵来攻。"

刘演和众渠帅点头同意。朱鲔于是尽发新市兵,向棘阳压来。棘阳守将岑彭,登上城头,率城中所有新军,严阵以待。新市兵勇猛顽强,奋力攻战,但都被岑彭一次次打退。激战半日,新市兵仍围在城下打转,进不得半步。

朱鲔大怒,亲自带一支敢死队,搭起云梯攀援而上。可是,城头上突然射出一排火箭,云梯被烧着,吓得他赶紧跳到地下。这时攻城的士兵又一次被城上的擂木、沸汁击退。

刘演、王匡、陈牧、廖湛等义军首领亲临城下观战。见天色已晚,刘演道:"棘阳城小兵少,想不到竟如此难以攻取,请招回朱渠帅,另谋良策。"

朱鲔无功而返,满面羞愧。刘演安慰道:"新市兵将士打仗不是不勇猛,可是棘阳守将岑彭不但熟知兵法,擅长攻守,而且,为官清正,爱兵如子。城中军民同仇敌忾,朱帅无功而返自在情理之中。现在大家聚在一起,共同商

议是否有破城妙计。"朱鲔心中稍安,坐回原位。义军将帅各抒己见,争论不休。但商议了半天,也想不出更好的攻城计策。这时,汉军末座站起一人来,大声道:"柱天都部,各位渠帅,在下有一计,不知可行不可行!"刘演举目一看,是大妹夫棘阳人田牧。田牧跟随春陵起兵,夫人刘黄为侍奉公婆,在料理完母亲的丧事之后,回到棘阳家中,现在不知情况如何。

王匡、王凤看了田牧一眼,含笑道:"田将军有何锦囊妙计,尽管说来。"

田牧揖首道:"在下是棘阳人,城中宗族、故旧很多。在下想连夜潜入城中,招集家族、故旧,突袭城门,放大军入城。棘阳便为我所有。"

王凤、王匡大喜道:"这倒是一条妙计,可以一试。只是田将军单身入城,多有危险。"

田牧道:"谢两位渠帅牵挂。不过,行军打仗,哪有不冒风险的。请渠帅放心,田牧自有应对之计。"

刘演也表示同意。田牧换上夜行衣,带上飞抓、兵刃告别众人,消失在茫茫黑夜中。朱鲔率新市兵,马衔枚,人蹑足,悄无声息地赶到城下,埋伏起来,眼睁睁地望着棘阳南城门。

天近丑时,城上果然发出火光信号,紧跟着,城门大开,朱鲔一马当先,冲进城去。新市兵紧跟着冲了进去。

棘阳城内,守城的新军见义军突然从天而降,吓得到处逃窜。朱鲔会合田牧族众往棘阳衙署杀来。

岑彭从梦中惊醒,望见城内火光冲天,杀声阵阵,知道大势已去。所幸妻儿都在宛城,他赶紧上马托刀,从北门杀出一条血路,逃命而去。

旭日东升,义军大队人马进入棘阳,刘演和诸位渠帅聚在一起,计议为田牧族众和立功的新市兵将士论功行赏。正在热闹之时,又有喜讯传来,叔父刘良料理完樊夫人丧事,率领族众与新野阴识一起来追汉军。

刘演、刘秀率家族亲往城门口迎接刘良和阴识。刘秀看见阴识,自然想起心爱的阴丽华,新野一别数年,丽华现在怎样了。是不是像他想她一样想念自己。多少个不眠之夜,刘秀都在默默地思念着新野的情人,有时竟有一种冲动恨不能立刻飞到阴丽华身边,向她求婚,娶她把她接到军中。可是,军务繁忙,生死难料。何况,自己这个将军的头衔还是自封的,距离复兴汉室还很遥远。不符合丽华择婿的誓言。

心有千千结的刘秀不便向阴识问起阴丽华的情形,只得殷勤地招待这位未来的郎舅。

义军进战皆捷,军威大振,士气高昂。刘演与诸位渠帅商议,决定乘胜进兵,威逼宛城。大军稍作休整,便倾营而出。旌旗招展,浩浩荡荡,义军斗志高昂地向宛城急进。

冬至刚过，长安显得格外寒冷，但是人们的心里比天气还要冷十分。天下纷乱，灾害频频。往日繁华热闹的长安城不见了。大白天街上冷冷清清，少得可怜的行人也是匆匆而过，生怕在外面多待一会儿，便会有灾难突然降临。两旁的店铺生意冷清，店主无精打采地打着盹儿。

但是，作为新朝的京师，长安总有它的热闹之处。未央宫外，彩旗飘扬，鼓乐齐鸣，排列整齐的羽林军，从宫门口一直排到前殿。不，是王路堂，新朝皇帝登基后，改前殿为王路堂。居住在皇宫周围的百姓耳听鼓乐之声，站在窗口前向皇宫方向张望。

未央宫今天来了位不同寻常的客人，匈奴右骨都侯须卜当。王莽一向痛恨匈奴反复无常，骚扰边郡，不惜耗去大量军资，派遣重兵多次进击，都没多大成效。痛恨匈奴深切的新皇陛下为什么突然如此礼遇匈奴使者？不仅寻常百姓不明白，连前往宫门迎接须卜当的大司马严尤和和亲侯王歙也不解其意。

严尤年逾三十，官至大司马，可见深得王莽宠爱。但此时的他毫无矜持之意，脸上却带着忧虑之情。他刚从进击匈奴的前线归来，便被王莽派来迎接自己战场上的敌手，心里总觉得不是滋味。

匈奴右骨都侯须卜当一身胡服装首领装扮，可是，相貌言谈举止与中原汉人一般无二。他是王昭君的儿子。汉元帝时，匈奴呼韩邪单于朝汉到长安请求和亲，元帝为平定边患，以宫人王嫱（字昭君）为义女嫁给单于为妻。汉匈从此四十年没有发生战争冲突。

严尤、王歙率众官员自来到宫门外，须卜当正等候在那儿，望见新朝皇帝的隆重之礼，心生感激之情，忙面带谦卑之意，趋步迎上。

严尤望见匈奴来使是须卜当，心中对匈奴的仇恨稍解。因为须卜当在匈奴右部，也许他的身上流淌着汉人血液的缘故，匈奴右部从不侵扰新朝边郡，还常把匈奴单于的消息通报中原。严尤对匈奴作战的胜利就得到过他的帮助，此时相见，自然心存感激。何况，人家又是皇上的座上客呢。严尤疾步上前，用胡人礼节向须卜当施礼道："欢迎右骨都侯驾临我朝，严某奉陛下之旨，特来迎接尊驾！"

和亲侯王歙是王昭君的侄儿，与须卜当是姑舅表兄弟。便施礼笑道："右骨都侯贤弟，我天朝陛下正等着您呢，请随我们进去吧！"

须卜当以胡人最尊敬的礼仪向两位新朝官员致以谢意，谦卑地道："卑远小使，仰慕天朝，特来谨见。今受天朝如此礼遇，真是感激不尽。"

严尤跟匈奴人打交道多年，素知匈奴人粗犷剽悍的性格，像须卜当这样

柔顺知礼的匈奴人，还没有见过。便和王歙来前引路，三人趋步走进宫门。

王路堂内，王莽衮衣旒冕，端坐正中，宫娥、黄门执屏扇仪仗身后侍立。须卜当由小黄门引领来到丹墀之下，按中原礼节行三跪九叩首之礼。

"卑使叩见大新皇帝万岁！万万岁！"王莽哈哈大笑，道："匈奴小帮，如今也承认我大新天朝，早知今天，何必当初呢！"

新朝始建国元年，王莽派遣使者赴匈奴通报其受命代汉文状，改换"汉匈奴单于玺"为"新匈奴单于章"。可是匈奴单于对改"玺"为"章"，去"汉"加"新"表示不满。并趁机寻衅，派兵侵扰新朝边郡，挑起战争。王莽为宣扬国威，多次遣心腹之将率兵抗击。可是匈奴骑兵飘忽不定反复无常，新军将士进攻，收效不大。而二十万兵马陈兵边郡，耗费大量粮饷、军资，使边地百姓不堪忍受，纷纷逃亡。而且，匈奴单于生性狡诈，多次明里与新朝和好，接受朝廷册封，暗里依旧骚扰如故。王莽故有此言。

须卜当一听皇上提起以往，慌忙诚惶诚恐地道："偏卑小邦，归降中原，为的是企求大国的呵护和恩赐，一向不在意天朝是汉还是新。今陛下对卑使礼遇如此之高，匈奴何敢不敬新朝！卑使此来，就是向陛下奉献薄礼，以表敝邦对新朝陛下的仰慕之意。"

王莽不经意地一笑道："你们的心意，朕最清楚。来人，礼物照单全收。尊使远道而来，一路辛苦，就在京师多待几日，一来歇息，二来也可领略一下中原风情。"

须卜当忙谢道："陛下天恩盛情，卑使感恩不尽。可是卑使还要赶回去回复我邦单于，实在不敢在长安逗留日久。"

王莽面色一沉："怎么？朕的一片心意你也敢不领情。尊使与天朝有姻亲血缘，不同于匈奴人，来中原贪图几日天朝风俗人情，也在情理之中。你家单于大王好不通人情。来人，送尊使回驿馆歇息，好生招待。"

须卜当不敢多言，只好跟着司仪黄门退出王路堂。

须卜当刚出宫门，严尤便上前奏道："陛下，匈奴生于北方苦寒之地，向来羡慕中原温暖之乡。况且，追逐水草是游牧部落生死攸关的事。因而，匈奴历代单于都不断南侵。此次匈奴遣使议和，只不过是一时受创，迷惑天朝的计谋而已。一但有机可趁便会对我边郡抢掠如故。陛下千万不可轻信须卜当之言。"王莽哈哈一笑道："朕何尝不知道匈奴的刁悍。几代单于都反复无常，明好暗坏，朕恨之入骨，当然不会轻信须卜当的求和之言。不过，朕有一计，我朝可直接派兵威慑匈奴，另立须卜当为匈奴单于，帮其新建王廷。须卜当为汉昭仪（王昭君）之后，与中原有血缘之亲。从此，匈奴再不会侵扰我边郡。'"

皇上一言甫出，阶下群臣恍然大悟，怪不得一向对匈奴切齿痛恨的天子如此礼遇敌国来使，原来另有所图。五威将军王骏立刻出班奏道："陛下英明神武，有此一劳永逸之计，我边庭可永保无忧也。"

群臣也齐声赞道："陛下圣明！"

王莽的主意确实是一条妙计。可是，真的能如愿实施吗？与匈奴打过多年交道的大司马严尤头脑里非常清楚，便问道："请问陛下，我朝如何树立须卜当作匈奴单于，如何帮助他新建王廷？"

王莽满怀期望地道："这就要仰仗大司马之力了。大司马英武盖世，只需率边庭将士横扫匈奴诸部，强迫他们另立须卜当做单于便是。"

"怎么？陛下之意，还要对匈奴用兵？"

"匈奴刁钻强悍，不施以兵威，何以服他？"

"陛下，"严尤言辞有些愤激，"臣在军中，最清楚边郡实情。我十二部将士久屯边地，寻找不到匈奴主力决战，已是疲劳不堪。如今，攻伐匈奴有五难：一是战线太长，一年的时间兵卒都不能集合完毕；二是运输困难，边郡粮饷无法自给，靠内地转运，困难重重，无济于事；三是内耗过重，人畜共备二百斛粮，不够百日用度；四是胡地寒冷，疾疫传染而饮水困难；五是辎重自随，不能机动追赶。尤其严重的是，边郡百姓不堪重负，家破人亡，很多人铤而走险，到处抢劫，有时，数千人结伙，形成乱民。陛下圣德不能宣扬，百姓对朝廷日益怨恨。"

"够了！"王莽打断严尤的话，怒气冲天道，"边郡情形朕当然清楚。正因为事态严重，朕才朝思暮想，用此良计。大司马只需再奋起一击，扶立须卜当做单于，我边郡可永保安宁。"

严尤见天子震怒，当然害怕。但却不愿顺随圣意，只得谦卑地道："臣下无能，枉受陛下恩宠，不能极效圣恩。企请陛下另选贤能之将领兵进击。"

王莽更加气恼，斥道："严尤，你在要挟朕？你以为朕离了你再无贤能之将吗？"

"不，陛下，臣岂敢要挟天子。只是臣明知将会损兵折将，徒糜粮饷，劳而无功。不如及早请陛下降罪于臣一人，以免朝廷遭受更大的损失。恕臣直言，陛下的当务之急不是进击匈奴，而是山东赤眉南方绿林乱贼。盗贼不除，国无安宁，何以攘匈奴，安边郡？"

王莽再也不能容忍他如此目无君主，一拍御案，吼道："来人，把这个不畏天威，不听诏命的狂妄之徒给朕……关入天牢！"

他本想说"给朕拉出宫门，斩首示众"，可是话到嘴边又改变了。毕竟是自己多年的心腹之臣，哪能说杀就杀。

天子谕旨已出，门外的羽林军侍卫立刻冲进殿来，严尤不等他们动手，忙又给王莽磕了个头，转身随着羽林军退出殿外。今天的这个结果，他应该很满意，皇帝还算对自己有情面，没在盛怒之下杀人，实在难得。

严尤被押下去了。可是，王莽的心绪被他搅得一团糟。刚才踌躇满志的天子不见了，他心情烦乱地在殿前走来走去，像是对臣下，又像是自言自语：

"朕即位之初，就立誓要治理出一个极盛之世来。为此朕颁布王田令、推行保护奴婢的仁政。可是朕的这些仁政为什么在执行中变了味，走了调，你们身为朕的臣子，不思报效君恩，为朕分忧，却为了一己之私欲，不惜贪赃枉法，陷朕于不义。如今，天下纷乱，盗贼并起，难道不是你们的罪过吗？"

阶前群臣吓得匍匐跪地，冷汗直冒，口不敢言。但心里谁也不服气。朝臣禁律特多，而且前后抵触。王莽的旨意也常常朝令夕改，使得官员们在执行中无所适从。为保住官位，很多人每天只是揣摩圣意，不做实事。整个官僚机构的运作效率可见一斑。

极善揣摩王莽心意的臣子赶紧想办法把皇上从烦恼中解脱出来，将军王骏自告奋勇出班奏道："陛下的千古妙计，若是弃而不用，岂不可惜，臣愿请旨带兵进击匈奴，扶立须卜当做单于。只要边郡安定，陛下就可以一心一意对付赤眉、绿林这些盗贼了。"

王莽果然转忧为喜道：

"将军忠勇之心可嘉。可是，严尤所言进击匈奴有五难，也并非虚言。朕也担心，一旦失利……"

王莽话音未落，国将哀章出班奏道："陛下不必担心，臣府中收养一个名叫翎翅子的人，此人可像鸟一样飞翔，一日千里，侦察敌情，易如反掌，若是留在军中，破匈奴不费吹灰之力。"

王莽大喜："真有此人？当年西伯侯姬昌有义子雷震子相助，成就一番帝业。如今朕要是有翎翅子相助，何愁新朝江山不永固。可是，这翎翅子是否真的会飞，朕要亲眼看了才相信。如果真的能飞翔，朕就收他做义子。"哀章道："陛下如果想看，臣就命人到府里去请翎翅子进宫，当众表演飞翔之术。""好，众卿就随朕移驾未央宫，观看翎翅子的飞翔之术。"听说有人表演飞翔之术，整个皇宫热闹起来了。后宫里妃嫔、宫女黄门也一齐涌出房门，聚集到未央宫沧池边上观看。王莽和史皇后坐在群臣当中拭目以待。

时辰不大，哀章引领一个身长不足两尺的小人来，那小人不但身材短小，而且双臂上插满大鸟的羽毛，俨如双翅，头身也附着羽毛。不用问，小人准是翎翅子无疑。

哀章上前，给王莽施礼："陛下，他就是翎翅子。"翎翅子虽然身材短小，头脑却是正常，忙给皇帝磕头，细声细气地道："小人翎翅子给陛下和皇后娘娘请安，愿陛下和娘娘万福金安。"王莽还没开口，史皇后抢先笑道："瞧这孩子，人生得小，嘴巴倒挺乖巧，来人，先赏十两黄金。""谢娘娘！"哀章笑道："娘娘千岁，您弄错了。翎翅子是年近四十岁的人了，不是小孩子。"王莽道："不管他是不是小孩子，只要真能飞翔，朕就收他做义子。将来杀敌报国，建功立业，也少不得荣华富贵。"

翎翅子为有这个露脸的机会高兴，忙又给王莽和史皇后磕了个头，起身向沧池走去。沧池正中是高耸的渐台，居高临下，可俯瞰宫中一切。翎翅子沿着曲廊走到渐台下，再顺着台阶轻快地攀上渐台。史皇后第一个耐不住性子道："他不是会飞吗，为啥不飞上去，跟寻常人一样爬上去，真是没劲！"

哀章从旁道："皇后别着急，翎翅子一定会飞起来了的。"

人群中也是一阵嗡嗡的议论声，大家对翎翅子的飞翔之术都有些怀疑。这时，翎翅子站在高高的渐台之上，扫视下面的人群，张开双翅，突然纵身一跃，身子果然如大鸟一样飞腾起来，先是飞过沧池水面，接着掠过人群，方在未央宫门前稳稳落下。整整飞行了一百多步远。

王莽一看，翎翅子哪有什么神力，不过凭借身材轻巧和机巧而已，用在军中实战也不会起多大作用，便对哀章冷笑道："这就是你所说可一日千里的飞人？"

哀章看着王莽脸色，吓得冷汗直冒，赶紧跪地回禀道："臣该死，轻信翎翅日行千里的狂言，请陛下治罪！"

"哼！"王莽扭过脸去不愿意再理他。

第九章

王莽太师府探病情　宛城之战兵败情急

哀章刚刚跪下因为翎翅一事请罪,五威将军王骏上前跪奏道:"陛下,翎翅子虽然不能日行千里,可是他毕竟会飞行之术,也算是人才,可留在军中鼓舞士气,威慑敌胆。"

王莽一听,这倒不失是条好计策,便转怒为喜道:"好,就把翎翅子留在王将军军中,一同进击匈奴。如果真能杀敌立功,朕再赏他不迟。"

国将和五威将军刚退下,御前黄门忽然上前奏道:"陛下,太师府来人说,太师想请陛下移驾太师府,与太师一见。"

王莽不高兴地道:"王舜有多大的架子,非得朕去见他。难道他就不能来见朕。"

"启奏陛下,太师已病入膏肓,真的不能进宫见驾了。"

王莽心头一震,太师王舜是自己的得力之臣,忠心无二,想不到病成这样,自己理应屈驾去看看他。如果连最后一面都见不上,岂不是终身遗憾。于是,便对王骏和哀章道:"五威将军,进击匈奴之事,朕就交由你全权处理。哀章,有关赤眉、绿林盗贼的奏章你先代朕处理,有情况紧急的,随时送到朕跟前。移驾太师府!"

天子御驾出皇宫,很快便来到位于朱雀大街正中的太师府。太师府早已得报,全府上下全都到府门外跪接銮驾。王莽下了车辇,上前扶起王舜夫人,着急地问道:"太师怎样了?"

王舜夫人红肿着眼睛,啼泣道:"太师已经三天水米未进,恐怕捱不了多少日子了。"

"快,带朕去看太师!"

"臣妾遵旨!"

太师夫人带着王莽进了府门,走了好半天,才来到王舜的卧室。门口的两名侍女一见衮衣旒冕的新朝天子驾到,吓得赶紧跪地,太师夫人走到跟前问道:"老爷的药喝了没有?"

侍女们慌忙答道:"老爷说什么也不愿意吃药,奴婢也没有办法。"

王莽一听,皱眉道:"生了病不吃药怎能痊愈?今儿个朕就命他把药喝了,看他敢抗旨不遵。"

"谢陛下!"太师夫人感激涕零。

王莽迈步入室,只见南墙下的一张软榻上躺着一个瘦骨嶙峋的老人。床头的桌案上放着一碗还冒着热气的汤药。他鼻翼一酸,忍不住哽声叫道:"太师!"

面向里的王舜听到叫声,慢慢转过脸来,一见是天子驾到,面露惊喜之色,强挣着想坐起身来,却没有成功,王莽忙上前亲手搀扶,太师夫人上前帮忙,才把王舜扶坐起来。

按年岁王舜比王莽还小两岁。但此时王舜显得比王莽苍老多了,俨然一个气息奄奄的老人,喘息半天,才说出话来。

"陛下,老臣有罪,不能进宫见驾,却要陛下屈驾来见老臣。陛下日理万机,臣心不安呐!"

王莽拉起他消瘦的手道:"太师病成这样,朕竟不知,没能来看望。朕心也不安呐。好了,你现在重病在身,还是少说话,多休息为宜。朕听说你不肯喝药,是么,朕今天就是来命你吃药的。"说完,放开王舜的手,亲手端起药碗,送到王舜的面前。

王舜的眼睛被泪水模糊了,当年大司马王凤病危时,身世贫寒的王莽衣不解带,发不梳洗,药必先尝,朝夕侍候在病榻前。可是,如今位至九五之尊的王莽还为他这个族弟亲自端汤喂药,他能不感动么?太师夫人一见天子要亲自喂药,慌忙接过药碗,道:"陛下万金之躯,岂不折煞太师,还是让臣妾来喂药吧!"王莽叹息一声道:"陛下隆恩,臣下世也报答不尽。可是,臣自知已病入膏肓,这药喝下也是无益。臣今日请陛下来,是有要事启奏。"

王莽打断道:"你先把药喝下。有事待会儿再奏。朕就呆在这儿,你就说上三天三夜,朕也不会厌倦。"

王舜很听话,老老实实地把药喝光了。太师夫人心中稍安,道:"老爷,您憋了这么多天,有什么话就当着陛下的面,说了吧!"

王舜点点头,养了一会儿神,才郑重地对王莽道:"臣病死倒不足惜。今日请圣驾来,是有一重大的事情奏明陛下。"

王莽吃了一惊,忙道:"莫非发生了什么事?太师请讲。"

王舜没说话,却费力地从床头枕下取出一份封好的帛书,送到王莽跟前。

"陛下,请看!"

王莽接过，一看那封签上是前队大夫甄阜的印信。忙拆开帛书，仔细一看，不禁又惊又怒。

"怎么？南阳？南阳刘氏起兵，而且还和绿林盗贼勾结在一起！"

王舜却无半点惊异之色，平淡地道："是啊！南阳刘氏起兵反叛，还和绿林盗贼搅在一起，攻城略地，进逼宛城。这么大的事，陛下怎么会不知道？"

王莽怒道："这甄阜、梁立赐着实可恶，这么大的事怎么不直接奏朕，反而上书太师？"

王舜摇头道："甄阜、梁立赐不会不上奏陛下，只是不知为什么奏章没有送到陛下的御案上，朝中那些官员太让人失望了。"

王莽更加震怒："来人！"

御前黄门慌忙上前。

"小人在！"

"传朕谕旨，速命国将哀章查清甄阜、梁立赐的加急奏章究竟在何处失落。一经查明，立刻奏朕！"

"小人遵旨！"

御前黄门领命而去。王舜道："如今天下纷乱，盗贼并起，我新朝已处于风雨飘摇之中。陛下为什么还把注意力放在边患上？"

王莽叹道："难得太师沉疴在身，还这么关心国事。东方青州、徐州几十万盗贼，迄今没有文告、官号、旗帜，彼此之间只是泛称'巨人'。朕以为不过是仁政得不到落实、官员失政、贪贿逼起的乱民而已。是乱民，就必须恩威并用才见成效。一意用兵督剿，反而激起更大的民变。南方绿林盗贼，朕已布下天罗地网，谅他们也逃不脱天威的惩罚。而匈奴屡屡侵扰我边郡，朕只想奋而一击可永保边郡安宁。没想到刘氏宗族又起叛乱……"

"陛下以为此次刘氏叛乱，同以前的刘崇、刘信、刘快叛乱怎样？"

"当然不可以等闲视之。此次南阳刘氏与绿林盗贼搅在一处，凶焰更高，势力更强，朕必得全力督剿才是……"

王舜道："不仅是派兵督剿。前几次刘崇等宗氏起兵叛乱，陛下不费劲就镇抚了，是因为陛下还没有推行王田令，凭着陛下的声威，刘氏宗族中也有好多人拥戴陛下，叛乱当然容易平息。如今推行王田令，虽然没有真正落实下去，却引起豪族大姓对朝廷的仇恨。"

"太师之意是要朕收回王田令，重新收拾人心？"

"只怕收回王田令也已回天乏力，"王舜双目无神地说道，"陛下代汉自立，若能治出个极盛之世出来，后人大可书上辉煌的一笔。陛下也不失为千古一帝。可是，如果治世无力，被刘氏复汉，天下对刘汉腐朽的痛恨都会落到陛下身上，陛下就是刘汉的替罪羊，将落下乱臣贼子的骂名，岂不可悲?"

"不!"王莽听不下去了，突然站起，愤然道，"朕顺天承命，登即大位。一意要治出新朝极盛之世，使天下共享富足。上天一定会眷顾朕，不会让刘氏得逞。"

天子龙颜大怒，吓得太师夫人、侍女和御前侍仆跪倒在地，体似筛糠。太师夫人哆哆嗦嗦地道："太师……说的是胡话，求陛下息怒!"

王舜对皇帝的愤怒却视而不见，依然苦笑道："老臣已是落山的夕阳，将熄的蜡烛，所以敢犯颜直谏。陛下只知有天命，可知世事都是三分天注定，七分在人为。陛下若明清时势，审势而行，也许还有挽救我王氏家族的希望。老臣说完了，请陛下治罪吧!"

王莽热泪涌出，执王舜手泣道："太师金玉良言，何罪之有? 朕就依你之言收回王田令，派得力之将征讨南阳刘氏叛贼。"

王舜惊喜交集，忙问："陛下欲遣何人前往?"

"这些不劳太师操心，你只管安心养病，便是国家之福，朕之幸。"

"好，但愿陛下能力挽狂澜，使我王氏宗族逃脱此劫。王舜死而无憾!"

王莽又宽慰几句，便告辞回宫。立刻在王路堂召见群臣，颁诏废止王田令。之后，命人从牢中提出严尤，他明知错怪了严尤，但作为九王之尊的天子，哪能轻易向臣下认错，因而仍然板着脸问道："严尤，你可知罪?"

严尤被突然带到殿前，心里没往好处想，正在心中哀叹伴君如伴虎的时候，忽听王莽问话，忙低头答道："臣知罪，不该冒犯天威。请陛下治臣大不敬之罪。"

王莽面转温和道："知罪就好。朕念你忠心耿耿，劳苦功高，就不追究你的大不敬之罪了。但是朕要你戴罪立功。"

严尤一怔，以为又是要他带兵攻击匈奴，心里盘算着再来一次犯颜直谏，皇帝是不是真舍得杀了自己。只听王莽说道："南阳春陵刘氏，怀'复高祖之业'之志，公开打着汉室旗，与盗贼新市、平林合兵，攻关夺隘，杀吏斩将，凶焰直逼宛城。朕恐甄阜、属正梁立赐守宛城不住。特钦封你为纳言将军，率精兵十万，会同宗秩将军陈茂合南阳之兵，平息叛逆之贼。"

严尤一听，又惊又喜。惊的是南阳刘氏起兵叛乱，势力之大，凶焰之高，非历次叛乱可比。这么严重的事件，到现在才知道，朝廷就如聋子，令人惊心。喜的是，皇上实际上听从了自己的劝谏。于是，忙纳头叩拜，朗声道："陛下圣明。臣一定不负圣望，誓死平灭乱贼，报效朝廷。"

王莽心里轻松多了，立刻召见宗秩将军陈茂，晓以重任。然后亲自草拟剿贼谕旨，取过传国玉玺，双手托起，看了又看。这玉玺是王舜从姑母王政

君手里索来。身为汉室皇太后的王政君心有不甘，一气之下将玉玺掷在地上，玉玺被摔破一角。新皇帝用黄金修补上了。

王莽眼望玉玺，默念道："朕能补玉玺，难道就不能修补新朝的天下？春陵刘氏翻不了天，玉玺还在朕的手上。"一边想，一边郑重地把玉玺盖在谕旨上。

棘阳与宛城相距只有区区二十里，几乎转瞬即到。这一带由于连年灾荒，沿途简直寸草不生，狂风起处，黄沙满天，一派人间地狱的凄凉景象。就在这条人烟稀少的大道上，两边各行进着一支庞大的队伍，他们将在这里相遇并交战。

初期小规模的接触中，新军节节败退。没想到几个小小的叛乱贼子，才这几年，竟然发展到不可收拾，真是泥鳅变龙，世道大乱了呀！战场上不利的形势困扰着王莽，让他整日坐立不宁，心急火燎。实在不得已，王莽使出了最后招数，动用所能动用的兵力，首先派出南阳近十万人马，由前队大夫甄阜、属正梁丘赐做主将，来攻打汉军。同时，在千里之外的长安城内，纳言将军严尤、宗秩将军陈茂立刻整顿兵部，奉命向南阳进发，以做储备力量。必要时来个两面夹击，务必将他们就地消灭，决不允许他们继续向外扩展。

汉军屡战屡胜，此时士气愈加高涨，正浩浩荡荡地行进在去宛城的途中。自从三军合兵，加之新野宗族子弟和阴识所率乡勇的加入，兵力日益强盛。兵力日益强盛的同时，汉兵队伍中又出现了新气象，那就是女眷们也不甘落后，和男兵们一道，跨马出征，成了单调兵营中一道亮丽的风景。

在最前列的是刚满二十岁的刘伯姬。只见她身着戎装，戴一顶风翅银盔，身披柳叶镀银铠甲，内衬白绫绣蟒战袍，不仔细看，俨然一派俊俏男儿打扮，骑着一匹桃花马，英姿飒爽，抬头挺胸，显得格外引人注目。坐在旁边车中的刘元情不自禁地感慨："三妹真是才貌双全，女中豪杰啊！如若哪个男子娶了你去，必是他前世修来的福分！"

伯姬尚属清纯女子，虽然时常跟着哥哥们练习武艺，人情世态却并没接触多少，被二姐如此说笑，刹时脸颊绯红，扭头剜她一眼："小妹哪里比得上二姐，有二姐夫这位大英雄相伴，真是羡慕不已。"

刘元却并不在意，继续含笑说："你还别说，小妹确实长大了。心中是否有如意郎君？说出来，让你三哥出面，也算了却咱娘的遗愿。"

"三哥连自己的事都没谱呢，哪有精力管我！只愿三哥能先成家立业，我便可毫无牵挂地解决自己的事情。"说到正经家事上，刘伯姬由原先的害羞转而变为严肃，一本正经地说。

刘元听她这样说，不以为然地摇摇头："傻妹妹，咱们女子和他们男人不同，你没听人说吗，女大不中留，留来留去结冤仇。人家男人就不一样了，本来就是人家的家，也就无所谓留不留了。你三哥虽说都二十多了，但好男儿建功立业在先，娶妻妾在后，大可不必操心婚姻大事。而咱们女子则不同，婚姻好比是女子第二回投胎，这次投胎投得好了，一辈子都顺当，投不好，那就有苦头吃了，而且再没了出头之日，不可轻视。男怕干错行，女怕嫁错郎嘛！"

坐在车子前面的刘演夫人潘氏听她姐妹俩絮絮叨叨地说闲话，也凑兴探出头来，用大嫂身份的口气说道："元妹所言极是，三妹若真为你三哥考虑，就应尽力帮他们打败新军，匡复汉室，可现在咱们非战非眷，只在军后作累赘，唉，我总觉得心里不大安稳。还不如给你哥哥说声，把咱们先安置在随便一个荒村中，也别拖累人家了。"

不等潘氏说完，刘伯姬便催马上前，与潘夫人并行，笑着安慰嫂子说："嫂子什么时候会发牢骚了？莫非是我大哥这两天没顾得上来看嫂子？不过话又说回来，嫂子说的也倒真是实情。不过这些不用嫂子操心，我听大哥说了，等打下宛城，咱们就有了安身之处，也不必再让眷属随军了。"

队伍正整齐地前进着，忽然有流星探马飞驰到主帅刘演面前，就在马上拱手禀道："大将军，前方不远处发现新军向我军袭来。粗略看上去，人数不少，应该有将近十万人！"

刘秀听完，脸上神情一凛，看看大哥沉吟不语，正紧张地盘算，唯恐他死打硬拼的脾气上来，忙抢着说："大哥，人数过倍则避之，人数相当则击之，兵法上讲得明明白白。据当前形势，敌军十万，我军还不足六万。即便我军也有十万，能不能轻易取胜还得考虑。更何况力量如此悬殊，是万万拼不得的！"

刘演依旧沉默着思索对策，同时他也想听听其他将士有什么看法。此时刘稷忙抢过话头说道："文叔言过了，兵法上也说过，战贵在气，气盛则战胜，气败则战败，可见人数对比并不是胜负的唯一标准。当年西楚霸王项羽不就经常以少击多吗？再者说来，新军惯于虚张声势，他们扬言十万人，实则不会超过九万。而咱们当前士气正旺盛，大家渴望一战，以发泄蓄积起来的精力。只怕一躲避，只会消磨大家的士气。如果就此一鼓作气干他一家伙，即使我们不能勇获全胜，但可以一当十，全力给新军一个下马威，削削其锐气！"

刘演一听说要打仗，手都痒痒了，其实在内心深处是想痛痛快快杀他一场的，只不过因为自己是主帅，不便于大呼小叫地要出战。现在听刘稷也引

用兵法来驳斥刘秀,似乎立刻找到了拼杀的依据,当即表示同意刘稷的说法,笑呵呵地对大家说:"稷兄言之有理。想必甄阜是想以十万大军来震慑我们,要我们乖乖地打退堂鼓,哼,这办不到!我们不可轻敌,但也不可惧敌。而且如今是我汉室子弟报仇雪恨的最佳时机,他们是猪羊走进屠户家门,一步地来寻死路,岂可错过?!"

见主帅这样说,大家自然没话说,有许多人立刻响应。刘秀甚是焦急,张张嘴,却说不出什么,末了只能暗自轻叹口气。见没人反驳,决计已定,刘演满怀信心地把长矛一举,高吼:"弟兄们,撒气的时候到了,走,发兵宛城!"

刘演吩咐二弟刘仲、大妹夫田牧在后队保护眷属,然后把长矛一举,大声吼道:"兵发小长安!"

二十里的路程,转眼之间,两军相遇。只见新军在小长安城堡之外燕翅般地排开阵势,刀戟林立中,"新""甄""梁"三面大旗迎风飘摆,扑啦啦地发响。"甄"字大旗下,甄阜端坐马上,甲胄鲜明,戟指刘演,斥骂道:"大胆叛贼,我皇陛下一向待你刘氏不薄,为何勾结盗贼谋反?害得本官数九寒天,大年也过不安生。如今,朝廷大军已到,快些下马投降,可免你一死。"

刘演一见甄阜,想起李氏六十四口全死在他手上,不由火往上撞,手中长矛一指,回骂道:"甄阜,你官为太守,是汉室推举的孝廉,不思报效国恩,反而恩将仇报,做了王莽的鹰犬。助纣为虐,杀人灭族。连嗷嗷待哺的孩儿也不放过。简直禽兽不如。来来来,有胆量的话上来与我大战三百合!"

甄阜冷笑一声,道:"叛贼,本宫何屑与你逞匹夫之勇。"说完长戟一挥,高叫道,"众将士,杀贼报国的时候到了。给我杀呀!"

新军兵多将广,傲气十足,一听主将号令争相冲杀过来。刘演吼了一声"杀!"率先执长矛冲入敌阵。转眼之间,冲在最前面的几个新军将佐被挑落马下。义军士气高涨,争先恐后杀向敌阵。双方接战,杀得难解难分。半个时辰过后,双方互有伤亡。但义军却把新军逼退到小长安城堡,明显占了上风。

甄阜大怒,突然从腰间取出令旗,用力一挥,新军步军立刻往两边闪开,小长安城堡里随即冲出无数的骑兵,杀向义军,义军多数徒步,支撑不住,返身后退。刘稷一见,慌忙将长矛一挥,命令道:"弓箭手结阵!"

义军弓箭立刻结阵而出,万弩齐发,箭如雨下,泼向新军骑兵。新军骑兵一个个被射中,人仰马翻,再也无法冲杀过来。甄阜不敢再损失骑兵,慌忙把令旗一挥,又令步军执盾牌接战。双方又恢复胶着状态,这场血战,只杀得天昏地暗,日月无光。

正在酣战之际，突然天降大雾。厚重的白雾，笼罩着血雨腥风的战场，咫尺之间，难辨敌我。甄阜一见大喜，大叫道："天助我也！"便催动骑兵，趁势冲杀。义军弓箭手看不清目标，弓箭失去了作用。一下子溃退下来。刘演大惊，慌忙传令收兵后退。其实也用不着他传令，骄傲十足的义军突然受挫，顿时气馁，争相奔逃。刘演要稳住阵脚，可是，兵败如山倒，自己也被败兵裹挟着，勒不住马，只得边杀边退。这时，刘秀冲杀到跟前，大叫道："大哥，败局已定，赶快退保棘阳。"刘演无奈，只好长叹一声，含泪退走。

新军见义军败退，士气大振，骑兵、步军一齐嚎叫着扑向前去。再看义军兵败如山倒，争相奔逃。后面的眷属禁不住冲击想逃命却行动缓慢，老幼嚎哭，惨不忍闻。

刘仲、田牧专门保护眷属，一见自家兵败两人慌忙率部分兵率押后阻击新军，掩护眷属逃命。正厮杀间，刘演、刘秀赶到，一见眷属乱成一团。刘仲、田牧杀得一身是血也阻不住如潮水般涌来的新军。两人刀矛并举，杀到跟前，刘演着急地道："二弟，田兄弟，这里有愚兄拦杀一阵，你们赶快逃命去吧！"

刘秀也叫道："二哥，大姐夫，你们快走！"

刘仲却瞪着血红的眼睛道："还是你们先走，我来抵挡一阵！"田牧也急道："大哥，三弟，舂陵子弟兵不能没有你们，要以大局为重，快走！"

刘演、刘秀哪里忍心离去，还在犹豫。田牧突然举起马鞭，照准两人的坐骑，"啪啪"各打了重重的一鞭。战马负痛，驮着二人跟着如水的败兵飞驰而去。

刘仲、田牧抖擞精神，挥刀抢戟，拼命砍杀越聚越多的新军。鲜血浸透了战袍，战马也像血水洗过一样，鲜血直流，分不清是自己受伤还是溅上敌人的鲜血。这时，南阳属正梁立赐赶到，一指被围在当中的二人。冷笑道："叛贼也有今日。如果下马受缚，投降朝廷，戴罪立功，本官可为你们上奏朝廷，免去死罪！"

刘仲眼睛一瞪，骂道："杀人焚尸的禽兽。我刘氏岂有贪生怕死之辈，今天大爷就恨不能把你食肉剥皮，也为屈死的李家六十四口报仇！"

"哈哈哈！"梁立赐一阵大笑道，"你以为你们刘氏是什么天生的贵种。你祖上做缩头乌龟的，简直举不胜举。好，你今天要做英雄，就要付出做英雄的代价。弓箭手，给我乱箭穿身！"

新军得令，立刻四散开来，把两人孤零零丢在当中。田牧见势不妙，大叫道："二哥，快冲出去！"

刘仲会意，两人高举兵器，往外冲杀，又和新军搅在一起。梁立赐大怒，也不顾自己将士的死活，喝令弓箭手放箭。一时箭如飞蝗射向二人。围住厮杀的新军骑兵被射得人仰马翻。刘仲、田牧的坐骑也中箭倒地，两人滚落在地，身中数箭，仍拼命杀敌。新军骑兵乘势蜂拥而上。可怜两位英雄未看到复兴汉室之日，就惨死在新军的铁蹄之下。

再说刘秀，战马负痛，没跑多远便被败兵阻住。他也不忍心单身逃命，回头一看，又有无数的新军骑兵冲上来截杀败退的义军和眷属，大哥刘演也走散了。便单人独骑一个个解救被困的眷属。这样边战边退，连人带马如同血洗一般。正行走间，忽见路旁三妹伯姬浑身是血，摔倒在地。几个新军将佐跳下马，淫笑着围绕上去。刘秀勃然大怒，猛地用刀背一磕青骊马的后尾骨，大喝一声："畜生休得无礼！"连人带马如同旋风般冲了上去。那几个新兵毫不提防，又是徒步在地，被他大刀一抡，如同劈西瓜一样，叽哩咔嚓全给放倒在地。伯姬死里逃生，蓦然遇见亲人，失声哭叫道："三哥救我！"刘秀刀交左手，弯腰伸出右手，拽着衣衫把她拉到马上，方才安慰道："三妹别怕，三哥在此。可曾看见大嫂、二姐她们？"伯姬摇头哭道："败兵一退下来，就把我们冲散了，再没看见她们。"刘秀心急如火，打量着周围。眼看新军又围上来，却不见大嫂和二姐的影子。如今有伯姬在马上，再不冲出去。两人都有性命之忧，他不敢耽搁了，趁着敌兵还没有围拢上来，慌忙一拍战马，抡刀向前杀去。

浓雾渐渐散去，几步之外，人影依稀可辨。可是败局已定的义军再也无力反抗，只顾四散逃命。新军反而更有利追杀败兵。刘秀与伯姬并骑，还没跑出几里地。蓦然望见路旁的山石后，二姐刘元发髻散乱，扯着啼哭的女儿，艰难地挪动着沉重的脚步。刘秀慌忙催马赶到跟前。

"二姐，快上马，逃命要紧！"

正在求救无着的刘元听见三弟的声音，心中一喜，待仔细一看，见三弟三妹共骑一匹马，马上无论如何不能再加人，不然大家都逃不出去。忙毅然摇头道："三弟三妹，逃命要紧，不要管我！"

"不，二姐！"刘秀哪里肯丢下亲人，正要下马。刘元眼看着新军追杀过来，忽然捡起一块山石，狠狠打在青骊马的屁股上。青骊马负痛，一声长嘶，向前驰去。刘秀和伯姬同时发出撕心裂肺的呼声。

"二姐……"

刘演率兵退入棘阳，清点人数，春陵子弟兵损失大半，辎重尽失，损失惨重。刘秀和伯姬最后逃进棘阳，入见大哥，说到刘仲、田牧、刘元母女身陷敌阵的情形，忍不住声泪俱下地道："新军残暴，他们恐怕没有生还的可能！"

邓晨听到妻子、女儿遇此劫难,忍不住大放悲声。春陵汉兵谁没失去亲人,登时哭声一片,惨不忍闻。刘演自恃刚强,但想到妻子、儿女生死未卜,也忍不住伤心落泪。

这时,新市、平林兵也相继败入城内。王匡、王凤、朱鲔、陈牧、廖湛等人人见刘稷。大家一碰头,才弄清楚详细的损失情况。新市、平林兵因在侧翼,压力较小,但仍损失一半的兵力。春陵兵损失惨重,兵力损失大半,辎重尽失。最令人难过的是眷属伤亡几尽,刘演的妻子、儿女,二弟刘仲,妹丈田牧,二妹刘元及甥女,叔父刘良的妻子周氏全部遇难。其他将士的随军眷属也多遭不测。一时间,汉兵营中悲声阵阵,阴风凄凄。连新市、平林兵将士也忍不住伤心落泪。

刘秀强忍失去亲人的痛苦,眼含泪花,再听悲声,扫了一眼痛不欲生的大哥一眼,上前一步,擦干眼泪,面对众人,慨然言道:"诸位请节哀顺变。如今大敌当前,形势危急万分。当前之急是如何对付甄阜、梁立赐这两条王莽的恶狗。亲人的血不能白流。只有杀了甄阜、梁立赐才能摆脱危急,进击宛城,才能对得住屈死的亲人将士。"

刘秀的话像一记重锤,敲在众人的心头上。大家这才从悲痛中警醒过来,意识到危机就在眼前。如不设法打退凶恶的敌人,不但亲人、将士的仇不能报,还要搭上幸存者的性命。反莽灭新的大业将毁于一旦。刘演擦干眼泪,慢慢抬起头。新市渠帅王凤立刻站出来道:"刘大将军,甄阜、梁立赐新胜,气焰嚣张,大兵压来。我军新败,兵少将寡,士气低落,小小棘阳,难以抵敌。依本帅之见,趁新军还没有围上来,不如弃城而走,退入山林。一则保全实力,二则寻机再战。"

王凤说的是绿林军一贯的战法,打得赢则打,打不赢就逃。官兵很难剿灭他们。但是他们也难攻占大城市,影响力不能迅速扩散。新市兵、平林兵将帅都熟悉这种战法,纷纷表示赞同,刘演听了,却是暗暗心惊,如果新市、平林兵撤走,损失惨重的春陵汉兵更是不堪一击,将一败涂地,遭受灭顶之灾。可是自己是堂堂的刘汉宗室,以恢复汉室为己命,总不能同他们窜入山林,形同山贼草寇吧!可是,一时之间又没有充足的理由说服他们,只得道:"诸位稍安勿躁,胜负乃兵家常事。咱们再仔细计议一番,必有破敌良计!"

话音刚落,新市兵渠帅朱鲔起身,真诚地说道:"此次兵败,刘大将军宗室子弟兵损失惨重,亲人遭难,手足情深,宗族义重。我新市平林将帅十分同情、难过。可是眼前的形势十分严重,实无回天的可能。请将军且莫以一时之气误了众人的性命,毁了千秋大业。"

刘演听得出他的话发自内心，没有半点勉强之意。残酷的现实使不同出身的人们找到了共同点，彼此的心也贴近了一些。刘演不想接受对方的主张，又一时想不出退敌之计，只得闷声不语。

第十章
李氏兄弟应急外援　涨气势挥军突重围

军帐之内鸦雀无声，静得连掉下一根针的声音都能听得见。新市、平林将帅平时多不服刘演，经过这次兵败之后，对他多了一分敬慕之情，没有人忍心再出面勉强他，做他不愿做的事。

这时，刘秀打量着众人道："如果我们能顺利撤出棘阳，退入山林，诸位的高见也不失为一条妙计。可是，我们一旦弃城而走。甄阜、梁立赐的骑兵就会咬上来，摆脱不掉。恐怕退不到山林，就被人家全部吃掉。小长安兵败，我军吃亏在骑兵少，而且分布在各营，没形成强大的合力，及时阻止敌人骑兵的进攻。再加上随军的眷属，辎重行动缓慢，机动性差。岂有不败之理！"

这一番话，说到众人的心里去了。痛定思痛，这次惨败的原因正如刘秀所言，陈牧气得一拍大腿道："刘三将军说得在理。老子打了这么多年的仗，没像这次窝囊过。让人家的骑兵冲来杀去，如入无人之境，真他妈的丢人现眼。"

王凤注视着刘演，问道："请问刘大将军可有破敌之计？"

刘演听了刘秀的话，顿有所悟，开口道："破敌之计，暂时没有。不过，三将军说得有道理，如果我军弃城而走，就会被甄阜的骑兵追上吃掉。既是这样，我军唯有固守棘阳，新军的骑兵便发挥不了作用。我算计，甄阜二人已倾尽南阳之兵，再无兵力可补充。长安的援兵一时也到不了。小长安一战，我军惨败，新军也有损失。甄阜的兵力，接战有余，围困不足。棘阳不是守不住。大家不要因小长安兵败长敌人锐气，灭自己威风。只要守住棘阳，我们就可以徐图破敌之计！"

刘演弟兄一番客观现实的分析，使众将帅改变了弃城而逃的念头，心里也逐渐平静下来。这时，探马来报："禀柱天大将军和各位渠帅：甄阜、梁立赐留辎重于蓝乡，自领精兵九万，渡过黄淳河，屯兵沘水，还烧掉了黄淳河上的浮桥。"

刘秀一听,点头道:"果然如大将军所言,甄阜、梁立赐兵力不足,无法围困棘阳。"

刘演轻蔑地道:"新军九万兵力也是虚张声势。蓝乡分去一部分兵力,屯驻沘水不过六万兵力而已。甄阜、梁立赐惯使诈兵之术。"

王凤却面露惊慌之色道:"甄阜、梁立赐断桥塞路,是准备与我军决一死战。棘阳弹丸之地,能守得住么?"

刘秀揖首道:"请各位渠帅暂回各营安排守城事宜。容我弟兄计议破敌之策。当然,诸位有何妙计也可说来听听!"

新市、平林将帅有的摇头,有的低语,谁也没有破敌之计,只好起身出帐,回各营去了。

甄阜、梁立赐屯兵沘水,为引诱义军出城,派出五千新军到棘阳城下谩骂讨战。守城的新市兵、平林兵按照刘演的交代,不理不睬,任由敌人骂阵,就是不出城应战。新军骂累了,不见义军出战,忍不住架云梯攻城,因为兵力不足,只能进攻北门和东门。守城义军视而不见,毫无反应。待新军爬上半截的时候,城上滚木、擂石、箭雨、沸汁突然打下。新军丢下一千多具尸体,狼狈而退。

梁立赐大怒,欲率全部兵力攻城。甄阜老谋深算,劝阻道:"棘阳城小粮少,叛贼守不多久便会弃城而走。到那时我数万铁骑一路追杀,凭他们两条腿,能逃到天上去? 如果他们据城死守,过不了多久就会断绝了粮草,何况长安援军很快就到,到时候把棘阳如铁桶般困住,谅叛贼插翅难逃。"

新军果然不再攻城,只是日夜监视城内守军的动静。新市、平林兵将帅心中稍安。可是刘演、刘秀最清楚局势的严重,日夜苦思破敌之计。可是,兵力太弱,又无外援。如何能破敌?

正当两人愁肠百转的时候,忽然猛将刘稷兴冲冲地跑进来,禀道:"大哥,三弟,你们猜,谁来了?"

刘演没好气地道:"我们弟兄急得冒火,你卖什么关子!"

"李通、李轶两兄弟来了。"

刘秀又惊又喜,忙问道:"李氏兄弟现在何处?"

"刚刚进城,我就把他们带来了,就在帐外。"

刘秀兴冲冲地走出大帐,果然见李通、李轶兄弟一身行商打扮等候在辕门外。忙疾步迎上前去,拉起两人的手,眼含热泪道:"两位义士,想不到宛城一别,竟生出这么多变故。刘某日夜想念着两位。"

李通、李轶也唏嘘叹道:"天命如此,我李家合该有此大劫。"

"今日得遇英雄,也是我兄弟之幸。"

三人正要进帐内细谈,刘演迎上前来,双手抱拳谦敬地道:"两位义士,刘伯升久仰大名,在此有礼了。"

李通愕然道:"尊驾就是鼎鼎大名的柱天都部刘演刘伯升?"李轶也是一脸的惊疑之色。他们弟兄十八年没见过刘演,当然认不出。

刘秀赶紧介绍道:"他就是我长兄刘伯升。"

李通、李轶忙施全礼,道:"久仰英雄大名,今日得见真颜,真是李通的荣幸。"

"李轶早有效命英雄之心,只恨无缘。今日得见,求英雄一定收纳。"

刘演谦恭地道:"两位胸怀大志,义薄云天。刘伯升早有仰慕之心,今日到来,便可共谋大业,何来效力之谈。"

刘秀笑道:"都是知根知底的弟兄,咱们谁也别客气,进大帐细谈吧!"

四人走进营帐,刘演忙命人献上茶点。刘秀忍不住开口问道:"李兄,宛城举事因何走漏风声,使尊府惨遭大难?你弟兄栖身何处,如何转至此?"

李通含泪道:"不消文叔细问,李通也要说明真情。当时,我们在宛城已做好周密的布置,只等约定之日向甄阜和梁立赐发难。可是,事情坏就坏在我那个族侄李季的身上。他奉命去长安请家父秘密潜归南阳。行至半路,突然染疾病死。随身的家人遵其遗嘱,带上密信去长安,误把密信送到家父友人黄显的手上。黄显阅信大惊,偷偷向朝廷告密。王莽立即派羽林军将家父和在京的眷属全部逮捕。可怜家父在京的全家尽遭莽贼毒手。王莽杀人的同时,立即颁急诏于南阳。甄阜、梁立赐得知我等谋反,亲率新军捕快,包围了我府。此时距发难之日只差一天。我们弟兄二人正巧外出联络各路豪杰,侥幸躲过大难。可是大事再也不可能成功。我宗族老幼六十四口就这样……"

李通哽咽着说不下去。刘演、刘秀也眼含悲愤的目光。李轶抽泣着说下去:"所幸那封密信中没有提到同春陵一起起兵的事。我们潜出宛城的时候,大哥怕牵连你们刘氏,没敢投奔春陵。径直投下江兵去了。如今做了下江兵的将军。"

刘演扼腕叹道:"甄阜、梁立赐是我们共同的仇人。小长安之战,我刘氏宗亲多人惨遭杀害。大家恨不得食其肉,寝其皮,方解心头之恨。可是,我军新败,兵寡将少,又无外援。棘阳不可久守也不可退。保全性命尚难,更谈不上杀贼报仇。"

李通闻言,拭去眼泪,拱手道:"柱天大将军不必担忧。我弟兄正是为此而来。"

刘演、刘秀大喜,齐声问道:"李将军有何破敌之计?"

李通道："下江兵近万人眼下正在宜秋休整。渠帅王常素有贤名，待我弟兄二人甚厚。我们听说你们兵败，特向王常请命来会。如果能说动下江兵来会，破甄阜、梁立赐应该不成问题。"

刘演、刘秀一听，欣喜若狂。如果得到一万下江兵的外援，破敌杀贼指日可待。但是，下江兵是否像新市、平林兵一样，愿意与自己合作呢？刘秀试探着问李通道："以李将军之见，下江兵将帅肯与我军合兵吗？"

李通沉思片刻道："以李某之见，下江兵渠帅之中，王常平日非常仰慕柱天大将军和刘三将军，必有合兵之意，成丹、张印出身盗贼，一向对豪姓大族心存芥蒂，对刘汉宗室也难免会有成见。但只要晓以合兵之利，也不是没有合兵的可能。"

刘演语气坚定地说道："棘阳固守日久，粮草殆尽。长安新军援兵说到就到，形势危急。我要亲自去见下江兵渠帅，说服他们合兵一处，共破强敌。"

刘秀不安地道："棘阳岌岌可危，大哥是一军主帅，怎可擅离军营，还是由小弟同李将军一同去宜秋吧！"

"不，"刘演不容置疑，"我军生死都系在下江兵身上。我们这次去宜秋，是求人家救命的。主将不亲自去，怎能表示心诚。"

计议已定，刘演立即召集主军将帅，讲明欲亲自去宜秋，说服下江兵来会之意。众人听了，都觉得是一条可行之计，纷纷表示赞同。李通上前说道："以李某之见，不但柱天大将军要亲自去，刘三将军最好也一同去。因为刘三将军不但能言善辩，而且与下江兵渠帅王常有旧，便于说服众渠帅合兵。"

李通说完，刘演见新市、平林将帅默不作声，只得说道："李将军固然言之有理。可是如今棘阳大兵压境，我弟兄二人同时离开，多有不便。"

话音刚落，性情直爽的陈牧忍不住大声说道："有啥不方便的。你们弟兄也是为了说服下江兵来会。难道会有人说你们趁机逃命不成！"

一句话说中王匡、王凤、朱鲔三人的心思。三人羞愧地低下头来。朱鲔开口道："请刘大将军和刘三将军放心去吧！我新市兵也不是贪生怕死之辈，有朱某在，棘阳就丢不了。"众人也纷纷表示赞同。刘演、刘秀非常感动，弟兄二人一齐拱手道："棘阳就仰仗各位渠帅了。"事不宜迟，两人与李通、李轶立即动身，悄悄出了棘阳南门，转而向东，直奔宜秋方向驰去。

新军探马看见有人出城，慌忙报与甄阜知道。甄阜听说只有四人，哈哈大笑道："这四人必是畏惧我大军压境，偷偷逃命去了，不必管他。待大批叛贼出逃时，我铁骑再追杀不迟。"

棘阳距宜秋将近三百里,刘演四人顶着岁末凛冽的寒风,打马飞驰,赶了半天一夜的路,第二天黎明才赶到宜秋下江兵军营。守营的下江兵见是刘演、刘秀是李氏兄弟带来的,问也不问,便放二人进了营帐。李通道:"请二位将军先随二弟去我帐中歇息。我去禀明三位渠帅知道。"

刘演、刘秀点点头,便跟着李轶往旁边的营帐走去。只见沿山势排开几十座营帐,营帐内却是空无一人。山林中传来阵阵喊杀声,想必下江兵早已出操练武去了。李轶把二人引进一座营帐,忙着找来早点。三人赶了一夜的路,肚子真饿了。便因陋就简,坐在一张临时搭起的行军床上吃了起来。吃完早点李轶望着刘演:"柱天大将军,前日末将的请求您答应了吗?"

刘演一愣,不解地问道:"李兄弟,你请求什么?"

"末将想投到柱天大将军的麾下,为您效力啊!"

刘演这才想起前日相见时,李轶确实说过这样的话,当时以为只是客气话,没想他是当真的。难得有人对自己如此忠心,刘演一笑道:"以李兄弟之才,何愁不能建功立业,封妻荫子。投在刘某麾下,岂不是受了委屈?"

刘秀也不解地道:"李兄弟投奔下江兵不到一年就做了偏将军,可知深得渠帅器重。为何非要投到柱天大将门下。"

李轶苦笑道:"二位将军有所不知。下江兵多半是山匪草寇出身,为官府所迫,才起而造反。将来会有什么结果?柱天大将军是刘汉宗室,胸怀中兴汉室之志,前程不可限量。家父曾预言,刘氏复汉,李氏为辅!小弟投奔柱天大将军就是遵守家父遗言,将来也奔个好前程。"

"李贤弟果然见识非凡。刘氏有你兄弟辅佐,必有复兴之日。"刘演转道,"不过,此时正是我们与绿林合兵之际,这种话千万不可乱说。否则,必将引起义军内部的分歧。李贤弟先委屈一时,暂留在下江兵内。待日后时机成熟,再投汉兵不迟。"

李轶有些失望,但还是点头道:"末将听从柱天大将军的安排。"

三人正说着话,李通走了进来,面带喜色道:"二位将军,三位渠帅特遣末将迎接二位大帐叙话。"

刘演、刘秀赶紧起身,跟随李通一起向中军帐走去。大帐门口,下江兵渠帅王常、成丹、张印率军中将佐列队相迎。刘演一看对方如此礼遇,放下心来。老远就抱拳揖礼满面含笑道:"春陵刘伯升特来拜会各位渠帅。"

刘秀也是温文有礼,态度谦恭。王常、成丹、张印趋步上前,还礼道:"久闻春陵汉兵柱天都部的威名,今日才得识英雄风采,果然不凡!"

刘演谦恭道:"刘某惭愧,倒是久仰三位渠帅的大名。"

刘秀紧随刘演之后,王常看见,惊喜交集疾步上前,一躬到地,谦恭之至,颤声道:"恩公在上,请受王常一拜。"

刘秀没料到他会行此大礼,慌得双手乱摆。

"王渠帅如此大礼,在下担当不起啊!"

众人都吃了一惊,惊奇地望着他们两人。王常起身道:"当年王某被新朝官府追捕,避难熊耳山中,得遇春陵刘秀刘文叔赠银之恩。今日恩公就在眼前,岂敢不以礼相待?"

众人这才明白是怎么回事,成丹、张印也过来给刘秀施礼,恭敬地道:"想不到阁下还是王兄的恩人,请受我等一拜。"

刘秀慌忙还礼道:"区区小事,何足挂齿。二位渠帅如此大礼,令刘某无地自容了。"

王常笑道:"当年恩公曾说,山不转路转,人生总有相逢时。今日看来,果然言中。可见咱们注定是有缘份的。噢,对不住,此处不是说话之处,请贵客进帐内叙谈。"

下江兵将帅拥着刘演、刘秀走进大帐落座。王常忙命人献上菊茶。刘演一边端起茶水,一边用目光示意刘秀。意思是棘阳危急,耽搁不得,你于王常有恩,不妨直接说明来意。

刘秀会意,呷了口茶水,拱手道:"王莽篡汉,残虐天下,百姓深受其苦,起而反莽。三位渠帅乘势举义兵,诛强暴,威名远播。我们弟兄此次慕名而来,就是想与贵军合兵一处,共讨国贼。但不知尊意如何?"

王常脸上顿显喜悦之色,道:"春陵汉兵与新市、平林兵合一处,连战连捷,威名大振。如果再与我下江兵合在一起,必然无敌于天下,杀贼灭新之日不远矣。"成丹、张印却反应冷淡。张印漠然道:"合兵也不是每战必胜的灵丹妙药。你们与新市、平林合兵,不是照样被甄阜、梁立赐的大军打得落花流水吗?以张某愚见,还是各自为战的好。机动灵活,便于保存实力。"

刘秀起身离座,态度谦恭地道:"张渠帅如果仅为着保存实力,各自为战当然无可厚非。可是,三位渠帅既然举义旗,兴义兵,就是为了杀贼安民,做一番轰轰烈烈的事业,怎能满足于小打小闹呢?何况,各自为战,不利号令天下,义军势力发展缓慢,容易被官兵各个击破。其中的苦衷,不消在下细说,三位渠帅自有体会。合兵则不是简单的兵力相同,一加一肯定大于二。"

王常认真地倾听着,不时点头道:"刘将军言之有理,一加一大于二。"

张印、成丹也听得仔细,却不冷不热地问道:"请问你们春陵起兵要做怎样一番轰轰烈烈的事业?"

刘演闻言,霍然站起,不卑不亢地道:"我春陵刘氏既为汉室宗族,起兵反莽,一是为王莽所迫,二是为复兴汉室。复兴汉室也是为天下太平,百姓乐业。难道三位渠帅不希望这样吗？如果三位与我汉兵合兵共破王莽，汉室复兴之日，刘某岂敢独享荣华富贵，当与有功的将士共享。"

一番话，豪爽直率，说到下江兵将帅的心病上。王常道："柱天大将军把话说到这份上了，我等无话可说。合兵之利，人人知晓。请两位将军，先去侧帐歇息，容我等具体商议合兵事宜。李通、李轶二位将军，好好招待客人。"说完，便同成丹、张印走进一间小室内。

"两位兄长，这里只有咱们三人，有什么话尽管说吧！"王常坦率地问道。

"颜卿（王常的字），"张印亢声道，"合兵之利，用不着姓刘的说，咱们谁都知道。可是，咱们跟姓刘的不是一路人。刘伯升春陵起兵时，就怀复高祖帝业之志，野心够大的。如果合兵，咱们岂不是平白无故受他制约。日后，他如果恢复刘汉，夺得天下，将置咱们于何地？"

成丹也道："愚兄也是为此犹豫难决。"

王常摇头道："两位兄长多虑了。人家不是说得清清楚楚么，如果恢复刘汉，不敢独享荣华富贵。如今天下纷乱，群雄并起，更需要我们看清形势顺势而动。过去汉成帝、哀帝衰微无嗣，王莽得以篡汉自立，拥有天下，但政令苛酷，伤了百姓之心。使得民心思汉，人人欲动，我等因此起兵。夫民所怨者，天所去也；民所思者，天所兴也。欲建功立业，必当下顺民心，上合天意。如果倚强恃勇，任性胡为，就算侥幸得到天下，也会再次失掉。秦皇嬴政，西楚霸王，何等威武，尚且覆灭，何况我等小人，相聚草泽之间？南阳刘氏，举旗起兵。刘演、刘秀其人其志，咱们也看到了，不是咱们能够相比的。与这样的英雄豪杰合兵，必成大功。这可是上天赐给的大好时机，千万不可错过。"

张印心悦诚服，笑道："颜卿到底是读过书的人，说起话来头头是道。愚兄今儿个豁出去了，就听你的，跟姓刘的合伙干。"

成丹也表示同意。

"你们都不怕姓刘的，我还怕他们什么？"

三人走出小室，来到中军大帐，请来刘演、刘秀，重新叙礼入座。王常说明三人同意合兵之意，刘演高兴万分，拱手道："我谢三位渠帅。棘阳危急，事不宜迟，请三位渠帅一起早定破敌大计。"

张印爽朗地一笑道："既然合兵，咱们就是一家了。有我们下江兵作外援，破甄阜大军有何难哉。咱们里应外合，出其不意，何愁新军不破。"

"对，里应外合，新军必败。"王常、成丹也是信心十足。

刘秀谦恭含笑道："张帅之计，固然可破甄阜大军。可是总合贵军和棘阳义军，与甄阜大军数量相当。破敌军之时，义军难免也有损失。在棘阳

时,在下想到一条破敌之计。既可补我军损失,解缺少粮草之急,又可动摇新军军心。只是苦于兵少,无法实施。现在有贵军相助,真是天助我也!"

张印忍不住大声道:"刘三将军既有如此妙计,就请说来听听!"

"甄阜、梁立赐眼睛只顾盯住棘阳,蓝乡必定空虚。何况新军新胜,又逢新春大年在即,必然没有防备,贵军可潜师夜出,突袭蓝乡,截其辎重,一举可成。新军失去辎重,军心必乱。贵军趁机与棘阳义军里应外合,内外夹击,甄阜、梁立赐必死无葬身之地。"

张印、成丹、王常听了,忍不住齐声称道:"将军果然妙计!"

王常却又道:"刘三将军之计可用。但是,我下江兵对棘阳、蓝乡地形不熟,夜袭恐有不便。"

刘演忙道:"如果三位渠帅不介意,在下可以暂且指挥贵军袭取蓝乡。"

王常扫了张印、成丹一眼,见两人点了点头,便笑道:"既如此,有劳柱天大将军。我等愿在帐前听用。"

刘演感激万分:"难得三位渠帅深明大义。我棘阳义军太感激你们了。"

刘秀不安地道:"大哥是军中主帅,身不在棘阳,棘阳义军如何破敌?"刘演坦然笑道:"三弟谋略过人,带兵有方,在军中声望颇高,可回棘阳代理汉兵主帅职权。有新市平林各位渠帅相助,一定能旗开得胜,大败新军。"

商议已定,下江兵三位渠帅高兴万分要大摆酒宴款待客人。刘秀婉言推辞道:"军情如火。在下要返回棘阳,做好大战前的准备。"

王常三人不便挽留,便和刘演一起送刘秀出了军营。五人约期破敌。刘秀上马,拱手而别。

大年三十棘阳城里义军中军大帐前,搭起临时的灵堂,死于乱军中的刘氏子弟和义军将士的牌位依次摆放在正中。刘秀、邓晨、伯姬等人,一身缟素,哭倒在亲人的灵位前。

哭祭完亲人,刘秀昂然站起,泪眼扫视一遍众将帅,一指排列整齐的亲人牌位,兀然道:"他们是我们的亲人、弟兄,就这样死于残暴的新军之手,可是,他们的血不能白流。今天哭祭他们,就是要激起大家同仇敌忾之心,与甄阜决一死战,为死去的亲人报仇雪恨!"

悲愤到极点的人们顿时情绪激昂起来,振臂高呼:"对,拼死一战,也要给他们报仇雪恨!"

"杀甄阜、梁立赐,为亲人报仇!"

这一开头,五万义军立刻激愤难当,同时愤起高呼:"杀掉甄阜、梁丘赐,为亲人报仇!"

"对,不光要杀掉这两个孬种,还要杀到长安去,宰了王莽!"

怒吼声一浪高过一浪,整个棘阳沸腾起来,丧失了多日的活气又恢复过来。

第二天,虽然一夜不得安眠,但大家好像换了个人,个个精神焕发,人人豪情满怀。登城墙眺望,见对方军营中人头晃动,人马不断往蓝乡方向移动,估计大哥在蓝乡那边已经得手。刘秀一声令下,众将士重整戎装,打开城门,争先恐后奋勇冲向新军。

新军当然不是省油的灯!甄阜和梁丘赐虽然出乎意料地被人攻破了蓝乡,但在他们眼里,被围困在棘阳的汉军已经没了多少战斗力,即便在丢失了粮草的情况下,也能把这帮疲惫之众收拾掉。按甄阜的如意算盘,先尽快把棘阳汉军灭掉,然后回头全力对付蓝乡的下江兵。他正准备下令大举攻城,却见汉军主动出击,似乎正合了自己心意。

面对汹涌而来的汉军,甄阜和梁丘赐端坐马上,脸上露出轻蔑而诡异的笑意。梁丘赐拉长消瘦的长脸看看甄阜:"这帮泥腿子,终于坐他娘的不住了。好,他们先出兵,咱们就来个以静制动,看我新军如何把他们打得落花流水。这次要不留情面,务必一网打尽,以绝后患!"

虽然兵家都知道战场上有轻敌之心乃一大忌讳。但在自我感觉良好的情况下,难免要掉以轻心。这一点,刘秀已经根据甄阜和梁丘赐的性格,猜测得差不多。他则反其道而行之,尽力审时度势,以容应战。而从容不迫、深藏不露正是刘秀作战和为人的几大秘诀。他早已运用得灵活自如。

霎时间,两股力量一经接触,如同两块巨大的乌云互相撞击,顿时闪电大作,狂风怒吼,简直要飞沙走石,天地为之震撼。刀光剑影,血染沙场,两军兵力相当,实力不相上下,真正是一场恶斗。正在相持不下之际,谁也没有注意到,东方天边,一阵乌云悄悄压来,瞬时罩临战阵上方。大白天的光线顿时变暗,而且越来越暗。专注打斗的兵士也感觉到了,他们疑惑地瞅空儿四下看看,到底怎么了?

刘秀高踞战马上,对此看得一清二楚。他知道,战场上必须倾注全力才行,外因分心,对作战相当不利。而此时,虽乌云密布,但滴雨未下,真正是密云不雨,阴森的天空简直有几分恐怖了。刘秀努力让自己镇定片刻,忽然果断地一挥令旗,大声命令:"所有骑兵,立刻向前猛攻!一直向前,不用回头!"

刘秀此举不无道理。早在决定出城接战前,刘秀已经了解到,春陵义军以前曾占领过棘阳城附近方圆近百里的面积,对这里周边的地势可以说了如指掌,别说风雨兼程,就是摸黑前行,也手到擒来不成问题。正巧这次出战时考虑到这一点,特意分配骑兵较多。就在双方精力分散,都有怯意的时

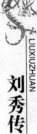

候,忽然有铁骑踩踏而来,直冲进新军阵营中。由于骑兵攻击力强,又有人高马大的优势,所向披靡,根本没法阻挡。三下两下,就把新军撕开一条缺口,如狼驱羊,杀得对方一片鬼哭狼嚎。然而不等新军逃奔,义军骑兵已兜圈子赶在他们前面,一场拼死血战更加波澜壮阔,更加惨烈。这时天也凑兴,电闪雷鸣,马嘶人号,听来惊心动魄,方圆几十里的地面也似乎胆怯似的寒战不停。

　　风卷残云很快过去,阵雨骤停,棘阳城外寂静无声,几声乌鸦的哀鸣尖利地刺破天际。虽雨后雾气濛濛,但战后惨不忍睹的场面依然清晰可见。横尸遍野,血流成河,残肢断臂四处丢弃,每一片地面都变成黑红颜色。就在刚才兵败如山倒的一片混乱中,甄阜和梁丘赐也葬身于乱刀之下,他们斜卧在中军大旗下,面目狰狞,却又满面疑惑茫然。

第十一章
合兵选将刘演为首　二战宛城大获全胜

　　不远的地方，棘阳城下，义军们在临时搭建起来的军营中正在忙着烘烤晾晒湿透了的战衣，每个人的脸上都洋溢激动喜悦之情。刘秀却顾不得将自己身上的湿衣服脱下来，更没有时间晾晒或烘干。他带着几员将校，匆忙地清点着剩下的兵将数量。令他高兴的是，尽管经过了一场恶战，但自己的兵力损失并没有太多。因此这场战斗可以说是用最小的代价给了敌军最重的打击，因此这场冒雨大战可以算是打得漂亮。大家知道这个消息后，纷纷称赞，刘秀也从心底里感到高兴，一直在军营中忙活到后半夜才安歇下来。

　　对于新军来说，似乎从来都是祸不单行。遭暴雨侵袭的蓝乡守军，同样没有逃过下江兵一劫。守军将领见大雨将至，料想义军必会返回营地，等天放晴了再战，于是在这雷电交加的天气，他便放松了防御。而刘演的想法正和刘秀不谋而合，他立刻带着下江兵，冒雨潜入敌军营地。而此时蓝乡守将正放心地饮酒作乐。几乎没费多少周折，所有的守军被一网打尽，可怜多少新军在死之前，都不明白到底是死在了谁手里。从棘阳到蓝乡，这一战酣畅淋漓，王莽曾寄予厚望的甄阜和梁丘赐率领的新军，彻底溃败。

　　这两次几乎同时发生的巨大胜利，似乎彻底扭转了局面。然而，刘演等人很快发现，事情并没他们想象的那样乐观。王莽的新军势力，似乎超出他们的预料。刚刚打扫过战场，没等义军休整喘息，就有探马飞驰而来："禀柱天大将军，王莽派遣纳言将军严尤、宗秩将军陈茂率十万精兵，从长安出发，目前已抵清阳。请将军早作应敌准备！"

　　闻听这情况，兵将稍稍放松的神经再次绷紧，空气立刻紧张起来。人们都听说过严尤的大名，他们既然是王莽特意派遣，必然兵强马壮准备充分。人人如临大敌，有意无意地围在主将营帐外，探听将军会有什么动向。

　　与甄、梁之战刚过，春陵汉军与下江兵迅速完成了合兵，重新进行编制。各路兵马将领很多都是头一次见面，大家一方面互相介绍，握手言欢，为庆祝战功大张宴席，另一方面也开始为下一步的攻城计划作准备。讨论着该如何进军，该进军何处。

听到探马报告的情况，刘演当着大家的面拍案而起："好呀，来得正好，目前我军气势正盛，正发愁找不到靶子，严尤倒主动找上门来了！"继而转向众将，"诸位一定听说过这个姓严的家伙。严尤深得王莽宠信，曾为新朝镇压过赤眉，征服过高句丽和句町诸边部，也打败过匈奴，看来不是徒有虚名之辈，所以我们要谨慎对待。但也不必过于紧张畏怯，如果咱们能集中精力把严尤给收拾了，那一定是影响极大，对咱们的发展将是个飞跃。说不定这样一来，王莽这点家底就被咱们给折腾光了，事半功倍，反而是件好事。"

众人听这番分析纷纷点头。刘秀坐在旁边接过话头说："既然如此，现在就是既有挑战，也有机遇，关键看怎么把握。我们必须做好万全之策。看情况，王莽派严尤带兵前来，主要是为了援助甄阜和梁丘赐的。若是严尤走到半路得知甄阜和梁丘赐已经大败，谅他摸不准咱们的虚实，必不敢贸然前进，所以他很有可能会退居宛城，暂时稳定下来，观望动向，以决定下一步行动。而他这样一停顿，等站稳了脚跟后，新军的势力就会更加壮大。特别是严尤习惯稳打稳扎，相对于咱们实力并不特别强，他的这种战法对我们的威胁更大。所以，我认为，应先派一支队伍赶在严尤之前到达宛城，以遏制宛城兵力，不让严尤有机会稳定下来；另一支则可直追严尤军，途中将其消灭，即便消灭不了，也要尽力骚扰他，打乱他的心性，让他心慌意乱，不能安心对付咱们。"

将敌我情况逐一探讨，确实都是实情，大家无不赞服。王常看着刘秀一本正经的神情笑道："文叔将军言之有理，知己知彼，切中肯綮，不愧为太学子弟哟！"众人相视点头，都表示赞同，反倒让刘秀不大好意思了。

刘演随即拍板："那好，既然大家一致同意，我们就照文叔的计策行事。不过，我还有一件事，当前情况下不知当讲不讲，如果讲出来大家觉得不适合，就当我没说罢了。近来我军接连大胜新军，兵力日益壮大，各项事务也越来越繁多，而且此后的大战小仗将数不胜数，事情和人员会越来越多。所以我认为，有必要尽快推举一位主帅，统领全军。军中有了统领，就会形成更强的凝聚力，调遣起来也会很迅速，不知各位意见如何？"

刘演这个提议关键而且及时。其实很多人都有这样的想法，只是没好说出口。现在这样一支将近十万人的大军，各种事务千头万绪，各方面人员纷繁芜杂，若是没有统一指挥，大家各行其是，总不是长久之计。特别是现在势力壮大了，个人的不同想法涌现出来，你说你的意见，我说我的意思，难免引出矛盾和分歧，争来争去，这样必然会贻误战机。打个小仗还可以，一旦遇上决定性的大战，肯定要吃亏。

不过尽管是一个很正常的提议，但这个提议从刘演口里说出，情况就大不一样。在座的王凤、朱鲔等各军渠帅一听，都在心里暗吃一惊，心想这下狐狸尾巴终于露出来了！近来几次绝处逢生，柳暗花明，刘家将军战功显赫，在军中威信又非常高，如果说要推选一个主帅，他们当然占有绝对优势。他姓刘的成了主帅，这不是把我们的兵权和原先弟兄都吞掉了吗？还没推翻王莽呢，他就着急地开始称王了！

然而纵然有十分不悦和不服，刘演提议的确重要，而且这也是迟早要面临的问题，王凤、朱鲔等人也说不出什么。虽然唯恐刘演夺权，但自己又不好意思毛遂自荐，只能佯装平静，等待形势变化。一时间大帐中安静下来，人人心头风起云涌，却都面色淡然，仿佛并不关自己的事。

就在这平静而激烈的对峙中，王凤忽然灵机一动，不失时机地轻描淡写说："刘将军所说得实在太及时不过了，蛇无头不行，更何况咱们十万大军？兵法上讲，一将无能，累死千军；一帅无能，万军折损。对于咱们来讲，选举一个好的主帅确实太重要了。在下见识浅薄，只能说说自己的看法。以在下看来，下江主帅王常最为合适。王渠帅带兵多年，屡战屡胜，对新朝威胁最大，可以说声震朝野。并且他本人文武兼备，又素有贤名，喜欢广交天下豪杰，人缘极好。我想，由他做主帅，我军必会迅速扩大影响，带动大江南北的反莽义军前来投奔联合，到时候从速推翻王莽当不是难事，诸位意下如何？当然，这只是一家之言，恐怕不妥当，说说而已，大家再商量。"

这话说得看上去很轻巧，内里含义却圆滑至极，既没表现出自己争权夺势的意思，同时也打击了刘氏兄弟的锋芒。推举出王常，而王常的下江兵属于新近加入，脚跟还没站稳，事事其实还是自己这帮人做主，有其实在利益而不用妄担虚名，正是快刀切豆腐的手法。有些人听出其中意思，暗暗钦佩王凤，不愧喝过几天墨水，果然肚里乾坤，非同一般。

这个提议一说出来，新市兵、平林兵和下江兵反应最热烈，积极表示同意。因为这三家源出绿林，从根源上本为一体，士卒们勾连也最多。而王常本人也确实在他们中间素有名望，对很多绿林好汉都有过慷慨仗义的帮助，大家对他仰慕已久，充满信任和敬佩。特别是刘氏兄弟风头正劲的当口，大家出于某种说不清的心思，宁愿拥戴威望相对要小些的王常，而忌讳推举刘演和刘秀。

由王凤打开话头，人们开始活跃起来，但都是赞叹王常如何称职，故意抬举王常，用王常来压制刘演和刘秀。王凤和朱鲔等人见刘氏兄弟低了头沉默不语，不禁暗自高兴，以为自己从心计上要高刘演一等。这下他们刘家争夺兵权的如意算盘要落空了。

　　然而就在大家以为大局就要定下来的时候，不曾想又出现了转折。王常虽然是绿林豪杰，但早年读书颇多，性情沉稳，行事一向谦虚谨慎，对人讲究公允平和。经过这段时间和春陵汉军并肩作战，言谈举止、行军作战中处处拿自己和刘演、刘秀比较，比起以前空闻其名来，现在更觉不如刘氏兄弟。况且他还有一点自己的打算，现在起事才刚刚开始，更大的风浪还在后边，内外斗争才徐徐展开，他也不想过早地把自己置于风头浪尖上。

　　本着这样的想法，综合几方面考虑，他主动提出，自己才疏学浅，威不能服众，很难挑起这副重担，主帅的位子，是万万不敢坐的。说着说着，他忽然一指旁边的刘演："诸位将军，方才王将军说过，一帅无能，万军折损，我王常就是那无能的主帅，断不能因为我一人而坏了大事。到那时，只怕我肝脑涂地，也挽不回损失。王某感谢王渠帅和诸位的信任，但是，王某不才，人微言轻，不如刘氏兄弟有勇有谋，不足担当大事。这绝不是谦让，过去的事实足以证明这些。所以我从来不敢觊觎主帅的职位，只想为绿林军尽我的力量，能不亏心就足够了。不知众将看，咱们推举刘演将军如何？"

　　众绿林将领中，大多为胸怀坦荡的豪爽人物，喜欢直来直去，很容易为一时冲动所左右。他们见王常如此谦恭，顿时大为感动，对其为人更看清了一些。不过，回想过去情形，王常说得也确实是实情。自绿林山起事以来，虽打过几次像模像样的胜仗，但终没超出聚啸山林占山为王的局面，影响很小，而且被官府和百姓目为土匪，只能暗里来暗里去，名声很不好听。只有与春陵汉军合兵之后，局面才大大展开，不但开始正面与新军对抗，从过去的躲闪改为现在的大张旗鼓主动进攻，而且正大光明地竖起义军大旗，走到哪里都受百姓爱戴，这份荣耀感觉是以前所感受不到的。不仅如此，刘演和刘秀等刘氏兄弟也因其有勇力有谋略的表现，在众将士心中留下深刻印象。考虑到这些，许多将领便转而热情地对着刘演喊道："对，就请伯升做主帅！"

　　刘演见王常如此抬举自己，分明是无意中寻到一个知己，心里万分感动。但既然刚才王凤等人没有直接提出推举自己，说明他们心里对自己仍存芥蒂，这样硬上，恐怕不但无益，反而会造成诸多麻烦。所以碍于形势，不便接受，正欲推辞，却被王常伸手按下肩膀劝阻。王常深沉地说道："大敌当前，一切要以大局为重，不可因此影响士气。刘将军不必推辞。"

　　刘演当然明白眼下的局势，想到恢复汉家江山正是任重道远之际，自己作为春陵刘家的长子，肩上犹如压了千斤重担，要实现抱负，就得有些魄力，瞻前顾后只能耽误事情。这样考虑，刘演索性也不再推辞，拱手冲大家说："承蒙众将帅信任，刘某愿同诸位同生死，共患难，视死灭莽。为号令天下，我军从今日起统称汉兵，以复兴汉室为旨。大家再不用分你军我军，同进同退，一切听从号令行事!"这话一出口，王凤等人知道已成定局，自己只能顺应，等以后有机会再找碴儿改变形势。所以也就显得很高兴的样子，大家一起拥戴，刘演的地位就这样定了下来。

商议完军情后，王凤、朱鲔等几个人相继颓丧地走出帐外，因为事情不称心，大家满脸不高兴，有人还轻轻叹息一声。走出离大帐很远，看看四周没有兵卒，朱鲔忽然停下脚步一跺脚，气愤地说："王常真他娘的不识好歹，咱们诚心推举他，他却转手把大权白白地给了刘演，弄得咱们里外不是人，这明明是断我们绿林兵活路嘛!"

见朱鲔这样说，王凤无奈地嘟囔一句："形势所趋，咱们现如今是外来户，势单力薄，拿他又有何办法? 叫我说，还是以大局为重，先承认了他这个主帅，让他领导着攻打严尤，等度过了眼前的难关，之后再对付傲气的刘演和他们刘家兄弟。"说着，已经来到朱鲔营帐边，大家便信步走进去。朱鲔把里边的卫士兵卒都赶开，只留下他们几个，好放心说话。王凤一屁股坐下，话虽然没有朱鲔那么强硬，但心里比朱鲔更不平静，看看坐在对面的陈牧，冷着脸问："陈老弟，这下咱们的兵马叫人不声不响地吞掉了。刘伯升做主帅之事，你有什么看法?"

"刘伯升向来英勇善战，人品也不错，由他做主帅，我十分赞同。"陈牧想也不想地随口回答。

王凤听他竟然这样说，简直要气歪了鼻子，忍不住欠起身子来，气愤地指着他大声说："你呀! 唉，怪不得你叫陈牧，还真是个木头疙瘩，真不开窍! 别人把你的兵权都给抢走了，你还傻乎乎地受人指使，你亏不亏呀你! 咱们是什么身份，刘家是什么身份? 这你都分不清吗? 刘演与咱们本不是一路人，将来打了天下，他就是皇帝，等他做了皇帝，咱们算哪根葱? 到时候一纸圣旨下来，你不但枪里刀里摸爬滚打白忙活大半辈子，连小命都保不住! 难道你就没想到吗?"

陈牧听王凤一番开导，这才判然醒悟，抬手直拍脑门："哎呀! 你看这脑子，我怎么把这茬儿给忘了，光顾打王莽这狗贼了，打完王莽之后的事情就没想过了。既然王兄这样说，那我们现在怎么办呢?"

王凤不慌不忙，诡秘地向朱鲔眨眨眼，然后示意陈牧坐近一些，做出推心置腹的样子说："眼下咱们还没打下江山不是? 所以还不能来硬的，得用个法子，叫他刘稷和刘秀软刀子挨割，死了也不觉得疼! 愚兄忽然琢磨出一妙计，不过需要陈兄帮忙才成。"

"哎呀，大哥，我陈牧是个直性子，还用得着客气吗? 你有什么主意，只要你觉得好，肯定没问题。有话尽管吩咐，不知是什么妙计，说出来听听?"

"听说你手下有个姓刘的将佐,是吗?你回去就提升他为将军,狠命地加以重用。咱们这回就来个'以刘制刘',等把这滩水搅混了,也就是咱们翻身之日到来的时候了。"

"我手下倒是有个姓刘的,叫刘玄,但这家伙是个庸才,胆小如鼠,碰见屁大的事情就没一点主见,根本没资格当将军,他在小弟军中这么多年,还只是个安集掾,就这已经够他忙活了,这样的人,虽说和春陵是亲戚,但人家刘家兄弟都没提出来,咱们提升他有何用?又卖不了人情。"陈牧依旧懵懂,不明白他要干什么。

"具体缘由不必多问,只管照办就行,总之以后有你的好戏看就是。"王凤不耐烦地挥手,不想再仔细解释。

"好,那小弟就提升他为更始将军,总行了吧?大哥还有要吩咐的吗?"陈牧也不再追问,反正他知道王凤心里弯弯绕绕的就是多,自己怎么也不会弄明白的,就懒得费那心思。

"还有……就是此事不要声张,你也不要随意行动,要干什么,先给我和朱鲔大哥等人说一声,该不该干,大家合计了再做。好,你先回营帐吧。不管怎么说,咱们现在的首要目标还是先打败严尤和陈茂。外患不除,咱们这窝里斗就是空谈,就是扯淡!"王凤若有所思,盯着营帐一角沉默一会儿,又紧锁眉头,似有话说,想一想却拱了拱手,让陈牧先回去了。

纳言将军严尤,宗秩将军陈茂奉王莽之旨,率精兵十万前往南阳会同甄阜、梁立赐平灭刘氏叛军。一路过驿舍,进城邑,沿途地方官员免不了迎来送往。严尤本想推辞一切礼仪,率兵直抵南阳,怎耐官场积习,凭他一人之力,如何能扭转,况且有些官员还是王莽心腹家人,他也着实不敢得罪。就这样,挨挨延延,直到过年,才进入南阳地界。谁知刚到淯阳就听到刘演、刘秀联合下江兵,杀了前队大夫、南阳太守甄阜、属正梁立赐。严尤吓了一跳,慌忙命部队调转马头,向宛城退去。宗秩将军不解其意,道:"将军何必如此惧怕叛贼。叛军刚刚经过一场大战,来不及休整,我十万天兵正好迎头痛击。为何不进反退?"

严尤把眼睛一瞪:"你懂得个屁?叛军新胜,夺得马匹辎重,兵精粮足,又挟新胜之威。我军远道而来,必然不堪一击。一旦兵败,宛城不保。一旦宛城有失则长安门户大开,京师危急矣。"

崇山峻岭,怪石嶙峋,沟壑幽深,汉军艰难地行进着。遇到马匹无法通过的地方,士卒们搬石垫路,刘演拉马走过,众将紧紧跟随。翻过一个山口,探马来报:"禀柱天大将军,刘三将军、王将军、李将军他们已赶到严尤的前头,正向宛城靠近。"

"好!"刘演大喜,道,"只要宛城守军不出城,我军没有腹背受敌的危险,打败严尤,不成问题。我军离严尤还有多远?"

"禀大将军,严尤走的大路,我军只翻过前面这座山,就可以咬住新军的尾巴。"

"太好了!"刘演大声道,"弟兄们加把劲,我们不仅要咬住新军的尾巴,还要咬断他的脖子。"

汉军将士受到鼓舞,士气更加高昂,顿时忘记了疲劳。步子迈得更快了。

十万新军行进在平坦而盘旋的驿道。严尤望着行进缓慢的队伍,焦急地问探马:"此去宛城是否还有近路可行?"

探马慌忙答道:"回大人,小人对这一带的地形不熟悉,要找向导,也要出了山,才能找到。"

"废话,出了山还要向导何用!"严尤气得大骂,忐忑不安地望着驿路两旁耸立的山峰,突然道:"快,先骑快马去宛城,命宛城守将岑彭率军前来接应。"

"小人遵命!"

探马飞驰而去。陈茂暗笑严尤胆小如鼠,表面恭敬地道:"大人,我军正向宛城退去,难道叛贼敢追来不成?"

严尤忧虑地道:"本官最担心的就是这个。叛贼地形熟悉,万一从近路追上来设伏,我军必遭惨败。"

陈茂笑道:"大人过于谨慎了。难道叛贼能插翅飞来不成!"

话音刚落,忽然一阵锣鼓声响起,新军四处张望,只见两边山坡上突然涌出无数汉兵铁骑,"刘"字大纛,"汉"字旌旗,迎风飘摆。一阵排箭暴雨般倾泄而下,新军立刻人仰马翻。汉兵杀声震天,冲下山坡。刘演跨黑龙驹,手舞长矛,一马当先,冲锋陷阵,长矛落处,新军一片惨叫。汉兵将士紧随其后,奋勇冲杀。顷刻间,"刘"字大纛旗,"汉"字旌旗飘进新军阵中,十万兵马一下子被冲得七零八落,东奔西跑。

严尤大惊,慌忙传令收缩队伍,组织将士就地抵抗,可是,队伍太长,又被汉兵冲得溃不成军,命令哪里传得下去。新军将见不着兵,兵找不着将,不知所措,争相逃命。严尤只好组织身边的亲兵抵抗。为稳住军心,大声叫道:"众将士不必惊慌。这不过是小股叛军突袭,宛城援军不久便到。一定要顶住,等待援军。"

严尤哪里知道,此时,刘秀、王常、李通已率两千轻骑赶到宛城。刘秀传令兵分三路,一路由李通带领,从山上砍伐来树木,用马拖着,在驿道远处来回奔驰；一路由王常率领，专挑高岗明眼处，遍插旌旗；自领一路，拍马舞刀，直抵宛城城下，摆开阵势，讨敌叫阵。

守宛城的主将是从棘阳败退下来的岑彭。岑彭听说汉兵攻城，吓了一跳，慌忙登上城与副将严悦一起登上城头观看。耳听城外鼓角齐鸣，眼见旌旗遍野，灰尘遮目。山野丛中似乎有无数的汉兵。严悦脸色煞白，道："叛军兵众，来势汹汹。我宛城守军不过五千人。只宜据城固守，千万不可出城迎敌。"

岑彭犹豫不决，疑惑道："叛军远在棘阳，怎么一夜之间有这么多叛军出现在这里？莫非是疑兵之计？"

严悦惊慌地道："前队大夫甄大人、属正梁大人的十万精兵一夜之间便死在刘演、刘秀手上。何况咱们区区五千守军。刘秀骂阵，就让他骂好了。大人千万不可出城迎战。"

岑彭为难地道："严将军曾派人来，要我等出城接应。如何是好？况且，万一刘秀用的是疑兵之计，我们岂不是坐失良机？"

严悦摇头道："大人别忘了，宛城不同于棘阳，历来是兵家必争之地，一旦有失，长安可就危险了。这样的罪名，大人担当得起么？您的妻子、老母还拘禁在太守府后衙呢。"

岑彭不由一阵心寒，火热的杀敌热情一下子熄灭。棘阳失守，他逃回宛城，受到甄阜的重责。并将他妻子老母拘禁起来，令其将功补过。严尤大兵路过宛城时，也责怪他守城不力。如今，甄阜虽死，严尤还在，对他的处罚命令仍然没有取消。如果宛城有失，自己举家的性命就难保了。

"传令各营官兵，小心戒备，严密守城，任何人不得出城迎敌，违令者立斩不赦！"

岑彭终于发出命令。

严尤、陈茂督军抵抗一阵，不见宛城守军来救。眼见十万大军死伤过半，兵力越来越小，不由心急如火。陈茂支撑不住了，大声道："大人，看来援军是指望不上了。趁叛军还无力形成包围，咱们还是撤走吧！"

严尤何尝不想逃走，可是，一旦主将逃走，全军立刻就会失去抵抗力，任由人家宰杀，十万兵卒将损失殆尽。

出师未捷身先死，常使英雄泪沾巾。严尤此时虽说没战死，可是真比战死还难受。他征高句丽、句町诸部，战赤眉，伐匈奴，大小战事历经无数。虽不能说百战百胜，但也没有一次像这一仗这么窝囊。

陈茂见他犹豫不决，急得大叫道："大人，如果再不逃走，咱们都得做叛军的刀下之鬼。"

话音未落，突然一支羽箭飞来，正中陈茂额头。他大叫一声，摔倒在地，再也没动弹，真的做了汉军的箭下之鬼。

　　严尤大吃一惊，方才意识到已身处险地，再不逃走，真的要把性命丢在这里了。什么皇恩浩荡，誓死效忠，逃得性命要紧。他一脚踢开陈茂的尸体，慌忙持戟上马，传令道："众将士，保护本官退保宛城。"

　　新军听说主将逃走，更无斗志，哭爹喊娘，只恨少生了两条腿，丢盔弃甲，四散奔逃。只有几个亲兵保护着严尤落荒而逃。

　　刘演纵马舞矛，来回冲杀，嘴里高叫："降者免死，抗拒立斩！"新军士卒一听，慌忙扔掉兵器，呼啦啦跪倒一地，降者几万人。

　　严尤惶惶如丧家之犬，失魂落魄，拼命往宛城狂奔。一口气奔出几十里地，听听身后没有汉兵追来，方约略放心。看看身边只有十几个亲兵逃出来，十万大军未经正式交战便损失殆尽，严尤忍不住仰天长叹："天啊！严某落到如此境地，有何面目再面见陛下！"说完，抽出宝剑就要自杀，左右亲兵慌忙上前抱住，哭劝道："胜败乃兵家常事。将军回京可奏请陛下再发大兵，以雪此次兵败之耻。如果以此了结一生，反为叛贼讥笑。小人又归依何人？"

　　严尤一时心软，又不甘心就这样败于刘演之手，于是放下宝剑，正要继续前行，忽然一个亲兵惊叫道："大人，不好，前面有叛军！"

　　严尤举目远望，果然见前面旌旗招展，"汉"字、"刘"字大旗清晰可见。大吃一惊道："刘演果然用兵如神，竟在此设伏。看来宛城去不得，快奔颍州方向走。"

　　亲兵们慌忙转弯向东，直奔颍川逃去。

　　其实前面这支汉军是刘秀率领迷惑宛城守将岑彭的队伍。刘演大败严尤，探马不断地把战况报于刘秀。刘秀见主力部队得手，便命令部队丢下帐篷、旌旗。悄悄撤军回漓阳与主力会合。因为宛城城墙牢固，防守严密，不是轻易可以攻取的。况且汉军连日远征作战，人疲马乏，急需休整。

　　岑彭、严悦遥望城外汉军营帐、旌旗，果然不敢出城。待半日之后，不见汉军动静，方知中计，岑彭扼腕叹道："刘氏兄弟善于用兵，必为朝廷心腹大患。"

第十二章

贼夫妇夜话篡权计　选天子刘玄被拥立

正月十五这一天,圆月仿佛银盘一样,毫不吝啬地将皎洁的月光撒向人间。从岸边看去,湖面上波光粼粼,汉军将士们连日征战,此时早已疲倦地进入了梦乡,营帐里也是一片寂静。但此时只要有人稍微留意一下,他就会发现,在军营之中,始终存在着一顶帐篷,里面的灯光直到深夜还没有熄灭。

亮光是从更始将军刘玄的帐篷里发出的。此时,刘玄披着棉衣,焦躁不安地在灯前走来走去。当中的地上,被他踩出一条明亮的脚印,显然,他这样走来走去很长时间了。门口侍候的兵卒困得眼皮直打架,不明白这位新提拔的将军大人哪根筋出了毛病,半夜三更还不睡觉,便忍不住上前,关切地道:"将军大人,天太晚了,你该歇息去了,明儿个还要商议军情呢。"

刘玄知道这些兵卒平时不把自己当回事,这时做了将军,也该摆摆威风了。于是郑重其事地干咳一声,威严地道:"本大人正在考虑军机大事,休要打扰。你要是困了,先去睡吧!这里不用侍候了。"

"谢将军!"

兵卒刚退下去,帐内旁边小室的帘子一动,走出一个年约三十、风姿绰约的女人。女人半披着棉衣,一副刚刚睡醒的样子,走到刘玄背后,张开双臂抱住刘玄的背,娇声道:"相公,天这么晚了,怎么还不歇息。咱们好几天没有……"

刘玄转过身来,赔笑道:"对不起,夫人,今天太劳累了,明晚加倍补偿!"

"又是明晚。"韩夫人显然忍受不了丈夫的应付推开刘玄,双手叉腰,讥诮道:"我说姓刘的,你不过刚提升为更始将军就烧得睡不着觉,要是将来做了大司马,更是不得了喽!"

刘玄连连摇手,苦笑道:"夫人真会说笑,如今这种乱世,谁不能自称将军?有什么可喜的。"

"要不就是在外面有了女人,想娶一房小妾,嫌我人老珠黄不是?"

刘玄急得指天划地发誓。

"我刘玄今生只喜欢你一人,天日可鉴。"

"那你深更半夜不睡觉,搞什么鬼?"

"夫人有所不知,近日来,陈牧不仅提升我为更始将军,而且王匡、王凤、朱鲔、廖湛等渠帅突然变得态度谦恭,非常客气。我总觉得要发生什么事,因而心神不安,彻夜难眠。"

韩夫人释然一笑,拉着丈夫坐下,手指一点刘玄的额头,娇嗔道:"亏你还是个男人,这点事儿都看不透,愁成这样儿。"

"夫人有何高见?"

"新市、平林渠帅看重你,还不是看重刘汉这块招牌?当初他们与舂陵合兵,就是想利用刘汉的招牌,号令天下,发展自己。不然,说不定现在还躲在深山老林里呢。"

刘玄似有所悟,赞赏地道:"夫人言之有理。可是,我刘汉宗室中,伯升、文叔战功卓著,声名远播。王凤等人为何偏对我厚遇有加?"

韩夫人又敲了一下他的脑袋,道:"你真是榆木疙瘩不开窍。王凤他们与刘演、刘秀是一路人吗?刘演、刘秀以复高祖之业为主,一心想推倒王莽,自己做汉家的皇帝。王凤他们当然不乐愿,才抬出你来,挤兑刘演、刘秀。"

刘玄听明白了,顿足叹道:"伯升、文叔是我宗室兄弟,我怎好与他们争权夺利,这可如何是好?"

韩夫人气得以掌击他,骂道:"没用的东西,这是天大的好事,你高兴还来不及呢。你也是刘氏子弟,为什么不能跟刘演、刘秀相比?为什么不能复兴汉室?"

刘玄低下头来。

"刘玄无能。哪能比得上伯升、文叔兄弟!"

"瞧你这副没出息的样子!事在人为,你要依着妾身的话去做,日后的出息决不会比刘演、刘秀弟兄差。"

刘玄半信半疑,道:"夫人真有这么大的本事?"

韩夫人面露笑意。

"机会就要来到,就看你怎么行动了。"

话音刚落,帐外传来守门兵卒的声音。

"禀将军,陈渠帅到。"

刘玄吃了一惊,陈牧深夜来此,到底会有何事,忙一推韩夫人道:"快,更衣,迎接渠帅大人!"

"不必了!"话到人到,陈牧已昂然而入,笑道,"怎么,刘将军和夫人还没有歇息?"

刘玄、韩夫人慌忙整整衣衫，躬身施礼道："不知渠帅大人到此，有失迎接，请大人恕罪！"

"陈帅请坐，贱妇给您沏茶！"

韩夫人手脚麻利地沏好茶水，亲手端上来，笑容满面道："大人有公事要谈吧！贱妇告退了。"

"夫人请便！"

陈牧待韩夫人退出帐外，方道："刘将军是刘汉宗室，难道没有恢复先祖之业的志向吗？"

刘玄虽然从夫人的话里得到启示，明白王凤、陈牧的意图，但没想到陈牧会突然来到自己跟前，这么直露地问自己。显得有些慌乱，局促不安地答道："王莽篡汉，宗庙被毁，宗室子弟无不痛心疾首。刘玄也不例外，当然希望恢复高祖之业。只是在下德薄才寡，实在无能……"

陈牧哈哈一笑，道："将军只要有复兴汉室之志就行。今儿个我就明说了吧，王帅、朱帅有意扶立将军南面称尊，恢复汉室。特命在下前来请教将军。"

刘玄顿时目瞪口呆，做梦也没想到要做皇帝。好半天才醒过神来，"扑通"一声跪倒在地，脸色煞白，头冒虚汗，连连磕头，哆嗦着道："刘玄……不……不敢……求大人莫开玩笑。""谁跟你开玩笑，这是王帅、朱帅商议后决定的事。快起来，你日后就是汉朝的天子，我可受不起你这样的大礼。"刘玄还是战战兢兢，推辞道："宗室之中，伯升、文叔最贤，大人为何不扶立他们？"陈牧气得一瞪眼，骂道："看来你真是稀屎糊不上墙。这样的好事打着灯笼也难找，你为何推辞？""小人之意，是怕军中人心不服。""放心吧，有我们几位渠帅为你做主，谁敢不服！""可是……""可是什么，这事就这么定了。更始将军，这事也由不得你，你可要好自为之，先不要到处张扬。我走了。"陈牧说完，也不理会呆立在那儿的刘玄，径自转身离去。

陈牧刚走出帐外，韩夫人就掀帘跑进来，俯身施礼，欣喜地叫道："陛下，妾妃恭喜你了！"

刘玄一甩手，没好气地道："妇人之见，你以为皇帝是这么好当的，弄不好要掉脑袋的。"

韩夫人气得小嘴儿一撇，道："嘀，你说个君子之见我听听。天上掉下来的馅饼你都不敢吃，还算什么男人。有王凤、朱鲔、陈牧他们支持，你怕什么？如果你不依着他们之意，倒真的会掉脑袋。"

"可是，伯升、文叔兄弟战功卓著，最有贤名，我哪里比得上他们。何况我们是宗室兄弟，以后如何相见？"

韩夫人不屑一顾地道："这就是你的君子之见？刘演、刘秀拼死拼活，还不是为了复兴汉室，做汉朝的皇帝。你也是刘氏子孙，为啥不能做皇帝。要知道做皇帝可是人人可望而不可及的事儿。普天之下，莫非王土，率土之滨，莫非王臣，何等的威权；万乘之尊，出警入跸，九天阊阖开宫殿，万国衣冠拜冕旒，何等的威仪；天子发怒，伏尸百万，流血漂杵，何等的威严；要不用说山珍海味琼浆玉液大饱口腹；奇玩异宝奇管异弦耳目常新；三宫六院天下美女任意享受。如今，上天有意赐良机于你，如果不抓紧在手，让刘演、刘秀做了皇帝，将来受制于人，岂不是天下的最大的傻瓜？"

刘玄本是最贪于享乐的，经韩夫人一番鼓动，也真动了想做皇帝的念头。其实，天下人谁不想做皇帝，刘玄不过胆小怕事罢了。因此仍心有疑虑地道："王凤他们也真是，让我做个大司马，司徒都行。为什么非要我做皇帝，太招人眼了，不会出什么事吧？"

韩夫人无可奈何地摇摇头道："你呀，真是榆木疙瘩一个。刘演、刘秀兵权在握，王凤想利用你制他们，只有扶立你做皇帝。这些人鬼精得很，你以后做事要多想想，小心点儿。"

刘玄一听，为难地道："这么说，我和伯升、文叔岂不是冤家对头？我们是宗室兄弟，怎么忍心……"

"什么宗室，刘演弟兄野心勃勃，要是他们得了天下，还讲究你这个宗室兄弟吗？相公的性命现在握在王凤他们手里，稍不如他们之意，便有性命之忧。"

刘玄打了个冷战，左思右想，最后破釜沉舟，一拍书案，道："就依着王凤的主意。世人谁不贪图荣华富贵！只是对不住伯升、文叔兄弟了。"

韩夫人一听刘玄做出决断，欣喜若狂，笑道："相公，今天是个不寻常的日子，妾身去弄些酒菜来，陪相公酌饮几杯如何？"

"好，反正今晚也睡不着，就与夫人彻夜长饮，一醉方休。"

连日征战，柱天大将军刘演也是疲惫至极，直到日上三竿，还在帐内呼呼大睡，忽然，守门的兵卒跑到床前，喊道："柱天大将军！"

刘演惊醒，一骨碌爬起来，慌忙问道："怎么，有军情回禀？"

"不，是刘三将军求见。"

"既是文叔，让他进来就是，何用通报？"

兵卒退出。不一会儿，刘秀走进来，刘演边穿戴衣服边问："三弟，是否又有军情？"

刘秀笑道："大哥一心扑在军务上，只知军情，不知其他。小弟这次来，却是为了私事。"

"私事？"

刘秀点点头。

"是为三妹的事。我军征战在外，三妹一个姑娘家，随军在外，多有不便。小弟以为，不如给她找个合适的男子嫁出去。一来行军方便，二来也了却母亲大人的遗愿。"

刘演脸上笑意顿失，心里内疚极了。作为长兄，他只顾领兵打仗，从来没想到三妹的终身大事。亏得刘秀提起，便点头道："三弟言之有理。只是戎马倥偬，一时之间哪里去找合适的男子？"

"小弟倒是相中一人，不知大哥意下如何？"

"谁？"

"李通！"李通与我相约举事起兵，宗族因我刘氏惨遭屠戮，把伯姬嫁给他，一来是我刘氏报恩于他；二来伯姬终身有靠；三来郎舅之亲，更加亲密。苍天有眼，祖家神灵，'刘氏复兴，李氏为辅'。李通将佐之才，应该为我所用。"

刘演深表赞同。

"李通仪表堂堂，才智不凡，的确是个难得的英雄。伯姬嫁给他，该知足。不过，这只是我们一厢情愿。伯姬跟李通是否乐意，还得征求他们的意见。大哥对男女之事一窍不懂，还得有劳三弟从中撮合。"

"大哥放心，小弟亲自做三妹的媒人，李通那里，请王常为媒。"

刘演放下心来，亲自送刘秀到帐外，谆谆叮嘱告诫，刘秀走出几步远，突然又折回低声道："大哥，这几天，新市、平林渠帅聚会频繁，不知有什么见不得人的勾当。"

刘演笑道："君子坦荡荡，小人常戚戚。我刘伯升做事，无愧于天，无愧于地，无愧于人，何惧小人非议？"

刘秀叮嘱道："话虽如此说，大哥还是小心点好。"

清水河边，百无聊赖的刘伯姬坐在枯草地上，抓起石子，抛击水上的薄冰。刘秀悄无声息地出现在她背后，突然用双手蒙住了她的双眼。嗲着嗓子道："你猜我是谁？"伯姬果然没有听出他的声音，忙用双手乱抓，突然摸到刘秀身上一样东西，哈哈一笑道："我猜着了，是三哥。"

刘秀松开双手，笑问道："三妹，你怎么一猜就中？"

"我不是猜中的，是这个东西告诉我的。"伯姬说着，从刘秀身上掏出一只金钗来，笑道，"这可是我未来的三嫂送给你的？"

刘秀慌忙夺过来，小心放回身上，板着脸道："三妹，三哥的东西不许你乱动。"

"不就是一只金钗吗,用得着这么小气么。"

刘秀气得坐在地上不理她。伯姬笑道:"我知道,这是阴小姐送给你的定情之物,所以你时时带在身上,对吧?"

刘秀眼望新野方向,无限深情地道:"小妹,要是有一天,有一个你钟情的男人送给你礼物时,你就会理解三哥的心情。"

"可惜,我长这么大,还没有一个男子送东西给我。"伯姬沮丧极了,又捡一粒石子,狠狠地抛向河里。

刘秀突然想起此来的目的,忙整理一下自己的思绪,道:"小妹,咱爹娘都不在了,我和大哥又忙于军务,无法照顾你。你这么大的姑娘,随军在外,多有不便。三哥想为你物色一个男子为婿,你看怎么样?"

伯姬没料他会突然提起自己的终身大事,脸上一红,心头一热,禁不住泪水夺眶而出。自从长安兵败之后,随军的眷属中,只有她一个单身女子,内心的孤寂凄苦,别人无法知晓。可是,刘秀没说出那男子是谁。伯姬忐忑不安,道:"母丧在身,戎马倥偬,怎好谈出嫁之事。"

刘秀摇头道:"如今是非常时期,就不能按常规办事。三哥看李通仪表不凡,才智过人。不惜抛弃万贯家产,与我共举大事,算得上顶天立地的汉子。不知小妹意下如何?"

伯姬听了,满心欢喜,却羞得面红耳赤,低下头来,好半天,才扬头问道:"三哥,你都二十九岁了,为什么不把阴小姐娶过来,你什么时候把新嫂嫂娶过来,我才嫁人。"

刘秀脸上笑容顿失,正色道:"小妹,三哥的心事你应该知道。当年我曾经发誓,仕宦当做执金吾,娶妻当得阴丽华。如今,功不成,名不就,怎么能把阴小姐娶过来?你是女子,与三哥不同。找一个如意郎君嫁出去,一来了却母亲的遗愿,二来也去了我和大哥的后顾之忧。这样两全其美的事,何乐而不为呢?"

伯姬尊敬地看了刘秀一眼,低头道:"小妹一切听从三哥的安排。"

刘秀长长地出了一口气。转身回营,刚到自己营帐门口,正遇王常,王常欣喜地道:"李将军非常仰慕三小姐的才貌,已经应下了亲事。"

"太好了。"刘秀高兴万分,拉着王常一起来见刘演,说明李通伯姬之事。刘演大喜道:"既然他们同意,我看择日不如撞日,趁着大军休整之际,明天就给他们完婚。"

王常赞赏地道:"柱天大将军公私兼顾,非常时期办非常事,令人钦佩。"

刘秀高兴地道:"既如此,小弟马上派人通知全军将帅,明日来喝三妹的喜酒。"

刘演点点头,刘秀正要往外走,忽然,一名新军兵兵卒走了进来,向刘演跪地禀道:"禀柱天大将军,王渠帅、朱渠帅、陈渠帅请您马上升帐,说有重要的事情相商。"

刘演一愣,全军正在休整,即便有什么紧急军情也该来禀明自己,王凤等人反宾为主,请军中主帅升帐议事,太不符合常理了。

刘秀正一脚门里,一脚门外,站在那里,待那名新军兵卒出帐之后,皱眉道:"新市、平林两将帅这几天行动诡秘,恐怕有事瞒着我们。"

王常忙道:"君子背后不论人短。不管怎样,总要以反莽大局为重。王凤既然有要事相商,就请柱天大将军立即升帐,一问便知。"

刘演一想,王常言之有理,眼下王莽未灭,大战、恶战还在后头,义军的团结比什么都重要,千万不能因小失大,引起内部不和。于是立即传令中军,升帐议事。

中军大帐内,汉军各部将帅衣甲鲜明,分列两侧。刘演在帅位上坐下,扫视一遍众将,最后把目光落在王凤脸上,含笑问道:"王渠帅,到底有何要事,请说来大家听一听。"

王凤一听刘演直接点到自己,便不慌不忙地抱拳道:"王莽篡政,新朝政令苛刻,天下深受其苦。柱天大将军顺天应人,率我等起兵反莽,杀甄阜、破严尤,锐不可挡,威名远振。可是反莽灭新任重而道远,仅凭一时之勇难以成功。在下以为,我等应该应天下思汉之心,推立汉裔,复兴汉室,号令天下。"

刘演一听,暗吃一惊,王凤、朱鲔等人一向对刘氏心存芥蒂,这次为什么突然提出要拥立刘氏,恢复汉室,莫非其中有诈,他心中谨慎,故作感激,慨然道:"王渠帅欲推立刘氏,恢复汉室,此德此情,我刘氏感激不尽。可是,以刘某愚见,眼下尚不是推立天子的时候,如今赤眉军聚集在青、徐两州,兵众数十万,比我军势力还强,如果听说南阳立了刘氏为帝,必然依样施行。那时,这里一个天子,那里一个汉帝,必会引起宗族内部的争斗,如果王莽未灭,宗室竟互相攻击,天下岂不笑话,刘氏还有何威权可言!何况,自古以来,率先称尊的,往往功败垂成难以成功。陈胜、项羽就是前事之师。宛城就在眼前,我军尚未攻克,就这样自尊自立,耽搁时日,岂不是给了王莽喘息之机? 在下愚见不如暂时称王,号令军中。如果赤眉所立宗皇贤德,我们就率部归附;如果他们没立宗皇,我们便可破王莽,收赤眉,推立天子,也为时不晚。"

刘演不述自己战功,陈明天下形势,句句在理,掷地有声。王凤一时无语,呆立在那儿。这时,朱鲔手抚剑柄,上前大声道:"议立天子乃是大事,刘大将军总不能一个人说了算吧！在下有意立更始将军为天子,诸位将帅以为如何？"

新市、平林将帅早已串通,共定策立之事,见朱鲔开了口,便一齐举双拳高呼:"我等愿立更始将军为帝!"

躲在角落的更始将军刘玄听到众人拥立自己的声音,忙低下头来,不敢往春陵将士看一眼。

刘演、刘秀暗暗着急,却毫无办法。人家立刘氏宗皇,他们不便强硬反对,否则便有吃不到葡萄就说葡萄酸的嫌疑。

春陵诸将,平日最钦敬刘演,一听朱鲔等拥立刘玄为帝,哪里肯依,齐声反对,邓晨道:"柱天大将军战功卓著,威名远扬,为何不立他为帝？"

刘稷性格直爽,平日最看不起胆小怯懦的刘玄,这时,双眼瞪着缩在角落里的刘玄叫嚷道:"刘玄,你站出来,比一比哪一点胜过柱天大将军。你要是做了天子,我汉室天下岂不又要被奸臣篡夺。"

朱鲔大怒,喝道:"今天是议立天子,刘稷不得无礼。"

刘稷哪里服他,正要上前理论,却被刘秀劝阻住了。

正争得不可开交,下江兵渠帅王常突然开口道:"诸位,我等举兵反莽,就是为了天下太平,百姓乐业。议立天子是关乎天下众生的大事,希望大家要以天下为念,不可以一己之私有所好恶。"

王常是下江兵渠帅,对新市、平林与春陵之间,无所偏倚,说话自然有份量,众人一时平静下来。陈牧亢然道:"王常兄弟,说了半天你也没说出准意见,到底愿拥立谁做皇帝？"

王常不加思索,正色道:"天子是天下共主,当然是贤德者居之。柱天大将军战功赫赫,众望所归,非更始所能及。复兴汉室,当然应拥立柱天大将军这样的英雄做我们的天子。"

"对,柱天大将军素有贤名,当立为天子。"下江兵将领李通、李轶表示赞同。形势转向有利于春陵诸将。

朱鲔、陈牧等岂肯罢休,立刻上前争吵起来。刘演大怒,一拍几案,斥道:"大帐之内,如此争吵,成何体统! 天子未立,内讧先起,我汉军还怎么破莽灭新。"

刘秀也面露愠色道:"没有规矩,不成方圆。有话一个个说,再有喧闹大帐的,军法从事。"

刘演扫视着怒形于色的新市、平林兵将帅,心知今日议立之事没个结果,必会引起义军的内部纷争。只得强压怒火,看了王凤一眼,道:"王渠帅,诸将意见不一,你看怎么办？"

王凤面带冷笑，昂然道："我等情愿拥立你刘氏恢复汉室，不管立谁为天子，都是你们姓刘的。柱天大将军却有意阻拦，莫非柱天大将军也有南面称尊之意？"

刘演的脸上实在挂不住了，怒目而视道："王渠帅何出此言？刘某一世只为恢复高祖之业，情愿战死沙场，决没有南面称尊的奢想。"

"柱天大将军有如此胸怀，王凤钦佩之至，在下倒有一计，既可拟立汉室天子，又可令诸将信服。"刘演忙问："王渠帅有何妙计？"

"很简单，可以请在座诸将表决，少数服从多数，决定立谁为尊。"

王凤的提议非常公道，刘演不便反对，只得说道："好，就依你而行！"

于是王凤走到当中，面对诸将大声道："诸位，凡愿拥立更始将军刘玄为尊者请站起来。"

新市、平林诸将除刘玄外呼啦全站了起来，齐声道："我等愿立更始将军为尊！"

下江兵诸将除王常、李通、李轶等数人，其余如张印、成丹、马武等也站了起来，表示拥立刘玄之意。众将中，新市、平林、下江将帅占去大多数，很明显，拥立刘玄者占了优势，王凤望着刘演、刘秀，面露得意之色，道："大将军，更始将军众望所归，您不会阻止他南面称尊吧！"

刘演颇感意外，但只是默默无语，内心深处在痛骂道："山贼草寇，无非是暗使奸谋，拥立怯懦的刘玄，篡夺汉室而已。"

春陵诸将大多愤愤不平，性格刚猛的刘稷忍耐不住，挺身而起，手指王凤骂道："姓王的，你在这儿假充什么公正，其实你们早已串通一气。"

王凤反唇相讥："难道你们不是串通一气？吃不到葡萄就别说葡萄是酸的。"

刘稷大怒，以手按剑，叫道："他奶奶的，今儿个这事邪乎，俺老刘说啥也不答应！"

新市渠帅朱鲔"唰"地抽出宝剑，一剑砍断坐椅，怒叫道："今日之议已决，不得有二，谁敢不从？"

春陵将朱祐、臧宫、邓晨、刘赐等一见此情，全站了起来，抽兵刃在手，怒目而视。新市、平林、下江诸将也纷纷拔出兵刃、怒目相向。空气也似乎紧张得凝固了似的。

一直在默默观察事态的刘秀最后一个站了起来，上前挡住刘稷，喝斥道："刘稷不得无礼，春陵诸将先行退下！"一边说，一边目视刘演。

刘演的怒火也被朱鲔点着了，正欲发怒，忽见刘秀出面制止，才霍然一惊，发热的头脑冷静下来。意识到稍有不慎，义军就会四分五裂，而春陵汉兵必遭灭顶之灾。忙向刘稷等人斥道："胡闹,绿林诸将是我们同生死,共患难的弟兄。大家为着反莽复汉才走到一块儿的,怎可如此对待?还不退下!不然,军法从事。"刘稷本想痛杀一番,以消心头之恨,闻听刘秀、刘演之命,只得宝剑入鞘,默默地回到自己的座位上。舂陵诸将于是悄然退下。朱鲔、王凤见刘稷等人退下,才把宝剑收起,新市、平林、下江诸将也将兵刃收回,回到座位上。刘演见事态平息,努力作出轻松愉快的样子,道:"争执归争执,但恢复汉室是我们共同的心愿,也是天下人的愿望。今日之议已决,就立圣公为尊。择日登基。"

王凤、朱鲔等绿林将帅闻听大喜,一齐躬身,道:"柱天大将军圣明!"

退帐之后,刘演立即命人找来刘秀,问道:"今日之事,三弟有何高见?"

刘秀道:"王凤、朱鲔早有预谋,串连绿林诸将,才有拥立圣公之议。他们这么做,目的是通过软弱怯懦的圣公,达到把持汉室的目的。可惜大哥空有复汉之志,半世英名,竟与汉室无缘。"

刘演努力克制住沮丧的心情,故作坚强地道:"大哥一生奋斗只为复高祖之帝业,并无面南称尊的狂想。忧心的是圣公软弱,为盗匪掌握,如何复兴汉室?"

"大哥说得对,圣公软弱,今日被王凤、朱鲔利用拥为汉帝,必不能复高祖之业。复兴汉室,只有仰仗大哥。王凤、朱鲔等人就是惮忌大哥英明,才共推懦弱的圣公。所以,大哥日后行事不可锋芒太露,免遭绿林将帅忌恨。来日王莽被灭,我刘氏与绿林水火难容,必有一番较量。眼下,我们要做的就是一面与绿林合作,戮力讨贼,一面笼络诸将,争取为我所用。李通、王常素有扶汉之志,又仰慕大哥贤名,可作心腹之用。绿林诸将如马武等将性格直爽,思想单纯,只要加以笼络,就能为我所用。以前,我们这方面做得太少,是个教训。"

刘演转忧为喜,赞叹道:"三弟见识不凡,愚兄以后就依你之言而行。今日之事,就说到这里。三妹的事儿怎么办?"

"大哥不是说过,明日就为小妹和李通完婚么?仍按原定之议进行,一则拉拢李通,二则借以迷惑绿林将帅,让他们以为我弟兄并不介意刘玄称尊。"弟兄二人正在说话。这时,守门兵卒进来禀道:"大将军,刘稷将军求见。"刘演笑道:"刘稷兄弟心直口快,最见不得使奸耍滑之人,此时来见,必有怨言。快快请进。"

兵卒退出,转眼间,刘稷一步跨进帐内,未及施礼,便口出怨言。

"伯升兄,俺受不得这怨气。此次举兵讨贼,谋划起事,恢复高祖帝业,全是你们兄弟的功劳。刘玄这个软蛋,有何德能,敢妄称尊号?"刘演、刘秀

双双站起,劝他落座。刘演劝道:"贤弟,此事不应只怨圣公,他不过受王凤等人所用而已。如今,王莽未灭,义军的团结至关紧要,望贤弟以大局为重,不要与他们争一日之长短。以免激起我军内部纷争,不利反莽复汉之大业。"

刘稷一跺脚,急道:"伯升兄,汉室江山都是人家的了,再去反新讨贼又有何用?小弟不明白,柱天大将军的威风都到哪儿去了,就这么任人在头上拉屎撒尿。"话没说完,气得转身就走。

刘演也不阻拦,望着他的背影赞叹道:"好一个性情直爽的刘稷!"

刘秀却不无担忧地道:"锋芒太露,易遭奸人忌恨。"

第十三章
汉室复兴刘玄称帝　内忧外患王莽焦虑

新朝地皇四年二月十三日这一天，在滴水旁边宽阔的平地上，春风连日呼啸，已经在平地两旁用沙土堆起了高坛，汉军的将士们全副戎服，排列整齐，分布站在高坛的四周。将"汉"字大旗树立在高坛的正中间，大旗迎着春风开始作响。

一阵雄壮的鼓角响起，王凤、朱鲔、陈牧、王常、刘演等主将拥着刘玄登上高坛。典仪官宣读王匡起草的告天下臣民恢复汉室的檄书。之后，朱鲔亲自给刘玄戴上冠冕，穿上衮服。刘玄祭告天地、先祖，由张印、陈牧左右护卫着，走到高坛正中的皇帝御座。义军诸将渠帅一齐跪伏在地，齐呼："万岁，万万岁！"

台下义军将士也呼啦啦跪倒，朝贺之声响彻清水两岸。

"万岁！万岁！！万万岁！！！"

身穿衮服，冠冕的刘玄如坠云雾之中，半个屁股挨着御座，耳听众将士震耳欲聋的朝驾声，身不由己地站了起来，哆哆嗦嗦，冷汗直流，不知所措。张印在左侧护卫，慌忙提醒道："陛下，该你说话了。"

刘玄仿佛没听见，直到张印连催三次，才惶然问道："说……说什么？"

"就说顺天应人，恢复汉室。"

"噢。"刘玄答应着，喉咙里却像卡着块骨头似的，半天才发出声音。

"在下……在下顺应天命，今日……登基复兴汉室……"

张印急得低声道："要称朕。"

"对，皇帝应该称朕。"

高坛下突然发出一阵讥诮的笑声。张印忙故作威严地咳嗽一声，待坛下恢复了平静。他面向众将，庄重地道："汉室复兴，新皇登基，建元曰更始元年。为显示陛下皇恩浩荡，大赦天下，分封诸将。"说着，从刘玄手中接过草拟好的诏书念道："奉天承运复兴汉室新皇陛下诏曰：拜刘良为国老；王匡为定国上公；王凤为成国上公；朱鲔为大司马；陈牧为司空；刘演为大司徒；

王常为廷尉;李通为柱天大将军;李轶为五威将军;刘稷为抗威将军;刘秀为太常偏将军……"

很显然,这份诏书是刘玄在王凤、朱鲔、张卬、陈牧等人的授意下拟定的。刘稷战功卓著,名望最高,却屈居王匡、王凤、朱鲔、陈牧之下。刘秀也是累有战功,却仅封太常偏将军。绿林诸将自然是眉飞色舞,喜笑颜开,春陵将士却面露愤然之色。张卬还没读完诏书,春陵诸将中挺身站起一人,高叫道:"且慢!"

张卬吃了一惊,声音嘎然而止,往坛下一看,却是刘稷,只见刘稷疾步走到高坛上,怒目而视,道:"对不起,俺刘稷不想做什么抗威将军,只想做刘伯升名下的一个校尉,只听从刘伯升兄弟的号令。"

刘演跪在御座前,忙低声喝斥:"刘稷,不得无礼!"

朱鲔大怒,瞪着刘玄叫道:

"刘稷无礼,请陛下立即治罪。"一边说,一边以目示意张卬、陈牧。

张卬心知其意,立即拔剑冲向刘稷,还没走到刘稷跟前,早已被刘稷吓破了胆的更始帝刘玄突然连连点头道:"好好好!刘稷兄就归于刘伯升名下,抗威将军之职收回。"

刘玄此时已是九五之尊,开口便是金口玉言,不容更改。张卬不便在新皇登基的第一天蔑视刘玄权威,只得收剑退回。朱鲔也不便再说什么,只好眼睁睁地看着刘稷走下坛去。

更始帝立,汉室复兴,影响力果然不同凡响。南阳起事反莽者纷纷前来归附,汉军势力日益强大。刘演上奏更始帝道:"宛城地处隘口,乃兵家必争的要地,新军占据宛城,就可控制荆、豫二州;我军占有宛城,向南可通荆、襄,向西可图京都,向北可进洛阳。陛下宜早图之。"

刘玄敬畏刘演威名,此时虽然贵为更始帝,却不敢看刘演的眼睛,又不懂军事,只是唯唯喏喏,不知怎么回答。国老刘良见状,进言道:"刘演自起兵以来,屡败新军,深得三军将士拥戴,陛下应把军权交还于他,由他全权指挥,谋取宛城,攻下宛城,也好定都,站稳了脚跟。"

刘玄当然知道刘演会带兵打仗,也真心希望把军权交给刘演,让刘演为自己打下汉室江山来,可是,他却用眼角扫视着朱鲔、陈牧等人,迟疑地道:"国老言之有理,可是……"

刘演明白更始帝的苦衷,不由得怒视朱鲔一眼,不料,朱鲔却若无其事,友好地一笑,出班奏道:"陛下,大司徒刘伯升自起兵以来,就是三军主帅,屡败新军,用兵如神,深得人望,谋取宛城,非大司徒莫属,臣以为陛下应把军权交给大司徒。"

"噢，"更始帝深感意外，既然朱鲔都答应，他也乐得顺水推舟，忙含笑道："既然国老和大司马都这么说，朕也就把攻取宛城的重任交给大司徒了。望大司徒早日进军，攻取宛城。"

"臣一定不负陛下重托。"

刘演跪地，接过兵权，磕头谢恩。

更始帝罢朝，文武群臣退出御帐。陈牧快步追上朱鲔，低声问道："大司马今天怎么了，为什么劝陛下把兵权交还刘演？"

朱鲔把他拉到偏僻之处，哈哈一笑，道："把兵权交给他又怎样，难道他敢造反不成。如今，刘汉这块招牌已为我所用。刘演如果图谋不轨，就是以下犯上，大逆不道，必然身败名裂，失去人心。让他领兵，一则可反莽讨贼；二则他一旦兵败，我们就抓到了把柄，置之于死地。"

陈牧恍然大悟，道："还是朱兄虑事周全。这一箭双雕之计绝了，只是有点太损了。"

朱鲔脸上一红，道："愚兄也很钦佩刘伯升的才能人品，可惜，他与咱们的不是一路人。一旦讨灭王莽，必然定变成咱们的敌人。贤弟，妇人之仁要不得。"

陈牧没说话，转身走开了。

刘演升帐，召集全军将领商议攻取宛城之事。汉军新胜严尤、陈茂，又兼更始帝立，士气高昂。诸将畅所欲言，都对攻取宛城充满信心。独太常偏将军刘秀见解与众不同。他说道："我军连日休整，拥立汉帝，耽搁了时日，错过了攻取宛城的最佳战机。如今，岑彭、严悦早有防备，宛城城墙牢固，恐不易攻取。"刘演长叹道："太常偏将军固然言之有理。可是，宛城扼住我军进攻长安的咽喉，我军志在必得。诸位将军要有打恶仗的思想。宛城就是一块硬骨头，我们也要吞下去。"

眼见得天下惶惶，原本以为大治的小康之国转眼成了步履维艰的沼泽地带，实在出乎王莽意料。但不管自己情愿与否，事情既已出来，就不得不认真应付。而这时王莽出于一统江山的雄心大略考虑，对匈奴和高句丽等地的战争尚处于胶着状态，兵力过于分散，这就不能不让他焦头烂额。

各地紧急军情接连传来，虽然深居宫中，外边的情形他还是能猜测出几分。由于形势所迫，王莽心急如焚，想到自己吃败仗的消息接踵而至，接连派出去的自以为精壮士兵几乎无一例外地都成了人家的刀下鬼，他既惊慌又感到纳闷。不就是几个叛贼吗，何以如此厉害？

看看情况再不容等待下去，王莽让人撞响景阳钟，慌忙召集群臣商量对策，丝毫不掩饰自己的忧虑："众位爱卿，外界情形，想来大家也都知道了，朕

也不必多费口舌。想当初，朕初登大宝，一心要以儒术治国，克己复礼，让天下回到上古时候的小国寡民时代，让天下百姓享受到大国的荣耀。可谁曾想，偏偏有刁民就不理会朕的良苦用心，反而起兵和朕为难。难怪先哲有言，唯女子与小人难养，这话不假，小人就是这帮刁民啊！唉，此刻国家有难，并且越闹越凶，眼看着我大新的江山竟然有难保之势，果然是人多成王，贼众难当。而这些刁民当中，最可恨的是那南阳刘氏，他们本出身皇家贵胄，朕一向待他们不薄，而他们不知好歹，却与绿林盗匪沆瀣一气，比起山贼更为嚣张！这些家伙杀害我忠勇兵将，攻占我大片城池和土地。更有甚者，他们不顾大义，冒天下之大不韪，拥立出一个什么更始帝！先哲说过，天无二日，国无二君，自古如此，天经地义！而他们如此狂悖，着实可恨。不知诸爱卿有何绝妙对策，可以替朕排忧解难啊？"

滔滔讲出一番，大殿内却悄无人声，只有自己一个人的声音在回荡，空洞而虚弱。王莽耐着性子，用期盼的眼神扫视一眼群臣，而那些平日里山呼万岁时声若洪钟的大臣们，此刻却一个个低着头，哈着腰，双手在前恭敬而小心翼翼地交叉，仿佛一尊尊泥胎木雕。唯一能看出点活气的，就是他们当中许多人偷偷用余光斜瞟着左右，不但谁也没有吭声，而且看那表情，还唯恐皇上亲自点名叫到自己头上。

见此情景，王莽再也忍耐不住，腾地脸色大变，心头怒火一股脑儿地往上冲，撕破稳重温文的面皮，啪地一拍御案："好啊！好啊！朕平日供养你们吃喝，供养你们住行，让你们锦衣玉帛，却原来是一个个饭桶，不过白白养了一群猪！此刻国家有难，正是你们将圣贤书付诸实施的时候，你们却一个个蜷缩起来！朕看朕对你们的恩宠全给狗吃了，既然这样，朕要你们又有何用！"歇斯底里的叫喊充斥着每个人的耳膜。虽然不敢抬头，但大家还是能想象出那副因为暴怒而扭曲变形的嘴脸，人人不寒而栗，简直站立不住。

看自己的主子真的动了肝火，一直沉默也不是办法。冷清片刻，国师刘歆慢吞吞向前一步，拱拱手声音细微地说："陛下，陛下先别气，以臣所见，天下情形还没发展到不可收拾的地步。大江南北几乎所有城池和百姓都还掌握在我们手里。充其量不过几个山贼，因为一时大意，让他们钻了空子，搅混了水，一传十，十传百的，似乎很有声势，其实他们力量薄弱得很。只要陛下能选派一员良将，征集各地兵马，集中打击其中最嚣张的一处，不出几日，自然能将其平定。闹腾得最厉害的被消灭掉，其余的就会气馁，可以不战而平。这就是所谓纵有千万鬼怪，道术始终不变，而鬼怪自消。"

听刘歆这样说，王莽也感觉到自己方才过于急躁，以至显露出内心的胆怯，忙微微一笑掩饰过去，放缓了声调说："国师此话确有道理，正合乎朕的心思。其实朕并非在意几个蟊贼，相对于大新朝的广袤江山，这仅仅是癣疥之疾而已。朕不过想以此为契机，让你们历练一番。既然如此，论起贼首，当属南阳的所谓更始。那大家不妨说说，派谁去整治了他们合适呢？"

王莽的话语缓和下来，大家都感觉心头一松，活动一下麻木的手脚，大着胆子你看看我，我看看你，最后仍是国师刘歆接着说："陛下，论起行军作战，严尤将军可谓称职。但他上次出兵，行动过于迟缓，结果让贼人有机可乘。臣想，这次若再出兵，应当神速，打他个措手不及。至于领兵人选吗，臣以为让王邑将军出任首帅，必定能够将蟊贼消灭，确保国家社稷，请陛下斟酌！"

这一句话，忽然提醒了王莽。关于王邑，王莽觉得确实还不错，一来王邑是自己本家，亲不亲，血连根，毕竟能信得过。再者，王邑练兵方法也别出心裁，他不但训练人，还训练野兽。经过这几年的操办，还真的拥有一批奇兵异兽，布列战阵，千奇百怪，堪称古今少有。王莽也曾亲眼见过，在他印象中，这样的奇异队伍上了战场，一定会战无不胜，单凭气势和场面，也能把对方吓个半死。让他去攻打刘氏一军，必定是手到擒来。

有了主意，王莽又恢复了以往雍容文雅的儒士风度，和大臣们谈笑互相宽慰几句，也就散朝。

但王莽总不放心，散朝过后又单独召见了王邑。先亲热地拉住王邑让他坐下，盯住他脸片刻才微笑着开口："爱卿，孔夫子曾有言说，天道无亲，常与善人。朕自登基以来，致力于筹建一个旷古未有的新朝。而若想大动筋骨，总有刁民横加阻挠，这个朕早有预料，不足为虑。你也知道，朕一直将你视为朕的虎牙将军，上次出征，本来就想让你前去，不过当时不知道贼兵底细，故而让严尤先去打头阵。这其中不乏爱惜你的意思。这次贼人底细已经弄清楚，他们声势虽然浩大，但其实不过是蜷缩在南阳一隅的散兵游勇。并且他们有几股势力，互相不连接，各自为战，最容易各个击破。现在是你出马的时候了，不知爱卿是否愿意替朕分忧解难？"

看着王莽和缓中又带有几分威严的眼神，王邑自然不敢说出别的什么话。并且他也正想试试自己训练的怪兽阵法到底实战效果如何。如果真能成功，扭转了大新朝的乾坤，以后的荣华自然是不可限量的。于是他忙从座位上站起来恭敬地回答说："只要陛下信得过为臣，臣下必定竭尽所能，虽万死而不辞！"

王莽听后，哈哈大笑："好，自古忠臣出于亲戚门下，朕能有你这样的忠义臣子，而且真有一套摄敌绝技，朕还何虑！只要能从速灭掉南阳贼首，天下不难恢复平静。到时候朕一定重重有赏！"说着也站起身，拍了一下王邑

的肩头。而王邑心里则开始憧憬起稳坐华屋大厦里,守着金银珠宝、美酒美女的欢乐场面,脸上却是一副感激涕零、慷慨激昂的表情,重重一抱拳:"谢陛下信任,臣一定早日凯旋,以宽慰陛下!"说完告辞退出大殿,去做向南阳进军的准备了。

几乎就在同时,刘演带领汉军已经到达宛城。刘演亲自带兵攻打,与宛城守将岑彭上下相望,两人都是烈性汉子,互相对骂,你进攻我抵挡,但见喊杀声阵阵,城上城下伤亡都不小。由于岑彭准备相当充分,各种守城战具统统拿到了城墙上,防守十分严密,虽然汉军格外勇猛,可是仍然久攻不下。

就在双方对峙的时候,忽然传来消息,说朝廷派来大将王邑,率精壮新军百万,外加巨无霸的猛兽队伍,正向南阳扑来。闻听这个消息,汉军上下顿时人心慌乱。关于王邑手下巨无霸训练的猛兽队伍,人们传言纷纷,说那是驯练好的老虎、狮子和大象等山林野兽,它们可不管你什么汉军是不是正义之师,冲上来张开血盆大口便撕便咬,任你武艺再高强,能斗得过野兽么?越说越悬乎,众人也就更加胆怯。面对人心不稳,刘演心里七上八下,明知道这样对作战不利,但又没办法打消大家的疑虑。并且王邑所率领的大队新军一到,自己前有坚城,后有强敌,腹背受敌。指望王凤等人派兵前来解救自己,那简直是妄想。一则他们手里没有多少兵,再者经过拥立谁当皇帝的风波,大家已经是面和心不和,他们当中许多人甚至巴不得自己立刻战死,能派兵来吗?里外断绝,这可如何是好?刘演脑子里乱如团麻,扯不开头绪,只能在营帐中来回闷头踱步。

就在这个节骨眼上,一名侍卫迈着急步跑进来禀报:"司徒大将军,太常偏将军刘秀求见。"犹如黑暗中看到了一缕阳光般,刘演立刻兴奋起来,舒缓开紧锁的眉头:"快,有请……"

"三弟,你来得正好,现在宛城久攻难下,而外边又有强敌压来,该怎么办啊?"刘秀刚走进帐中,刘演上前一步,紧握着刘秀的手,来不及寒暄,开门见山地大呼小叫。

"大哥不用着急,情况我都知道了,小弟正是为此特意赶来的。大哥,前两天我派了几员将校来探听进攻宛城的情况,因为知道你忙,就嘱咐他们不要惊动你。他们回去给我说,你正和岑彭叫劲,一来一往地死打硬拼,当时我就感觉不妙。因为不管怎么说,莽贼势力还是非常强大,我们跟人家比兵力比伤亡,吃亏的最终必定是我们。照现在形势来看,我们不应将眼光集中于宛城一池。这样不但难以攻取,白白损失大量兵力,而且延误时期,给王莽留下从容布置的时间。等到王邑率领大批兵马赶到,我军必定在劫难逃。所以我仔细考虑过,我们若想尽快攻下宛城,应该分兵南北,先攻取宛城周围城邑。这样做，一可以劫断宛城外援，二可以为我军衣食住行提供方便，三可以扩大我们的周旋空间。这样一来，我们是活的，而对方则是死的，以活的打死的，自然容易取胜。等我们迅速扩大了活动空间后，可以从宛城的各个方位攻取，令他防不胜防。如此以来，岑彭再剽悍，也无法长出三头六臂去，然后我们瞅准他的防守空缺，一鼓作气，赶在王邑来到之前，拿下宛城。我们若能提早拿下宛城，则王邑来到后也没什么可畏惧的了。横竖他们远道而来，能打过我们就打他，打不过我们就坚守，看谁能熬得过谁?! 大哥，你觉得这个计划如何?"

"好，分析得有理有据，我就知道文叔向来不做没准备的事。果然，你还真是一语点醒梦中人! 哈，就依三弟之言行事!"刘演把衣甲晃动得哗啦作响，这才发现两人就站在营帐门口说了半天，刘秀大老远的来了，还没让他坐呢。忙拉着他说:"文叔，你看，站了老半天，连口水都没喝。来，快坐下，这几天没见，心里还真空落落的，咱先弄两杯解解乏!"

刘秀却含笑摆摆手:"大哥，几天没见，你什么时候学会客气了? 而且还是跟小弟客气，那就更没必要了。我看王邑一定接受了上次严尤行动迟缓的教训，他的行军速度肯定不慢。咱们事不宜迟，立刻行动。我在这里随便吃喝，你快去升帐安排吧!"

"那好，你就随意，大哥这就按你说的去办!"说罢，叫过两个亲兵，嘱咐他们招呼好刘秀，自己则立刻命令擂鼓升帐，要安排作战事宜。大家正心里没底，听见主帅召唤，立刻赶来。看看诸将召集到位，刘演也不绕弯，把刘秀方才说的计划原样叙述一遍，紧接着分派任务。

"诸位将领听着，为尽快攻取宛城，我们要分兵三路，一路继续攻取宛城，另外两路分兵南北，攻取宛城周围城邑，为我军开辟粮饷来源，同时也扩大周旋空间，不知众将有何异意?"大家多日苦战，知道硬打下去不是办法，对于目前战况如何，都明了于心。于是纷纷表示同意。

"那好，既然大家都没意见，本将军就开始分派任务，希望大家同心协力，一举攻下宛城，然后集中力量迎头痛击王邑! 现在本将军命令，王凤、王常、刘秀、李轶、邓晨，你们立刻带兵北上夺取宛城以北的大小城镇;陈牧、李通、朱鲔，你们分兵南下，尽可能多地占领宛城以南诸城镇;宛城正面，则由我率领余部汉军继续攻取，如有消息，立刻派快马来报，大家连成一片，互相分配好兵力，牵制住敌军!"

雷厉风行地分派下去，诸将一一听命，各自带了兵马出发，分头行动。围攻宛城开始了新一轮的进攻。

很快便有消息传来，南路汉军在陈牧、朱鲔的率领下，趁敌军不备，迅速

占据新野,新野是宛城南边的重镇,宛城的粮草大都通过新野转运而来。这样一来,就让岑彭感到折断了一条臂膀,痛心之余,士气大受影响。这对宛城的正面攻击,很有帮助。刘秀提出的分而攻之的计划,初步显示出极佳的效果。

北路汉军在王凤、王常等人的率领下,加上刘秀和李轶等人格外卖力,也是势如破竹,所向披靡。没多长时间,定陵、郾城等周边城市,都一一被破。最远处兵锋直指昆阳。昆阳是宛城以北最为重要的一座重镇。这里是新军大批粮草的聚居地,是岑彭据守宛城的另一个定心丸。正因如此,刘秀对昆阳格外重视,聚集所有汉军围攻到城下,大有志在必得之势。不过还没等到大规模地开始攻城,城内被王莽亲随傅锐所逼迫共守昆阳的新军将领王霸、任光两人,仰慕刘秀威名,派亲信潜出城来,和刘秀联络,最后他们里应外合,杀掉傅锐而轻巧地取下昆阳。昆阳新军几乎没有损失地全部归顺到刘秀旗下。

拿下昆阳后,刘秀不敢耽搁,立刻派人把俘虏的牛、马、粮食及大批辎重,源源不断地运往宛城外围,支援主力部队。然而粮食刚刚运出一批,正当人们被接踵而来的好消息深深鼓舞时,一个出乎人们意料的军情忽然传来:王邑和他的心腹大将王寻,率百万大军距昆阳已不到二十里地!

探马把消息禀报上来时,许多将领正聚在一起谈论宛城即将被攻下的大好前景。顿时全场惊呆,犹如晴朗的白日突然出现日食般,黑暗重重地压了下来,每个人都目瞪口呆,几乎怀疑是不是听错了。半晌有人才喃喃自语地说一句,"什么,百万大军? 那还不铺天盖地,和遭蝗灾时的蚂蚱差不多? 这么多人马,别说打,就是一人踹上一脚,也得把昆阳给踏平了。他奶奶的,这仗还怎么打? 这简直就是大象跟蚂蚁比嘛! 再说,咱们的主要兵力多聚集在宛城那边,咱们人数少,却偏偏正处在王邑这个孬龟孙的刀尖上。看来再搬救兵是来不及了,况且也没多少救兵可搬,这,这该如何是好……"

"看你们说得神乎其神,打了这么多年的仗,兵法倒忘在了脑后。岂不知兵不厌诈是两军阵前最惯用的手段? 你们想想,王莽手下可直接支配的兵力有多少? 在这么短的时间内,王邑真的有本事召集起百万大军吗?"就在一片惶惶然的议论声中,一个挺拔飘逸的身影闪了进来,不用看,听那清朗的声音就知道来人是负责昆阳守卫的刘秀。刘秀站在大帐中央,先是微笑地冲众人说一句,忽然又变了脸色,狠狠瞪一眼前来报告消息的探马。

探马见刘秀神情严厉,吓得一缩身子,嗫嚅一下,"好像是,反正见头不见尾,我……我不太清楚,我是听一个逃命百姓说的……不过,据在下想来,一百万人,比我老家一个郡的男女老少加起来还要多出好几倍,那还不得从潼关一直排到这里？所以……在下其实是刚才一时紧张,他们的人数虽然不少,但恐怕连少半个一百万也没有。我看,不但没有少半个一百万,连半个五十万也没有。"

"我说嘛,新军又不是泥捏的,哪能一下子变出那么多？你们还不了解王莽这个人吗,他满口所谓儒术,讲究什么礼仪,把个《礼记》弄得滚瓜烂熟,其实最会虚张声势糊弄人。咱们要是相信了他的话,非得过差年不可。"有人高喊着叫嚷。

"这话说得在理,凡事都不能不信,但也不能全信。王莽说公鸡会下蛋,你就说亲眼见,这跟傻瓜有什么区别？王莽朝廷里正因为这样的傻瓜太多,结果受了王莽蒙蔽,让他轻易篡夺了朝政,害得咱们南征北战地忙活。叫我说,对王莽还有那个王邑的话,最好来个漫天要价,就地还钱,他说一百万,你就当十万八万地对付!"说得众人一阵哄笑,气氛立刻缓和了许多。

接着有人转向那个报信的探马,"没有弄清楚的事情怎么就乱说？作为一军中探马,那可是军中的眼睛,眼睛都花了那还了得？你不探明实情,竟然把一个百姓的话传来传去,这成何体统!"

"就是,你说你该当何罪？"

"在下不敢了,请将军饶恕,请诸位将领饶恕!"见众人七嘴八舌唾星飞溅地一起冲自己来,探马更加着慌,不住地作揖,慌不迭地退了出去。

第十四章
探马虚报刘秀激将　军将齐心力战敌军

刘秀等到大帐内没有了声音，完全安静下来，舒缓了一下自己的神色，才慢慢地开口说道："诸位将军，现在我们对新军的实情还未掌握，而新军对我们的情况也在猜测中，所以现在还不是慌乱的时候。即便他们人数多些，其实也不必惊慌，两军相对，取胜之道，在勇而不在莽，在心智而不在人多。上次严尤惨败，就是个明显的例子。他们这次前来，虽然兵力上可能占优势，但长途奔袭，乃是兵家之大忌。犯忌之人，有什么好怕的？再者咱们可以细细分析，此次王邑远道而来，目标不是昆阳，必定是直奔宛城而来。因为王莽派他出征前，只知道宛城丢失，只想到宛城对京畿护卫的重要性。所以他的作战重点是宛城，这毫无疑义。而我军作为宛城的第一道防线，应该竭力阻击，不需要打垮敌人，只要能拖住他们，为咱们宛城主力赢得时间，那就是咱们的巨大胜利。诸位试想，如果咱们只为了自己的安危，避其锋芒，让王邑所率大军长驱直入，现在宛城尚未拿下，主力必有腹背受敌的危险。等咱们的主力被吃掉，咱们自然也就无处躲避。这就叫救人就是救己。不知上公和各位将领以为如何？"

刘秀斩钉截铁铿锵有力地说完一番话后，可能意识到王凤等人目下比自己的地位要高，并且他们当中许多人心胸狭隘，不能太过于主角了，脸上又露出了谦恭的神色，审视一周，看大家的反应。

"我觉得刘将军这话很对，不过目前当务之急是察探清楚王邑到底带来了多少人马，知己知彼，方能谈得到如何决断。我看就让我率兵去探看敌人虚实吧。"自从李通和伯姬结下姻缘后，李轶自然把自己当成了刘家的人，在这种情况下，立刻争着响应刘秀的话。

众将也都纷纷赞同。王凤虽然不满意刘秀作为一员偏将，发表见解总处于中心地位，感觉他太喧宾夺主，但人家说得道理实实在在，不得不顺应众人，也只好点头："好吧，既然大家都同意，那就有劳李将军前往城外跑一趟。不过现在城中兵少，我只能给你五千兵马，万不能与敌军硬拼，得到情报就马上回来,保存实力要紧啊!"王凤故意把话说得语重心长,这样便显示出自己是军中主人的身份。

"在下遵命!"

然而大大出乎人们的意料。李轶率领的五千人马刚刚出城没走出多远,便和王邑的大军遭遇。几乎没什么悬念,也没怎么冲杀,李轶的五千人马便遭到灭顶之灾,只有李轶和几员将领浑身是血地捡了条命逃回来。王邑行动的迅速和兵力的强大,令许多原本已经放下心来的人又开始提心吊胆。

和李轶他们接触一下,相当于试验了一下刀锋,王邑的军队士气顿时大增。他们从潼关一路往东,沿途又收罗了不少以前退下来的残兵败将。单是严尤带领的散兵,就有将近十万,这样东凑西凑,加起来,竟然共有兵力四十三万左右,这还不算王邑精心训练的巨无霸兽军。这样一来,王邑更加是志在必得,端坐在马上气宇轩昂,俨然已经得胜而归。这样一支杂乱而庞大的军队,以排山倒海之势,黑云压顶般直奔宛城外围的第一重镇昆阳。

形势忽然急转直下,汉军将领从接连胜利的陶醉中立刻坠入恐慌,而更加祸不单行的是,面对敌军强大的阵势,李轶似乎又不失时机地被杀得大败。尽管这次兵败事出有因,但对人们的心理打击却是沉重的。当王邑的新军刚刚推进至昆阳城郊外时,昆阳城内的汉军将士已经急成了一团麻。现在大家争执不休的是,在强敌压境的情况下,是溜是守?如果要溜的话,就应该趁敌军还未包围前,赶紧撤离,否则想留也来不及了。如果要守,按道理来讲,当然应该坚守,但敌人如此强大,能守得住吗?大大的问号浮在了每个人的心间,就连一心跟定刘秀的李轶,也因为和敌军正面交过锋,深感对方兵力太众也有些动摇了。

李轶的动摇,在很多人心中引发不小的震动。人心更加飘摇。王凤本来要在更始皇帝驾前咂摸手握大权味道的,现在却被困在孤城中,弄不好连性命也难保。他开始后悔不该顺着刘秀这小子的意思往下想,结果放着福不能享。唉,真他娘的躲过一棒子,却挨一榔头。刚和刘演争夺一回险胜,却又落到这个难处。若是上天有眼,躲过这一劫,以后就老老实实地待在刘玄这个呆子身边,让人众星拱月般保护着,哪儿也不乱跑了!原本慌乱的心被众将这一闹,王凤在更慌了,待立在城头,望着远处影影绰绰的人影,纷乱着头绪想。

想了半天,也拿不出什么主意,王凤长叹一声,转身走下墙头。转过一条冷清无人的街道,再往前走几步,就是中军大营了。迎面碰上几员将校,有原先绿林军的,也有平林、下江等部队的。这些人远远的望见王凤,好像

遇见救星似的奔跑过来,围在王凤身边七七八八地抢着说话。

"王将军,这里属将军官高,趁现在还来得及,将军赶紧下令,我看我们还是撤吧?不要说新军的四十多万大军了,即使那巨无霸的野兽群扑过来,我们都奈何不了!这样打下去,无疑是鸡蛋撞石头嘛!"

"是啊,是啊,正是这个理儿,自古弱不与强斗,人不和兽争,明摆着吃亏的事,何必充英雄硬撑着。见机而作不吃眼前亏,那才是真英雄呢!王将军,目前最好的出路,还是先弃昆阳到宛城,与大部队聚集。到那时,人多了,不但力量大而且点子多,再想对策,这才不失为上策。人多成王嘛!王将军就快下令吧!"

"对,说得对,咱也不是胆怯怕死,主要是昆阳城太小,周转不开,这里的粮草差不多已经往外运完了,我们即使防守,最多也只能坚持一个月。一个月后怎么办,外无救兵内无粮,到时岂不是枉送性命嘛!"

喊喊喳喳说出一大通,总之就是一句话,王将军,快下令放弃昆阳开溜吧!

大家说着,一双双眼睛直看着王凤脸上表情细微的变化,此刻只要他稍微一点头或随便张口说一句模棱两可的话,大家就准备着立马一哄而去。

王凤面色平静地站在人们中间,心里却刮过一阵狂风,许多想法旋转着闪过脑际。他想,既然这么多人都有这个意思,即便开溜了,弃城而逃的罪名也落不到自己头上,法不责众嘛,要骂娘也是骂大家的娘。生死危急关头,自己又何必假装坚决呢?将来真要被打死了,后半辈子要享的福白扔了不说,自己伪装出来的美名也没人知晓。要利没利,要名没名,图个什么?哼,你们使劲吵嚷吧,正合我意!王凤在心里阴笑一声,正要张口说话。

忽然就在这时,有个人影从营帐一侧跑过来,边疾走边高扬手臂大喊一声:"慢着,听我来说两句!"众人正静心屏气地等着王凤发话,大家好争相逃命。冷不丁一声吼叫,把众人吓一大跳,忙掉转脑袋看去,却是跑得气喘吁吁的刘秀。

这两天来,大家讨论是走是留的问题时,刘秀总是一直在旁边,冷着脸一言不发。这和他平时脑子活络喜欢出谋划策比起来,很是反常。不过大家慌乱之际,也就顾不得这些。现在刘秀却突然出现,并且看样子要说出点道道来。有些敏感的,凭知觉感到,他一定是来阻拦大家开溜的。"哼,想让我们在这里等死,没门!任你嘴里说得能吐出花来,我们也不听,等你说完了,我们还照样听王凤的,照样走人!"许多人在肚里暗自合计。

刘秀脚步通通地紧跑几步,来到众人跟前站定,拱手冲众人正要说话。王凤忽然冷笑一声:"诸位将军,你们看,原来文叔将军还有个癖好,专喜欢偷听人家讲话。文叔,窃听如同窥视,恐怕都非正人君子所为吧?"众人这时正在巴结王凤的时候,见风使舵,全跟着王凤一阵冷笑,刘秀顿时显得很是孤立。

刘秀却对冷嘲热讽视而不见,面色平静地继续拱手说:"各位将军误会了,听墙根的事情固然值得嗤笑,却也并非大不雅之事。而且刘秀并非有意要听,只是事若关己,言便入耳。我方才巡视城防,正好从这里过,见诸位将军神色异常,似乎在商量什么大事情。当时因为急着赶路,就没询问。现在巡视回来,正好碰见一个侍卫兵卒,就顺便问他,大家围聚在一起谈论什么,那兵卒告诉我,大家正讨论是走是留的问题。而我正好把这个问题已经考虑清楚,所以着急地赶来和大家商量。"

刘秀解释一大通,终于多少打消众人对自己的一点戒心。见许多人的神色开始自然下来了,刘秀忙接着说:"诸位将军,是走是留,自然各有各的见解。不过叫我说,其实这完全不是个问题。根本用不着费心去考虑,更不用再三讨论!"

"噢?大家听听,文叔说得如此轻巧,真是超脱!"王凤站在一旁,趁机插言,冷笑着调侃一句,"我看文叔这几年儒术的书没读多少,李耳的道家学说倒领悟了许多,都快飘飘然羽化而成仙啦!人家刀都架到脖子上了,他竟然还说不是个问题!"

众人知道王凤和刘家明争暗斗的关系,对王凤讥诮的语气并不奇怪,不过这次附和的人少了,众人都想听听刘秀到底能说出什么高论来,或许这个机警的年轻人会找到一条更好的出路。反正以往总是他关键时刻出奇谋。

刘秀也没有理会,喘息声这时也逐渐平息下来,声音更加洪亮:"为什么说走还是留,本身并不是个问题呢?大家试想一下,即使我们撤了,到了宛城,那又能怎么样?不出几天的工夫,新军又会紧紧尾随着到达宛城。到那时候,敌人因为占领了昆阳而势力更加强大,我们和主力会合了,相对而言,还是很弱小,根本比不过人家。那么大家还会往哪儿撤?王邑还允许我们撤吗?再者说,现在宛城还在敌人手里。王邑一旦接近宛城,必然要设法和城内取得联系,如果他们内外联合,我们新建的更始国,很快覆没将是一个必然的结局。到时候不只我们自身难保,死无葬身之地,就是我们妻儿老小也会跟着受牵连。你们想想那个惨境,是走是留还是问题吗?"刘秀顿了顿,忽然换了忧伤的眼神扫视着小声议论的将士,继续说,"反过来,如果我们能下定决心,坚守昆阳。王邑虽然强大,但却是远来的疲惫之众,并且他们庞杂的人员都是七拼八凑,实际战斗力并不很强。他们来到昆阳城下,就和海水碰撞礁石一样,海水的力量虽然看上去威力无比,但为什么礁石却没有被

冲烂呢？那是因为海水并没有把全部力量都集中到礁石上，碰撞到礁石上的海水，只是其中小小的一部分，力量并不大。王邑围困昆阳也是这个道理，他们人数虽多，却不可能都往城头上爬，绝大多数还是在一边观望。那有什么可怕的？坚持守住就是了！"

一口气说这么多话，刘秀深深呼吸几口，看看围拢得越来越紧的将士。

"刘将军果然好口才，滔滔雄辩，要是生在战国，必然是苏秦、张仪一类纵横捭阖、举世闻名人物。只可惜，现在兵临城下，需要的是兵力，是真刀真枪的拼杀，而不是一张舌头所能解决了的，"王凤不等众人说话，翘起一只脚尖，斜立着身子，不阴不阳地说，"既然你说新军是人多势不众，徒有虚名。那为什么像李轶这样勇猛的将军，刚一和人家接触就让打了个稀巴烂呢？说来说去，到底是谁徒有虚名呢？"

听王凤这样一说，刚刚露出几分希望的将士立刻又暗淡下去。是啊，说得再好不如实验，李轶不是让人家三下两下打得差点儿全军覆没吗？

刘秀镇定一下，丝毫没有犹豫地接过话头："王将军说得有道理，百足之虫，死而不僵。人多必然会强大些。这个谁也不能否认，我只是说，他们并没有咱们想象中的强大。李轶之所以吃了大败仗，原因很明显，他们不是去和人家对阵的，他带了五千人马，目的是要探看敌情，个个只图轻巧，有人连长枪大刀都没带，更没有准备要打仗。猝然相遇，吃亏自然难免。而现在咱们经过充分准备，又有城墙为屏障，李将军的覆辙，自然不会重蹈了。"

"确实如此！"有人开始钦佩地点点头，"对啊！刘将军分析得对。与其到时候全家遭殃，还不如弟兄们在这儿拼死一战来得爽快！"

"刘将军说得不错，现在弃城而去，不但保不了妻儿老小，连自身也难保。不如我们团结一致，奋力一战，或许还有成功的希望。等咱们把王邑拖住，给刘演将军留下充足时间攻打下宛城后，他们再折回头来内外夹攻，王邑必然失败。如果王邑兵败，那王莽的大新朝自然也就完蛋了。所以，成败在此一举，万万不可错了主意！"不知什么时候，王常也来到人群中间，冲刘秀使劲点点头，目光灼灼地看着众人说。声音沉稳而坚定。

王常不但在下江兵和部分绿林军中拥有很高的威望，而且因为他以前喜好结交朋友，行侠仗义，人缘很好。听他这样说，再和方才刘秀说的道理结合起来，大家彻底信服。反正弃城跑也跑不掉，事到如今，只好定下心来守城吧！经过一番劝说，大部分打算逃亡的将士坚定了信心，无数惊慌失措的心又被拉了回来。

王凤虽然从心里倾向于弃城，管他能不能跑掉，眼下先逃了命再说。不过他也明白，当前形势下，正是树立威信的关键时刻，一步走错，就会威信尽失。而在绿林朋友中间，失去了威信，以后还怎样实现独掌大权的宏愿呢？他立刻来了个大转弯，也凑上前来，一手拉住刘秀，一手拉住王常，眼圈儿有些泛红地说："我王凤虽然没有读过多少诗书，但也知道君子之德如风、小人之德如草的道理。方才听两位苦口良心，为我更始挽回军心，而这些，正是我心里想说却说不出来的，两位却能阐述如此清楚，实在难得，真正是于我心有戚戚焉。好，诸位既然都明白了，那还等什么，快各忙各的吧，我们要与昆阳共存亡！"

在王常心目中，王凤好像还是头一次如此慷慨激昂，他也激动起来，紧紧握住王凤的手，心想，或许自己以前对王凤有点成见。观其人，不但要了解他的平时，也要了解他的关键。而关键时刻，才恰恰最能体现他的本性。王凤倒还真是个好弟兄啊！而刘秀也满脸激动地说："有王将军支持，昆阳何愁守不住！"

大家正在激烈地表现出从未有过的和气时，一个兵卒慌慌张张跑来。"报……禀成国上公，新军已到城外了，军队绵延不断……"

啊?! 刘秀，这下你满意了吧！我们想退都退不了。敌人数目惊人，这个仗怎么打？既然你刘秀这么能干，倒不如由你来指挥算了！看你将来叫人家踩踏到马蹄下，少不得爷爷我给你收尸！王凤刚刚平稳下的心顿时又提了起来，恨恨地想着，脸上却洋溢着大战来临前的兴奋激动，他拉住刘秀的手冲众人一举，大声说："诸位，刘将军虽然年轻，但胸中满是韬略。既然刘将军对如何守城已经有了一套计划，本将军甘愿让贤，请刘将军来主持守城，大家一定要按计划行事！将来守住城池，打败王邑，大家都是首功！"

"好，王将军英明！"许多明眼人知道这仗本来就应该让刘秀指挥，而王凤的主动让贤，也让他们大感意外。场面更加活跃，对强敌的恐惧气氛又减弱许多。

"好，既然上公如此看得起在下，我一定不辱使命，一定要给大家一个满意的结局。谢上公对在下的信任！"刘秀本想客气地推辞一句，但转念一想，机会难得，自从更始皇帝登基后，他们刘家兄弟的行动就大不如以前自由，处处受到牵制。这次关乎生死存亡的时刻，若再让别人绊住手脚，那就太危险了。索性顺竿爬上去，先打好这仗再说！于是口气一转，拿出一副当仁不让的神气。

王凤在肚里直骂娘，但还是热情洋溢地鼓励几句，这才转身缓步走回自己营帐。走出几步，王凤忽然想起什么，心头一阵松快，嘴角不自觉地流露出一丝笑意。他想，守卫昆阳这一战，从双方实力来讲，汉军必输无疑。而主动让刘秀担任指挥任务，正好可以给自己卸了这个背不起来的包袱，到时

就拿刘秀顶罪,这又何尝不是一件好事呢?而自己还可以趁这个空闲机会,瞅准茬口逃到城外去。哼,小子到底嫩点,任你奸诈似鬼,到头来还是要喝爷爷我的洗脚水!

王凤走了,可是诸将却没有一个跟他走,大家都知道刘秀熟读兵书,善于用兵,非王凤所能及。大敌当前,正需要他这样的人带领着共御强敌。大家的目光齐唰唰地盯着刘秀。王常道:"刘将军,快想个办法吧!"

刘秀见诸将对自己如此信赖,也不谦让,忙招呼大家走下城头,来到议事厅。他站在巨幅地图前,指着昆阳四周的地形,道:"眼前的形势很严峻,一时之间我也没有更好的退敌方法。不过昆阳城坚池固,便与坚守,我八、九千弟兄拼死抵抗,也可与新军较量一番。"

诸将默然不语,张印忍耐不住,叫道:"闹了半天,刘将军也没有退敌良策,新军百万大军攻城,我们能守得几时。"

"多守一天,就多一分战胜新军的希望,"刘秀坚定地道,"纵观天下大势,王莽新朝已处于风雨飘摇之中,这次不过是孤注一掷而已,几十万军队也是勉强凑合起来的,表面上很强大、怕人,实际上内部士气不振,将帅离心离德,一旦遇到顽强的抗击,势必迅速土崩瓦解。而且,新军在东方受赤眉军钳制,在北方又受到铜马、青犊等义军的威胁,因此新军从整个战场上来看,是处于被动地位,我们不能只看到昆阳的严峻,只要顽强抵抗,胜利的曙光就在眼前。"

刘秀擦擦额上的汗水,稍作停顿,接着道:"当然,内乏粮草,坚守不能持久,至多不过一个月。为今之计,是派人前往郾城、定陵,招集援兵,里应外合,拼死一战,才有希望解昆阳之围。到底谁守昆阳?谁愿突围求援?大家不妨商讨一下。"

诸将面面相觑,谁也不说话。很明显,突围出城太危险了。身陷百万大军,又有巨无霸兽军拦截。别说突围,胆小的就能吓死。因此很多将领宁愿坚守昆阳,也不愿出城突围。但又怕别人讥笑,便沉默不语。

刘秀的神情严峻起来,目光逡巡着大厅。再一次大声问道:"昆阳的安危全在于外援,何人敢突围搬兵?"

依然如石沉大海,没有应声。王常沉不住气了,挺身而出道:"刘将军,既然没有人愿意出城。就让本公亲去,征调援兵,解昆阳之围。"

刘秀慌忙阻止道:"昆阳城内,人人都可以出城求援,唯独廷尉大将军不可。"

"为什么?"

"坚守昆阳,确保万无一失,与突围求援同等重要,唯廷尉名高权重,才可威服昆阳军民,合力据守。"

刘秀之意是,成国上公王凤和很多将领都有弃城而逃的念头。唯有王常位高爵显,可以阻止王凤等人的出逃或投敌。确保昆阳万无一失。王常见刘秀以目示意自己,才明白过来,忙道:"就依刘将军之言,本公就带领大家死守昆阳,等待援军。"

刘秀手握剑柄,挺身道:"既然诸位都愿意坚守昆阳,就请协助成国上公和廷尉大将军共守昆阳。能守住昆阳,便是奇功一件。刘某愿独自突围,前往调兵。请诸位善自保重,来日相会昆阳,便是我等胜利重逢之时。"说完,迈开大步,往外便走。

"等一等,刘将军。"忽然身后有人叫道,刘秀停下脚步,回头一看,却是王霸从众将中走出,他激动地道:"将军临危不惊,不顾生死。元伯(王霸字元伯)惭愧,愿随将军一起突围。"

"末将愿去。"

"末将也愿去。"

王霸的话音刚落,大厅内呼应声响起。骠骑将军宋佻、偏将军邓晨、任光等深为太常偏将军的此举所感动,纷纷表示愿陪同突围。就连刚刚吃了败仗的五威将军李轶也愿从行。共计十二人。

刘秀欣慰地笑了,扫视着十二名英雄感慨地道:"如果我全军将士真能像你们一样,王寻、王邑纵有百万雄兵,能奈我何?来,我们商讨一下如何突围。"

十三名英雄围坐在一起,商讨着突围的方案。李轶心有余悸地道:"巨无霸和他的猛兽凶猛无敌。我们要避开巨无霸所在的北门突围。而且,最好等到天黑之后,可凭借夜色掩护,突然杀出。"众将有的点头,有的摇头,一齐看着刘秀。

刘秀道:"李将军言之有理,可以避开巨无霸和猛兽军。但突围不能等到晚上,要马上进行。新军没有立即攻城,就证明尚未合围,正忙于安营扎寨,我们惟有乘此良机,才有突出重围的可能。"

十二名英雄信服地点点头,齐声道:"请刘将军下令吧!"

"好,出发!"

十三人走出帐外,披挂整齐,各持兵刃,牵着战马来到南城门。王常和其余诸将送到门口,互道珍重。王常对刘秀道:"《汉官仪》曰:欲令国家盛大,社稷常存,故称太常。汉室恢复,将军得封太常偏将军,虽然官职卑微,却应社稷昌盛之运。将军今日此举,莫非也是天意。"

刘秀感动地道:"借廷尉大将军吉言。今日必能突出重围,搬来援军,共破新军。开城门吧!"

王常走到城门旁,喝开兵卒,亲手拉动绞盘,南城门悄无声息地启开。

刘秀等十三骑英雄早已翻身上马,手勒缰绳,兵刃在手。

"诸位将军,一鼓作气,杀出重围。"刘秀大喝,一马当先,冲出城外,十三骑就如一阵飓风突然扑向南门外的新军。

南城门外是傍晚才赶来的新军,大兵刚到连个歇息的地方也没有,士卒们乱哄哄埋锅造饭,安营扎寨。夕阳的映照下,东一堆、西一堆的人马,乱糟糟地不成阵列。营寨前的巡逻兵心不在焉地转悠着,直到刘秀十三骑冲到跟前才被一个人发现,惊得大叫:"哎呀,不好,有人……"

还没有喊完,刘秀已经马到人到,寒光一闪,人头滚落地下。十三骑犹如下山猛虎冲向敌群。新军根本没想到有人敢闯营。有的兵卒还没摸到兵刃,十三骑已经冲过去了。

再往前冲,前面的新军听到呼叫声,有了准备,各提兵刃,上前拦截。刘秀冲在最前面,大砍刀施展开来,上下翻飞,沾上死,碰上伤,新军一倒一片,血流成河。邓晨尾随其后,也使大砍刀,左右上下一片寒光,新军鬼哭狼嚎,惨不忍睹。其余诸将也各使兵刃,拼命冲杀。转眼间杀入敌营正中。

连营座座。南门的杀声传到了北门外。王邑、王寻住进巨无霸安排好的中军大营中。初临昆阳城下,大军长途奔波难免劳累。何况昆阳已在重兵包围之中,汉军插翅难逃。两人打算安安稳稳地睡上一觉,于是传令:明日犒赏三军,进攻昆阳。可是,还没来得及歇息,严尤就慌忙跑进来禀道:"禀大司徒大司空,南城门外有汉军闯营,来势凶猛。"

王邑眉头一扬,问:"有多少人马?"

"十三骑。"

王邑冷冷一笑,道:"我大军连营座座,区区十三人,还能闯出去。命令南门各营就地截杀,其余各营,不得擅自行动。"

"这……,"严尤不放心地道,"汉军闯营,肯定为请援兵,大人千万不可等闲视之。"

王邑面色微怒。

"该怎么做,本公还要你来教吗?"

王寻也附和道:"几个闯营的叛贼,有什么值得大惊小怪的。纳言将军不是被汉军打怕了吧!"

严尤受辱,脸上白一阵、红一阵!默默而退。

南门外,新军营寨像开锅一样,人喊马嘶杀声一片。前营阻截,后营追赶,新军如潮水一般,一浪盖过一浪,冲向刘秀等人。刘秀连人带马像血洗过的一样,分不清是自己受伤,还是溅上敌兵的血。王霸、任光断后,一个托双锤,一个挥长戈,只杀得血风腥雨、鬼哭狼嚎,新军害怕了,干吆喝着不敢上前,全拿着兵刃在后面跟着。

刘秀一边冲杀,一边往四周远望,眼见快冲出敌营了。忙大声喊道:"诸位英雄,向前靠拢,不要掉队。再杀一阵,就可以冲出去了。"

众将精神大振,斗志更旺,迅速聚拢成一股强大的冲击力,砸向敌营。主帅不出战,混乱的新军如何能阻挡住勇猛拼杀的十三位英雄。刘秀一行十三骑,硬是杀开一条血路,突出重围。

第十四章 探马虚报刘秀激将 军将齐心力战敌军

第十五章
更始帝受制怪刘演　昆阳战王凤意投降

月上梢头,大地洁白。刘秀勒住马,这才感到腿上一阵剧烈的疼痛,用手一摸,小腿上不知何时中了一支羽箭。回头询问众将,人人或轻或重都带了伤,所幸十三人全冲出来了。

刘秀一咬牙,拔下腿上的箭,扔在地上,回头看着筋疲力尽的众人道:"救兵如救火,刻不容缓,我们必须尽快赶往定陵,搬取救兵。"

诸将点点头,简单地包扎一下伤口,重新上马,紧鞍鞯,系腰带,人不离鞍,马不停蹄,渡过昆水,转而向东,连夜驰往定陵。

宛城,大司徒刘演指挥汉军主力攻城愈急,岑彭、严悦督率兵卒日夜苦守,疲于奔命,力渐不支。忽然汉军探马飞骑来报:王邑、王寻百万新军兵围昆阳。诸将得知,都吓了一跳,都担心万一昆阳城失守,宛城又攻不下,到时候全军腹背受敌,后果不堪设想。大司马朱鲔丢下军务,专程跑到刘演大帐,劝谏道:"大司徒,眼下昆阳危在旦夕,而宛城又数日不下。请撤兵增援昆阳。"

护军朱禧、校尉阴识也道:"昆阳危急,城中八九千将士恐有不测,宛城既然不能攻下,大司徒何不分兵援救昆阳,也许还有破敌的希望。"他俩话中有话,提醒刘演别忘了,胞弟刘秀也在昆阳。

谁知刘演根本不看他们一眼,对朱鲔道:"大司马请放心,昆阳方面我已考虑多时,有廷尉大将军王常、太常偏将军刘秀在,王邑、王寻纵有百万大军,一时也攻不下昆阳。而宛城强弩之末,旦夕可下。我们早一天攻下宛城就多一分破敌的希望。请大司马转回本部,继续攻城。"朱鲔却冷笑道:"大司徒,你也把王常和刘秀看得太高了。如今围城新军百万,昆阳城不过八九千人马,而且粮草短缺,他们凭什么守得住昆阳。现在诸将人心惶惶,议论纷纷。大司徒不要睁着眼睛说瞎话。"

刘演勃然大怒,道:"大司马,如今我是军中主帅,您这样说话,不合情理吧!"

朱鲔"哼"了一声道："大司徒虽是军中主帅，可是如果硬把我们往死路上领，朱某实在难以从命。不去增援昆阳也可以。不过，朱某可要带新市兵弟兄转回绿林山逃命去了。"

"你敢！"刘演"啪"地一拍帅案，怒道："朱鲔，你擅自抛开军务，本已触犯军令，如再敢抗命不从，休怪本主帅军法无情。"

"你……你……，"朱鲔气得说不出话来，回头看，朱祐、阴识全都怒目而视，这才意识自己身边连个保护的人都没有。心里开始害怕，又放不下大司马的面子，正不知怎么办，忽听门外有人喊道："圣旨到！"

只见更始帝刘玄的御前黄门黄信带着几个小黄门涌入帐内，高喊道："刘演接旨！"

刘演慌忙走到大帐正中跪下，应道："臣在！"

"奉天承命皇帝诏曰：昆阳为百万新军所困，危在旦夕。而宛城数日难下，劳师无功。钦命大司徒刘伯升撤宛城之兵，援救昆阳，以保汉室无虞，钦此！"

"臣接旨！"

刘演没想到更始帝也来干涉作战，双手迟疑着接过圣旨。朱鲔闻听，喜从天降，得意地道："大司徒，这一回该听从本公的意见吧！"

刘演愤然站起道："大司马，我只说接旨，可没说遵旨。将在外，君命有所不受！"说着，走到帅案，抽出一支令箭，叫道："朱护军、阴校尉！"

朱祐、阴识慌忙应道："小人在！"

"你们拿我的令箭，督促各部继续进攻宛城，有不从号令者，军法从事！"

"遵令！"

朱祐、阴识接过令箭。阴识不解地问："大司徒，您不指挥攻城了？"

"少废话，执行命令吧！"

"是。"

朱祐手持令箭，走到朱鲔跟前，把脸一板道："大司马，快回去指挥所部攻城，否则，别怪我们俩不客气了。"

"呸！"

朱鲔气得一口唾沫吐在地上，转身就走。

待朱祐、阴识、朱鲔离开大帐，刘演忙对黄信道："公公，请让刘某随您一起去见陛下。"

黄信巴不得似的道："大司徒既不愿遵旨，一起去也好，省得我们挨骂。"

于是，刘演跟着几个黄门出了大帐，往后山更始帝的行营走去。更始帝本来在滴水旁建有行宫，可是，汉军全军出动，攻夺宛城。仅靠羽林军保护，怕不安全，便随军到了宛城前线，打算攻下宛城，就在此定都。

更始帝行营距中军大帐不过二里地，没多会儿便到了营门口。黄信进去通报，刘玄传刘演进见。刘演叩拜施礼后，一抬头，见更始帝满面愁容，忙问道："陛下为着何事愁到这样？"

更始帝叹息道："还能为什么，不就是为昆阳担心么。大司徒想想，昆阳失守，宛城攻不下。我军腹背受敌，势必全军覆没。汉室刚刚恢复，朕性命不保，能不忧心如焚么？哎，大司徒，你不带兵去救昆阳，跑到朕这里干什么？难道没接到圣旨？"

刘演心里一阵悲哀，虽说汉室恢复，可是推立的皇帝却是如此懦弱无能。这样的皇帝怎么能复兴高祖之业。不过，此时不是考虑这些的时候，便道："臣接到陛下旨意了，可是臣以为，当务之急是攻下宛城，只有宛城攻下了，才能分兵增援昆阳，才有战胜新军的可能。昆阳有王常、文叔在，一定会据城死守，新军一时还不能攻下。"

更始帝连连摇头道："大司徒不要痴人说梦，王常、刘秀有多大能耐，能用八九千人马阻挡住百万大军的进攻？宛城久攻不下，为什么还在这里耗费兵力，徒劳无功呢？朕的旨意很明白，要大司徒立刻分兵援救昆阳。"

"陛下，万万不可。宛城守军也到强弩之末，我军旦夕可下。一旦撤兵而去，岂不是前功尽弃。何况，以我军主力增援昆阳。宛城岑彭一定会在背后偷袭。我军如何战胜王莽大军？"

更始帝哪里听得进去，气恼地道："难道连朕的旨意你也不听？"

刘演目光如炬，逼视着这位族弟，一字一顿地道："陛下说对了，臣不愿遵旨行事。所谓将在外，君命有所不受。前线的将士，一刻也没有停止进攻宛城。"

刘玄称帝前，最是敬畏刘演的眼睛。此时目光相碰，又不由自主地低下头来，怯声道："好，就依你之意吧！"

"谢陛下宽容之恩！"刘演高兴万分，赶紧磕了个头，起身退出门外，忙往宛城前线跑去。

刘演前脚刚走，更始帝宠姬韩夫人后脚就进来了。纤纤葱指一点刘玄的额头，恨声道："你呀，贵为天子，怎么还听刘演的呢？仗打败了，他拍拍屁股，可以走人，到哪儿都能当个将军。你呢，丢掉的是皇位，是性命。"

刘玄苦着脸，道："他不听圣旨，还说什么'将在外，君命有不受'，你说我有什么办法？"

韩夫人更加气愤。

"什么'将在外，君命有不受'。他刘演明明有野心，不把你这个皇帝放在眼里,一样都是刘氏后裔,他当然不甘心你做皇帝了。这个人终究是心头之患,不可不防。何况,他还杀了我哥哥,这个仇也要报。"

刘玄本来就心烦得要命,被她一阵啰嗦,气恼起来,道:"你都扯到哪儿去了,韩虎算什么东西,他是王莽走狗,杀了活该。再说,刘演会带兵打仗,这种时候不能没有他。也许,他真能攻下宛城,打败王邑的百万大军。"

韩夫人极会见风使舵,慌忙换上一副娇媚的笑脸,娇嗔地道:"陛下圣明,这个时候哪能没有刘演呢,不过,以后灭了王莽,陛下千万不可再留此人。"

刘玄有气无力地道:"以后的事,以后再说吧!"

小小的昆阳城,已被王邑、王寻的大军围得水泄不通,新军各部环绕四周,列营数百座,里三层、外三层,层层包围几十重。但见旌旗遮日,烟尘连天,人喊马嘶,锣鼓钲鸣,数里可闻。

一觉醒来的王邑、王寻闻听汉军十三骑突围而出,勃然大怒。王邑召来南城门守将宋命当厅责骂道:"饭桶、废物,连区区十三个叛贼都拦截不住,要你何用?"

宋命吊着受伤的胳膊,委屈地道:"大司空明察,末将实是拼命阻截,可是汉将实在太厉害了,各营官兵又不赶来增援,才让汉军十三骑冲出了重围。"

王邑一听,他言语之间有埋怨主帅之意,更加恼怒,喝道:"败军之将,还敢狡辩。来人,推出去,斩了!"

两旁刀斧手窜上前去,架起宋命就往外拖。宋命没想到自己拼死血战一夜,竟是这样的结局,又拼命挣开,伏地求道:"末将知罪,求大司空开恩,饶末将一命。"

两旁将佐、军吏都觉得大司空处置不公,但无人敢出面求情。唯纳言将军严尤出列道:"大司空,宋将军虽然有罪,但我军尚未出兵,就先斩杀大将,恐有不祥。还是网开一面,留他一命吧!"

王邑讥讽道:"纳言将军够心慈的,可是,你知道么,慈不带兵。奉命阻截不力,还推卸责任。若不军法从事,本公还怎么发号施令?推出去,斩!"

严尤知道自己就是败军之将,说话没分量,只好默默退下。刀斧手再次拖起宋命。宋命自知劫数难逃,索性豁出去了。突然用力挣开刀斧手,指着王邑骂道:"王邑,你这个混蛋,几十万将士的性命就要毁在你的手里。老天会找到你的。"

王邑暴跳如雷,手指乱点,吼道:"反了,反了。还不给我拿下!"

"不必了。"宋命冷笑一声,突然抽出身上宝剑,往脖子上一横,鲜血顿时

喷涌而出,洒落在地。

众将佐、军吏看着宋命的身体慢慢倒下,无不惊惶,大帐内唏嘘声一片。

王邑对这样的结局也深感意外,但强作镇定道:"快,拖出去,收拾干净。本公还要办理军务。"

宋命的尸首被拖出去了。将佐们感到一阵阵地透心凉。王邑感觉不到,依然威严地道:"汉军十三骑闯营,必是搬兵救命。因此我军不宜耽搁,今日就攻城。诸将听令!"

将佐们打起精神,齐声应道:"末将在!"

"立刻督促所部,向昆阳四门发起猛攻!"

"遵令!"

主帅令下,昆阳四门的新军立刻展开攻势,涌水般地涌到城下,无数的云梯靠上城墙,新军呐喊着,蚂蚁般往上爬。昆阳城上,廷尉王常冒着流矢,亲自督战。八九千将士伏在城堞之下,严阵以待。王常见新军已爬到半空,才举起鼓槌,突然擂响战鼓。汉军听到出击的号令,立刻张满弓,瞄准新军射了出去。新军身在半空,无处射藏,十之八九被射中,像肉包子一样跌落在地上,非死即伤。第一轮进攻被打退。

王邑、王寻率六十三家军吏亲到前线观战。督令将士继续进攻。吃了亏的新军,一手持兵刃,一手推举盾牌,再一次蜂拥而上。王常看得清楚,忙命将士们准备好滚木、擂石、沸水。新军爬到半空,忽听城上又是一声鼓响,无数的滚木、擂石和滚烫的开水从天而降。立刻被砸伤、烫伤,从云梯上跌落下去。

就这样,新军一波接一波进攻。汉军拼命死守,相持两日,昆阳依然在汉军掌握之中。纳言将军严尤深知汉军的厉害,忙向王邑进言道:"昆阳城池虽然小,却非常坚固,叛贼又据城死守,一时之间难以攻下。贼首刘玄擅立尊号,滞留宛城。末将愚见,我军兵多,不如兵分两路,一路继续围攻昆阳,一路威逼宛城。宛城激战日久,叛军疲惫,我军与岑彭里应外合,必败刘演。抓住窃称尊号的人,何愁昆阳不降。"

严尤的建议的确厉害,如果新军按其主张行动,新、汉历史恐怕真要重写。当时,随军的六十三家军吏也一致称赞严尤之计甚妙。可是,王邑却摇摇头,傲慢地道:"十多年前,本公为虎牙大将,曾率万余骑围攻宋代叛贼刘信,大破东都洛阳。可是因为没能生擒刘信大将翟义而受人非议。陛下也因此责备本公。如今,我军是叛军的几十倍,如果遇坚城而退,连小小的昆阳都攻不下,岂不更让天下人笑话?本公发誓,要踏平昆阳,喋血而进,前歌后舞,也好让陛下痛快一番,让天下见识我新朝的兵威。"

严尤一听,自己的金玉良言再一次被人家枪毙了,只得叹息着退到一边。

王邑见昆阳汉军防守严密,绞尽脑汁,想出了新的攻城方法,立刻命道:"传令下去,命人连夜打造云车。本公不相信攻不下昆阳。"

昆阳在激战,成国上公王凤虽然把指挥权交给了刘秀和王常,可是将士们都在浴血奋战,成国上公总不能躲在营帐里让人们笑话。因此王凤也登上了城头,跟张印一起指挥汉军守卫南门。眼见新军铺天盖地而来,攻势愈来愈猛,王凤心里七上八下,寻思半天,把南门交给张印防守,只身往北门来寻王常。

北门的争夺更是激烈,王邑的精锐部队和巨无霸、兽军都在此门,只不过巨无霸和他的兽军在攻城中发挥不了作用,尽管如此,新军在王邑、王寻的督率下,仍一波接一波,拼命攻城。王常率将士们刚刚打退敌人的进攻,新军的攻势稍缓,一转身,见王凤疾步走来,王常忙丢下手中的鼓槌,上前问道:"成国上公,南门的情况怎么样?"

王凤不说南门战况,却道:"王廷尉,新军兵多势大,攻城越来越猛,昆阳城小兵少,支撑不了几日,一旦城破,势必玉石俱焚。我们应该另想对策才是。"

王凤的声音虽不大,但附近的汉军将士听得清楚,顿时面露惊慌之色。王常一言不发,拉起王凤的衣袖就走,到了偏僻之处,才责怪道:"成国上公何出此言,眼下正是昆阳的生死关头,千万不可扰乱军心。否则,后果不堪设想。"

"王廷尉也知道后果难料么?本公来找廷尉就是商议如何对付王邑、王寻的。"

"成国上公有何退敌妙计?"

"退敌之计倒没有,不过,保全昆阳全体将士性命的办法有一个,不妨一试。"

王常惊异地问:"什么办法?"

"眼下昆阳被重重包围,退敌无计,逃命也不可能。为今之计,要活命,只有投降这一条路了。"

"投降?"王常强压着怒火道,"太常偏将军他们已顺利突围出去,援兵很快就到。何况,昆阳一旦投降,我宛城主力岂不处于腹背受敌的险地。成国上公不该有此想法。"

王凤不高兴地道:"颜卿(王常的字),难道只有刘秀他们是英雄,我王凤是贪生怕死之徒?本公所虑的是昆阳百姓和八千多弟兄的生死。至于宛城方面,刘演、刘玄和咱们本不是一路人,人家是刘汉后裔,是正牌的皇族,咱们犯不着为他们卖命。何况,咱们投降不是没有条件的,必须得到王邑、王寻赦免死罪的承诺。俗语说,留得青山在,不怕没柴烧。只要能逃脱此劫,保全性命,以后还可以寻找机会,再次举旗反莽么!"

王常抑制不住怒气,冷笑道:"成国上公想得太天真了,你以为王邑、王寻是什么一诺千金的君子? 只怕到头来既丢了骨气、又丢了性命。落得后人嗤笑。"

这话说得够刺人的了。若在平时,成国上公早已雷霆震怒,可是今天王凤自知所言见不得人,便没有发怒,反而缓和了一下口气道:"廷尉说的也有道理。这么着,你继续督率将士们守城,本公试探一下王邑、王寻之意,不管怎么说,全城军民的生命才是最重要的。"说完,不等王常答应,自己先走了。

"呸,"王常啐了一口,骂道,"说得好听,还不是自己贪生怕死。张机灵!"

一直站在不远处的一名亲兵立刻跑到跟前应道:"小人在,廷尉大将军有何吩咐?"

"你跟踪成国上公,有什么情况随时报告,记住,不许跟任何人说。"

"您放心,小人明白!"张机灵领命,追王凤去了。王常刚走出墙角,只见一名汉军兵卒跑来,禀道:"大将军,新军又爬上来了!"

"传我将令,死守城池,决不让一个新军踏进昆阳一步。告诉将士们,多用滚木,擂石,沸水,节约箭枝。最艰苦的战斗还在后面呢。"王常坚定地道。

"遵命!"兵卒如飞而去。

北门城下,新军踩着同伴的尸首,再一次发起猛攻。可是,城头上的汉军顽强抵抗,滚木,擂石,沸汁一股脑儿往下扔。一个时辰过去了,新军除丢下更多的尸体,一无所获。王邑、王寻正在焦躁不安,忽然,一名卒长跑到跟前,跪倒禀道:"禀大司空、大司徒,二十辆云车打造完毕,正在帐外待命。"

王邑、王寻大喜,亲率将佐、六十三家军吏前往观看。只见二十辆云车整齐地排列,高约十几丈,直插蓝天,比昆阳城墙还要高出一大截,顶部是个方形车厢,可容纳十几个兵卒。站在云车里,如鸟俯瞰,可以清楚地看到城里的情形。这样高的云车,新军工兵队一天两夜就打造了二十辆,速度够快的了。

有了云车,王邑、王寻更加骄横,正要传令用云车攻城,忽然一名兵卒飞马来报:"禀大司空、大司徒,南门的叛军投下一封信来,交大司空来启。"说着将一封帛书呈上。

王邑接过,拆开细看。哈哈大笑道:"昆阳叛军已是人心惶惶。这是叛贼成国上公亲自手书的乞降书。可见叛贼已被我军吓破了胆,昆阳指日可下。众儿郎推起云车,准备攻城。"

严尤大惑不解,叛贼既然愿降,大司空为何还要攻城。他犹豫了片刻,还是硬着头皮阻拦道:"大司空,且慢!"

王邑白了他一眼,没好气地道:"纳言将军又有何言?"

严尤态度愈恭,道:"叛贼王凤既然愿降,大司空又何苦再去攻城呢?兵法曰:'不战而屈人之兵,善之善者也。'大司空不如接受叛军归降,也可早日结束昆阳战事,何乐而不为呢?"

王邑不屑一顾,冷笑道:"纳言将军兵法读得熟,可惜打不了胜仗。因为你不知道兵法是死的,而人是活的。王凤既生反骨,怎么会真心投降呢?只不过迫于我大军威慑之力,诈降而已,说不定还会耍什么花招呢。本公偏不理他这一套,一定要把这帮叛军逆民斩尽杀绝,一个不留,也好扬我军威,威慑天下。"

严尤脸上一阵白,一阵红,但还是坚持把自己的意见说完:

"就算王凤是诈降,我军也不宜攻城过急。兵法曰:'围城必阙一角,宜使守兵出走。'让开一角的目的,可减少守军的抵抗力。俗话说'困兽犹斗'就是这个道理。何况,昆阳叛军逃走,必奔宛城报信。昆阳兵降的同时,也可令宛城叛军胆战心惊,宛城之围,不攻自破。岂不是两全其美之汁?"

六十三家熟读兵法的军吏也纷纷开口,道:"纳言将军言之有理!"

"是呀!要么接受叛军投降,要么让开一角。不能围得铁桶似的。"

"让叛军逃出城,既可挫伤宛城叛军主力的锐气,又可以随后追杀,把他们消灭掉。"

王邑哪里听得进去,一拍香案,斥道:"纸上谈兵有什么用,本公就是要你们看看我百万大军是如何血洗全城的。来呀,架云车,攻城!"

新军得令,立即把二十辆高高耸入云端的云车推到城前。王寻命弓箭手爬到顶部车厢中,二十辆云车,可容纳近百名弓箭手,一齐往城里射箭,成排的硬弩射出密集的箭,压得城上的汉军不敢抬头。城下的新军乘势攻城,眼见着爬上墙头。王常大惊,慌忙丢下鼓槌,一手持刀,一手握盾牌,高叫道:"弟兄们,杀敌报国的时候到了,杀呀。"他冒着箭,身先士卒,挥刀把几个爬上城头的新军砍落城下。汉军将士深受鼓舞,抱定必死之心,纷纷冒着箭雨,跃出城头,与新军展开殊死搏斗。刚爬上来的一部分新军还没站稳脚跟,就被汉军一阵冲杀,纷纷后退,有的死于汉军刀下,有的跌落城下,有的被云车里弓箭手射死。

汉军也伤亡了不少人,王常的头盔也被射中了,好在没有受伤。可是,

新军退去一波,又有一波爬上来。汉军在王常的率领一口气杀退新军的五番进攻,汉军的伤亡在增加,形势越来越严峻。正在这时,忽然一群百姓顶着门板爬到城上,领头的里长冒着箭雨向王常走来,云车射出的羽箭,叮叮当当射在门板上,里长毫发无损,王常迅速躲到里长的门板后面,感激地道:"昆阳父老,真是雪中送炭。我们全体将士不知怎样感谢你们才是!"

里长忙道:"廷尉休如此说。快用门板搭上顶棚,头顶上的云车就没辙了。"

"好主意!"王常惊喜地道。忙命汉军把所有的门板搭在成堞上。军门躲在门板下,云车射出的羽箭不但对他们毫发无损,反而给他们送来了箭枝。汉军取下门板上的箭枝,射向攻城的新军。没用多大功夫,新军的攻势就减弱了。王常亲手拉着里长的手道:"亏得你们想出的好主意,不然,昆阳真是保不住了。本将军要为你们请功!"

里长摇头道:"小人岂敢贪功求赏,这都是成国上公的主意。"

"成国上公?"王常大惑不解。亲兵张机灵回来说,成国上公王凤和张印等人鬼鬼祟祟,密谋献城投降,自己还没来得及找他们算账呢,这会儿怎么突然来个一百八十度的大转弯,帮着守城了呢?

里长见他满脸迷茫之色,进一步地说道:"小人说的句句是实,廷尉大将军如果不相信,可以问他们!"说着,手指身后的昆阳百姓。

众百姓齐声答道:"小人受成国上公之命,特来此门增援。"

王常虽然疑惑,却不能不相信这是事实。原来,王凤见乞降不成,心里反而安静下来,既然出不了城,不如死守,或许还有救,因为刘秀十三人突围而出,计算着搬来的援军也该到了,决心已定,他立即传命发动昆阳城中的百姓摘下自家门板,分赴四门,增援守城。昆阳百姓素知新军凶残,若是城破,必遭屠戮,因此,全部愿意帮助汉军守城,军民同心,众志成城。号称百万的新军在小小的昆阳城前竟进不得半步。

新军久战无功,六十三家军吏纷纷向王邑进言,请求大司空采纳纳言将军严尤之计,或弃城一角放汉军出城,或移兵转攻宛城。王邑暴跳如雷,岂肯失了颜面,吼道:"尔等勿须多言,本公发过誓,一定要先屠昆阳,马敲金镫,人唱凯歌,喋血而进。云车不行就挖地道,地下不成,就用冲车撞车撞开城门。大司徒,你亲自督率工兵大队开挖地道,一直挖到昆阳城中。另外,准备打造冲车和撞车,以备攻城之用。"

王寻跟王邑一个心思,这么多天攻不下小小的昆阳城,实在丢够了面子,因此,应声道:"请大司空放心,不管用什么办法,下官一定要攻进城内,把叛贼斩尽杀绝。"

王寻尊令，立即调来专以辅路架桥、安营扎寨为特长的工兵大队，从南北两个方向上，同时开挖地道，士卒锹挖筐运，忙得不亦乐乎，但新军大营距昆阳城内好几公里，又怕被城里的汉军发现，因此进展缓慢。为迷惑汉军，王寻仍派少量部队，佯装攻城。

昆阳城内，王凤、王常见新军攻势突然减缓，猜测王邑、王寻必有阴谋。可是，远望敌营，忙碌一片，都在做攻城的准备，实在看不出有什么问题，一晃又是三天过去了。正在忐忑不安，忽然，一名兵卒领着一位老妇走来禀道："禀成国上公、廷尉大将军，这位老人说她家房后的地下突然发出奇怪的声音，恐怕有妖孽作怪，特来禀明。"

古时，迷信盛行。王凤、王常心中惊异，王常道："请成国上公小心守城，在下亲自去看看。"

王凤点头同意，王常带着两名亲兵，由老妇带路，来到老妇房子后面，房后是一个小菜园，有一口专门用来浇水的大水缸。老妇远远一指大水缸，惶然道："那古怪的声音就是从水缸下发出的。"

两名亲兵慌忙抽出佩刀，护卫在王常左右，王常异常镇定，不慌不忙，走到水缸跟前，弯下腰来，将耳朵贴在水缸边上，仔细倾听。果然听到"嘎吱，嘎吱"像是搅地的声音。联想到这两天新军攻势突然减缓，王常顿然醒悟，冷笑道："王寻、王邑老贼耍此奸计，本公定让你们好看！"

再说偷挖地道的新军，锹挖筐运，忙活了五六天，好不容易挖通了。可是还没等他们站出地面，守在洞口的汉兵手使大刀，砍瓜切菜似的砍下了新军的脑袋。新军在狭窄的地道里施展不开，汉兵守在洞口，一夫当关，万夫莫开，不多会儿，尸首塞住了地道，再没有新军敢露头，汉军干脆堵死洞口。

天上、地下都行不通，王邑更加暴怒，立即调来刚刚打造好的冲车、撞车，对准昆阳城门、城墙拼命撞击。"轰隆隆"撞击声如同打雷一般，昆阳北门被撞得泥土纷飞，摇摇欲坠。

王常大惊，亲率兵卒，用檑木、沸汁、羽箭抵挡新军的进攻，另派人冒着箭雨，加固城门。新军攻势很猛，汉军伤亡在增加。可是，没有人怯懦退却，依然冒死向前。王常深受感动，振臂高呼道："弟兄们、父老乡亲们，杀贼报国的时候到了！"

昆阳的百姓素知新军残暴，一旦城破，必遭杀戮，因此全力帮助汉军守城，连妇女和老人也来参战。青壮男子登城参战，妇女、老人送水送饭。昆阳城内军民同心，共御强敌。王寻的冲车、撞车撞碎了，也无济于事，昆阳依然矗立在百万新军面前。

昆阳在激战，宛城也在激战。

　　刘演督率所部连续攻下宛城外围城邑,使宛城变成了一座孤城,汉军主力遂对宛城展开更加猛烈的攻击。严悦眼见城中粮尽,人人相食,王邑援军又不见踪影,忍不住道:"岑将军,如今宛城已成孤城,势难坚守,大司空、大司徒也无援军来到。为城中百姓着想,还是投降刘演算了。"

　　岑彭愁眉不展,叹口气道:"我何尝不想为城中百姓寻条生路。可是我死守宛城四个月,阻滞刘演进军的行程,他能饶过我吗?"严悦道:"末将听说刘演为人豁达大度,新野军苏康得其一言归降,保全了性命。将军也可求其一言,若能免死,便降;若不得赦免,便死守到底,与宛城共存亡。"岑彭无奈,道:"权且一试吧!"严悦于是倚着城堞,向攻城的汉军高声喊道:"汉军弟兄们听着,请禀知刘大将军,若能免去死罪,岑将军愿降。"攻城的汉军听见,立即停止攻城,有人飞报刘演。此时,刘演正心急如火,昆阳生死未卜,宛城岑彭又据城死守,十万大军阻于坚城之下,实在太危险了。更始帝刘玄也在后面坐不住,跑到刘演的中军大帐,坐等攻下宛城,准备安都,也好有个喜乐的安乐窝。

第十六章

议昆阳小人终作梗　刘文叔带兵进昆阳

岑彭愿降的消息传入中军大帐，刘玄第一个拍案而起，怒道："这个岑彭，着实可恶，阻滞我大军四个月，害得朕没睡上一个安稳觉，宛城如果投降，谁都可以赦免，就是不能赦免他的死罪！"

帐中诸将，也是个个横眉立目，纷纷附和道："陛下说得对，岑彭太可恶了！"

"是呀，要把他千刀万剐才解恨呢！"

"眼看守不住了，这时才投降求生，想得美。"

刘演望着怒火冲天的更始帝和诸将，异常平静地向刘玄进谏道："两相交兵，各为其主，岑彭即为新朝的将军，奉命驻守宛城，尽职困守，也算忠义之士。陛下要振兴汉室，须服人心，彰表忠义。杀岑彭不过泄一时之恨，不如赦免其罪封他官爵，以劝其后。何况，宛城早一日为我所有，也可早一日解昆阳之围，何乐而不为呢？"

刘演一席话说得诸将怒容转变，纷纷点头赞同。更始帝也转怒为喜，道："大司徒言之有理，朕就准你所请，赦免岑彭死罪，封其为归德侯，归于大司徒麾下。"

"陛下圣明！"

更始帝赦免宛城守军的诏书送到宛城城头，岑彭严悦大喜，立即打开四门，迎接刘演主力汉军入城。岑彭跪倒在刘演马前，羞愧地道："败军之将，归降来迟，乞请大将军治罪。"

刘演下马，亲手搀扶，笑道："岑将军何必如此，我皇陛下都已赦免你的罪过，刘某岂敢言君之过。如蒙不弃，请将军暂且委屈归于刘某麾下，日后立功，陛下定有封赏。"

岑彭面露喜色，显然很满意，道："久闻大司徒慷慨大节，忠义之士，今日得奉鞍前马后，真是岑某之幸。"言毕，引领刘演将帅走进宛城衙署。众人刚刚落座，忽然更始帝的御前太监黄信带着十几个小黄门直入大厅，高叫道：

"刘伯升接旨!"

刘演一惊,不知何事,慌忙跪倒接旨,众人也慌忙跪满大厅,只听黄信嗲着嗓子念道:"奉天承命皇帝诏曰:南阳乃龙兴之地,宛城可为复兴汉室之帝都。钦命大司徒刘演清扫街道,装饰宫舍,以备明日吉时迎接朕躬车驾入城定都。钦此!"

刘演大吃一惊,怒形于色。昆阳尚在血战,八千将士生死未卜。本应调集所部立即增援昆阳,怎么可以在这时讲排场,搞什么入城仪式呢。刘玄真是昏庸得可以。

黄信念完圣旨,见他面露怒容,一言不发,冷笑道:"怎么?大司徒难道又要抗旨不遵?可不要为难我们做奴才的。"

刘演强压怒火,沉声道:"请公公放心,刘某接旨就是。"

"那俺家就回去交旨了。走!"黄信脸上灿然一笑,领着一群黄门转身离去。更始帝不顾昆阳得失,却忙着进宛城、安帝都。众人都愤愤不平,岑彭刚刚归降,心有怨愤却不便说。校尉阴识、刘稷忍耐不住。刘稷冲口而出道:"大司徒,昆阳的弟兄们正在血战,咱们要赶快增援他们,不能在宛城耽搁太久。"

"是呀,救兵如救火。迟了,太常偏将军他们就没命了。"阴识也焦急地道。

刘演好像没有听见两个的说话,声音冰冷地道:"刘稷、阴识听令,马上带人去清扫街道装点宫舍,装备迎接王驾入城。"

刘稷不甘心,叫道:"大哥,难道昆阳弟兄的生死你真的不管了?"

"贤弟放心,我马上去见陛下,请旨分兵增援昆阳。执行命令去吧!"

"末将遵令!"刘稷、阴识这才领命而去。

更始帝行宫,刘玄与朱鲔、陈牧、将军申屠建、李秋等人商议入城事宜。刘玄一心想摆出汉室皇帝的气派,可是皇帝的銮架、仪仗到底是什么样子,谁也没有见过,争论了半天,也没有结果。朱鲔道:"王莽乱汉政,从成帝时就开始,逐渐破坏汉制,更地名、改官职、换货币、毁宗庙,到现在有三十多年了。汉制破坏殆尽。我等没进过太学,更没演习过,哪里会知道?大司徒曾游学长安,遍读古书,也许知道一些。"

刘玄闻听,忙道:"快,立即派人进城请刘演前来。"

话音未落,一个小黄门跑进来,禀道:"启奏陛下,大司徒刘伯升前来见驾,正在门外候音。"

刘玄高兴地道:"他来的真是时候,快快宣进!"

小黄门忙跑出去,没多会儿,刘演走进厅内,给更始帝跪行大礼。

"臣刘伯升叩见吾皇陛下。"

刘玄笑道："大司徒，朕正要召见你，没想到你就来了。快快请起，朕有话问你。"

刘演起身，在旁边站着，躬身问道："不知陛下有何事召见为臣？"

"是这样，宛城既得，朕想就将宛城作为复兴汉室之帝都。可是朕作为复兴汉室之君，怎也不能如山野草寇一般草草入城？无奈众臣皆不知汉帝礼仪。大司徒曾游学长安，学识渊博，想必知道一些。"

刘演闻听，像是吞进一只苍蝇一般恶心。心中笑道，如此怯懦无能之辈，也敢自诩为复兴汉室之君。若不是绿林草寇一力推举，九五之尊的位子怎么能轮到你来坐。苍天无眼，让中兴汉室又多一份磨难。

可是，恶心归恶心。眼下君臣名分已定，刘演还不能不把更始帝当回事，便故作惭愧地笑道："臣不才，虽然曾游学长安，却徒有其名。至于汉室典章礼仪，更是一无所知。不过，臣弟太常偏将军刘秀也曾游学长安，遍读古书，对于典章礼仪，知之甚详。如果有他在，陛下就不必忧虑了。"

刘玄连连摇头。

"太常偏将军远在昆阳，远水解不了近渴。"

刘演乘机进谏道："臣愿督率所部，前往增援，以解昆阳之围。请陛下降旨。"

"不可！"

更始帝尚未开口，群臣中一向警觉的朱鲔抢先开口道："陛下，宛城虽然为我所得。可是，王邑、王寻百万大军随时可以兵临城下。宛城既为汉室帝都，应确保安全。千万不可分兵。昆阳弹丸，得失于大局无碍，陛下应全力保证宛城的安全。"

更始帝也觉察到刘演在打着套子让自己钻，登时恼怒起来，阴着脸道："大司徒，朕命你在宛城清扫街道、装饰宫舍，准备明日迎接朕躬入城。你不留城里，急着来见朕，就是要请旨分兵增援昆阳么？"

刘演慌忙跪下，回答道："为臣知罪。眼下昆阳正值千钧一发之机，八千将士的性命危在旦夕。陛下应该让臣督率主力增援昆阳。里应外合，王寻、王邑可破，昆阳之围可解。到那时，鞭敲金镫响，齐唱凯歌还，陛下凯旋入城，何等的威武？何等的尊贵？陛下为什么不降旨呢？"

更始帝涨红了脸，一时无语。朱鲔见状，上前斥道："大司徒，陛下命你在宛城整修宫室，你却跑来请旨增援昆阳，这是抗旨不遵。前次，陛下命你增援昆阳，你自作主张，不去增援。请问你眼里还有没有陛下？"刘演大怒，反驳道："朱大司马难道不知用兵之道，时势不同，决策当然不同。如今宛城已为我所得，为什么不分兵增援昆阳！"

朱鲔的话，意在挑起更始帝对刘演的不满，果然，刘玄怒道："刘伯升，你屡次抗旨不遵，心中还有朕这个皇帝么？朕明白告诉你，不准你分兵增援昆阳。朕要进宛城，定帝都，封赏将士。你不许离开半步，若敢抗旨不遵，休怪朕不讲情面。"

"那昆阳的将士们怎么办？"

"昆阳事小，宛城事大，确保宛城安全要紧。"

刘演默默无言，躬身退出。

朱鲔见刘演退出，进言道："刘伯升自恃功高，目无尊上，屡屡抗旨不遵，陛下为何不治他的罪？"刘玄被说到痛处。自小他就敬畏刘演，被立为汉帝后，虽说位尊九五，可是对于作为自己臣子的刘演还是有一种畏惧心理。今天为维护自己的尊严，算是大着胆子训斥了刘演一顿。可是这种心态哪能让朱鲔看出来，于是，强作大度，道："大司徒为我宗室，劳苦功高，朕岂能与他计一日之短长。"

朱鲔冷笑道："陛下固然有容人之量，可那刘伯升内心怎么想，就不得而知了。"

陈牧早待不住了，忍不住问道："陛下，没人懂汉室礼仪，怎么举行入城仪式呢？"

"算了吧，马马虎虎进城再说。"刘玄垂头丧气地道。

刘演无精打采赶回宛城，刘稷一看就知道请旨无望，怒气冲冲地道："刘玄不顾昆阳将士生死，混蛋皇帝一个，就凭他能复兴汉室么？大哥，不如我们拥立你为汉帝，拉一支人马出去。一定可以打到长安杀了王莽，灭掉新朝，恢复我汉室天下。"

刘演慌忙捂住他的嘴道："贤弟千万不可胡说。如今天下思汉，刘玄称汉帝，正和人心。我若擅自离去，便是叛逆，天下共讨之。死无葬身之地啊！"

刘稷气得直跺脚。

"这么说，文叔他们没得救了。"

刘演仰天长叹道："三弟好自为之吧，但愿苍天能保佑他。"

宛城更始帝封赏有功将士，庆贺胜利。昆阳，鏖战正酣。王邑、王寻改变战术，云车、地道、撞车并用，新军天上、地下潮水般向昆阳扑来，汉军将士与昆阳百姓拼死固守，战斗空前的惨烈。

他们一行人首先来到定陵。定陵守将谢躬听明来意后，虽然对刘秀兄弟一向钦佩有加，但还是很迟疑。没有更始皇帝的圣旨，自己怎么敢擅自调兵？并且谢躬知道更始皇帝、王凤和刘秀兄弟之间的微妙关系。若是自己听从了刘秀的话，把兵权交给他，让刘秀把兵马拉走。将来王凤肯定要把自己当成刘秀方面的人，他抓住这个把柄，说你犯法，说你目无君上，这可是要掉脑袋的！

见谢躬迟疑，刘秀并没工夫琢磨他心里想什么，耐着性子解释说："谢将军，此刻军情紧急，王莽四十万大军将昆阳包围，而宛城正处于激战之中，两头谁也照顾不了谁。我们现在只有取得外援，内外夹击，才有成功的希望。这种时候，哪有时间去请圣旨？非常时期，就应该做出非常的事情来。如果还要墨守成规，按规章办事，只怕到时昆阳被破，宛城兵败，你我性命都难保。即使咱们侥幸逃脱了新军追杀，在朝廷那边，能放过咱们吗？所以说，咱们目前情况是，一步不慎，不是叫新军戕害，就是让自家朝廷处死。如果能决然发兵，等大功告成，即使有点过错，也可以原谅。王凤王将军现在就困在昆阳城中，你又不是不知道，他给皇上说清楚原委，自然没咱们的事情。孰重孰轻，谢将军应该还是能分得清的。"

"哎，对，对，真是这个理儿。刘将军所言极是，在下糊涂，谢躬愿听从刘将军吩咐。"谢躬听刘秀前前后后分析一番，滴水不漏，确实是这个道理。现在自己处在夹缝中间，一下不小心，就可能招来杀身之祸。特别是王凤还在昆阳城中，这点他当然知道，还是顺应了人家省事。于是谢躬赶忙说道，额头都急出了汗。

把这路兵马敲定后，众人不敢浪费时间，在定陵匆匆吃两碗饭，稍作休息后，刘秀率领定陵的兵马赶忙驰往郾城。

"将军，此刻昆阳有难，王莽大军包围昆阳。这个自然不消说。目前军情紧急，定陵守将已同意出兵援助，兵马都已经带来，但力量仍显单薄，请军速调兵随我前行，以便尽早解昆阳之围。"进得城来，刘秀见到郾城守将王孝天，顾不上客套，三言两语，直奔主题。

"好……这个，这个嘛，末将明白，请刘将军先在客堂稍微歇息片刻，咱们随后再商量！"郾城守将王孝天热情地把刘秀等人迎在客厅，听刘秀说完，满脸堆笑，看不出其到底要怎么样。不过刘秀明白，像这样的人，大都是骑墙之辈。他们想立功受赏，想升官发财，但又害怕冒风险，遇事唯唯诺诺，若不给他点压力，他是轻易不愿舍弃本钱的。

"王将军，歇息倒不必了，我们要急着出发去解救昆阳。你若是发兵，我们这就带走。若不愿意，也不勉强。横竖王凤大人在昆阳城里，性命危在旦夕，他曾点名让你郾城派兵援助。你不愿意也好说，我回头禀报王大人就是！"刘秀一脸严肃，站起身来做出欲走的架势。

　　"哎,哎,别,别走,末将不是这个意思。"王孝天忽然着急起来,起身拉住刘秀。王凤和更始皇帝是什么关系,王孝天身为大将,自然是心知肚明。与其说更始皇帝就是王凤等人给推上宝座去的,倒不如说王凤等人就是实际上的皇帝更为合适。得罪了这样的人,能有自己的好日子过?若是自己不发兵,昆阳城被新军攻破,王凤等人都死掉了,那还好说。若是他侥幸活着回来,自己……王孝天不敢大意,立刻吆喝着让集合队伍,要他们跟随刘将军去解救昆阳之围。

　　刘秀在心里暗暗一笑,随即忽然一阵心酸。想当初在舂陵,他们刘家兄弟在大哥刘演率领下,为复兴汉室解救百姓,树起起兵大旗,何等爽快。后来接连取得胜利,力量从小到大,虽然失去了许多亲人,但能换来一片锦绣江山,他们虽死也会感到欣慰。可惜磕磕绊绊地走到今天,却出现了这么多难以预料的变故!现在自己竟然不得不打着别人的旗号来为大汉江山办事!唉,可悲啊!同时,刘秀心里也开始感到疑惑,还远未打下江山之际,内部就这样勾心斗角拉帮结派,为了名利争得不亦乐乎,这江山能打得下来吗?纵使打下来了,推翻了王莽,换上个王凤之流,又有什么意义呢?

　　可是这些也只是在一念之间,他还没时间静下心来思索。此刻他感到自己就如套进车架里的驴子,只能被动地往前走了。至于将来会是一番什么样的情形,只有走着再看了。不管怎么说,原先想搬的援军很顺利地搬来,而且也只有这些可搬。刘秀毫不耽误,先率千骑兵马从郾城出发,直奔昆阳,其余部队随后赶到。

　　然而,就在这样一个关键时刻,人人都以为大局已定的时候,一件谁也没有料到的事情发生了。入夜的天幕下群星闪烁,空旷而辽远,漠视着人世间的铁血苦难。忽然,两颗寒光逼人的星星不知从哪里斜飞下来,转瞬变作通红,似乎带着一声尖利的哨响,滑落到不远处新军中军大帐的上空消失了。

　　"啊,流星,这么大?!"王邑惊疑地瞪大眼睛,他在宫里这么多年,虽然没读过多少书,但关于天象和人事之间关系的传闻听的多了,也深信不疑。他忽然记起曾听一个给皇上献谶语的方士说过几句带韵的话,天星对人事,一星一预示。不惧星高远,但怕星流失。两军交战时,流星主帅亡。

　　流星主帅亡?他娘的,还是两颗,我和王寻都有份儿!王邑惊恐地闪过一个念头,本能地倒退几步。正好有支流箭飞来,从耳旁擦过,王邑更是出了一头冷汗。月黑风高,乱糟糟的,火把又照不清楚,别说让流箭误伤着,就是新军中哪个心怀叵测的将校或兵士,趁乱给你一刀,也照样要命!若是自己不亲自在跟前看着昆阳城破,将来给皇上的表功奏章里,未免要使自己的功劳逊色许多。他娘的,死水里的老鳖,他还能跑哪儿去,明天一早,照样大破昆阳城!就让贼兵多活一夜,有什么打紧?

飞快地盘算一下,王邑直起腰身大声下令:"停止进攻,留下小部分兵丁在这里看住,其余兵将,撤回营寨,明日一早,杀进昆阳城去!"

大家虽然不理解建功心切的主帅何以忽然变了主意,但不让拼命了,人人都高兴,立刻答应一声,呼哨着撤了回去。

已经准备着城破拼杀一场尔后壮烈死去的汉军,对新军突然的举动莫名其妙,但不管怎么说,又熬过了一劫。王常趁这个空儿,招呼大家赶紧把缺口用石头砖块给塞住,仓促间整治得很粗糙,但有个遮挡,总比没有强。大家略微松一口气的同时,情不自禁地想,明天呢,明天的现在,自己仍是个大活人,还是成了一具冰冷的尸体?一想到这些,人人不寒而栗。

一个骚动不安的夜晚终于艰难度过。然而奇怪的是,时辰已经过了辰时,夜色似乎仍沉沉地不肯退去。王邑很是奇怪,站在大帐内仰脖子观察半晌,才恍然大悟,不知什么时候,起了漫天大雾,雾气奇怪地浓重,几乎是对面看不见人影。"他娘的,什么鬼天气,这仗还怎么打?"王邑嘟囔一句。

王寻跟在身后,安慰似的对王邑说:"司空不必担心,横竖昆阳已经把握在咱们手中,迟一天早一天也没什么打紧。我看这天气也是上天格外照顾,看咱们连日劳累,让咱们大功告成前先休养一下,以便进城后拿那帮贼兵贼将好好出口气。走,皇上御赐的宫廷酒一直没机会喝,正好趁这个机会品一品,大醉不得,但微醺也甚好。"

就在这浓重的雾气中,昆阳东南方向的官道上,马蹄声疾如密雨,一队不长不短的骑兵正闷着头往前拼命赶路。刘秀一马当先,眼光费力地搜索着道路两旁的树梢,不使人马斜冲到路外边去。

"诸位兄弟,据我估计,昆阳城已经近在眼前了,大家再加把劲,建功立业的机会到了!"刘秀大喊一嗓子,声音在浓雾里回荡,给别人也给自己打气。这次突围搬兵,从定陵和郾城共搬来近万人的兵马,走不多远,刘秀就发现大队人马骑兵步兵混杂在一起,行动相当缓慢,照这样下去,只怕走到半路时昆阳就得陷落。"兵不在多而在精,将不在勇而在智。"急切间刘秀脑海中闪过不知从哪本兵书里看来的一句话,立刻传下令去,自己为先锋,率领千余骑兵,日夜兼程往昆阳方向赶,其余的步兵尽量走快点,能走多快走多快。即使是这样,刘秀粗略算计一下,离王邑的新军围困昆阳,也有一个月了。

"今天是五月底了吧?"在马背上抖动缰绳,刘秀身子上下颠簸着问身旁的邓晨。

第十六章 议昆阳小人终作梗 刘文叔带兵进昆阳

刘秀传
LIUXIUZHUAN

"六月初一,六月里有这样的大雾,真是少见。"邓晨气喘吁吁地回答。

"河南一带连续几年干旱,现在气候潮湿了些,有雾并不奇怪。"刘秀忽然放慢一点速度,若有所思地说,"昨天夜里赶路时,我注意到太阳周围白云缭绕,日落时分晚霞很浓。有本书叫《俗语集成》,里面有句话叫'云下日光,明日有雨;午后日晕,飞沙走石',又提到一句,说是'日没胭脂红,无雨必有风'。当时我就知道今天的天气好不了,依我看,这浓雾坚持不了多长时间,一会儿必然会消散许多,但随着雾气的消散,可能有狂风骤起,飞沙走石。我们人少,正好利用风沙威势,打新军一个措手不及。大家赶快些!"说着挥动马鞭,加快速度向前冲去。

"文叔真不愧是太学生,不但诗书礼仪学得精,天文地理样样都拿手,难得,难得!"邓晨啧啧赞叹。但刘秀已经跑出很远,没有听见。

正如刘秀所预料的,太阳升到头顶时,雾气渐渐开始消散。虽然仍是百步之外尚看不清楚,但心急火燎的王邑已经按捺不住,粗脖子红脸地从营帐跑出来,满嘴喷着酒气:"好啦,能看清楚贼兵的脑袋啦,快些给我攻城,杀进去,不论男女,统统宰了! 他奶奶的,阎王要你今日死,哪能明天还喘气? 快,攻城!"

号令传下,诸将校不敢怠慢,立刻带了自己的队伍就要出动。就在这时,有哨兵跑来禀报:"司空大人,东南方向,有一支骑兵正向这边赶来,看样子是汉军!"

"噢?"王邑一愣,"莫非宛城已经被他们攻下,移师来援助昆阳了?! 人数有多少?"

"雾气太大,看不十分清楚,根据队伍长短,大概有千余人!"

"什么,千余人?"王邑又是一愣,随即明白过来似的哈哈大笑,"我知道了,这一定是先前逃出去的搬了救兵来。哼,真他娘的将熊熊一窝,更始皇帝是个呆子,手下兵将也没一个聪明的,他也不瞧瞧,我新军是干什么来的,千把人也叫救兵?!"

王寻也附和着发笑,挥手对众人说:"别管他,你们该干什么就干什么去,至于那些所谓的救兵,只消中军犬营内剩余的几千人马,就足以让他们命归黄泉了!"

"司徒说得对,区区千把人马,还算个事情,你们快去攻城!"王邑摇摆着毛烘烘的大手,趾高气扬地大嚷。

"可是,王将军……"有将校犹豫着说一句,"听说上次领头出城搬救兵的人是刘演的弟弟刘秀,他们刘家兄弟非同寻常,还是小心为妙。不如多派些兵力,主动出击,在路口截住他们,叫他们影响不到城下军营……"

"什么非同寻常,说来说去还不是个贼?!贼也不是什么有本事的贼,若真有本事,更始皇帝就该轮到他们刘家兄弟,结果弄出个呆子刘玄,这也叫有本事?我看他们,就像京城谚语说的,豆芽长得再高,也是小菜一碟!你们快去攻城,莫在这里耽搁时间!"王邑不耐烦地嚷叫着,大家再没人吭声,纷纷散去。就是严尤,也张张嘴,却没能说出什么。

雾气越来越淡,已经能远远望见新军营寨了,高高低低连绵着不见尽头,仿佛庞然大物一般,相比之下,他们这千余人的队伍就很是渺小了。刘秀知道,眼前面临的是一场硬仗,一场以少胜多玄之又玄的恶战。要想制服强敌,首先必须激励起将士的勇气。

不等众人看清前边的新军阵营,刘秀轮起大刀,猛地抖动马缰,高喊一声:"新军已经是强弩之末,经不起折腾了,快杀呀!"随着喊声,跨下青骢马利箭一般地弹射出去。后边众人来不及观察周围形势,急忙紧随其后。

转瞬已经闯进新军大营中。大营中的新军并没接到有敌军来袭击的消息,懵懂间被杀得七零八散,弄不清突然冒出来的汉军有多少兵力,只顾了四下逃窜,根本想不到抵抗。刘秀立马横刀,在敌阵中往来冲杀,左劈右砍,顷刻间几十颗人头滚落地下。

跟随在后边的众人从没见过刘秀如此勇猛。在他们心目中,这个年轻人一向文质彬彬,举手投足充溢着儒雅气息,没想到今天却如同从山上冲下来的猛虎,见人便砍,逢敌就杀,青骢马旋风一样卷过的地方,狼藉一片,血肉模糊。大家无不啧啧赞叹地交口议论几句,有人大发感慨:"刘文叔将军平日里和敌军对阵,总是小心翼翼,似乎很是怯敌。现在我明白了,以前那都是小敌,小敌容易立功,文叔就让给咱们。现在面临大敌,危险最大,文叔这才显露出本色,冲到最前边。看来人人都说文叔仁厚,果然不假!"

另有人大喊:"别说了,这就是英雄本色!来,咱们全力助文叔将军一把,杀他个痛快!"说着催动战马大家一拥而上,在人山人海中杀开一条血路。

很快来到新军阵营中心。本来以为千余人的兵力,在大营外围就会被吃掉。没料到他们竟然冲了进来,而且来得这么快。王邑和王寻都暗吃一惊,但谁也没说出口。面对汹汹而来的汉军,王邑害怕扰乱了整个大营的阵脚,只好下令大部队暂且往后退却。谁知这一退却,却给人造成一种错觉,无论是新军还是刘秀带领的汉军,都以为新军败了。不明就里的新军顿时惊慌一片,奉命退却的新军转身猛跑,阵脚反而真的开始大乱。

刘秀如何肯放过这样的大好机会,趁势高喊:"兄弟们,新军败了,他们并没多少实力,快杀呀!"青骢马咴咴地喷着热气,向敌军纵深营寨冲杀而

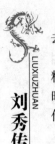

去。马蹄扬起处，新军惨叫着倒下一片。

冲杀半晌，汉军千余骑兵已经站稳了脚跟，在新军中军大营附近和王邑精锐部队对峙。有人提出："文叔将军，兵贵一鼓作气，趁咱们现在士气正旺，赶紧杀进城去，救出昆阳城内的弟兄。即便城内人马太弱，杀不出来，和他们共同坚守，等待后续援军也是个办法。"

刘秀把大刀横放在马鞍上，活动一下酸困的胳膊，看看对面小山包一样的敌军阵营，沉吟片刻，忽然决断地说："这样不好，无论是杀进城去引导着他们杀出来，放弃昆阳，还是和城内的兄弟一起坚守，对新军都构不成太大损失。他们以后还有足够的力量去援救宛城，对我们在宛城的汉军主力极为不利。咱们现在最主要的任务，是要尽可能多地消灭新军，让他们没有余力再和宛城方面相呼应。"

"刘将军，那，你说该怎么办，我们听你的！"一场拼杀下来，许多人对刘秀已经心服口服，不假思索地高声应和。

"方才我已经想好了，敌强我弱的情况下，咱们无须进城，就在这里驻扎下来，等后边的步兵赶到，也是一支很大的力量。咱们往来冲杀，使劲增大他们的伤亡，让新军攻昆阳攻不下，走宛城又走不脱，像野兽一样给困在这里。"刘秀目光灼灼地看着围拢在自己身边的这些剽悍骑兵，满怀信心。

安顿下来以后，后边的步兵陆续赶到，虽然人数还是很少，但个个精神抖擞，比起委靡的新军阵营来，自有另一番气象。刘秀精神更为振奋，为了进一步鼓舞士气，扰乱新军人心，他灵机一动，爬在用石板搭起来的矮桌上，草草写成一封信。在信中，刘秀告诉城内的汉军将领，说汉军主力此刻已经攻下了宛城，宛城新军全军覆没，现在汉军主力正移师北上，不久就可赶到昆阳，到时候里应外合，一定要把王邑的新军给全部消灭。

信写好后，刘秀让邓晨单枪匹马前去闯营送信，并特意嘱咐，送信只需送到半路，然后假装慌乱，把信失落在新军手里，能让新军看到此信，你就完成了任务。邓晨虽然不十分清楚刘秀用意，但知道其中必有道理，立刻欣然答应。他横戈跃马，连冲过几座新军大营，直杀得汗透衣甲，作出精疲力竭的样子，拨马返回。掉转马头的时候，腰间掉下一个竹筒，邓晨故作没看见，呼啸着冲了回来。

新军兵卒捡到竹筒，发现里面塞了封帛书，知道一定写的是军情，都急于了解眼下形势到底怎样，也顾不上军规，争先恐后地抢着看。许多人看过后，才急忙送到王邑和王寻手中。两人看罢刘秀的亲笔信，冲天傲气顿时低落许多。"王将军，咱们一直把主要精力放在小小昆阳城上，结果把宛城给丧掉了。是不是有点大缸里打翻了油，沿路上拾芝麻的意思？太因小失大了吧?"沉默半晌,王寻才小心翼翼地说。

王邑没有吭声,这和他自带兵出朝以来粗暴的脾性很是反常。大帐外人声鼎沸,一传十十传百,大部分新军已经知道宛城失守汉军主力正冲杀过来的消息,吵吵嚷嚷着要放弃这里无谓的攻杀,西退潼关,返回长安去。王邑不敢再耽搁,立刻命令,加强东南方向上的兵力,让王寻亲自出马,在昆阳城西背靠潍川列出战阵,准备和汉军决一高下。

从新军一系列动向中,刘秀知道,王邑已经中了自己的调虎离山之计,他马上做出反应,和诸多将领商议后,采取迂回战术,组织起三千人的敢死队来打前锋。准备妥当后,刘秀命令大队人马击鼓呐喊,佯装要大举进攻的样子,自己则率领敢死队刀锥一般锐利地直刺入新军大营的深处。他们提前商定好,一旦敢死队突袭成功,大队人马就立刻从正面出击,两方面结合,大量杀伤新军力量。

第十七章

攻宛城刘秀巧施计　新汉室封功不公平

一场生死决斗,悄悄在晨光熹微中拉开帷幕。

不过刘秀无论如何也没想到的是,自己歪打正着,虚造出来的假消息反而成真。此刻宛城真的已经被汉军攻下,更始皇帝已经安然坐进宛城十字街口虽然破败却仍不失雄伟气势的大殿内。可是汉军主力要移师援助昆阳,却仍遥遥无期。这其中内情,刘秀或许有所预料,但更始朝廷内部的现实情况,却比他想象的更为严重。

昆阳城下刘秀一支孤军开始了最为艰险的一战。三千敢死队在刘秀带领下,悄无声息地绕过昆阳城,人马杂沓,穿过昆阳,出其不意地直扑新军中军大营。他们人数虽少,却气势冲天,无不以一当十,很短时间内,在如潮的新军阵列中撕开一条口子。

闻听消息,王邑像是被人狠狠掴了一个耳光,粗黑的大脸涨成猪肝色,他暴跳如雷地拍案大叫:"小小蓋贼,爷爷开始不把他当成回事,他倒真成事了!来人,传令下去,各营寨没有命令不得妄动,爷爷要亲手指挥中军大营里的兵将,把他们杀个干净,要不爷爷还算什么元帅?!"

严尤见情势危急,而王邑又耍起了英雄气概,忍不住上前插话说:"将军,这怕不妥吧?汉军人数虽然少,但他们眼下士气正旺,不可小觑。特别是那个领头的刘秀,文武韬略样样精通,他敢这样肆无忌惮,必定有他的道理。鸡窝里出凤凰,粪堆上产灵芝,贼兵中也有能人,还是小心些为妙⋯⋯"

但他的话还没说完,王邑已经气哼哼地去换衣甲了,临转进屏风后边时叫住王寻:"王司徒,你也准备一下,斩杀刘秀的首功就让给你!"

王邑中军大营的精锐兵丁集合起来有一万多,蜂拥着赶来堵截刘秀他们三千敢死队。一万对三千,并且周围密密麻麻全是新军营寨,刀枪剑戟熠熠闪光,气势逼人。但既然已经冲杀进来,就再无退路可言,这是不用说大家也明白的道理,刘秀也不言语,振臂一挥大刀,刀刃上的血滴飘洒出一条弧线,猛虎下山遇到羊群一样率先杀上去,其余众人也不甘示弱,紧跟而上。

喊杀声震天,烟尘腾起处直冲云霄。阳光隐没到浓云中,黑沉沉的天色越发加重了气势的森严,周围新军都看得呆了。

激烈的混战中,刘秀忽然发现不远处有一簇人马,装扮与别人不同,正中间的一员将官金盔上红缨飘扬,身披裹金生铁甲,上穿一领红衲锦缎短袍,腰间系着五色丝绦,镶有宝石的剑柄时隐时现,正指手画脚地向这边指指点点。"快看,那应该是新军主帅了,不是王邑就是王寻。走,杀过去,擒杀他一个,整个新军就会威风扫地!"

拼杀中,刘秀对着任光和邓晨等人说一声,自己先直奔过去。来人正是前来指挥的王寻,他故作大将风度地和几个幕僚说东道西,转眼间忽然有几骑大将旋风一样风卷而来,没等回过神就已经冲到跟前。周围幕僚大半是文人出身,根本派不上用场,王寻倒还能对付两下,无奈手忙脚乱,又是几个人围上来打自己一个,三下两下,被邓晨和刘秀同时砍中,哎呀一声惊叫栽倒在马下,没等爬起来,马蹄纷乱中,转瞬成了一滩肉泥。

王邑站在高处观战,亲眼看见王寻惨死,倒吸一口冷气,幸亏前去指挥的不是自己。他激灵打了个冷战,翻滚着从观楼上下来,嘴唇哆嗦着:"回营,快回营!"

主帅退却,中军大帐的兵将当下四散奔逃跟着往回跑。因为事先有命令,各营新军没有命令,不得妄动,都眼睁睁地看着刘秀他们往来冲杀,谁也不敢上前增援。见突袭得手,刘秀命令冲天空连射三支带哨箭,哨音破空划过,后续部队得到信号,立刻从东南方向冲杀过来,合兵一处,逐渐接近城下。

昆阳城内的汉军坚守了近一个月,暗无天日中等待的就是这一刻。王常命令声还没落地,大家已经把城门打开,七千多人马吼叫着冲过吊桥和刘秀他们会合。这是昆阳城守军和百姓最感激动鼓舞的时刻,不但许多百姓自发地加入到队列当中,就是受了伤的兵丁,也咬着牙出城冲杀。

顷刻间汉军犹如几股高涨的河水汇聚到一起,势头猛增,越战越勇,新军的优势地位急转直下。

王邑脸上灰尘和汗水搅混在一起,红了眼珠子跳脚大叫:"都死啦,都傻啦?! 快命令巨无霸,放开兽笼,咬死他们! 快!"

巨无霸就在近旁,听到王邑变了声调的吆喝,忙招呼手下把铁笼打开。铁笼里经过训练的虎、豹、大象和犀牛等野兽,见外边人声嘈杂,早已骚动不安,笼门刚一打开,嗷嗷吼叫着猛扑向汉军。

"哎呀,我的妈呀,老虎!"正杀到兴头上的汉军迎面和野兽队伍相撞,猝不及防,已经有几个人叫老虎、豹子含在嘴中,还有几个让犀牛的利角在胸前扎出个血窟窿。这场面谁也没见过，大家惊慌地停下脚步，有人开始向后退缩。进攻局面立刻停顿下来。

关于野兽上阵，刘秀虽然没亲眼见过，但此类情况却是了解一些。传说远古时候，黄帝和蚩尤在阪泉交战，就动用了野兽作为军队，威风八面，士兵难敌。

猛兽见人退缩，更增长了兽性，吼叫着继续向前猛扑。然而正如俗谚所云，人算不如天算，忽然间天色陡地又暗下去一截，狂风呼啸着从四面八方席卷而来。霎时黄尘冲天，飞沙走石，道道闪电当空劈下，雷声在很低的空中炸响，惊心动魄。

"好呀，看天象早就该有风，现在终于来了！"刘秀看见猛兽被突然而至的天气剧变吓呆了，有些兴奋地叫道。野兽群不明白接连炸响的雷声是什么东西，况且还有道道火光从天而降，似乎就要劈到它们身上。正慌乱着，豆大的雨点噼里啪啦直打下来，雷电狂风趁势凑兴，夹杂一处，似乎就要天塌地陷。野兽虽然经过训练，但到底仍是野兽，它们受到惊吓，立刻炸开了群，掉头就往回跑，也不管什么汉军、新军，逢人就咬，见人就顶。新军阵营本来就慌乱，这时更如同一锅黏稠的粥，上下翻腾得不可开交。

巨无霸见自己负责训练的猛兽队伍失去了控制，害怕王邑责怪，忙硬着头皮挤进野兽群中，抓着领头的大象的耳朵叫嚷，让它领着老虎豹子们去咬去踩汉军。但受惊的大象根本不理会他这一套，长鼻子把巨无霸卷起来，轻轻一甩，巨无霸来不及喊叫，扑通掉进潍川河中，溅起一股水花就不见了踪影。

这样一来，野兽队伍反倒成了汉军的前驱，在它们的横冲直撞下，新军人马互相践踏，在风雨雷电中分不清道路，许多人糊里糊涂掉进潍川河中，后面的人被人推动着，止不住一脚，明知是河也得跳。一阵冲杀下来，新军被淹死的就有上万，河水都被堵塞不流，加上河岸到处滚动的人头和残腿断臂，场面惨不忍睹。

眼见大势已去，王邑在严尤和大将陈茂的保护下，趁混乱骑马踏着部下尸体，冲过潍川，勉强逃得一条性命，如丧家之犬般逃回长安。

天时地利更由于人和，北路汉军在昆阳终于取得空前大捷，以微小兵力彻底击溃王莽新朝四十三万大军，从根本上动摇了王莽重建一个大新王朝的梦想。踏着遍地横陈的尸体，大家在昆阳城残破不全的城门下相会。刘秀和王霸、李轶、任光、邓晨等将领与成国公王凤、廷尉王常互相见礼，有兵丁抱来一坛子酒，揭开封口，给每人倒上一碗，庆贺胜利。

大家被血战后的胜利所鼓舞着，忘了疲惫，也暂时忘了彼此之间的隔膜,你拉我的手,我拍你的肩,兴奋地欢呼,七嘴八舌地谈论。谈论的话题总不离刘秀如何稳重沉着,如何勇猛神武。刘秀被大家夸赞得不好意思,含笑推让说:"自古都是土相扶成墙,人相扶为王,有功劳肯定是大家的,孤身一个人能干成什么事情? 这回要不是咱城内城外戮力同心,指望我一个,哪能挨着人家王寻的边? 更别提杀王寻败王邑了。再者说,王邑用兵不怎么样,却骄横急躁,和部下脱节,这样的将帅指挥,不败才怪呢!"

大家都连称这话说得中肯,实在。王凤夹杂在队伍当中,听刘秀说到最后,忽然脸色微微一红,连忙摆手说:"好了,好了,都别在这露天地里站着了,有什么话进城慢慢说。"诸将士满面喜色,把刘秀和王凤、王常等人簇拥在中间,并辔进入城内。

昆阳这一仗,新军丢盔弃甲,逃得分外匆忙,留下大批辎重,方圆几十里内,到处都是。王凤和王常等人商量一下,命令士兵歇息一天,然后开始往城内搬运战利品。而刘秀却微攒了眉头沉吟着说:"两位将军,现在宛城方面还没有消息,胜负尚在两可之间。围困宛城将近半年,我军消耗极大,估计会出现供应不足的情况。还是把缴获的粮草和兵器、弓箭等实用的东西收集起来,尽快运往宛城,协助他们早日拿下城池,等宛城落入我汉军手里,那才是一个完整的胜利。"

没等王常说话,王凤一拍大腿:"文叔说得对! 这话我刚才就想说,人马乱哄哄的反倒给忘了。咱们这边胜利了,搬运辎重的事情可以慢慢来,宛城那边可等不得,刘演将军或许正等着米下锅呢! 我看这样,咱这就打点粮草车辆,火速增援宛城,由我带上几员将士……我看李轶兄弟就行,我们押运着前去,大家也都放心。"

不仅刘秀、王常等许多将领都感到奇怪,一向把自己性命看得比什么都重要的成国公王凤,这次怎么反常的积极起来了呢? 王凤自己却清楚,自己这样做,实在是迫不得已。尽管昆阳大捷,自己没了性命之忧,但当初昆阳坚守最为艰苦的时候,堂堂王公写请降书向敌人乞降,而且许多人都知道这事,说起来总不怎么光彩,这要传到宛城,传到更始皇帝那里去,只怕会影响自己以后的地位和威信。为此,自己一定要赶在他们前边去宛城,有自己在,流言就不会扩散。再者说,昆阳一战,刘秀俨然成了主角,这个毛头小子,地位远不如自己,而此刻威望名声却远在自己之上,自己留在这里,脸面往哪儿搁? 还是早些离开好,也趁此机会扳回大家对自己的不好印象。

至于主动提出带上李轶,王凤同样有自己的考虑。他知道刘家兄弟和李通、李轶是患难之交,对他们再信任不过,李通还是刘演和刘秀的妹夫,刘家的许多隐情,李通和李轶一定知道不少。通过这些日子的观察,王凤发觉李轶和乃兄不同，他性情懦弱而且虚荣心很强，时时流露想和朝廷王公大臣贴近的意思。王凤由此联想开去，他决定利用和李轶单独在一起的机会，把他拉到自己身边，用他来对付威名日渐逼人的刘家兄弟。

当刘演忍耐着性子把宛城帝都安置好，正要提出增援昆阳时，王凤押运着大批粮草来接济宛城了。两下相见，彼此说了各自取得胜利的经过，真是如锦上添花，更始皇帝刘玄感觉这下皇帝宝座终于保住了，更是乐得合不拢嘴，摆手让他们坐下来仔细说。

王凤虽然满心嫉妒，却不敢隐瞒大家都知道的事实，把刘秀十三骑突围闯营调救兵，如何在昆阳城下大战王邑和王寻，前前后后讲了一遍。听得众人目瞪口呆，无不拍案称奇。刘玄心里却越听越不是滋味。同是刘家宗族，人家叱咤风云威名震天，而自己叫人推到宝座上，连半点功劳也提不到话下，别人能心服自己吗？以后他们兄弟能让自己坐安稳这个位子吗？

尽管心里忐忑，脸上仍哈哈笑着称赞不已，当下降旨封赏。王凤地位已经极高，就不必再封，把王常封为知命侯，在王凤建议下，李轶也成了侯爷。当提到要封刘秀为王侯时，李轶忽然跪倒在地，一边谢恩，一边向刘玄使个眼色："陛下，文叔功劳超群，这是不争的事实。而且以臣所见，文叔将来攻城略地，建立大功的机会还在后头。现在就给他封了王侯，王侯爵位等同于大司徒。大司徒地位过高，以后文叔再建功业，该如何封赏？所以臣以为，倒不如先留点余地，以后加倍封赏不迟。"

刘玄还不知道，经过一路诱导，李轶已经被王凤拉拢过去。李轶早就看出来，汉军中，绿林、新市和平林等人马在人数上占绝对优势，王凤、陈牧就是这些大多数人的实际头领。而刘演和刘秀兄弟虽然勇猛，战功卓著，但在争夺权力的斗争中，却明显处在下风。现在皇帝都掌握在王凤等人手中，刘演他们更是难有出头之日。有了这个念头，王凤没怎么费劲，李轶就轻易归顺了自己。

见李轶这样说，王凤暗自高兴，也出班拱手禀奏："陛下，臣觉得李将军所说确实有道理。常言说水满易溢，物极必反，留有余地实在是智者所为。况且文叔现在正处壮年，又没家室拖累，陛下正好把王侯地位给他留下，以此勉励他建立更大的功业。"

两人一唱一和，刘玄原也不想把刘秀抬举得太高，赶紧借着台阶把封赏刘秀的话头打住。刘演站在旁侧，既为刘秀智勇谋略成熟如此神速而高兴，也为他受如此不公正待遇而不平，真想站出来替他分辩几句。但想起刘秀，就想起刘秀曾告诉过自己，说自己脾性太过暴躁，锋芒过于外露，弓硬弦常断，人强祸必随，一定要克制啊！刘演把迈出的一只脚收回来，努力做出无所谓的神情。

然而木秀于林，风必摧之。更始建国半年，刘演攻下宛城，创建一个较为像模像样的帝都，使更始政权终于有了安身之处；刘秀数千人打败新军四十三万，比起当年项羽的破釜沉舟一战有过之而无不及。刘演兄弟的威名如日中天，四方豪杰，每提到刘演和刘秀，都赞不绝口，反而把刘玄和平林、新市等兵马的头领给忽略了。了解到这一情况，刘玄和王凤、陈牧等君臣心下快快，嫉妒和恐惧同时涌上心头。

在王凤等人的指使下，更始朝廷内外流言纷纷，有人禀报刘演心怀不满，暗中勾结死党，指名道姓，似乎亲眼所见；有人则直接报告说发现刘演和春陵汉军的音将日夜密谋，大有谋反称帝的意思，请皇上赶快先下手为强。

面对纷沓而至的各类消息，刘玄肚里不住地盘算，同是高祖后裔，自己无德无才，恍恍惚惚地就当了皇帝，凭空享受起帝王的荣华，难道他刘演、刘秀兄弟就不嫉妒羡慕？自己可以称帝，他们兄弟当然也有这个条件，更有这个资本。如果他们有天提出要当皇帝，那自己将被置于何地？

君臣们心照不宣，终于渐渐走到一起，开始正面谈论如何对付刘演和刘秀。按照王凤的意思，把刘演和刘秀兄弟同时杀掉，影响太大，只怕人心不服，闹出大乱子来不可收拾，两人只能先动其中一个。先动谁好呢？略微商量一下，都同意先除掉刘演。因为刘演是兄长，地位高，又在朝中担任高官，除掉他可以免除眼前的心腹大患。而且刘演性情暴躁，容易找到把柄。

根据商量好的计划，刘玄先派使者到昆阳宣读圣旨，奖赏昆阳的汉军兵将，命令王常把守住昆阳，派遣刘秀继续北上，夺取颍川郡。这样做的目的，是要先稳住刘秀，把他调离得远远的，给杀掉刘演空出机会。若是刘秀在颍川吃了败仗，则可以名正言顺地连他一起杀掉。这是王凤想出的一石双鸟的招数，刘玄连连称妙，立刻实行。

刘秀奉命北征颍川郡，他一举攻克颍阳（今河南许昌西）之后，便转兵西南进攻父城（今河南平顶山北），城内城外兵力相当，接连围困多日，却由于城上防守严密，未能攻下。刘秀见此情况，分析如果进攻过紧，反而会促成对方坚守的决心，倒不如缓一步，等他们松懈了再突然发动袭击。

本着这个想法，围城汉军后撤至巾车乡，暂时屯扎。然后刘秀派出各队精兵分头巡逻，截断父城通往各地的出路。说来也巧，巡逻的头一天，就捉拿住颍川利掾冯异。冯异这个名字，刘秀早就听说过。他是颍川父城本地人，字公孙，年轻时就喜好读书，尤其精通《左氏春秋》和《孙子兵法》，以郡掾的身份监察附近五个县城，和父城令苗萌共同担任守城任务。由于城内兵力太少，趁刘秀解围后退的机会，冯异想到其他县城去收集一些兵马，来充实城内力量。不料装扮成一个老百姓模样,孤身刚出城走不多远,就被汉军给捕拿。

正好冯异的族兄冯孝还有他的好友丁琳、吕晏此时都被刘秀请到军中做参议,大家闻听冯异被捉,纷纷跑来向刘秀推荐,说冯异这个人少年有大志,文武都有自己的一套,如果能委以大用,将来必定能为刘家江山建立功勋。

他们的推荐正合了刘秀的心思,他立刻召见了冯异,也不客套,叫着他的字开诚布公地说:"公孙,现如今的形势不用说你也明白,王莽打着革新的旗号篡夺了大汉,结果百姓非但没有得利,反而深受暴虐。人心思汉,天下正在去旧布新之际,沧海横流,方显英雄本色。公孙才学卓异,何必助纣为虐,埋没了自己一身才华?!"

冯异倒也痛快,立刻回答说:"刘将军威名,在下早有耳闻。将军既然以诚相待,冯异并非顽石,但是在下老母亲还在父城,我还需要回去一趟,见机行事,想办法把我管辖的五座县城献到将军麾下,表示我的诚意。若将军信得过我,我这就回去。若将军不相信我,我也就只好甘为阶下囚了。"

刘秀见他如此痛快,哈哈大笑,当即命人牵出冯异马匹,亲自送到军营外很远,才拱手告别。

冯异回到父城后,找到苗萌,同他商量说:"咱们不幸生于乱世,现在天下风起云涌,时局变幻莫测,各地趁势起兵的英雄豪杰不知道有多少,王莽败亡,已经成了定局。但据我观察,这些起事的英雄豪杰中,有的目光短浅,有的残暴蛮横,都不是成就大事的料。唯有刘秀刘将军,他率领的部队所到之处,百姓安居乐业,不受掳掠,很得争夺天下的章法。不瞒苗将军说,我刚刚接触了刘秀,看他言谈举止,丰神秀朗,绝非平庸之辈。苗将军经常和我谈起,说是学得文武艺,货与帝王家。我看这个帝王家,大概就是刘秀。"

苗萌和冯异一向志同道合,两人每每谈论天下大势,很是投机。听冯异这样说,苗萌当即拍板:"公孙观人有术,向来不会看走眼,我听公孙的,咱这就投奔了人家!"

就这样,冯异传檄自己监察的其余四座城池,没费一刀一枪,父城及其周围县城,全投降了刘秀。刘秀仍令两人负责守卫父城,自己则准备率兵继续北上。

接下来,他们开始第二步计划。

昆阳和宛城同时取得大捷,安定下来后,自然要大张旗鼓地庆贺一番。庆贺宴会上,歌舞管弦里,君臣频频举杯,都很尽兴。正喝到兴头上,刘玄端坐在高高宝座上,佯装无意间看见了刘演腰间佩带的宝剑,眼光一亮,缓缓说:"朕早就听说大司徒有一柄宝剑,剑锋奇异,剑柄镶嵌着稀世珠宝,很是珍贵,可否借给寡人看看?"

因为更始建立初期就颁过圣旨,允许自己带剑进殿,借此表示对自己的信任,刘演也就没多想,从席位上站起来,拉出宝剑,寒光闪闪地呈递给刘玄。刘玄把剑接在手中仔细打量片刻,面色沉吟,呼吸也有些急促,似乎有什么事情犹豫不决。

刘演不知道他是什么意思,便退回到自己位子上,让刘玄慢慢观赏。刘玄又将宝剑把玩了一会儿,心不在焉地独自喝下一杯酒,轻声嘟囔一句,却谁也没听清。这时御史申屠建站起身来,走到御案前,轻声说:"陛下,大司徒有宝剑,臣也有一件宝物,请陛下放在一起赏玩。"说着捧上一块玉玦放在刘玄面前。刘玄神色似乎更加慌张,脸色隐隐发白,一句话也不说。直到宴会结束,气氛都很沉闷,等众人告谢准备散去时,刘玄把宝剑还给刘演,无声地轻叹口气,转身进了内宫。

刘演虽然感觉不大对劲儿,但也不便询问,只得接过来放回剑鞘,和众人一道退出。

宴会虽然没喝几杯,但被复兴汉室大业的进展所激动,刘演回到大司徒府中后,意犹未尽,独自在后院舞弄刀枪。刚摆出几个姿势,有人禀报,樊宏来了。

舅父樊宏从春陵老家追随汉军,经常帮着出主意定计划,沉稳睿智,很博大家信任。刘玄登基之初要拜樊宏为将军,他坚决推辞,表示自己一个百姓,随意说点见解还可以,若独当一面就勉为其难了。刘演见他无意做官,就请他在自己司徒府里掌管文牍,有什么事情也好随时商量。

禀报的家丁刚走,樊宏已经迈步来到后院,不等刘演客气,脸色阴郁地在一边石凳上坐下说:"伯升,你不感觉今天的庆功宴会上,气氛有些反常吗?"

"的确不大对劲儿,或许是皇上不大舒服?"刘演收住兵器,在一旁坐下。

"要真是这样就好了,"樊宏幽幽地叹口气,"你是高祖子孙,鸿门宴总该知道吧?当年亚父范增在宴会上三次举起玉玦,暗示项羽杀害高祖。申屠建是更始陛下跟前的宠臣,他如果有宝物,什么时候不能献,偏偏要在宴会上献出来?而且他献上的是玉玦,足见其居心叵测,其中必有阴谋。为什么这样说呢,玦字谐音就是决定的决,他一定和皇上商量好了什么事情,借献玉玦来催促皇上赶紧实施。再联想到皇上主动要观赏你的宝剑,这和当年鸿门宴何等相似!他们或许对你正密谋着什么,伯升,自古危邦不入,乱邦不居,现在江山还未打下,朝廷内部已经是帮派林立,勾心斗角,而你又位高功大,并且是皇家后裔,树大招风,不可不谨慎呀!"

听舅父一口气郑重其事地讲这么多,刘演忽然感觉好笑,但他知道樊宏是个很谨慎严肃的人,当面笑出来非让他难堪,忙端正了脸色说:"舅父,人家都说你学识渊博而且谨慎,还真说着了。一块玉玦,就能讲出这么一长串典故。别说他们未必有阴谋,即便有,我又没做亏心事,怕他们做什么?君子坦荡荡,小人常戚戚。皇上柔弱,又有血缘亲情在里头,不用管他!"

樊宏看一眼满不在乎的刘演,还想说什么,想想却又多余,末了只好再长叹口气。

就在樊宏和刘演交谈的同时,王凤和陈牧等新市、平林将领也在发火。他们事先已经安排好,让刘玄向刘演索要宝剑观赏,等刘演把宝剑拿到刘玄面前时,刘玄就掷杯为号,说刘演这是要谋弑君王,然后陈牧等人则一哄而上,以保护皇上为借口,乱刀砍死刘演。但宴会上刘玄却忽然迟疑不决,王凤唯恐出了意外,怂恿申屠建献上玉玦,暗示刘玄速下决心。然而令他们失望的是,刘玄最终没有鼓起勇气,结果一个绝妙计划就此破灭。

"哼,什么皇帝,比他娘的稀泥还软!这次如果得手了,在众目睽睽下把刘演给除掉,人证物证俱在,谁也说不出别的话。唉,可惜!"王凤恨恨地咬牙切齿。

"不行,我这就找刘玄去,教训他两句,下次再这么着,咱们对他可就不客气了!"陈牧抬腿就要往外走。

王凤连忙喝住:"人家现在好歹名义上是皇上,你去教训,叫宫人传出来,别人会怎么看咱们?这次该刘演命大,就不必再说了。"说着王凤看见坐在一角的李轶,"李将军,你对刘演他们了解最深,你仔细想想,看还有什么法子,能让刘演给咱们体体面面地消失?将来事成以后,他的大司徒位子,我现在就做主,由你接替!"

李轶一惊又一喜,皱眉沉思片刻,忽然搓着手说:"有了,我有好办法了!"

王凤等人见李轶两眼发亮,知道他肯定有了好主意,忙凑上去争着问:"有什么办法?快讲!"

李轶心里清楚,此刻和刘演兄弟作对的,已经不是个别人,而是一大批,几乎整个更始朝廷身边的人,都成心要杀刘演。看来即便自己不出力,刘演也必然难逃一劫,倒不如自己狠心彻底倒戈,弄他个大功。本着这个意思,他咬咬牙说:"各位大人、将军,叫我说,一个篱笆三个桩,一个好汉三个帮,要除刘演,可以先把他跟前的得力助手给去掉,让他成了光杆一人,到那时候,刘演一个莽汉,还不好对付?"

"你的意思是？"

"现在跟刘演走得最近的，一个是刘秀，一个就是刘稷。刘秀已经被支开，暂且不去管他。倒是这个刘稷，性情暴烈，对刘演兄弟忠心耿耿，若刘演有个三长两短，他必然不会善罢甘休。记得以前刘稷刚听说皇帝登基时，愤怒地拔出腰刀狠狠砍倒身旁的一棵树，吼叫着说：'自从舂陵起兵一直到夺取这么多城池，全是刘伯升兄弟的功劳，他刘玄懦弱无能，无功无德，怎么有资格当皇帝?! 从今以后，我只听刘伯升号令，什么狗屁皇帝，我不在乎!'这是他的原话，我可以作证。要咱们把刘稷说的这些话禀报给皇上，单是诽谤皇上这一条罪名，就足以让他人头落地了。刘稷一死……"

"好主意!"不等李轶说完，陈牧拍手叫嚷，"就这么办，我早就看不惯这个家伙了，先把他给弄死，看刘演有什么反应，若刘演为了救刘稷说出什么过激的话，做出什么过激的事，一并给收拾了，心头大患就此解决。好，再好不过!"

王凤等人也都点头同意，立刻商议好了，一起去找刘玄制订计划。刘玄因为在宴会上被刘演镇定自若的气概所震慑，害怕一旦杀刘演，会激起刘演部下的愤怒，混战起来自己皇帝位子坐不稳，没鼓起勇气做决断。面对把自己扶上帝位的王凤等人，很是羞惭，对他们自然言听计从，立刻拿定主张，商量好了该怎样做。

第二天早朝的时候，更始帝便按照商议的计划为刘演设了个圈套，让他写信召回了刘稷，又以刘稷带兵器进宫，意图谋反的罪名杀了二人。刘秀得知这一消息，自然非常悲痛，但他马上镇定下来。大哥死后，刘玄等人下一个要对付的对象一定是自己。果然，没过多久，刘玄就以让刘秀建造府库为由剥夺了兵权。刘秀知道现在自己的处境并不是逞能之时，便欣然接受了任命，交出了自己的兵权，毕竟保命要紧，报仇一定会有机会。

刘秀搬进新建的将军府，决定暂时引避锋芒，待日后有机会为兄长报仇。

刘秀坐在床上，想着下一步的打算。他一只手不由自主地伸入了贴身的亵衣，突然触到一支金钗。他拿在手里端详，这才想起自己朝思暮想的人儿。一别已经数载，刘秀想着，既然光复帝业暂时遇到了阻碍，那自己就趁着这个机会，好好抓住自己的幸福吧。于是，便去找阴丽华，希望远在他乡的姑娘能够等待自己。

阴丽华和刘秀两个人本就两情相悦，虽然阴丽华早就到了嫁人的年龄，任凭谁前来提亲，她无一例外地回绝。因为她知道，自己的爱人一定会前来迎娶自己。

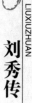

两个年轻人饱尝了相思之苦,终于如愿以偿地在一起,阴丽华答应了刘秀的提亲,刘秀如约迎娶自己日思夜想的姑娘。心中的那片愁苦总算是在幸福中消散了一些。

刘秀在阴丽华的陪伴下,每天吟诗赏月,生活倒也自在。这对更始帝来说绝对是个好消息。

第十八章
长安城混乱生政变　新政权覆灭杀王莽

朱鲔等新市、平林诸将悄悄向更始帝奏报：破虏将军、武信侯刘秀完全沉溺在新婚中，他忘记了兄长之仇，忘记了舂陵起兵时的誓愿，忘记了高祖帝业。

在汉军强大的攻势下，不仅关中三辅人心震动，而且各地的英雄豪杰纷纷响应，皆杀新朝吏士，自封将军，使用更始年号，只待更始政权的收编。祈人邓晔、于匡在南乡举兵，邓晔自称辅汉左大将军，于匡称辅汉右大将军，率军响应汉军，攻入武关。武关新朝都尉朱萌见大势已去，杀右队大夫宋恫作为进见之礼，归降汉军。

武关既破，长安藩篱毁去。西屏大将军申屠建、丞相司直李松、辅汉左、右大将军邓晔、于匡数路大军逼进长安。

北路汉军在定国上公王匡的率领下，兵临洛阳城下，展开强大的攻势。守洛阳的是新朝太师王匡和大将军哀章的军队。两个王匡狭路相逢，展开了你死我活的争斗。新朝太师王匡多次与赤眉军作战，虽然战绩不佳，却拥有很大的兵权，手握王莽的精兵。完全可以与定国上公王匡较量一番。无奈，他的军队军纪太差，掠夺成性。洛阳百姓恨之入骨，纷纷帮助汉军袭击新军。不出旬月，洛阳城破。太师王匡、大将军哀章也被愤怒的百姓和反叛的部属生擒活捉，送到定国上公王匡帐中。定国上公写了奏章，命人把王匡和哀章一齐押送宛城，交给更始帝刘玄处置。

时令正值仲秋，萧瑟的秋风横扫长安，城内人心惶惶，谣言四起。不祥的消息，一个接着一个传来。从洛阳、武关逃进城的兵卒说，申屠建、李松和王匡的汉军正兵分两路包抄长安。邓晔、王匡的军队，前锋北渡渭河，向西推进到新丰。王莽新朝的末日真的来到了。

王莽刚刚平息大司马董忠、国师刘歆、卫将军王涉的未遂政变。叛乱者自杀的自杀，治罪的治罪。中枢班子一下子空了。他听从史谌的忠告，把王邑召回，任命为大司马；讲诗名儒张邯担任大司徒；同悦侯王林担任卫将军。

除王邑之外,张邯、崔发、苗沂、王林都是刚提拔上来的新贵。王莽对那些至亲宿臣再也不敢相信,他很清醒,新贵易于控制,也愿意死心塌地为自己卖命。

新的中枢班子刚刚组建好,武关、洛阳失守的败报就送进了宫中。王莽又惊又怒又怕。他也想到过武关、洛阳可能守不住,但这么快就失守却是他始料不及的。在光明殿召开的首次中枢班子朝政会上,王莽把御案拍得山响,怒吓道:"武关、洛阳这么快就落在叛军之手。王匡、哀章是两个废物,城池没有守住,军队也丢得精光。其罪难饶,朕一定要重加惩治这种损兵失地的主将。"

但是,穷途末路的王莽再也够不到惩治王匡和哀章了。此时的王匡、哀章已被更始帝刘玄当街行刑,诛杀示众。

皇帝的震怒令新贵们惊恐不安。一代名儒大司徒张邯小心翼翼地进言道:"陛下且息雷霆之怒。当务之急还是商议一下怎样确保长安安全的问题吧!"王莽缓和一下口气,道:"朕当然清楚孰缓孰急。今天把你们召来就是商议守住京都的问题。有什么高见尽管说出来吧!"

新贵们你看看我,我看看你,无人说话。宁始将军史谌见王莽脸上又现怒容,慌忙出班奏道:"陛下,如今新丰尚有波水将军窦融的二万兵马。城中还有五万精锐警卫部队。如果只据守,不出现,叛军也无可奈何。"

王莽摇摇头,有气无力地道:"如今,君命已不管用,波水将军窦融还能指望上吗?"

"陛下,现在最大的危险还不是兵力的不足,而是动荡的人心。京城随时都有发生动乱的可能。民心动荡不是一时可以解决的,但是稳住军心,却可以一时奏效的。"

"卿言极是。"王莽点头称赞。立即从警卫部队下级将佐中挑选九人,赐以将军之职,称为"九虎"。分守长安九门。为防止他们阵前投敌,将其妻子儿女接进宫中作人质抵押。

长安城内没有布置完毕,邓晔、王匡的部队已打过崤山,兵临长安城下。紧跟着,王匡、申屠建、李松的汉军主力也赶到长安城下,一齐向城中发起进攻。

史谌的建议果然奏效,九虎将军无不拼死效命,督率士卒反击汉军的进攻,汉军攻城受阻,攻势缓和下来。

但是,好景不长。汉军的强大攻势和更始政权日益扩大的政治影响力使得长安城内人心动荡到了极点。暴乱终于发生了。商县人杜关、杀猪出身的杜虞聚集城内百姓杀死新朝吏士,偷袭守城的新兵。而且挑唆兵卒叛乱。一时,守城的兵卒军心动摇,逃走的,哗变的,一日之内,十去六、七。九虎之中,有四虎被部卒杀死,其余五虎也成了光杆的将军。

守城的兵力突然削弱,汉兵乘势发动猛攻,长安城岌岌可危。史谌慌忙调集大批黄门郎、宫中侍卫增援各城门的守备力量。但这样的杯水车薪到底能支撑多久,宁始将军自己心里也不知道。慌忙奔往皇宫,刚进宫门就大声叫道:"陛下,陛下在哪儿?"

宫内本来就人心惶惶,经他这么大呼小叫,那些胆小的宫女、妃嫔顿时瘫倒在地。一个胆儿大点的黄门部上前答道:"陛下在宗庙上香呢!"

"哎呀,"史谌急得直跺脚。长安城外王莽妻子、儿子、父亲、祖父的坟墓都被汉兵挖掘了,烧香又有何用?他赶紧转身奔向宗庙,刚到宗庙门口,就看见王邑和一群黄门郎、宫女簇拥着王莽从宗庙里出来。一见之下,史谌吃了一惊,一夜之间,皇帝的胡须、头发全白了。传说,吴越争雄时,伍子胥过昭关,一夜之间愁白了胡发,看来是真的。史谌难过地流出了眼泪。

王莽看见他奔过来,傻呆呆地站着不说话不解地问道:"史爱卿,你怎么啦?"

史谌赶紧跪倒施礼,带着哭腔道:"陛下,您的胡须、头发都愁白了。"

王莽平静地道:"朕知道。不过,现在不用担心了,朕刚刚祈求过上天和祖宗,一定会保佑朕的新朝天下安然无恙的。"

"可是,守城的兵卒叛逃了,九虎将军也不顶用了。京城随时可破,陛下想想办法。"

王莽显然也很清楚面临的危险,无力地叹息道:"朕已经没有一兵一卒可用,还有什么办法可想。"

一直站在旁边没有说话的王邑突然道:"陛下,大牢里还有很多囚犯,您可以加恩赦免他们的罪过,让他们为国效力赎罪。"史谌连连摇头:"不可,守城的兵卒尚且要叛逃,何况那些囚犯。"王莽却点点头道:"姑且一用吧,朕除此之外,还能怎么样,史爱卿,就由你率囚犯上去守城。"史谌只得领旨。大牢的门打开了,成群的囚犯跑出门外,争抢摆放在院子里的酒肉。见多识广的老囚犯心里在打鼓,太阳大概从西边出来了吧,王莽会发善心放他们出来?

囚犯们刚刚吃饱喝足,宁始将军史谌就带着十几个亲兵走过来,当众宣读皇帝的赦免诏书,之后讲了半天"将功赎罪、报效陛下"之类吹风打气的话。囚犯们慌忙磕头谢恩。老囚犯边磕头边骂:"他奶奶,老子就说天底下没有这么便宜的事儿。"

史谌命令兵卒发放兵器、甲胄,衣衫褴褛的囚犯武装起来,人人都有威武之气。史谌心中稍安,将武装起来的囚犯兵分四路,分头增援各个城门。自己亲率一路增援最为吃紧的直城门。

各路囚犯兵卒分头出发。史谌率领的一路刚到城墙下,就听城头的喊杀声和刀剑碰击声。老囚徒向身边的伙伴低语几句,突然大声喊道:"弟兄们,别为王莽老贼卖命,赶快跑吧!"

囚犯们哪有打仗的心思,一哄而散。史谌的亲兵上前阻拦,被众人砍倒,空荡荡的场地上,只剩史谌一人。

临阵脱逃的囚犯与杜吴、杜预等暴乱的百姓聚集在一起,在守军背后形成强大的压力。结果正如史谌所料。京师守军面临的最大威胁还不是攻城的汉军,而是城内人心动荡引起的暴乱。王邑、王林、崔发、苗沂、赵恽等不得不亲自率兵巡视各城门,以防暴乱的百姓开门迎敌。守城的力量削弱了,汉军有几次攻上城头,又被拼命的守军赶下去。

史谌孤零零一个人转回宫内向王莽交旨。此时宫中一遍混乱,上至妃嫔,下至宫监杂役都意识到京师要失守了,人人都在寻找逃生的机会。史谌赶到未央宫,见宫内冷冷清清,只有几个老黄门守在门口。慌忙问道:"陛下在哪里?"

一个老黄门答道:"陛下去定安馆黄皇室主那里了。"

定安馆就是明光宫。王莽废汉孺子刘婴,自立为新朝天子。就把自己的女儿定安太后安置在明光宫居住,改称黄皇室主。明光宫也被改叫定安馆。史谌听说王莽去了定安馆,吓了一跳,道:"宫里这么乱,陛下还到处乱走,要是遇到危险怎么办?"

老黄门叹息道:"陛下非要去不可,谁也劝不住。好在卫将军和前将军,还有一帮子侍卫都跟着呢,料也不会出什么事。"

卫将军王兴和前将军王盛是王莽从街头酒店里提拔上来的,对王莽的大恩大德感激不尽。一向忠心不二,誓死效命。史谌约略放心,转念一想,找到皇帝又怎么样,他的精神已接近崩溃,再去用不祥的消息刺激他,反而更糟。不如自己出宫拼死一战,也算报答了皇帝的知遇之恩了。

王莽自立为天子之后,就很少与女儿相见,因此,当黄皇室主听说皇帝驾临时,非常惊异,慌忙衣冠整齐,到门外跪接。

"儿臣恭迎父皇!"

王莽双手扶起女儿,没有说话,只是拉着女儿的手往里走。一直到大厅,方对紧跟身后的王兴、王盛和几个贴身黄门说道:"你们都退下,朕有话与黄皇室主说。"

王兴有些迟疑,道:"陛下,宫里这么乱,您的安全……"

王莽轻松地一笑道："怕什么,朕有上天保佑,就是汉兵杀进来,也不敢把朕怎么样,退下吧!"

王兴等人只好退下。黄皇室主的贴身丫头也知趣地退出门外,空荡荡的大厅里只剩父女二人。可是,他们不是普通的父女,一个是今朝的天子,一个前朝的皇后,尽管王莽改去了女儿汉室的称号,却无法改掉历史的本来面目。父女之间的隔阂也在这种无法言明的关系中不可避免地产生。这种隔阂使得王莽面对女儿时,感到心里有很多的话要说,却半天也没有说出一个字来。到底还是黄皇室主先开了口。

"陛下,您不是说,有话要说吗?"

王莽点点头,终于开了金口。

"爹好后悔……"一句话没说完,泪水已从浑浊的双目中涌出。

黄皇室主浑身一阵战栗,仿佛突然意识到眼前这个衮衣冕旒的老人曾经是自己的生身父亲。她惊愕地睁大眼睛,发现一向神圣,高高在上的父亲此时显得那么苍老、无助。只听王莽又叹道:"孩子,就当我不是新朝的天子,你也不是汉室的皇后。只是普通的父亲和女儿,爹想跟你说说心里话,好吗?"

黄皇室主还没有平复内心的战栗,茫然无措地点点头。

"爹对不起你,不该把你嫁给刘衎做皇后,毁掉你一生的幸福。也许你不会相信,爹当初是真的不希望把你列入候选的女子中。所以请求王太后下诏令不把本家族的女儿列入候选之列。"

黄皇室主激动的心情平静下来,冷漠地道:"那不过是您的以退为进之计而已。以您当时的权势和名望,朝臣们一定要把您的女儿选为皇后来讨好您。您要是一位普通的父亲,决不会在这时还欺骗自己的女儿。"王莽脸上的皱纹抽动着,极力辩解道:"孩子,你冤枉爹了。朝廷上的事,你不懂。爹当时是哑巴吃黄连——有苦说不出。因为爹知道刘衎从小就患有妖病,所以不愿把你嫁给他,毁掉你一生幸福。可是,爹越是推辞,朝臣们越是跪在朝堂上请求,他们的理由很充足。说安汉公大公无私,精神是崇高的,可是安汉公功勋彰明显著,其女的品貌才德俱佳,没有理由排除在入选之外,现在天下人都以为是爹一手把你立为皇后,作为掌握汉室的政权的一步棋。可是,你知道,以爹当时的权势,就是不选你为皇后,爹也一样把汉室的独权牢牢抓在手里,何苦去牺牲女儿一生的幸福呢。刘衎终于因妖病而死,叛军到处造谣说是爹毒死平帝。爹真是百口难辩。爹承认也有除掉刘衎之意,可是还没有来得及实施,他就病死了。如今,这个天大的罪名加在爹的头上,无论怎样辩解,也没有人相信。你是爹的女儿,难道也不相信?"

黄皇室主百感交集，说不清楚是否恨眼前的这位老人。当初，自己也是一心想做汉室的皇后，贪图荣华富贵，光宗耀祖。可是，当拥有荣华富贵时，才明白感情寂寞的痛苦。今天的不幸，又能怪谁呢？

王莽见女儿还是不说话，就诚恳地说道："叛军马上就要攻进城，宫里也是一片混乱。爹现在什么也不想，就是担心你的安全。你是汉室的皇后，汉军不会把你怎么样。可是那些暴乱百姓不懂礼仪，一旦冲进宫来，后果不堪设想。所以，爹安排王盛将军把你秘密送往汉军营地。"

黄皇室主好像没有听见王莽的话，依然眼睛呆呆地望着王莽。

突然，一阵急促的脚步声传来，王兴、王盛同时冲到王莽跟前，惊慌地道："陛下，不好了，城门失守，叛军攻进城了。"

"暴民在后宫放火，已烧到后宫的房子了。"

王莽好像早就意识到这一刻，异常平静地叫道："王盛，快，保护定安太后出宫，一定要安全送到汉军大营。"王盛亢然应道："请陛下放心，王盛就是拼命也要保证定安太后的安全。"说完，转向黄后室主，恭敬地遭："太后，请您马上装扮成民妇，跟小人一起走。"

黄皇室主听到他们改了称呼，意识到自己又要从新朝的黄皇室主变回汉朝的定安太后。心中一阵悲愤，两颗泪珠从眼眶里滚落下来。

"爹……"

她突然大叫一声，扑到王莽肩上，悲悲泣泣地道："女儿不在乎什么黄皇室主还是定安太后，女儿只在乎爹。女儿哪儿也不去就守在您身边。"

这一声"爹"，把王莽的心都叫碎了。多少年来，神圣的光环照在他们父女身上，使得骨肉之间享受不到普通人的天伦之乐。女儿称父亲陛下，父亲叫女儿黄皇室主。当狂风击破政治的梦幻时，这种亲情才显得那么可贵。王莽老泪横流，哭笑道："孩子，听到你叫爹，爹真的好高兴，真的很满足。快走吧，爹有上天的保佑，不会有事的，别担心。"

"爹，都什么时候了，您还相信这个。汉军和那些暴民能放过您吗？女儿求爹也逃走吧！"

"不，"王莽不容置疑，"爹死也不会离开皇宫一步，上天佑我，汉兵能奈我何？"

黄皇室主也坚决地道："您不走，女儿也留在宫中。"

父女俩正争执不下，只见一名校尉浑身是血，半滚半爬冲进来，扑倒在王莽面前，哭叫道："不好了，宣平门也失守了，汉兵打进来了。大司马、宁始将军、大司徒他们正在率军狙击。"

王兴、王盛大吃一惊，慌忙道："陛下，怎么办？"

"我们保护陛下出宫吧！"

王莽瞪着王盛道："你快保护定安太后出宫，不要管朕。"

黄皇室主却道："女儿死活留在宫中。王将军，保护陛下要紧。"

王盛不知所措，急得打干转。却听王兴道："保护陛下要紧。陛下，请恕小人无礼。"说完，向王盛一招手，两人一左一右，架起王莽往外就走。王莽喝斥几声，无济于事。

此时，长安城内一片混乱。站在宫门就能听到两军的厮杀声。城内的新朝官吏、贵族都逃得差不多了。没有逃走的，也随着败兵涌进宫内。暴民在宫后燃放的大火烧着了后宫的房子。因为没有人救火，大火继续向前蔓延。王莽刚刚被王兴、王盛架走，大火就烧到了明光宫，宫女、黄门连哭带叫，被大火逼得到处乱窜。黄皇室主却是纹丝不动，眼看着大火烧进宫殿，突然哈哈一阵长笑，一头投进熊熊燃烧的大火中。

王莽由王兴、王盛搀扶着刚穿过未央宫前殿，正遇着涌进宫内的大批臣僚，臣僚们一见到皇帝，呼啦跪倒一片，争相诉说城里的战况。王兴听了，瞪着眼道："照你们这么说，陛下也逃不出城了？"

臣僚们灰白着脸，一齐摇头。

王莽冷哼一声，道："朕乃新朝天子，有上天保佑，叛军能奈我何。都是这两个胆大妄为之徒强行要朕逃走。"

王兴、王盛连连叩头。王莽在臣僚的搀扶下转身往回走。王兴、王盛跟在左右护卫，王莽走进未央宫的时候，从后宫漫延而来的大火烧到了未央宫，浓烈烟火味呛得王莽连声咳嗽。王兴叫道："宫里怕是进不得了。陛下还是回前殿吧！"

王莽挣着身子，沙哑着嗓子道："不，朕还有东西在里面，一定要取出来。"

臣僚们劝解道："陛下，现在什么东西也顾不上了。您保住龙体要紧。"

"不，朕一定取出来，你们不去，朕亲自去。"王莽几乎是哭叫起来，令每个人听了，心里都会发酸。

跟随王莽多年的御前老黄门恍然大悟道："陛下，奴才知道您要的东西，就让奴才去取吧！"说完，不待王莽同意，就向浓烟翻滚的未央宫走去。

王莽君臣都惊呆了，眼睛紧紧盯着烟火笼罩的未央宫门口。老黄门的身影消失了。除了噼噼剥剥的声音，什么动静也没有了，大家把心都提到嗓子眼儿。好半天，才见一个火人在烟火中挪动。王兴、王盛一见一齐冲进火海，才看清火人还拖着一只铜箱。两人赶紧把火人和铜箱接应出火海，众人赶紧用水浇灭三人身上的火。老黄门已被烧得面目全非，体无完肤，只是用

手指了指铜箱,头一歪,再没有醒来。

王莽脱下身上的龙袍,亲自盖在老黄门的尸体上。然后挪动脚步,走到铜箱前,慢慢地打开。箱内有一套天青色的衣服,一把青铜古匕和玉玺。他把衣服取出来,笨拙地往身上穿。众人都不解其意,茫然地望着,也没有人帮助皇上更衣了。王莽好半天才把衣服穿戴整齐,又取出铜匕和玉玺。才用低沉的声音道:"朕的御座呢?"

御座当然被火烧掉了。左右臣僚你看看我我看看你,谁也不肯说。但总不能让皇帝站着,有两个黄门慌忙跑到前殿,好不容易搬来一张凳子。放在王莽身后,王莽坐稳凳子,左手抱玉玺,右手举匕首,眯着眼睛打量着从后宫烧到未央宫的大火,长长的火龙翻转着,扭动着吞噬着宫里的一切。他突然用悲怆的声音喊道:"天生德于予,汉兵其如予何!"

那把青铜匕首则是古时虞帝斩妖伏魔的武器,王莽是在表示君可杀不可辱的气节,还是要显示杀身成仁,宁死不屈的人格,或者是再现"逝者如斯夫"的超越现实痛苦的精神?如此悲哀而又悲壮的场面,使每个人的内心都震撼不已。

未央宫一片火海,大火漫过未央宫,又向王莽所在的前殿逼来。仿佛是象征着刘汉的火舌总跟着这位篡位者似的。王兴、王盛没读过书却也明白皇帝此时行套打扮和所作为,一定是他最痛苦的表示。因此,眼看大火要烧过来,却不敢惊动王莽。

正在这时,忽然一阵马蹄声响,只见大司马王邑单人匹马,一身是血,直冲到前殿内,滚落到王莽跟前,哭叫道:"陛下……"

王莽眼皮微抬,低沉的声音说道:"天文郎不在了。大司马不是也通天象么,请观看朕的吉座在何方?"

王邑这时候哪有心思看什么天象,哭丧着脸道:"陛下,京城四门失守,宁始将军史谌、大司空张邯、卫将军王林、中郎将(上带下足)恽以身殉国。汉兵正向皇宫逼来,陛下快逃吧!"

王莽好像没听见,自言自语道:"吉座在何方,朕要统御万方……"

臣僚们听说汉兵攻来,无不胆战心惊,惶然失色。此时,未央宫的大火扑过来了,烈焰炙烤着垂死的人们,前殿显然待不住了。可是,王莽还在自言自语:"天生德于予,汉兵其如予何!"丝毫没有感到烈焰炙热。

王邑见情况紧急,忽地站起来,大声道:"王兴、王盛两位将军保护陛下上渐台,各位大人请随我抵御汉兵。"

王兴、王盛都怕再次激怒皇帝,听到王邑的话,再也顾不得许多上前架起王莽就走。一千多惊慌失措的臣僚受到王邑勇气的鼓舞,全都各寻兵器,跟着王邑往南冲去。因为他们很清楚，像他们这样的王莽重臣，一旦落入汉兵之手，必死无疑，与其屈辱而死，不如奋起一击，也算是为新朝尽忠了。

王兴、王盛来到沧池，两人涉水把王莽背上渐台。高耸的渐台既可防止火攻，又可以作为居高临下防御敌兵的阵地。王邑选准这个地方把王莽弄来，算是对了。此时的皇宫大内已是一片火海，一片混乱。几百个宫廷侍卫守卫在沧池的周围。他们大多受过王莽的非常恩惠，因此，愿意以死保护王莽。

可是，仅凭沧池渐台和几个心腹侍卫是挽救不了王莽覆亡的命运的，王莽刚刚登上渐台，后宫就传来阵阵厮杀声。几个浑身是血的宫廷侍卫跑到渐台下，哭叫道："不……好了，暴民冲……冲进宫来了。"

"快，叫他们顶住！"王兴大声叫道。

"顶不住了……"侍卫哭喊着，这时，成群的侍卫、黄门郎败退进来。众民则紧紧咬住他们不放，直向渐台逼来。杀得最凶的就是杀猪出身的杜虞。他一边挥舞大刀，一边大叫："弟兄们，杀呀！谁砍王莽的狗头就得十万两黄金的赏钱。"这是汉军许下的王莽脑袋的赏额。

沧池边的几百名侍卫人人抱定必死之心，立即加入战斗。王兴、王盛也在渐台上指挥侍卫们放箭。双方的伤亡都在增加，可是，后面的民众还在源源不断地冲进来。没多会儿，就把侍卫围在中间，喊杀声、惨叫声、刀剑碰击声，搅在一起，汇成一曲悲壮的战歌，鲜血像一条条小溪，流向沧池。鲜红的池水涨满了。

终于，杜预和几十个人杀到渐台下，开始向上攀登。渐台上，侍卫们的箭枝用光了，王兴、王盛把王莽挡在身后，两个人手握大刀，瞪着血红的眼睛，等待民众的到来。

"杀！"

杜预一声大叫，第一个冲上渐台，其余的民众也一拥而上。王兴、王盛和侍卫们各举兵器，展开了殊死的拼杀。民众大多没习过武功，仅靠身强体壮拼杀，自然讨不了便宜，片刻功夫，已有好多人被砍翻。只有杜预略通武术，又仗着铁板一样的身子，只受了点轻伤。可是渐台下的民众又陆续冲上来。杜预来了精神，大吼一声，又和王兴、王盛纠缠在一起。渐台上的民众越来越多，侍卫们渐渐落在了下风，王兴、王盛还要保护王莽的安全，也是险象环生。

前门的汉军此时已攻破宫门，向宫中杀来，王邑率众臣僚、侍卫、黄门郎只拼上一阵，就被杀得七零八落，死伤过半。其余人只好且战且退，退往前殿。汉军紧紧咬住不放。混战中王邑剥下一名汉兵的衣服换上，急忙退往

沧池。远远看见渐台岌岌可危的王莽。慌忙撇开汉军,奔向渐台。此时的汉军也从民众的叫喊声中得知王莽在渐台,无不争相向前。汉军、臣僚、侍卫搅在一起,向渐台滚来。

渐台上,侍卫们一个个战死了,王兴、王盛杀得浑身是血,拼死保护王莽。两人见一名汉兵冲上渐台,心知大势已去。正要背着王莽一起跳下台去。忽见那名汉兵挥舞利剑,刺倒几名民众,王兴、王盛大喜,合力把杜预逼退。三人站成三角形,把王莽护卫在中央。王兴认出是王邑,着急地问道:"大司马,陛下怎么办?"

王邑苦笑道:"还能怎么办,咱们惟有以死效命了。至于陛下,听天由命吧!"

此时,渐台下的侍卫、臣僚死伤殆尽。无数汉兵涌上渐台,杜预大喜,又呼喊着民众上前厮杀。民众、汉兵挤满了渐台。王邑、王兴、王盛早将生死置之度外,每一刀砍下去,都是拼命招式。三人杀了半个多时辰,汉军和民众的尸体堆满了渐台。三人筋疲力尽,可是,汉兵和民众还是如潮水般涌上来。终于,王兴、王盛力竭,被砍倒在地,实现了他们以死效忠王莽的誓言。剩下王邑一人再也顾不过来王莽。杜预见汉兵正缠着王邑,忙一步跨到王莽跟前。这个杀猪出身的屠儿从来没有见过王莽,很想看看这位新朝天子的模样。他一手持刀,一手揭开王莽脸上的轻纱,看到的是一位相貌衰老的老人。

"哈哈哈……"杜预一阵大笑,狂傲地叫道:"王莽老贼,想不到你也有今天,落在俺老杜的手里。"

王莽依旧微闭双眼,纹丝不动,嘴角却在轻轻歙动着。杜预想听听他说什么,便把脑袋凑到王莽的胸前,却听王莽低低的声音说的是:"天生德于予,汉兵其如予何!"

扁担长的"一"字都认不得的屠儿听不懂什么意思,懊恼地站起来,骂道:"他奶奶,死到临头还嘀咕什么事儿。俺老杜不管,先取下你的狗头再说。"边说,边抡起大刀。

"休得伤我陛下!"

忽然,王邑撇开四周的汉兵,奋不顾身,一跃而起,手中长剑直刺杜预后背。杜预毫无防备,大刀还没有落下,就被王邑一剑穿透了后心,而王邑身后,刀剑齐下,也把王邑砍成数块。

长安城破,王莽被杀。新朝残余势力或者降汉,或者被歼灭,迅速土崩瓦解。驻守新丰的新朝波水将军窦融归服更始帝的大将赵萌。赵萌任窦融为军中校尉,见其处事果断,有谋略,又欲举荐为巨鹿太守。

窦融,扶风平陵人。祖上为汉文帝外戚。其高祖父曾做过张掖太守,从祖父为护羌校尉,从弟为武威太守,累世在河西,熟悉河西的风土人情。当赵萌欲举荐窦融为巨鹿太守时,窦氏兄弟都因归服汉室得到重用而高兴。窦融却道:"更始政权初立,东方骚乱不止,天下之势未定,河西殷富,以河为固,张掖属国控弦万骑,一旦有变,切断河津,足以自保。河西才是窦氏立足之地。"窦氏兄弟以为有理。窦融于是求赵萌为其进谏,改巨鹿太守为张掖属国都尉。更始帝准允,窦融携吏属归河西。

更始帝得知这一消息,将建洛阳的任务交给了刘秀。刘秀欣然地接受了,因为这是他韬光养晦,保存自己实力的大好时机。但正所谓新婚燕尔,刚刚才和自己朝思暮想的人儿结婚,这就要分离。两个人谁都舍不得。最终还是阴丽华识大体,她亲口提出要离开刘秀回到娘家生活,这样才不会拖累刘秀,才能让他把所有的心思放在大事上。

刘秀很感动,挥泪告别了自己的新婚妻子。

刘秀用人得当,在民间更是体察民情,为民做主,体谅下属,这为他赢得了更多的民心。河北的百姓只要想起刘秀,就觉得一阵温暖。在刘秀的带领下,没多长时间就建好了都城。上书启奏更始帝,请其移都。更始帝接到刘秀的奏折,非常高兴,立即下令移都洛阳。

第十八章 长安城混乱生政变 新政权覆灭杀王莽

第十九章

更始帝洛阳定新都　借战乱刘秀握兵权

　　定都洛阳后，刘玄觉得自己悬着的一颗心终于可以放下来了。连日来他在自己的新宫里这瞧瞧，那看看，感觉什么都是新鲜的。他从来没有想过自己能有今天，真不知道是哪辈子造下来的福分。但刘玄转念一想，自己之所以能够坐上这个皇位，可以说一点功劳都没有，这样坐着，自己都不踏实，或许某天就被那些有功的大臣拉下来呢，所以该享受的时候就享受吧，不要等到自己被人拽下来的时候，想享受都没有机会了。这样想着，他忙不迭地接连下诏旨，要各地进献奇珍异宝，要南方北方搜罗妙龄美女。后来还是夫人韩氏大闹一通，搜罗美女的圣旨留住不发，搁置起来。

　　让刘玄更感到高兴的是，自从定都洛阳后，果然和宛城大不相同，南北各地已经从心理上承认了他这个皇帝。表现最突出的是宗室子弟刘永千里迢迢赶来拜贺。刘永远居梁郡睢阳，是梁孝王的八世孙，封地一直传到父辈刘立手中。刘立和汉平帝的外戚卫氏结为儿女亲家。后来王莽篡权，刘立被削去爵位，成了一介平民。但不管怎么说，刘永比起春陵刘家来，还是要显贵许多。看着昔日自己想高攀都高攀不上的宗族兄弟，现在拜倒在自己脚下叩头不迭，刘玄得意心情溢于言表，马上封刘永为梁王，光复他的祖业，把睢阳作为刘永封国的都城。

　　刘永一个布衣百姓，因为拜贺了皇帝，顷刻成了王侯，震动了许多人，大家争相前来拜见上书庆贺，谄媚之辞堆满了御案。刘玄整日面对这些人这些话，张着大嘴乐个不停，仿佛他已经成了一统江山的帝王，从此再也不用于什么了。

　　好像有意凑趣，西屏大将军申屠建和丞相司直李松，从长安派人送来皇帝所用的车驾和服饰。刘玄装扮起来，头戴旒冕，身穿衮服，对着铜镜前照照后看看，感觉还真像那么回事。这下心情更是兴奋，连日大设宴席，凡是对自己有所表示的，都大小封他个官。大殿上下，如集贸市场般吵吵闹闹，人进人出，忙个不亦乐乎，连大臣上朝都没地方站，索性免朝一个月，大家在家收拾各自房屋。

面对这种情形，刘秀不动声色，他正考虑下一步该如何走。还没有思虑妥当，廷尉大将军王常过来拜访，说是看看司隶校尉的府第收拾得怎么样了。刘秀请他到内厅坐下，闲谈几句，王常把话题转到目前朝政上，拉长了脸忧心忡忡地说："文叔，你的为人我明白，我是什么人你也清楚。目前天下还没完全稳定下来，百废待兴，正是文治武功励精图治的时候，可陛下却忙于享乐，该封赏的不封赏，奸邪小人诡谀之徒却个个满载而归，已经寒了天下贤士的心。朝纲如此混乱，江山怎么能统一下去？文叔，你在洛阳深得民心，当然是好事，但事情往往是因福得祸，更始君臣对此已经有所耳闻，又开始对你提高了警惕。现在对你而言，洛阳已经成了是非之地，文叔似乎不应该继续留在这里了，何去何从要及早拿定主意呀！"

刘秀点点头，皱了眉头没说话。王常顿一顿接着说："我和兄弟你虽然交往并谈不上深，但早就彼此心有戚戚了。我有几句话，文叔当记在心里，以后或许大有用处。人生在世，经一番挫折，长一番见识；容一番横逆，增一番器度；省一分经营，多一分道义；学一分退让，讨一分便宜；去一分奢侈，少一分罪过；加一分留意，知一分物情。想来文叔无须我饶舌，自有振翅高飞的时候，一定要把握住！"

说着站起身，刘秀也不挽留，两人携手走到门外，临分别时，王常使劲捏一把刘秀的手，低声说了四个字："审时度势！"说着上马而去。刘秀站在原地呆愣半响，攥紧了拳头冲自己点点头。

迁都洛阳的最初两个月里，更始君臣对这里的山山水水大感新奇，除了大摆宴席，其余大部分时间都簇拥着刘玄车驾，在官内宫外流连忘返，大呼小叫，得意忘形。而刘秀却没心思伴驾，他需要好好思索一下，今后的出路在哪里？

正在书房里凝神苦思，冯异悄然走进来。见刘秀这副神情，冯异立刻明白他在想什么，也不等吩咐，拉张椅子坐一旁。沉默良久，刘秀才缓缓说道："公孙，你看……"

"将军不说我也知道将军的心思，"冯异早就想好了，欠起身子说，"眼下将军在朝中势力还很单薄，这个自不必说。本来他们对将军已经没了多少戒心，可自从将军在洛阳受到百姓拥戴后，他们对将军又开始了嫉妒。木秀于林，风必摧之，这也原在情理之中。对待小人，只可使其畏惧，而不可使他怀恨。将军现在就犯了这样一个大忌，自身安危，不可不小心。"

刘秀点点头："我方才想的，就是这些。道理容易明白，可是如何破解，却是要大费周折。公孙对以后有什么想法？"

"当然是尽快离开这里,"冯异眼光闪动,"只不过如何离开,却要做得不露痕迹,否则难免引火烧身。还是刚才所说的,将军在朝廷里势力太单薄,没人替将军说话,这对将军很不利。目前急需做的,就是结交几个能结交的人,关键时刻出来打个圆场,胜似战场上的千军万马。廷尉大将军王常一向豪爽,做事讲究公道,可以结交。但王常属于下江兵将领,和王凤、朱鲔等人有利害关系,并且他们之间也有明争暗斗,他还不敢公开替将军说话。而大司徒刘赐,虽然有些懦弱,但他为人还算耿直,和更始皇上是一个爷爷的嫡堂兄弟,皇上向来对他言听计从,可以利用。刘赐和王凤、朱鲔等人没有利害关系,能站在中间说话,将军应该多和刘赐交往,今后或许有个照应。"

"对!公孙果然想得周到,我以后多注意就是。"刘秀仍满脸阴云,重重地叹口气。

在洛阳新宫殿中的新奇感还没有消退,四方警报已经接连传来,刘玄不得不窝着一肚子的火宣布上朝议事。根据缓急轻重,首先要对付的还是赤眉军。听从王常不战而屈人之兵的建议,刘玄派遣柱国大将军李通召集兵马,做好打仗的准备,同时派遣使节前往濮阳,游说赤眉军首领樊崇,企图把这支队伍招降过来。

赤眉军大多是为贫困生计所逼迫的穷苦百姓;他们聚集在一起,流动作战,攻打大小庄园,也袭击郡县城池。但他们作战的主要目的不是攻城略地,仅仅想夺取粮食和财物,大家能吃饱穿暖就算了。正因如此,这支队伍组织并不十分严密,也没多少章法可言,大家只是口头约定,以杀人者死,伤人者偿创为口号,各级将领也很简单,最尊贵者叫三老,其次是从事,再往下称为卒史。而他们士兵相互之间则称呼为巨人。因为贫苦,赤眉军没有统一服装,什么衣服都穿,有人还把缴获的新军盔甲穿上,行军时花花绿绿,很有特色,为了在打仗时和敌人能区别开,他们把眉毛描画成红色,时间长了,大家都习惯称之为赤眉,他们觉得很妥帖,便也这样称呼自己。

赤眉军言行朴素,条令又不严苛,有好处大家均摊,吸引了许多贫穷百姓,队伍越来越壮大。在对付新朝军队中,他们大败新朝的平均公廉丹,两次打败太师王匡,使王莽把很大兵力放在东边,极大地支援了汉军在长安的作战。对此大家有目共睹,都说赤眉是汉军的友军,能招降了最好。

使节到了濮阳后,宣读诏书,表示大汉已经建立,赤眉军乃汉朝臣民,并且军功卓著,应当封赏。樊崇带一帮贫苦百姓,本来也没有称王称帝的打算,正担心着以后该怎样发展。听说汉室已经复兴,很是高兴,立即表示愿意归附汉室。为了表示对更始朝廷的信任,樊崇留下大队人马驻守青州、徐州待命,自己只带了二十多个将领,和刘家的宗室子弟刘恭一起,来到洛阳,拜见更始皇帝。

刘玄听说赤眉军如此痛快地就答应归顺，原先如临大敌的心情立刻放松，转而把樊崇看轻了，觉得威震一时的赤眉不过如此，一定要给他个下马威才行，叫他彻底害怕了自己，以后就好驾驭了。

本着这个目的，更始君臣故意把大殿布置得金碧辉煌而气氛森严。樊崇一个百姓出身的粗汉，哪里见过这场面，站在金砖铺就的大殿中央，两腿直打哆嗦。就在这时，忽然静鞭甩响，两旁礼乐同时奏响。在礼乐声中，羽林军手执长槊，虎贲挺起戈矛，铠甲闪光夺目，威严肃穆。文臣武将分为东西两边，听殿头官一声吆喝，更始皇帝刘玄盛装端坐在御案后边。

"果然气派！"樊崇在心里说声。还没想好怎么叩拜，忽然听见两旁有人低声嗤笑，夹杂着嘁嘁嚷嚷的议论声。起初樊崇不知发生了什么事，更加诚惶诚恐。后来才听清，原来是两边大臣指指点点议论他和他手下将领的装束打扮。

"看那衣服，还渠帅呢，简直一个土包子！嘻嘻……"

"也难怪，泥人改不了土性，就是成了王侯，挑过大粪的，身上也总有股屎味。"

"你们看，那眉毛，嘿嘿，和小鬼差不多，难怪能打败王匡，吓也把他给吓跑了……"议论嬉笑声渐渐增高，樊崇涨红了脸，求救地看了看刘玄，指望皇上发句公道话。不料刘玄看着樊崇等人，也是扑哧一笑："来觐见皇上，就要封王封侯了，也不知道换件像样的衣服，农夫就是农夫呀！"

这话比抽了一鞭子还厉害，樊崇脸上热辣辣的，扭头看看其他赤眉军将领，也都是脸红脖子粗，有的怒目而视，勉强按捺住不把火气发出来。

见他们神态异常，王常忙站出来禀奏说："陛下，赤眉兄弟千里而来，尚没有地方歇息，请陛下早些封赏，让他们歇息收拾好后，再来拜见陛下。"

"唔！"刘玄止住笑，挺直腰身，拿起御案上写好的封赏名单，宣布封樊崇为侯爵，其他二十多名赤眉将领都为各种名目的侯爷，又把几处闲宅拿出来，作为王侯府邸，让他们暂时居住。封赏完毕，樊崇等人气哼哼地谢恩退下。直到退出大殿外边，还能听到放肆的哈哈大笑声。

强压着怒火搬进所谓的王侯府邸，不过是几处逃亡而走稍微富裕些的百姓老宅，门窗歪歪扭扭摇摇欲坠，尘土积起有半寸高。好在都是穷苦惯了的，大家还不是特别不能忍受，略微收拾一下胡乱住了。闲暇无事，樊崇等人在洛阳城里四处逛悠，开始还觉得帝都繁华热闹，果然是个好所在，几天过去，该看的都看过了，也就渐渐乏味。特别是想起在大殿上受的屈辱，大家都愤愤不平，什么破皇帝，简直如同儿戏！他们现在就这么看不起咱们，将来能有咱们的好日子过吗？倒不如咱弟兄们在一起东拼西杀来得痛快！许多人都这样说，越说越气愤，脾气暴躁的已经破口大骂了。

樊崇自然深有同感。另外，他还有自己的担心。更始皇帝仅仅召见他们一回，胡乱封了个什么名号，就把他们给忘了脑后。可赤眉军还有几十万弟兄等着安置，更始朝廷既没妥善安排这些，也没留给自己养兵的郡邑，那么多军队吃什么，靠什么活着？这都是很现实很棘手的问题，自己是他们的首领，这些问题不能不考虑。

耐心等待几天，刘玄仍没什么表示，看来真把他们给忘了。赤眉将领们愈加愤怒："走他娘的，回去逍遥去，和更始皇帝干他几仗，把他打跑了，咱推举樊大哥也弄个皇帝当当，保管比他当得不差！"这些人说走就走，借着出城看风景的机会，一溜烟跑回了青州。樊崇开始还劝阻他们，等他们真的都走了，想想自己一个人留下来也没意思，便紧随其后，也瞅机会跑了回去。前几天来朝贺的一大队赤眉人马，只有刘恭留了下来。

"哼，还是常言说的好，没有受不了的罪，只有享不了的福。这帮穷鬼，给他点福分，他们还真享受不了，跑就跑了吧！刘恭忠心朝廷，朕就升迁加封，叫那帮穷鬼后悔死！"听到消息，刘玄在大殿上气呼呼地宣布，升迁刘恭为侍中，重新赏赐豪华宅院。

樊崇等人先后回到青州和徐州后，对更始朝廷彻底绝望，不再想着归顺的事情，仍继续自己原先打家劫舍混吃混喝的痛快生活。为了和更始朝廷对抗，樊崇带领兵马进入颍川，把军队分成两部分，樊崇带领一部，由徐宣、谢禄和杨音带领一部，分头行动，互相照应。樊崇攻打下长社，向南攻击宛邑，斩杀县令，把更始朝廷说得一无是处。而徐宣等人则占领阳翟，进兵大梁，把河南太守拉出来杀了，宣布不受更始管辖。

而此刻刘玄丝毫没有意识到，轻易让赤眉军分裂出去，不但从此使自己失去了一个强大的外援友军，而且更严重的是，凭空给自己树起了一个强敌，犯下了致命的战略性错误。刘玄此刻想的，只是如何把洛阳修建得更好，同时他对洛阳也失掉了新鲜感，思谋着如果把都城迁到长安去，那里更好玩的东西或许更多，能让自己百玩不厌。

有了赤眉开头反对更始，许多地方割据立刻效仿。颍川许昌人李宪，在王莽新朝时候担任庐江连率，王莽被杀新朝覆亡后，李宪占领住庐江，自称为王，成了雄踞一方的皇帝。

王常提议对这些地方武装应该招抚。但其他大臣和将领都唯恐这些人归降后要封王封侯，会影响他们的权势，所以一致反对。刘玄也不管什么武装割据不割据，在他想来，天下大得很，只要能有自己一片享乐的地方，哪能顾得了那么多？就是把天下江山都统一了，自己还不是只能吃喝这么多？所以他对王常的禀奏也是充耳不闻，得过且过。王常在朝会上提议了两次，见没人理会，也就不再提起，大家都乐得省心。

就在这个当口，奉命出巡各地郡县的柱国大将军李通回到洛阳，复命时向刘玄谈到各地的人物风情，说着说着提到一句童谣。"陛下，说来奇怪，童谣这东西虽然是小孩传唱的，却很灵验，先前许多国家剧变的征兆，都能从童谣中找到影子。所以对于童谣，也不可小觑。"李通想了想说，"臣近来在许多地方都听到同一句童谣，'谐不谐，在赤眉；得不得，在河北。'如今赤眉军从朝廷中分裂出去，东边很不稳定，已经在童谣中得到了应验。后半句是说，往后朝廷能否兴盛，关键在于能不能拿下河北。臣觉得这样说的确很有道理，黄河以北地域辽阔，水草肥美，土地肥沃，不但盛产粮食，畜牧也很发达，自大汉建立之初就是重要屏障。那里不仅粮饷充足，而且民风强悍，自古就有'天下精兵荟萃河北'的说法，特别是河北一带的乌桓骑兵，最能冲锋陷阵，号称铁骑，谁能掌握了这些，统一天下，根本不在话下。"

听李通说得绘声绘色，刘玄两眼发亮："噢？河北真有这么好，那就赶紧商议，派大将出征，平定河北，早些统一了我大汉江山，朕也尝尝一统天下的滋味。"

可是在朝会上讨论起派遣大将出征河北时，却发生了激烈的争执。在场的大臣都知道河北重要，但也听说河北如今特别混乱，每郡每县几乎都有庄园武装不说，势力强大的如铜马军，还有大肜、尤来和五校等流窜作战的十几支队伍，这些队伍骁勇剽悍而且桀骜不驯，他们之间的关系错综复杂，恩恩怨怨谁也理不出个头绪。平定河北，说起来容易，弄不好随时都有掉脑袋的可能。再说眼下已近冬季，河北气候严寒，风餐露宿的，侥幸不死也得掉层皮。辛辛苦苦挣下这份家业，正是享受的时候，死在了河北多不值得！

本着这样的心思，当刘玄提到派谁去河北合适时，大家你看我，我看你，谁也不吭声。最后还是刘玄一一点名，但点到谁，谁都找出种种理由推辞不迭。朱鲔、张印、陈牧、廖湛和李轶等能领兵的大将都挨个提到，结果没一个人愿意接受命令。

场面冷清下来，刘秀站在班中，微闭双目沉思片刻，忽然挺身上前迈出一大步："陛下，既然大家都有自己的事情，臣如今赤条条无牵无挂，愿出征河北，为陛下效力！"

刘玄见大家都缩头的时候，刘秀出来救了场，很是高兴，点头笑着说："好，好，文叔能把洛阳修整好，定然能把河北平定了。朕……"

众大臣立刻把眼光集中到刘秀身上，近一年多来，刘秀遇到事情总躲在人群中随大流，大家几乎把他给忘了，这个关键时候他突然站了出来，难怪众人惊讶，惊讶中又有几分不解。

"哟嗬，司隶校尉一向不热心朝事，今天怎么如此积极起来了?!"一个人不等刘玄把话说完，窜出朝班来，阴阳怪气地说，"有反常举动，就有反常心思，司隶校尉这么热心地要去河北，有什么打算啊?!"

刘秀似乎预料到要有人问这话，满脸严肃地缓缓应对说："刘秀乃汉室子弟，朝廷的事情就是自己的事情，效命陛下和朝廷，有什么不对的？我本来确实不热心什么建功立业，平生只想做一介农夫足矣。但陛下恩遇丰厚，我身为武信侯大将军，看别人不愿意去河北，陛下着实为难，就只好自己去了，这也算得上反常？若是大司马愿意去，我自然拱手退让！"

"这这……我……"朱鲔结巴两句，却没说出个所以然来。刘秀已经猜测到了他的心思，他当然不肯去河北。因为去河北不但危险，而且朱鲔害怕自己一旦离开朝廷，就无法控制更始政权，宁可失掉河北，他也不会离开洛阳。

然而朱鲔的话却引起刘玄麻痹已久的警觉，他对刘秀始终怀有愧疚和恐惧，如果刘秀这一去如断了线的风筝，那自己能是他的对手吗？这样想着，便不由站在了朱鲔一边："既然大司马这样说，为了避免嫌疑，司隶校尉不去也就是了。"

这时王常站出来盯住朱鲔大声说："朝堂之上，怎么能如此说话？此去河北错综艰险，别人畏难推辞，司隶校尉勇担重任，去与不去，应该皇上说了算，大司马怎么能无端诋毁？若是这样，以后谁还敢为朝廷效力？若大司马有自己的人选，直接说出来几是，何必拿别人当靶子?!"

朱鲔大眼睛一瞪："司隶校尉是罪臣刘演亲兄弟，有嫌疑就是有嫌疑！"

王常正要辩解，李通站出来帮着刘秀说话，而朱鲔一派的李轶、陈牧等则跳出来帮着朱鲔。大殿上唾星四溅，吵嚷成一片。刘玄心烦意乱，用力嗵嗵地拍打着御案："别吵啦，别吵啦！派谁去河北，让朕想一想再定夺，你们都退下去吧！"

一直回到后宫，刘玄仍然怒气冲冲。韩氏忙迎了上来，见他这副表情，娇柔地扯住他的衣袖："哟，龙颜大怒可不是闹着玩的，谁这么大胆子招惹陛下啦？"

刘玄紧绷着脸坐在龙墩上，还没来得及说话，有黄门禀奏说："陛下，大司徒刘赐请求召见。"

刘玄犹豫一下："让他进来！"

刘赐迈着碎步小跑进来，看一眼刘玄，叩头请安说："陛下还在为朝堂上的事情生气？其实他们都是粗人，不知礼仪，君子不跟牛斗力，何必在乎？"

刘玄却答非所问地摇摇头说："夫人，大司徒，朕不想在洛阳住了，朕要迁都长安。"看刘赐和韩氏惊疑地望着自己，他轻叹口气，"长安本来就是我大汉故都，那里有祖宗陵寝，他们自会保佑我这个皇位。今天朝堂上的场面大司徒也看见了，朕不傻，他们如此放肆地吵闹，不是懂不懂礼仪的问题，他们根本没把朕放在眼里！"

这话立刻激起韩氏义愤，她火上浇油地扭动身躯，攀附在刘玄身上尖声说："你到今天才明白，我早就说过王凤、朱鲔他们都不是什么好东西。他们把你扶起来当皇帝，不过是要利用你当个招牌，其实真正的皇帝是他们！"

见他俩越说越来气，刘赐忙把话头打住："陛下息怒。目前朝廷局面当然大家有目共睹，不过要解决这个问题，绝非迁都这么简单。今年刚刚迁都洛阳，若再急着迁都长安，一年两迁，恐怕不大吉利。更主要的，迁都长安也并不能从根本上制约朱鲔他们的骄横。目下当务之急是赶紧培养一批自己的力量。陛下对那些忠心耿耿的宗室子弟加以重用，分化绿林军将领的权力，然后再从汉军内部选拔一批新将领，委以兵权，这样一来，朱鲔等人手中没了实权，自然就跋扈不起来。到那时，陛下就是真正驾驭天下的皇帝了。譬如今天刘秀主动请求出略河北，陛下就应该应允。"

听他分析得头头是道，刘玄稍微畅快一些，不过仍有顾虑地叫着刘赐的字说："子琴说得很对，文叔的能耐朕了解。可是有一样，当年刘演被杀，朕虽然受了王匡和朱鲔等人蒙蔽，但不管怎么说也脱不了干系。文叔是否对朕怀恨在心，是否要伺机报复，朕很没有把握。"

"陛下这样说，就想得太多了。"刘赐近来和刘秀交往很多，他正想找个机会替刘秀说几句，忙扯开了话题，"灰总比土热，这个道理显而易见。当年陛下有杀父之仇，是谁想办法替陛下报仇的？由此可见，打虎要用亲兄弟，上阵还是父子兵。文叔是深明大义的人，杀害刘演，是谁欺蒙陛下，他当然清楚，断不会随意迁怒陛下。他若是心怀怨气，怎么能尽心竭力地替陛下修整洛阳城，怎么能诚心实意地让陛下再现大汉天子的威仪？这次文叔主动请缨，臣看，仍是出于一片赤心。陛下若不相信文叔，正好中了朱鲔等人下怀。仇者快，亲者痛啊！"

刘玄终于心服口服："对，对，灰总比土热，这话实在，朕就听子琴的。明天早朝，朕立刻命令文叔出巡河北。不过，这迁都的事，朕还是要迁的。"

刘赐见刘玄回心转意，迁都的事先放在一边，忙趁热打铁地说："陛下，拿定主意就应该赶紧决断才是。明天朝会上，朱鲔等人再站出来胡搅蛮缠，只怕又生枝节。陛下何不立刻召见文叔，让他手执汉节出巡河北，等朱鲔等

人知道要阻拦时,木已成舟,他们自然也没什么可说的。"

刘玄想想确实是这个道理,立即传旨,让刘秀进宫。刘秀来到后宫,见刘赐坐在一旁,立刻明白苦苦等待的机会就要来了。

刘玄亲热地让刘秀坐下,说出许多宽慰的话,随后亲笔下诏书,任命刘秀为破虏大将军,行大司马事,执节过黄河去平定河北。刘玄写完后加盖玉玺,让刘秀保存好了,然后说道:"至于兵马,顷刻间也征调不出许多来,文叔手下不是有些得力人手吗,就带他们一道去,如何?"

看着刘玄笑吟吟的面孔,刘秀知道,刘玄说到底仍对自己存有戒心。就凭自己手下的宾客加上府兵,也不过百余人,这点人马能和强兵如林的河北豪强们相提并论吗?但这个念头只是一闪而过,刘秀郑重其事地双手接过诏书,叩头拜谢。派遣刘秀出巡河北的同时,刘玄又任命刘赐为丞相,先出发去武关,修复宗庙宫殿,为迁都做好准备。

更始元年的十月,刘秀轻车简从,带领护军朱祐、主簿冯异,还有掾吏铫期、叔寿、段建和左隆以及校尉臧宫、门下史祭遵等人,共百余骑将士,匆匆离开洛阳,渡过黄河,北上而去。

由于刘秀在春陵起兵后,经历了昆阳大捷,一举击溃王莽主力,已经威名远扬天下,近来整修洛阳宫殿,让中原百姓看到了大汉的希望,这一系列举动,让刘秀的名字在官吏百姓中间流传甚广。有了这样的基础,刘秀执节出巡河北的消息传来,豪杰们纷至沓来,乐于追随,虽然他们离开洛阳时只有百余人,但渡过黄河不久,队伍就有了迅速扩充的趋势。

刘秀一行路过颍阳时,正驻守颍阳的王霸闻听消息,忙回家和老父亲商量,表示自己想跟随着大司马到河北去建功立业,只是这一去,就不能在跟前侍奉老人了。原想着父亲未必会同意,不料老人听完后,感慨万端地说:"好,你这样做就对了!你爹我是老了,实在行不动军打不动仗了,不然我也会去的。大司马刘将军这人我见过,他仪表从容,胸怀非常人所能预料,你快去吧,他一定不会久居人下的,你跟着他,或许能成就大事,封王封侯也可知,光耀咱王家门庭就靠你了!"

王霸有了父亲的支持,很是高兴,又把这个想法告诉了门客,结果大家都劝他,摆出理由说,以前咱们追随刘秀打了多少仗,击破王邑,杀了王寻,结果怎样,还不是被人挤兑得郁郁不得志?现在他出巡河北,看来即便取得胜利,对咱们也没什么好处,一静不如一动,还是在家里逍遥自在地好。

王霸反驳他们说,此一时彼一时,以前刘将军遭小人暗算,实在是迫不得已。现在他出巡河北,是蛟龙入海,猛虎归山,单独干一番大事业。没了小人的钳制,正是大显身手的时候,怎么能抱着以前的成见而坐失成就人生大业的良机？

可是尽管这样说，门客们还是对刘秀的前途不抱多大希望。见王霸执意要走，宾客们畏惧前路艰险，一个个悄然走散。王霸还是坚持己见，独自去拜见刘秀。刘秀听说了王霸来投奔自己的经过，感动地拉住王霸的手："疾风知劲草，岁寒而知松柏后调。原先在颍川的老部下，如今跑散的十有八九，唯独你愿意留下，真君子呀！放心，你不负我，我定不让河北父老失望！你就先任功曹令史，跟随在我身边吧。"

另外还有郏县县令马成，闻听刘秀北上的消息，挂印弃官，步行千余里，在蒲阳追上刘秀一行，表示自己愿意追随大司马，刘秀分外感动，任命他为期门。汝郡都尉杜茂，也给家里留下书信，悄然出城，骑马星夜追赶，在广武和刘秀等人会面，谈论得十分投机，刘秀任用他为中坚将军。这一路走来，刘秀的作为和为人大家都清楚。每个人都很佩服他，都认为如果这天下是刘秀来坐，一定能够成就一番宏图伟业。没想到众人刚刚提出这样的意见，就遭到了刘秀的厉目怒斥，众人只好作罢，不知道刘秀的真正想法。

第十九章　更始帝洛阳定新都　借战乱刘秀握兵权

第二十章

苦相寻同窗话帝王　官民同行跪留文叔

　　刘秀作为钦差出访河北,一路上惩治豪强,为民做主,伸张正义,刘秀的名字几乎家喻户晓。这天晚饭过后已有两个多时辰。一个叫泽玉的随身侍卫进入卧房中往油灯里添油,刘秀正在几案旁翻阅各地官吏送来的文案,聚精会神,心无旁骛。望着前些日子初离开洛阳时还神采奕奕面色白皙的刘秀,此刻脸颊黑瘦,双眼深陷进去,灯影下成了个黑坑,泽玉心中不免一阵酸楚,忍不住劝一句:"大人,今夜早些歇息吧,明日大早再看也不迟,反正也不耽误事。"

　　"泽玉,连日来奔波不停,你也够累的,先下去休息吧。我得看完再睡。明日还要去巡查,巡查就有新文案,今天推明天,明天推后天,怎么会不耽误事?"刘秀顾不上抬头,眼睛一直盯在眼前的文牍上。泽玉知道刘秀的脾气,劝说也没用,只得默默掩上门出去。

　　"大人,大人!"刚出去片刻工夫,泽玉又进来了,一脸慌张。

　　"我不是说过了嘛,一会儿自己就睡了,你退下吧!"刘秀思绪被打断,不耐烦地说。

　　"大人,有一青年男子,深更半夜地闯进来,说要拜见大人,正在前院。这么晚了,还是先不见吧?"泽玉试探着问一句。

　　"噢?青年男子?你没问问他是谁,从哪里来?"刘秀这才把头从灯光下抬起来。

　　"问了,来人自称叫邓禹。"泽玉忙回答。

　　"什么,邓禹!快,快请他进来!他是我的同窗好友,这个时候来,肯定有要紧事!"刘秀精神一振,啪地把案牍合住,霍地站起身,身后的椅子差点儿歪倒在一边,脸上挂着的疲倦荡然消去,兴奋不已地就往门外走。刚走到门口,就见门外站着一个身材偏高而略显消瘦的男子,嘴里还呼呼地喘着白气,借着昏黄的灯光,见他首如飞蓬,满身是泥,冻得发紫的手中还拎着行囊,脚上混着雪和水的靴子早已冻得硬邦邦的。

刘秀上前一步,脱口高叫:"仲华,仲华! 真是仲华吗?!"叫喊着一把抱住邓禹,顿感一股寒气扑面而来,邓禹简直成了冰人。

"文叔,我……我……"邓禹冻得舌头都有点硬了,说话吃吃地舌头不会打弯。刘秀这才想起来,几乎是抱着,把邓禹拉进屋子里,忙不迭地吩咐:"快快,靠近火盆取暖。泽玉再加一盆火炭,去吩咐弄点食物来!"一连串地说着,先拉邓禹在火盆前坐下,也顾不上说话,闯进一侧的卧房,把自己烤干了预备明天上路穿的暖靴拿出来,也不用邓禹动手,自己弓着腰,费了好大劲儿才把邓禹的靴子给脱下来,把轻巧的暖靴给他换上。

忙活半天,两人这才缓过劲来。刘秀目光闪动:"仲华,你这是从何而来,要到什么地方去?"

"文叔,我在新野听说你持节巡视河北,便一心想来追随,不料连日来天在降大雪,实在难走得很! 一路上总与你走岔,我每到一处你便刚刚动身离去,今日才赶到邺城。方才我还想,算命的常说,事有机缘,不先不后,刚刚凑巧;命若蹭蹬,走来走去,步步踏空。若是再碰不见你,我真成了蹭蹬苦命了!"邓禹身上寒气稍稍缓解了些,又和以前一样谈笑风生了。

刘秀跟着笑了,正要说话,泽玉已经弄来些酒菜,用托盘端着一样样放在小桌上,又把小桌挪到火盆旁。"仲华,一路辛苦你了,快喝些酒暖暖身子!"刘秀为邓禹斟满了一杯酒,双手捧着送上去。

"多谢文叔,"邓禹感激地笑笑,"你这样做可就不对了。别忘了我乃一介布衣,你是当朝的大司马,地位悬殊,如此恭敬,可不符合你研读的那些礼数。"

"你我乃同窗故交,还要这套虚礼吗? 仲华千里之外来追随我,我已十分感动了。"刘秀却一时风趣不起来,只好实话实说,能在河北看到自己的同窗故友,真是既惊又喜。

几杯热酒下肚,邓禹渐渐忘了旅途的劳顿,映着火盆里通红的火光,他畅所欲言,把这几年来想说而无人可说的话一股脑儿宣泄出来:"文叔,我们是至交,有些话我可要直言了,说得不对,你也别治我的罪。"邓禹笑笑,依稀还是当年的模样。"仲华,但讲无妨,你的话总是有道理,这个我最清楚不过。"刘秀往炭盆中加木炭,很随意地答应着。

"文叔,你有盛德大功,为天下百姓士人所钦佩,这个已是不争的事实。我早就听说你行军作战,军政严肃,赏罚明信,应该不是夸张,否则也不会有昆阳大捷那样的辉煌。咱们在太学读书时,我就感觉你常怀天下苍生于心中,有种悲天悯人的胸怀,这是成就大业的根基。这次我一路上走来,沿途听说你废除苛政,抑制豪强,罢黜贪官污吏,体恤民情,百姓拥戴。文叔,说实在的,你能够走到今天,实属不易。不过你应该知道,这才仅仅是个开头,我料定日后你定会成就一番大业。我邓禹虽没有吞鲸鲵之大志,但也不愿一生庸庸无为,要是你不嫌弃老同窗,我愿辅助你共创大业!"邓禹眼睛里满是对未来的憧憬,越说越激动。

"仲华,你刚教训了我,自己又来客套的了。这些话都不必说了,咱们还是商量下一步怎么走要紧。"刘秀心中一片温暖,不由得凑得更近些。两人借酒挑灯长谈,不觉远远近近传来鸡鸣,惊讶地抬头望望窗外,天色已经麻麻亮了。

刘秀起身对邓禹抱歉地笑了:"仲华,你奔波数日,还未曾睡个安稳觉,我却不管不顾地与你唠叨个不停。"邓禹不在意地满脸都是微笑:"君不闻,只伤知音稀,不为歌者苦;愿为双鸣鹤,奋翅起高飞吗?"刘秀点点头说道:"仲华,你刚才告诉我的话很有道理,只要人情世故熟了,什么大事做不到?只要天理人心合了,什么好事做不成?这话我是记住不会忘了。这样,今天你先休息一日,明天我们一起动身前往下曲阳。"刘秀叫来泽玉,让他带邓禹去客房休息。

邓禹初来乍到,又是一副儒者风范,而在人们印象中,战乱时所需的应该是体壮身健冲锋陷阵的武将。正因为有这个成见,刘秀知道,如果立刻封邓禹为将军,很可能引起各部众的猜疑。特别是朱祐,若是这个手无缚鸡之力,只凭面目清秀口齿伶俐的邓禹能当上将军,他一定第一个跳出来反对。邓禹也感觉到这一点,在军中无所作为是不能服众的,好在他并不是为了当将军而来,心里并没什么芥蒂。

歇息过一天,众人草草用过早饭,便动身前往下曲阳。

"诸位,咱们此去下曲阳一定要谨慎行事,下曲阳是被新朝和成郡府所领,现在邳彤为和成卒正。和成是新朝所改的地名,卒正是新朝的官名,王莽当权时,把我大汉的巨鹿郡变为和成郡,郡府在下曲阳,任命邳彤为卒正,掌管地方。而如今已是更始朝主政,邳彤却没有归附更始的意思,仍沿用新朝时的官制,这其中定有缘由。"走到半途,祭遵骑在马上深思许久忽然发话说。

"对呀,这样一说,我们倒也想起这个茬儿来了,祭大人说得有理。"冯异和苗萌等人顿时被提醒,连忙跟着说。

"弟孙兄,果然心细呀!"邓禹十分钦佩地冲祭遵笑了笑。刘秀与邓禹在前边并辔而行,祭遵、冯异、臧宫等人尾随其后。一路上,他们见到许多客商和百姓,来来往往,十分热闹,这是刘秀进入河北以来第一次见驿道上人流如织客商云集的景象。本来河北是客商来往最多的地方,可是自从战乱以来,人烟萧条,大路上空旷无人司空见惯,而一热闹起来,却显得反常了。

路上人多也就不觉得寂寞,东看看西瞧瞧,待发觉路人越来越少,最后就剩下他们一行,才知道时候不早,众人赶紧加快速度。他们来到下曲阳城门下时,天色已经黄昏,东边天际完全暗下来,西边的落日霞光也渐渐消散。抬头望去,见路的尽头城门紧闭,城头上手握兵器的士兵正在来回巡视,气氛颇为森严。

"城下何人?"有兵士在城头上看见了他们这队兵马,顿时警觉地大声喝问。

"我是奉更始帝旨意出巡河北的大司马刘秀,请通告邳彤大人,放我们入城!"刘秀亲自上前,冲城上吆喝,口气十分客气。

"明公,我看他们如临大敌,这其中必定有鬼,还是当心些好。"朱祐打马上前低声说,刘秀不动声色地点点头。不多时,只听城门上的绳索轮盘吱吱作响,一块木板放倒在护城河沟上,随即从城内走出一位银须飘洒的长者。

"迎接来迟,还请大司马见谅。下官是这里的卒长,特奉邳大人之命在此恭候多时了。"卒长说着过来施礼。臧宫警惕地先上前问卒长说:"既然知道朝廷大司马驾到,你们邳大人为何不出城迎接?"

"邳大人今日有要事不能脱身,特命我来迎接各位,还望海涵!"卒长显得很沉稳,不慌不忙上前给刘秀跪在地上行大礼。"你偌大年纪,快快请起,咱们先入城吧!"刘秀跳下马来,伸手搀扶起卒长,扭头对众人说。

"慢着,明公,咱们势弱人少,万一入城遭到埋伏,如何是好?明公初到河北,一定要谨慎。"朱祐上前阻拦。

"朱护军,我看不必这么担心。久闻邳彤为人正直,廉洁奉公,是出了名的好地方官。这个朱护军不必多虑。卒长只身一人来迎,城头守城士兵往来巡逻,大乱年头,也是正常。"邓禹则心态平和,慢条斯理地在一旁解释。

"你可不能拿明公的性命开玩笑。这一入城,人家刀枪并举,我们都没把握。你连自己都照顾不过来,如何保得了明公?!"朱祐斜眼看了看邓禹,不服气地大声叫嚷。

"那好,朱护军既然认真起来,我愿立下军令状,明公若是有险,我愿献上人头!"邓禹底气十足,一副书生意气的神情。"好,我朱祐也不是贪生怕死之辈,明公若安然无事,我朱祐今后听你指派,决无二话!只是到时候真的遭了人家暗算,明公有危险时,你就是不立军令状,人头也难保住,这军令状和没立有什么两样?!"朱祐也不示弱,两人一人一句地争辩起来。

"好了,好了,都别争吵了。不入虎穴焉得虎子,此次出巡河北,我早已将生死置之度外,况且有卒长出来相迎,能有什么事情?不细心不好,太过细心就是懦弱。还是赶紧走吧!"刘秀摆手制止住他们,率先牵着马进了城。

下曲阳果然不同别处,此时已是戌时,街道两旁仍灯火辉煌,角角落落里店铺林立,来往客商川流不息,过往百姓虽都粗布麻衣,但尚能避寒,比起别处,已经是判若两国。而且刘秀还特别注意到,这里和别处的一个最大区别,就是没有乞丐沿街乞讨,大乱之年这就实在太难得了。大家边走边看,都连连赞叹,下曲阳确实是座繁华的城池。

沿大街走了不多时,卒长领大家在一座不太显眼的大宅前停下。此刻天色昏黑,大门上也没吊灯笼,门楼到底雄伟还是简陋已看不清楚,只是感觉中等人家气派而已。卒长在门前停住,说这里便是下曲阳府衙,一边叫起值日的差役,请刘秀他们进去。马匹都被马夫领入马棚。

"刘大人,各位大人,酒饭已经安排妥当,请先在前厅用晚饭,我去吩咐下人,为各位烧点热水洗涮。"卒长将刘秀一行人安排在衙门后院的客厅内,说着就要退出去。

"卒长,你家邳大人有什么重要的事,今晚能回来吗?"刘秀坐在软椅上,似乎漫不经意地问。至今没见到邳彤,刘秀心里不免有些忐忑。

"回大人,我家邳大人现在城东外狮子山抢救灾民。今天狮子山突然发生滑坡,十多个人被埋在土石下面,连官道都不能通行了,府衙上下和守城兵士全部出动前去救人,估计邳大人会回来的晚一些。"卒长解释说。

"原来如此。邳大人真是名不虚传,能以身作则,体察百姓困难,这样的朝廷官员实在太少啦!"刘秀立刻踏实许多,放心地赞叹说,忽然想起邳彤直到现在还打着新朝的旗号,忙闭了口。

见大家没什么要问的了,卒长正要退下让人上饭上菜,又被刘秀拦住说:"既然你家邳大人忙得连饭都顾不上吃,我们就不便打扰了。我们自己有带的现成干粮,在府中就些热水便可充饥,你将准备好的酒菜趁热送到狮子山,天寒地冻又是深夜,喝些酒也好暖暖身子。"刘秀吩咐道。

"这……刘大人果然仁义,推辞反倒显得不恭敬了,属下遵命就是。"卒长满是感激地看刘秀一眼,深施一礼才走出门去。刘秀和部众吃着干粮就着热水,胡乱填饱肚子后大家都到内室去和衣歇息。刘秀就在厅内坐下打盹儿,预备等邳彤回来了解一下地方的情况。半夜时分刘秀随着打更的声音醒来几次,仍未见邳彤归来。直到二更鼓响后,院内杂乱的脚步声惊醒了刘秀,也把内室的朱祐等人吵醒了。

"卑职邳彤,拜见大司马来迟,请大人恕罪!"随着嘶哑的嗓音响起,只见门外进来一位瘦削的高个男子,满身是泥,脸上还有零星的泥垢,双手冻得通红,官靴早已开了口子,进得门来扑通一声跪在地上。

"邛大人辛苦了，快快请起！"刘秀赶忙从木榻上下来，弯腰把邛彤扶起。朱祐和邓禹等人也来到前厅，都十分佩服眼前的邛彤，忙着一一上前见礼。寒暄几句，大家坐下来围着火盆说话。

"大司马，卑职有些话不知当讲不当讲。"看刘秀面色和蔼，邛彤迟疑了片刻犹豫着说。"邛大人，大家彼此都是为了百姓，有什么话但讲无妨。"刘秀和邛彤紧挨在一起，拨弄着盆里的炭火。

"大司马，我郡下曲阳虽非华北大都，但也农兴商旺，百姓各安其业。自从王莽被灭前后，天下群雄纷起，致使河北富饶大地成了哀鸿遍野。更始立朝，天下有大定的迹象，我本想顺应形势归降。但结果很令人失望，更始朝廷派下来的官吏，个个趾高气扬，处处欺压我下曲阳百姓，连地方官吏也颇受欺侮。我观察过许多更始朝廷官吏，他们大多为贪官，只知鱼肉百姓，仅顾眼前享乐。百姓水深火热，比王莽新朝有过之而无不及。我情急之下不知如何是好，只得沿用新政官制，暂且保持地方独立。下官早闻大司马为人宽厚，爱民如子，特别是出巡河北以来，所之处，惩强扶弱。今日得见大司马，果然有一见如故之感，在下愿倾心归附。"邛彤说着起身跪倒在地。

"邛大人，快快请起。邛大人能有此意我不胜荣幸，还望邛大人日后不要因为天下汹汹就情绪消沉，继续努力为百姓办事才是。"刘秀微笑着把邛彤拉到身边。

"大人请放心，邛某愿在大司马麾下效力。"邛彤口气十分坚定。

"既然如此，咱们以后就是自家人了，邛大人也不必再讲那些礼数。我看邛大人忙碌了一天，应该抓紧时间休息，咱们明日好好叙谈，如何？"刘秀手抚邛彤后背，语气柔和关切地说。

"也好，各位也都奔波忙碌了一天，请到客房休息。前厅后边的内室太小，方才进门时，我已吩咐下人收拾好了几间整洁客房，诸位请过去歇息半夜。"邛彤起身喊来仆人，带着刘秀一行去后院的厢房。

尽管半夜才睡，第二天大家不约而同地都起得很早。邛彤带领刘秀等人一同到乡里巡访百姓，察看地方民风。午后回到城内，邛彤将下曲阳狱吏送来的卷宗搬出来给刘秀审阅，同时邛彤还拿出在任这几年百姓的户籍登记情况，以及税吏纳税情况的记录，一条一条，一件一件，非常清楚，一目了然。刘秀、邓禹、祭遵等人都凑在一起查看，审阅文牍中，他们发现，邛彤在任期间，下曲阳没有一例错判案件和冤案。并且每件案情中，都把原告和被告的辩词登记详细，这是其他地方所没有的。几年来迁入、迁出人口都分类登记，清清楚楚，农民得授田和业田情况分毫不差，完全按大汉律令授予，纳税记录也井井有条，就是地方豪强地主的缴税情况，也无一疏漏。

第二十章　苦相寻同窗话帝王　官民同行跪留文叔

细细看罢，刘秀一行人不禁大吃一惊，一路行来这可是头一宗，遇到成百上千的地方官，还是第一个。他们立刻对眼前的邳彤更是刮目相看，这样清正廉洁的好官，况且又时逢乱世，真是少之又少。刘秀当即决定，废卒正官名，恢复太守称谓，他继续镇守下曲阳，作为河北拨乱反正的一处根基。

一行人回到驿馆，都忍不住激动情绪，讲述起邳彤为官逸事，无不十分钦佩此人。朱祐此时对邓禹也刮目相看，醒悟到邓禹机智勇敢，绝不同于凡夫俗子，看来刘将军看中的人，都是各有一套。大家彼此隔阂顷刻消除，谈笑起来，更加融洽。

由于刘秀急于赶往邯郸，次日便决定辞别邳彤，带领兵马动身。邳彤不住地说，多少年来，还没碰到像刘将军这样能说得上话的人，惺惺惜惺惺，再三挽留。但刘秀去意已决，邳彤只好备上快马和干粮，送他们远行。大家携手走出城外很远，邳彤驻足望着远行的马队心中激情澎湃，他感慨地对随从们说："刘文叔此人，别看年轻，但他知人善任，不拘小节，眼下或许并不特别得志，但日后一定会前途无量。你们要各司其职，兢兢业业，半点不得马虎，天下太平的日子不久就会到来。"

此时更始帝刘玄却安坐在洛阳的宫殿内，正吟诵着"行乐当及时，何能待来兹"，与韩氏日日醉酒，尽情享受起帝王乐趣。自从听了韩氏的话，在朝堂上摆了几回威风后，刘玄觉得朱鲔等人似乎真的有点害怕自己了，说话也不再大吵大嚷肆无忌惮。看来人是贱虫，不压不行，压住了他们，自己就成真正的帝王了。刘玄飘飘然，彻底放下心来作乐，只等着迁都长安后，做大汉的中兴天子。

就在刘玄夜夜笙歌的时候，刘秀一行人正行进在去往邯郸的官道上。寒风迎面吹来，如利刃划在脸上，道路依旧泥泞，大家又饥又渴，但没有人放慢脚步。刘秀已经了解清楚，镇守邯郸城的守将叫耿纯，此人字伯山，巨鹿人，其父耿艾曾效劳于王莽，替新朝招抚山东郡国州邑。后来更始建朝，耿纯父子归降，投奔到李轶麾下。李轶拜他为骑都尉，授符节，令其招抚赵、魏各城。

"明公，听说邯郸守将耿纯，投奔的是李轶门下。李轶这个猪狗不如的东西，害死刘大哥，和我们是对头。耿纯是咱对头的手下，能对咱们友好吗？叫我说，此番去邯郸免不了血战一场，他奶奶的，我要痛痛快快地冲杀它一场，为刘大哥报仇！"朱祐义愤填膺地把拳头捏得嘎巴响。

刘秀听到刘演被害一事，如伤口洒盐，刚干了痂的旧伤不免一阵剧痛。臧宫注意到刘秀的神情不对，斜了朱祐一眼，朱祐顿时也觉察出来，吐吐舌头后悔不该提及这件令刘秀伤心的事。

"明公，君子周围未必全是君子，小人跟前当然不全是小人。李轶虽恶毒小人，不过耿纯未必就肯同他沆瀣一气。我曾听人说过，耿纯初入李轶麾下也未受到重视，他曾在宴席上力排众议，当着众人的面劝告李轶顾及自己的名声身份，行为不要过于放纵，还说荣华富贵如过眼云烟，来亦匆匆去亦匆匆，为人当以大义为重。弄得李轶一时下不来台，咬牙切齿地怀恨了许久。所以，我觉得耿纯不会和他们蛇鼠一窝。"祭遵纵马靠近刘秀，轻声拉开话题，扭转刘秀的注意力。

"对，对，还是祭大人所言极是。不过话又说回来，即便那耿纯与我们为敌，又有何惧?! 我老朱倒要与他拼上一拼!"看朱祐挥着拳头，如小孩斗气一般，逗得大家一阵大笑。

行至距邯郸城几里远时，刘秀发现驿道上有一个道士走在路中间，他身着青丝长衫道袍，头戴软绸圆帽，腰间系个大葫芦，里面应该装的是酒，右手握拂尘，左手捋着长须，看样子四十来岁，两边还有两个小童做伴，三人一排慢悠悠地横亘在路中央，正好将驿道堵上。

"道士，快闪开，我们是洛阳来的官差，有公事要办!"傅俊见他们对后边的马蹄声充耳不闻，又气又急，高声向道士喊道。而那道士却像没听见一样，索性站在原地一动不动。

"尊驾，劳烦让条道与我们一个方便。"刘秀下马上前温和地说。

"你乃武信侯刘秀刘将军?"道士也不回头，腔调里有些阴阳怪气地说。

"哦，大师怎知我是刘秀?"刘秀十分惊讶。

"我王郎最善占卜，昨夜仰观天相，见有巨星滑过天顶，料定今日此刻要有贵人从此路过，河北最尊贵之人，除了奉朝廷符节巡视郡县的大司马，还能有谁?! 贫道特意赶来，是有一事相告，不知武信侯愿听否?"王郎慢慢转过身来。

"请大师讲来听听。"刘秀虽然对这些神神怪怪的并不特别在意，不过见他说得玄乎，仍颇有兴趣。

"刘大人，贫道前些日子曾混在人群中仔细观察过大人，发觉大人相貌贵不可言。论头相，大人头骨丰起而峻厚，额头方润而突兀，乃当世富贵之首。论相貌，将军额头广阔，发际深入头顶，并且有分岔，不但福禄无尽，而且子息繁盛。本是成大事之人。但我昨日占卦得知，将军此去邯郸，主有血光之灾。现在看上去，大人印堂无光，山根发黑，确实如我预测的那样……天机不可泄露，话我说到这里，信不信全在大人。"王郎说完，领着两个小童拐下大路，抄小道疾步消失在远处的树林中。

见大家远远地朝自己这里张望，猜测着议论什么。刘秀来不及多想，回

第二十章 苦相寻同窗话帝王 官民同行跪留文叔

头对部众说:"道听途说,不足为信,我们上路吧!"说着一挥手,带头走开,大家忙策马赶上。

约摸走了两三里路,邯郸城已近在咫尺,青黑的雄伟城墙遥遥在望。这时有一将士装扮的青年人迎面奔过来,见刘秀他们这支队伍,也不多问,劈头大喊:"来者可是大司马刘秀?"

刘秀一愣,忙答道:"对方何人,有何贵干?"

那青年翻身下马,紧走几步,跪在刘秀的马前抱拳说:"刘大人,小的名唤陈干,是邯郸守城大将耿纯的部下。耿纯奉李轶之命,已在城内设下伏兵,要取各位性命,大人千万不要进城!大司马有所不知,那耿纯生性残暴,又贪图美色,小人的妻子王氏就被她霸占了,所以小的愿助将军一臂之力,铲平邯郸,以报这夺妻之仇!"陈干说着火气上来,一副怒不可遏的样子。

听他这么一说,再联想到刚才那个道士的劝阻,刘秀身后的部下都怀疑了起来,交头接耳地窃窃私语。朱祐率先对刘秀说:"明公,既然那耿纯如此歹毒,就让我杀进去,先取了他性命再说。"

冯异、臧宫等人也都十分着急,但面对高大的城墙,是进是退,一时也没了主意。"明公,邯郸是河北的首府大邑,耿纯兵强马壮,我们即便集结各郡所有兵力,也难以与他抗衡。况且现在耿纯有李轶撑腰,事已至此不能犹豫,这次是龙潭是虎穴我们也只有一闯了。"邓禹微闭双目凝神思索片刻,缓缓说道。

"唔,道听途说毕竟是空穴来风,要探得真实情况,仲华所言正如我所想,只有破釜沉舟搏他一次了!走,进城!"刘秀面色紧张,声音却很坚决。

"刘大人,陈干不才,愿在城中接应,我先回去了,大人要小心,以免打草惊蛇。"陈干说着,一个箭步跃上马背,向邯郸城奔去。

"弟兄们,给我搭弓上箭,与耿纯小儿拼个你死我活!"一提到打仗,朱祐就激动起来,大声吆喝着下令。

"朱护军,休要鲁莽,凡事有了把握再作决定,咱们先探探虚头,千万不能草率。"

"明公,你……"朱祐满脸通红,脖子里根根青筋绷紧,"人家都埋伏好了,咱们还不提早做准备?!"

"祭遵、臧宫,你们几人在前保护明公,朱护军和冯异在后面压阵,苗萌、傅俊等人在中间,若有不测,一定设法保护明公出城!"邓禹面色冷峻,做着最坏的打算。匆忙收拾一番,一行人不露声色地又开始前进。

邯郸城终于近在眼前了,城门前人群熙熙攘攘,驼队、商贩川流不息,一派繁华景象,不像是有伏兵的样子。刘秀一行人身着更始朝官服,百姓一见立刻闪出一条道路，倒也不用费力开道。刘秀走在前面，左面是祭遵，右是臧宫，他们刀枪剑戟地拎在手里，又穿着衣甲，行进在邯郸街上十分惹眼。

接近城门不远处，有一队官服装束的人列队排开，为首的是一个红脸大汉，他天方地圆，胡须长至前胸，十分威武。见到刘秀等人过来，赶忙跪倒施礼："在下邯郸守将耿纯，前来迎接大司马！"刘秀一行人心弦紧绷到十分，紧张得胸中如小鹿乱撞，见对方客客气气，又是叩头又是作揖，不知道这耿纯在使什么招术，暗想莫非他这是先设法稳住我们，然后再杀我们一个措手不及？

"耿纯小儿，要杀要拼你给我痛快点，少跟我来这套虚的！"不等刘秀有所反应，朱祐从后面奔过来，两手提剑，破口大骂，摆出要厮杀的架势。

"这……这是何故？"耿纯丈二和尚摸不着头脑，一脸惊讶。

"朱护军，退下，休得无礼！耿将军，请别误会，我们刚才在城外听将军部下陈干禀告，说耿将军在城内设下埋伏，所以朱护军性急。"邓禹上前注视着耿纯的举动，看情形他不像是装的，索性把话挑明。

"大司马，这从何谈起，陈干乃我心腹，大半天来几乎寸步不离，怎会出现在城下？何况城内也没有什么伏兵，我早就风闻天下盛传大司马威名，今日得见已是三生有幸，怎会加害于大司马？"耿纯说完立刻转身叫来陈干，要当面对质。刘秀一看面前的陈干，与刚才自称为陈干的人完全就是两人，立刻明白其中定有人作梗。这时大家才松了口气。"耿将军为人直爽，刘秀在这里替朱护军向将军赔罪了。"刘秀说着跳下马来，弯腰向耿纯施礼。

"哎，大司马这是诚心要折杀我了，大家都是武将，要的就是这个脾性，扭扭捏捏反而看上去别扭，这点小事我怎会放在心上？大司马要来邯郸的消息，我早有耳闻，现在已安排好大司马的住处，请吧！"说着大家一起进城，沿街道拐过几个十字路口，耿纯把刘秀一行人领到一座豪华行宫前。

"大司马，此乃高祖皇帝时赵王的行宫，大司马是皇家贵胄，住在这里最为合适。请，请！"耿纯跳下马来，热情地请刘秀先行。

刘秀自然清楚，赵王是汉高祖刘邦与戚夫人所生之子，名叫如意。高祖很宠幸戚夫人，爱屋及乌，自然也很喜欢赵王如意，曾有废太子而立如意之意。后来经过吕后百般想办法，改立太子的事情终于没有实施。没想到刘邦死后，吕后掌握了大权，不但找机会处死赵王，还将戚夫人削其耳鼻，剜去双眼，置于厕所，变成任人唾弃的"人彘"，命运很是悲惨。

站在辉煌的宫殿门口，遥想当年的恩恩怨怨，刘秀不禁感慨万千。直到耿纯再次说了句"大司马，请进去歇息"时，他才醒悟过来，警醒地忽然想到，若是自己真的入住赵王宫，岂不是承认了自己才是高祖正统，有封王称帝的心思？这样一个小小细节，如果不注意到，说不定会引来风言风语，更始朝臣必定有人捕风捉影，他难脱夺位之嫌。眼下情形，还是少招惹是非的为好。

"耿将军的美意，刘秀心领了，只是这王宫乃是王者行宫，我不过大汉区区一介官吏，入住王宫岂非僭越朝廷法度？我看我们还是入住驿馆较为妥当。"刘秀不动声色地淡淡说了句。

耿纯却没想到这么多，只是觉得刘秀不贪图享乐，能和部众同甘共苦，立刻从心底里十分欣赏，也就不再勉强，就近安排刘秀等人在驿馆住下，并盛情相待。耿纯知道官场上有个不成文的惯例，以前朝廷官员到了地方，总是先提出浏览名胜，公事暂且放在一边，先玩儿个尽兴再说。他打算依照惯例，第二天早上去请刘秀及部将到附近游玩。

第二十一章

市井散谣言谎称帝　天下大分两个汉帝

天色刚亮,耿纯便早早赶到驿馆。拜见后见刘秀一行人正整装待发。不等耿纯邀请,刘秀先说道:"耿将军来得正是时候,你若是公事不忙,陪我们到邯郸各郡巡查一番吏治民风如何?"

"既然如此,好,耿某愿奉陪。"耿纯对刘秀的尊敬立刻增加了几分。在印象里,他所见到的更始朝臣中,还没有一个像刘秀这样把地方百姓看得这么重的。陪同刘秀巡查地方时,耿纯发现,刘秀所到之处细心审阅各种文牍,仔细审查狱吏呈上的卷宗,不仅一丝不苟对待经办事务,还尽量不去滋扰地方长官正常事务,果真如传说的那样,一派雍容长者风范。

随行过程中,耿纯察言观色地还发现,刘秀部众虽然不多,但对刘秀个个忠心不贰,谨守礼法,对待百姓彬彬有礼。像这样的王者之师,哪儿找去?成就大事的,就应该是这样的人!耿纯暗下决心要与刘秀结交。

雄鸡长鸣,天色大亮。两人一宿未睡,却毫无困乏之意。刘秀留耿纯共进早餐。府衙里的人渐渐多起来,开始新一天的工作。耿纯出府衙公干,刘秀等人则在府衙处理最后的公务,准备明日离开邯郸,出巡真定。

这时,傅俊走到刘秀跟前,禀道:"明公,有一个叫刘林的人,自称宗室子弟,前来拜见大司马。"

刘秀眉头紧皱,想起耿纯所说,邯郸宗室怀有异心的话。但是,宗室子弟不能不见。何况并不是每一个子弟都有异心。于是,说道:"请刘林去客厅。"

傅俊遵命而去。刘秀丢下手头上的公务,起身去客厅,刚刚坐定,就看见傅俊引领一个身穿虎皮大氅的中年人进来。那人一见刘秀,赶紧跪倒叩头。

"小民刘林给大司马请安!"

刘秀挥手道:"既为宗室子弟,不必多礼,请坐下说话。"

"多谢大司马!"

刘林在旁边坐下，眼睛看着刘秀，开始自我介绍，道："小民乃孝景皇帝（即汉景帝）七世孙赵缪王之子。家父贵为王爷，却被王莽所害，削王爵，处以斩刑。如今，王莽已灭，汉室复立，理应为家父平反冤狱，恢复王爵。"

刘林声音低沉，像是叙述一桩千古冤案。但是，刘秀的目光，只是闪烁了一下，随即流露嘲讽的神色。想不到刘林就是赵缪王的儿子，赵缪王刘元当年为非作歹，无恶不作，杀死数条人命，邯郸百姓恨之入骨。当时，平帝刘衍刚刚即位，王莽在王太后的支持下铲除了大司马董贤集团，初步掌握了朝政。当王莽看到邯郸官员呈上的万民诉状，控告赵缪王的罪行时，当即命大鸿胪上奏，削去刘元王爵，押至邯郸西市斩首。王莽执政直到篡汉自立，都是采取压制、削弱刘汉宗室的做法，引起朝野的愤恨、不满。唯独处斩赵缪王这件事为他赢得了口碑，赢得了人心。当时的邯郸吏民把王莽看成铲除奸佞的英雄、救世济民的柱臣。

今天，赵缪王的儿子刘林来到大司马面前要求为罪有应得的父亲平反昭雪，恢复王位，刘秀岂肯答应。冷笑道："赵缪王罪大恶极，按律当斩。这与王莽灭亡没有任何关系。刘公子不必费力了。"

刘林见毫无回旋余地，忽然来了个一百八十度的大转弯，义愤地道："赵缪王罪当伏诛，小民也以这样的父亲为耻。可是，不管怎样，家父的事与小民无关，小民还是宗室子弟，有着一颗报效朝廷的热心。愿追随大司马左右，为汉室效力。"说完，两眼望着刘秀，期待着答复。

刘秀平静地道："你有报效朝廷之心，固然可嘉。可是，天下愿为朝廷效力的人太多了，要有治国兴邦之才才行。"

刘林大言不惭，说道："小民当然有些本事。如今赤眉为乱，朝廷不宁。我有一计，只要大司马采纳，不费一兵一卒，赤眉百万之众，弹指可破。"刘秀动容。"有何妙计？""这还不容易，黄河水从列人县向北流去，只要决开河堤，河水倾泻而下，就是再多的人马，也只能喂鱼鳖。"

刘秀还没听完，忽地站起，面露怒色，斥道："小子歹毒，类同乃父。几百万人的性命被水吞噬，上千万的良田被毁，你不觉得太残忍吗？'民者，帮之本也，本兴邦宁。'失去了百姓，汉室能复兴吗？此计不可用！"

刘林吓得变了脸色，赶紧跪下，给刘秀磕头，结结巴巴地道："小民……知错了。小……小民告退！"连滚带爬地跑了。

耿纯回到府衙，见大司马面有怒容，惊问其故，刘秀据实相告。耿纯愤恨地道："这个刘林，一向不安分，来往于赵、魏、燕之间，多与赵国遗族、豪强大姓、地方狡吏相交，图谋不轨。"

刘秀忧虑道："明天我们就要离开邯郸，出巡真定。伯山留守，可要小心谨慎。"

耿纯轻松一笑，道："大司马尽管放心地去吧，耿纯与他们打交道也不是一天了，自有应对之计。谅他们也翻不出大浪来。"

被刘秀斥责，狼狈逃出府衙的刘林闷闷不乐地在大街上乱撞。走到街道拐角处，巷内突然闪出一人，向刘林笑道："刘贤弟，看你满面愁容，莫非事又不济？"

刘林一听，是与自己交往甚厚的卜者王郎，便没好气地道："王兄啊，人人都说你卜封百占百灵，我看你是一次也不灵。上次，你说依你之计行事，可借大司马之手除掉耿纯，这邯郸就是咱们的天下。这次，你又说，我去见大司马……可是结果呢，耿纯没有除掉，我挨了一顿斥骂。我看咱们是没戏了。"

王郎吓得捂住他的嘴，慌张地道："好兄弟，你在大街上嚷什么。不要命了，快随我来！"说着拉起刘林，一口气跑到自己家里，才问道："你去见大司马，大司马怎么说？"

"唉，别提了。"刘林垂头丧气地把见到大司马的经过说了一遍。

王郎却不着急，安慰道："贤弟别急。我夜观天象，河北有天子气，贤弟乃宗室后裔，生就一尊贵相，天子一定会应在你身上。"

刘林摇头叹息。

"王兄，你总说河北有天子气，定出天子，别人信你，我可不相信了。"

"瞧你这点出息，碰到点儿阻力就泄气，能做大事？除耿纯不掉，求刘秀不行，你还可以自立为天子，何必仰仗他人。梁王刘永不是起兵睢阳了么？"

刘林吓了一跳，拒绝道："王兄，你就饶了我吧！天子应在什么人的身上，我不知道。我能得封王位，绍光祖业，意愿足矣！"

王郎一言不发，却起身关上房门，低声道："你不敢做大事，可助我做天子？"

"你做天子？"刘林简直不敢相信自己的耳朵，追问道，"你凭什么做天子？"

王郎命他附耳上来，神秘兮兮地道："你知道我的真实身份吗？我就是刘子舆，我母亲是孝成皇帝（汉成帝刘骜）宫女，有一次下殿后，突然昏倒在地上，一会儿，有一股黄气自上而下，笼罩住母亲，又一会儿，黄气散开，母亲就怀孕了，生下了我。当时孝成皇帝宠幸歌女赵飞燕，立她为皇后。可是赵皇后难结珠胎。帝室无嗣，赵皇后生性悍妒，凡是皇帝与其他女子生下的儿子，她都视为祸根，要么弄死，要么未生之前，就把孕妇害死。赵皇后知道母亲生下儿子后，又要下毒手了。恰巧，母亲先前的宫婢同时生下一个男孩，就用这个男孩顶替换下我的一条命。之后，由一个叫作李曼中的黄门郎偷偷带出宫去。李曼中把我抚养大，就成了我的师父。师父精通周易、懂天命，带着我到处流浪，以占卜算卦谋生。十二岁时，我们去了蜀地；十七岁时，又从蜀地来到丹阳；二十岁时，回到长安。之后，又辗转来到中山，来往于燕、赵之间，我长大成人，学会了占卜观象，可是师父却老了。终于有一天一病不起，临死前，师父方说出我的真实身份。告诉我留在燕、赵之地等待天时。"王郎说着，居然流下几滴泪水。

刘林好像在听一个神乎其神的故事，半天才醒过来，盯着王郎，半信半疑地说道："王兄，你在骗我吧，王莽新朝时，长安就有人自称是成帝的儿子刘子舆，结果被王莽杀死了。如今，你又说自己是……"王郎见他不信，慌忙赌咒发誓道："皇天在上，我就是真正的刘子舆，如果欺骗天下，必遭天谴，不得善终。"刘林不得不信，慌忙扶王郎起身，道："王兄言重了，我相信你就是。"王郎起身，脸色一沉，道："我乃刘子舆，你如何称呼？"刘林恍然，刘子舆是成帝之子，身份自然比自己尊贵，论辈分，该喊他族叔。于是，说道："族叔虽然是真子舆，但是，天下人能相信吗？我如何帮你称尊？"

王郎信心十足地道："王莽乱汉以来，天下人心思汉，刘圣公得以立为天子。我为真子舆，身份比圣公高贵，奇货可居，只要有封侯赐爵之赏，必有吏民拥戴。你可亲去连结李育、张参，通谋起兵，共立我为帝。异日金殿封赏，少不了你的开国功臣之位，不比你祖上那有名无实的王位强过百倍？"

刘林还在迟疑不决。

"我们没有一兵一卒，何以对付耿纯？"

"蠢材，"王郎气得骂道，"怪不得邯郸赵王宫尘埃落定，也没有你入住的份儿。李育、张参乃是赵国豪族，非比常人，他们自有办法募集兵力，对付耿纯。"

刘林终于下定决心，亲自去找李育、张参。这两个人与刘林和王郎因为共同的目的，交往甚厚。张参就是那个假陈干，欺骗刘秀的人。他根本没有远逃避命，而是在城外转了一圈就回去了。

李育、张参听了刘林之言，欣喜若狂，慨叹道："王郎果真不凡，居然摇身一变，成了刘子舆。河北天子之气，应在他身上了。"

"是啊，王郎称尊，我等就是开国功臣，一夜之间，荣华富贵任意享受。"

刘林诧异地问道："王郎是真子舆，还是假子舆？"

张参笑道："刘兄，你管他是真是假，这可是千载难逢的好机会。咱们的梦想就要成真了。"

李育道："先别忙着高兴，刘子舆还等着咱们的车驾去接呢。张贤弟，咱们先搬出府中私财，以真子舆的名义号令天下，招募兵马。随后夺取邯郸四门，严密封锁消息。再过三天，就是大年，大年之夜，就是刘子舆登基改元的日子。现在开始分头行动吧！"

异常兴奋的三个人相视大笑，分头离去。

果然不出王郎所料，邯郸豪族、赵国旧贵和一些有政治野心的人闻听子舆将立，有封侯赐爵之赏，立刻蜂拥而至，不过一天，李育、张参招募到精兵千余骑。三人率兵护着车驾，明目张胆地去接王郎。

王郎大喜，仰天大笑："皇天有眼，列祖庇佑，我刘子舆当立天子。诸位追随我，少不得开国功臣之位，就等着享受荣华富贵吧！"

李育、张参、刘林跪拜施礼，口称："真命天子万岁！万岁！！万万岁！！！"

王郎亲自布置行动。

"你们立即分兵夺取四门，封锁消息。凡不归服者，立斩不赦。耿纯与我作难，心不为我用，一定要砍下他的狗头，威慑异己。夺得邯郸，我将于赵王宫登基改元，颁诏行檄，招降郡国，待河北尽入我手，便可与洛阳更始分庭抗礼。"

李育、张参、刘林等领命而去。

王郎兵变的消息传进府衙，耿纯吃了一惊，对付王郎等，他不是第一次了，但是，这一次显然与以往不同，王郎假称成帝嗣子刘子舆，闹得满城人心惶惶，议论纷纷。就连府衙里的吏属也在争论不休，一般兵卒更是可想而知。

"耿大人，您说这个刘子舆是真是假。"吏属们争执不下，跑过来问骑都尉。

耿纯怒不可遏，大声道："胡说。王莽时，就有人冒称成帝后人。王郎故伎重演，无非是包藏祸心，图谋不轨。你们千万不可受其迷惑。请随本官前去，缉捕王郎。"

吏属心中稍安，正要跟着耿纯外出。忽然陈干一身是血，冲进府衙，跪倒在耿纯面前，上气不接下气地道："不好了，王郎兵马占据四门，守城兵卒不战而降。属下拼死逃出，前来报信。大人快逃命吧！王郎兵马马上就杀到府衙。"

局势变化这么快，吏属听了，慌成一团，耿纯也大吃一惊，大脑迅速转动，眼下邯郸吏民纷乱，唯有亲兵故属可用，难以手刃叛贼，只有逃出邯郸，向大司马刘秀告急。想到这里，赶紧步出府衙，召集亲兵故属，上马驰向东城门。

耿纯刚跨上街头，就听见马蹄声响，李育率兵迎面杀来。耿纯大怒，大声道:"杀贼报国的时候到了。杀!"挥马舞刀,冲向前去。两下交锋,杀声震天。耿纯抵住李育,厮杀在一起。李育兵多,争相立功。战不多时,耿纯部属死伤过半,渐渐不支。耿纯不敢交战,连攻数招,迫退李育,突然打马就走,冲向邯郸东城门。李育随后紧迫。

邯郸兵变,百姓吓得躲在家里,不敢外出。大街上杳无人迹。耿纯畅通无阻,闪电般冲向城门。李育在后面大叫道:"关城门,快关城门。"把守城门的王郎兵卒听见,慌忙去推门轴。耿纯吓了一跳,城门一关,自己插翅难逃,必死无疑。

在此危急之时,邯郸降卒中,忠于耿纯的兵卒突然杀出,冲向关城门的兵卒,王郎兵卒毫无防备,登时被砍倒数人。城门口大乱,城门迟迟关不上。耿纯一见大喜,拼命冲出城门。李育岂能放他逃走,穷追不舍,也跟着冲出城外。

邯郸城外五里,便是一座小山,因像驼峰,故名驼峰山。耿纯慌不择路,向山上逃去。李育也追上山去。眼看追上,李育突然取下弓弩,弯弓搭箭,瞄准耿纯射击。箭头带着呼啸之声飞出,正射中耿纯战马的后屁股。战马疼得"唏嚼!"暴叫,突然前蹄抬起,人立起来,把主人掀落马下。山路边便是悬崖陡壁,耿纯摔落马下,身体翻滚着跌落悬崖下。

李育飞马赶到,望着深幽幽的山岩,哈哈大笑道:"姓耿的,你今天死定了。"

他高兴得太早了。耿纯滚下山岩,被陡壁上的松树枝桠阻挡,缓冲了下落之势,恰巧山下又是一层厚厚的腐败落叶,救了耿纯一命。但因受惊吓,昏迷过去。

当他醒来的时候,发现自己躺在一个全身戎装的年轻人身上,面前还站着十几个身穿公服的人。戎装青年见他醒来,惊喜地叫道:"他醒了。骑都尉大人,您怎么会在这里?"

耿纯头脑慢慢清醒过来,吃惊地问道:"你们是什么人?怎么认识本官?"

戎装青年笑道:"我们哪里认识您?是您这身官服说明了您的身份。在下耿弇,字伯昭。家父是上谷太守耿况。奉家父之命前往洛阳给汉室天子进献,路经此地。从吏孙仓、卫包去山下方便,发现了大人昏迷在地。"

耿纯见不是王郎兵将,放下心来。上谷太守耿况素有贤名,自己与他有过一面之缘。没想到死里逃生,竟遇着耿公子。他忙坐起身来,道:"本官是邯郸骑都尉耿纯,因受叛贼追赶,跌落山下。"遂把邯郸王郎假借成帝之后刘子舆之名,起兵叛乱的经过说了一遍。

耿弇闻听，勃然动怒，骂道："一个卜者，竟敢借刘子舆之名，谋夺天下，真是痴心妄想。请问大人要逃往何处？"

耿纯道："洛阳大司马刘公，执节河北，徇行至真定郡。我要追上大司马，商议讨伐王郎之计。"

"耿大人身上有伤，如何去追大司马？"

耿纯这才觉得浑身疼痛，忙扶着耿弇挣扎着站起。伸伸胳膊，活动活动双腿。居然没伤筋骨，不过皮外伤而已。遂惊喜地道："阁君不收耿某，王郎必遭诛灭。"说完向耿弇道谢，便要离去。

"大人慢走！"耿弇突然叫道，"大人没有坐骑，何时才能追上大司马。我有马匹，可送给大人救急。"

耿纯停步，不好意思地道："初次相识，怎劳耿公子赠马。"

"国事为重，大人何必客气！"耿弇说着，与耿纯一起走向驿道。驿道旁，拴着耿弇十几人的坐骑，耿弇挑了一匹最为骠悍的红马，亲手把缰绳放在耿纯手上，说道："大人请上马！"

"多谢公子赠马之恩！"耿纯感激不尽，抓缰上马，辞别耿弇，急驰而去。

邯郸兵变猝然，正在野外驿道奔走的大司马一行一无所知。刘秀手执汉节，在部属的簇拥下从容庄严地进入真定郡所辖属的射犬地界。

刚到射犬城外，忽听身后马蹄声响，銮铃清脆。只见十几匹马飞驰而来，有人高叫："大司马刘公留步！"

"吁！"刘秀勒马，回头细看。那十几匹骑已赶到跟前，为首马上之人，一身都尉官服挂满寒霜，因为赶得急，头顶冒着丝丝热气。那人到了刘秀跟前，滚勒下马，抱拳施礼道："骑都尉刘隆拜见大司马！"

刘秀一见，慌忙下马，惊喜地道："元伯，是你。你不是请假归故里了么？家里事安置好没有？"

来者刘隆，字元伯，南阳安众侯刘崇宗室，随刘演、刘秀南阳起兵。刘玄立为更始帝，拜他为骑都尉。

刘隆见刘秀关切询问，忙答道："谢大司马关切。我已接妻儿到洛阳府邸居住，再无后顾之忧。闻听大司马执节河北，遂追来效力。"

刘秀又得虎将，满心欢喜，拉着刘隆的手向将士们介绍，朱祐、臧宫等旧属与刘隆相识，早已下马问候，冯异、祭遵、王霸、铫期、傅俊没见过刘隆，也含笑致意。刘秀介绍道："元伯大难不死，必有后福。当年王莽居摄，已露篡汉野心。元伯父刘礼与安众侯刘崇起兵讨莽，不料，事情不密，泄漏了消息，结果宗族全被王莽诛杀。元伯当时方七岁，恰巧瞒着父亲，溜出府外，爬到树上掏雀雀，才大难不死，逃了一条命。"

众人听了，心里沉甸甸的，钦敬地望着刘隆。刘隆打断刘秀的话，说道："大司马不必再说了。如今，王莽已死，宗族的仇恨也算报了。刘隆只想跟着您建功立业重振家门。"

刘秀心潮起伏，扫视着部属说道："元伯说得对，我们就是要在河北这块纷乱之地，建功立业，报效国家。上马！"

大司马队伍又添刘隆及其从吏，热闹了许多。进射犬，过卢奴，一路徇行。所过之处，安抚县邑，清查案卷，黜陟臧否。无不留下大司马刘秀坚实的足迹。

刚过上几个晴好的天气，天空中乌云又漫了上来，飘起了雪花。刘秀一行，冒着风雪，离开卢奴，踏上通往蓟城的驿道。

骑都尉耿纯坠崖而死的消息迅速传遍邯郸城。邯郸吏民兵卒不辨真假子舆，尽数归降王郎。大年三十的夜晚，刘林、李育、张参等人，率三千精骑，拥着王郎车驾，鼓乐齐鸣地行进在邯郸的通衢大道上，直向赵王宫。邯郸吏民打破守年夜的习俗，不顾寒冷，纷纷涌上大街，争看刘子舆的尊颜。

赵王宫早已被打扫得干干净净，宫里宫外挂满了红色灯笼，照得邯郸红遍半个城。王郎进驻赵王宫，得意洋洋地登上正殿——温明殿，以汉成帝嫡亲骨血刘子舆的名义，南面称尊，号汉室天子。因为准备仓促，登基大典十分简单，王郎祭苍天及汉室列祖，焚香叩头。之后，往温明殿正中的御座上一坐，就算登基做了天子，连个祝文也没有。

坐在松软舒适四周不着边缘的御座上，王郎兴奋地一阵眩晕，仿佛在梦中，他下意识地咬了一下手指，疼！分明不是做梦，自己真的做了皇帝。都说皇帝是王帝之子，也就是真龙天子，看来那都是欺骗天下人的玩意儿。自己凭着聪明灵活的头脑，略施小计，就登上了这天下之上的九五之位。他望着台阶下乱糟糟的人群。这些人都是他的臣子，唯他之命是从。可是，这时候该说些什么呢？他既没有治国才略，也没有安邦大计。肚子里仅有的玩意儿就是看相卜卦，糊弄人。

登基大典虽然简单，但是，殿下的人们没有一个在意，他们关心的是新天子如何封赏这些开国功臣。刘林见王郎傻愣着不说话，着急地叫道："陛下，按照古礼，接下来该是大封群臣了。"

众人也跟着闹哄哄地叫嚷道："是啊，该有封赏啦！"

"封什么官，皇帝该开金口了。"

"我等就等着这一天呢！"

王郎恍然醒悟。是啊，举事之初，自己有过封侯赐爵的许诺，如果不及时兑现，谁还会为自己的江山卖命呢？于是，他连声道："对对对，诸位护驾拥立有功,都是开国的功臣,我应该封赏你们。"

殿下一阵哄笑。豪族士子杜威严正地提醒王郎道:"陛下,您已是汉室天子,该称'朕'了。"

"对对对,朕应该封赏你们。"王郎惶然道。即封刘林为丞相,李育为大司马,张参为大将军,杜威为谏议大夫,李立为少傅等。

封赏完毕,谏议大夫杜威喝住兴奋的人们,向王郎进言道:"如今天子已立,但四境未服。明日是正月初一,陛下应在明日改元,以威服人心。此外,还要命人起草檄文,分遣使者,徇下丝、冀各州,移文郡国,以服天下。"

王郎准奏,命少傅李立起草檄文。

李立果然刀笔锋利,在王郎的弥天大谎的基础上,又诈称最先树起义旗反莽的东郡太守翟义未死,已来王郎行官拜谒。以说明王郎是真子舆,拥有广泛的号召力,承袭先祖帝业是天经地义,就连洛阳的更始帝刘玄也应该向刘子舆低头认罪。

王郎看过檄文,十二分地满意。大年初一,天还没亮,就分遣使者,行檄各地,收服拥兵自重者。一时之间,邯郸使者四下出动,告示檄文满天飞。

河北之地,因为大司马刘秀的到来,使更始政权的影响力迅速扩大。但是,刘秀来河北还不到两个月,还没来得及巡行更多的城邑。河北的大多数城邑仍在据城自守,对洛阳的更始政权抱着观望和摇摆的态度。恰在这时,邯郸又出了个刘子舆,自立为汉室天子,一时之间,天下有两个汉帝,谁真谁假,吏民议论纷纷,莫衷一是。但拥兵者考虑最多的还是自己的利益。洛阳汉帝影响力久远,但毕竟鞭长莫及,无意北略。邯郸帝则近在咫尺,若不归服,必成众矢之的。因此使者所至,故赵以北,辽东以西的地方,纷纷闻风响应王郎。

当然,也有的城邑怀疑王郎的刘子舆身份,不服邯郸号令。当王郎的檄文传到巨鹿昌城时,昌城大姓刘植面对议论纷纷,意见不一的吏民大声说道:"成帝无嗣,这是天下尽知的事情。可是,有野心的人总想利用成帝之后的名义图谋天下。王莽时,就有人冒称刘子舆,结果被王莽杀死。现在邯郸王郎又拾人牙慧,必遭天谴。身为汉室吏民,不能看明形势,闻风而应,以后必有灭族之祸。"遂与弟弟刘喜,从兄刘韵,率宗族宾客,聚兵数万人,占据昌城,关闭城门,拒不接纳邯郸使者。

地处边塞,靠近大漠匈奴的上谷渔阳是天下精兵荟萃之地,特别是骠悍的乌桓骑兵,最能冲锋陷阵,素称"铁骑"。掌握一支铁骑劲族,必得天下,王郎也看清了这两郡的重要性,派得力之将出徇上谷、渔阳,令上谷太守耿况、渔阳太守彭宠发兵响应邯郸。

王郎檄文早已传到上谷，上谷吏民同其他地方一样，不辨真假子舆，争论不休，不知心归何处。恰在此时，王郎派来的使臣又到城外，上谷何去何从，必须立择去就。太守耿况急得在府衙踱来踱去，犹豫不决。夫人看见丈夫着急的样子，提醒道："何不请功曹寇恂商议上谷去从？"

耿况好像有了主心骨，恍然大悟道："多谢夫人提醒，我怎么没想到子翼呢，来人，快去请功曹寇恂前来。"

功曹寇恂正在城外乡邑巡行，耿况亲兵遵命，飞马出城去请寇恂。

寇恂是何等人，小小功曹竟让太守大人请来商议郡国大事？

寇恂，字子翼，上谷昌平人。王莽新朝灭亡，更始帝立国，曾派使臣出徇郡国，许诺说，"先锋者赐爵位。"上谷有归汉之心，寇恂跟着太守耿况到边界迎接使臣。谁知一见面，使臣二话不说，便收了耿况的太守印绶。无论耿况好话说尽，就是不归还。寇恂见耿况久去使者帐中不出，必知不善。便率亲兵护卫闯入帐内，问明原委，寇恂怒不可遏，责令使臣归还印绶。使臣见他是个功曹，冷笑道："我是新天子的使臣，小小的功曹也敢威胁天子使者么？"

寇恂正义凛然，不亢不卑说道："我岂敢威胁使者，但是，总觉得尊驾的做法不太妥当。现在汉室新天子初立，圣恩惠泽还没有远播。尊使执节奉命，御临四方，郡国正在伸着脖子，支楞着耳朵，看着形势，准备归命于汉。如今，尊使刚到上谷就自毁汉帝信誉，令上谷吏民寒心，等于把有归汉之心的人拒之门外。尊使这样做，还依靠什么向其他郡国发号施令？太守大人在上谷多年，政绩卓著，深得人心，上谷吏民和他有着很深的感情。如果就这样轻率地罢免了他，上谷郡有耿君这样的贤官尚且不太安宁，再用他人，一定会出大乱子。到那时，尊使恐怕也难以向天子交代。我为尊使着想，不如取印归还，复耿君之职。"

使臣被寇恂的话深深打动，看着威猛强悍的上谷兵卒，他真怕寇恂来个霸王硬上弓，把印绶抢回。真的那样，自己威风扫地不说，回也难以交差。于是，故作宽容地一笑对耿况道："想不到耿君身边竟有如此能言善辩之才，本使姑且听他一回。"当即取印归还，耿况仍为上谷太守。

耿况于是越发敬重寇恂，送走更始帝使者之后，又听从寇恂之言，派遣公子耿弇携带重礼，前往洛阳进见更始帝。

如今，邯郸使者又至，耿况迟疑难决，自然又要倚重寇恂。

寇恂飞马回城，耿况亲自迎入书房，道："邯郸又出了个汉帝，洛阳更始正盛，上谷何去何从，子翼教我。"

寇恂在路上已经思虑成熟，因此胸有成竹，刚落座，便说道："邯郸一夜之间突起，王郎自立汉帝，事件的本身就说明它有问题。新朝的时候就杀了一个刘子舆,如今邯郸又有一个刘子舆。瞒天过海之计,骗得了一时,骗不了长远。王郎是兔子的尾巴——长不了,当然不可以归依。新朝时,王莽最怕的是刘伯升兄弟。如今,伯升虽死,其弟犹在。大司马刘秀执河北,专主一方,尊贤下士,遍揽英雄,终成大业,上谷可以归依。"

"子翼乃所见不凡,我当依从。"耿况点头,却又道:"邯郸气势正盛,咄咄逼人。上谷的兵力,恐怕难以单独抗拒,如何是好?"

寇恂道:"大人放心,上谷兵精粮足,又是天下精兵荟萃之地,就凭这些条件,可以左右河北的局势。渔阳与上谷一样有实力,属下愿请命东约渔阳,说服太守彭宠,合兵一处,邯郸无可奈何。"

耿况赞同寇恂之计,遂拒邯郸使者于城外,遣寇恂携重礼出使渔阳,通结渔阳太守彭宠。

霏雪纷飞,驿路漫漫,大司马刘秀一行行进在寂寥寒冷的旷野,战马蹚起阵阵雪浪,"咻咻"的马蹄声显得沉闷而雄壮。

蓟城到了,老天好像在故意磨砺英雄的意志,此刻,雪停了,天晴了。太阳钻出了云层。雪后初霁,灿烂的阳光给蓟城披上了一层美丽的色彩。

蓟城令大开城门,迎接披着一身雪花的洛阳汉使。彼此施礼问候之后,蓟城令引领大司马一行进城。刘秀与部属大多是第一次到蓟城,边走边打量这座当年燕国的都城。蓟城令看出大司马的心思,滔滔不绝地介绍道:"蓟城虽小比不得中原大都,但是,它靠近边塞,地势险要,南与上谷、渔阳诸郡毗邻,此与匈奴大漠相接壤,当年燕国都城。高祖'白登之围'后,为加强四边防御力量,仿效周初'封建藩篱,以屏宗周'的办法,封宗室兄弟为王,镇抚幽燕之地。只是传到孝成皇帝时,赵飞燕与合德姐妹珠胎难结,能生育的官人与婴儿尽遭妒杀,因此帝嗣不旺,不再分封。如此以来,幽燕之地虽然地处边郡,王室贵胄却不少。蓟城得以多次修建,城高池深,十分坚固。"

刘秀感叹道:"大人对蓟城了如指掌,一定有很深的感情吧!"

"大司马所言不差,下官在蓟城令任上多年,真要下官离它而去,还真有些舍不得。"

一行人说说笑笑,不知不觉到了衙署门外,蓟城令突然说道:"下官该死。有一件事忘记告诉大司马,广阳王也在下官衙署。"

广阳王就是汉武帝五代孙刘喜,封地在广阳,广阳国虽小,但因为刘喜的尊贵身份,边郡各邑无不对邑敬者上宾。刘秀听说广阳王在此,笑道:"大人何必自责。本官先去拜望广阳王就是。"

蓟城令命人安排大司马部属歇息,亲自引领刘秀前去拜见广阳王。

六十多岁的广阳王刘喜,须发皆白,慈眉善目。听说洛阳来的大司马刘秀前来拜见，带着长子刘接亲自迎出院外。刘秀望见，慌忙跪爬上前，道："刘秀何德，敢劳老王爷屈驾出迎。晚辈折煞了。"

刘喜忙用双手相扶，布满皱纹的脸上露出钦敬的神色，道："昆阳大捷，太常偏将军智勇超群，以一万余兵力击溃王莽四十三万大军；整修洛阳帝宫，复见汉宫威仪；执节河北，大司马理冤狱，布惠泽。刘文叔名望天下皆知。我宗室子弟如果都像文叔一样，何愁汉室不能复兴。本王对大司马心仪已久，故而出门相迎。"

"王爷谬奖，晚辈愧不敢当。"

在进客厅落座，刘喜与刘秀一见如故，谈时事，谈吏论，谈家族，时而扼腕，时而大笑。蓟城令站在一旁，一句话也插不上。因为看到广阳王器重刘秀，便告退出去，吩咐人准备酒宴，款待大司马一行。

第二十二章

聚义共商天下大势　刘秀带兵突围赶路

时辰不大，酒宴齐备，琼浆玉液，美味佳肴，水陆八珍摆在长几中，席面丰盛，非寻常百姓可以想象。

蓟城令亲自邀请广阳王和刘秀入席。广阳王南向主坐，刘秀、邓禹、冯异等人东向坐，蓟城令西向坐，相陪者尽是蓟城名流。如此盛大而庄重的酒宴，刘秀执节河北以来，还是第一次参加。

酒宴开始，宾主推杯换盏，高谈阔论，觥筹交错。

正在这时，一名府吏走进大厅，向刘秀拱手道："禀大司马，外面有一个叫耿纯的人，说有加急军情向大司马禀告。"

热烈的酒宴顿时安静下来，刘秀听说是耿纯，心里咯噔一下，就知道发生了大事，正要向广阳王告罪退席。广阳王之子刘接突然厉声喝道："什么人不识趣，偏在这个时候扫老王爷的兴，叫他过一会儿再来。"

"是……！"府吏唯唯诺诺，转身欲走，广阳王却道："慢着，军机事大，饮宴事小。请来人进来，向大司马禀报军情。"

府吏应声而去。转眼间，骑都尉耿纯持剑奔入。他甲衣上染满血迹，落满灰尘的脸上，一双布满血丝的眼睛透着肃杀之气。径直奔到刘秀面前，支剑跪倒，哽咽道："大司马，耿纯无能，没能守住邯郸……"

刘秀赶紧拉起他，着急地道："伯山，邯郸发生了什么事？你为什么落到如此模样。"

"王郎假借刘子舆之名，改元称尊，气势汹汹，属下不能抵敌，逃命至此。"

"啊！"

耿纯带来的消息，犹如一石激起千重浪，在客中引起强烈的震动。众人议论纷纷，莫衷一是，高雅庄重的宴席变得乱糟糟，不成体统。蓟城令问广阳王道："王爷，您是帝室后裔，刘子舆是真是假，您清楚吗？"

刘秀身后，铫期、王霸见形势突变，毫不示弱，伸手握住兵刃。刚才还是

觥筹交错的宴席上顿时充满肃杀之气。

初闻邯郸事变,刘秀的心一下子提到嗓子眼儿。如果蓟城响应王郎。自己这帮人顷刻间就会横尸当场。他竭力使自己镇定下来,思考着应变之计。突然厉声喝道:"广阳王在此,谁敢放肆,还不退下。"

他喝退王霸、铫期,径直奔到广阳王刘喜面前,施大礼,亢声道:"王爷是帝室后裔,身份尊贵,刘秀无才,所幸也是宗室中的一员。现在如果为着一个来历不明的卜者王郎大动干戈,同室相煎,值得么?《诗经》有曰:'兄弟阋于墙,外御其务。'王爷三思。"

刘喜连忙还礼,赞叹道:

"文叔这份胆识,令人钦佩。话也说得有理,日后必能担当治理天下的重任。王莽虽死,天下未靖,汉室未兴。帝室宗族不能内讧,自折其翅。谁生异心,犹如自杀。"口里说道,从刘接手中夺过宝剑,将面前长几砍去一角。有广阳王作保,蓟城令不敢妄动,刘秀悬着的心总算放回肚子里。宴会不欢而散。

刘秀一行住进驿舍,来不及安置,刘秀就与邓禹、冯异、耿纯聚在一起,商量对策。蓟城虽然有广阳王作保,但蓟城令有归附王郎之心,危险仍旧存在。当务之急是摆脱眼下的危险,再想反击王郎之计。因为事发猝然,大家毫无思想准备,商议半天,也想不出一个万全之计。

这时,傅俊进来禀道:"明公,有一个戎装青年前来求见。见是不见?"

刘秀一愣,自己初来蓟城,没有亲朋故旧,会是什么人?也是有人来献计吧!于是,答道:"请来人进来。"

话音刚落,一位青年公子迈步而进。躺在炕上歇养的耿纯一见,忽地起身,上前拉住青年人的双手,惊喜地叫道:"耿公子,多亏你送的战马,我才顺利地起来向明公报信。"

刘秀惊奇地看着他们两个,问道:"怎么,你们认识?"

来人正是谷太守耿况之子耿弇。耿弇给刘秀施礼问候,说明半道上送马给耿纯的经过。

耿纯听着,突然惊问道:"耿公子,你不是去洛阳进献吗?怎么到蓟城来?随从和礼品呢,怎么只剩你一个人了?"耿况苦笑道:"别提了,一言难尽啊!"原来,耿弇送马,送耿纯走后,从吏孙仓、卫包劝耿弇道:"刘子舆就是成帝后嗣,登基即位就是汉室天子,天寒雪冷,咱们何必舍近求远,非去洛阳呢。刘子舆新立正在拉拢人心,只要公子去归附,少不得封侯赐爵之赏,胜过去洛阳。"

耿弇闻言,愤然变色,斥责道:"一派胡言。王郎自称成帝后人,有什么凭据？王莽在位时，就有人冒称帝嗣，岂可再信王郎！我到洛阳陈明真相，求得圣命，回来征发上谷、太原、代郡的突厥铁骑对付王郎的乌合之众，犹如摧枯拉朽。身为大将，不明大势，必遭灭族大祸。"

孙仓、卫包见他意志坚决，不敢再劝，表面应承。却趁耿弇不备，偷偷裹挟从吏和礼品投奔王郎去了。耿弇剩下孤零一人，洛阳是去不成了。想到上谷与卢奴相近，洛阳大司马刘秀正在卢奴，不如先见大司马，再作打算。于是转辔北行，追至卢奴，再至蓟城。

刘秀慨叹道："河北吏民如果都像耿公子一样深明大义，王郎奸计如何得成。本官谢谢公子相助之情，请坐下叙话。"

耿弇谦让几句，坐在刘秀的对面。两人以王郎为话题，论起天下大势，侃侃而谈，坦诚相见。耿弇对刘秀大名早已耳熟能详，心仪已久，今见其人，果然举止、言谈非常人可及，必成大事，便表明归附之意。刘秀见耿弇虽然年轻，但谈吐雅量庄重，很有见地，可堪大用，便用其为长史。

大司马部属又添新成员，大家都喜欢这个英俊洒脱的年轻人，便聚在一起继续商议下一步的行动计划。耿纯道："我等加在一起，不过百余人。大司马时刻都会遇到危险，如何保证大司马的安全，为今之计，只有以大司马的名义，就地招募兵卒，先保护好大司马，再徐图王郎。"

刘秀、邓禹思忖，布置行动。舍此之外，别无他计。当即依着耿纯之意，布置行动。派耿纯、王霸去市井募兵，遣耿弇去蓟城北镇征集粮草，以备军用。

入夜，蓟城衙署灯光明亮，人影幢幢。蓟城令有心归依邯郸王郎，但碍于广阳王的尊贵身份，不便一意孤行。急得在客厅里踱来踱去，拿不定主意。

忽然，脚步声响，广阳王之子刘接推门而进，道："邯郸崛起，大兵将至。县令大人何以抵御？"

蓟城令不知其意，小心翼翼地答道："蓟城有广阳王在，下官唯广阳王之命是从。"

刘接摇头道："老王爷年迈，头脑糊涂，不明大势。大人盲从，只会给蓟城吏民招来灭顶之灾。"

蓟城令惊异地问道："少王爷有妙计教我？"

"邯郸刘子舆正应河北天子之气，一夜崛起，其势不可挡。蓟城如能斩杀汉使，以功归附，不但可免去此城之灾，大人也有封侯赐爵之赏，何乐而不为？"

蓟城令正中下怀，却为难地道："广阳王为刘秀担保，下官如何行动？"

"大人放心，老王爷那里我有办法。刘秀是邯郸的心头大患，大人砍下他的人头，便是奇功一件。"

两人低首密语几句，分头而去。

刘接所言不差，大司马刘秀已是邯郸必除的大患。

邯郸赵王宫，王郎翻阅着郡邑送来的厚厚一摞归降书，得意忘形地道："刘子舆的招牌果然管用，不废一兵一卒就收服这么多地方。"

丞相刘林在旁，大吃一惊，道："陛下在说什么招牌？"

王郎自知失言，慌忙掩口，扫视四周，所幸只有刘林听见，赶紧郑重其事地说道：

"幽、燕精骑骠悍，我们占据邯郸，拥有河北，就可与洛阳争夺玉玺。"

刘林身居丞相之位，志得意满，对刘子舆的真假也不关心了。便接着说道："洛阳刘圣公昏弱无能，不足为惧。大司马刘秀声名日隆，留在河北必尉一定要杀了他。"

王郎一听，恼怒道："檄文该到蓟城了，为什么不见蓟城令献上刘秀人头。"

刘林道："陛下别着急，所谓'人为财死，鸟为食亡'。重赏之下，必有勇夫'。先遣使移文州郡，悬赏十万户，购索刘秀人头，后派大军攻打。刘秀就是肘生双翅，也飞不出河北。"

王郎依从刘林之意，遣使悬赏，擒杀刘秀。

邯郸大兵将来蓟城消息不胫而走，蓟城一遍惊慌，鸡犬无声，家家关门闭户，街上冷冷清清。王霸、耿纯在市井募兵，从日出招募到日落，没有招来一兵一卒。两人垂头丧气回到驿舍，刘秀、邓禹明白，民心不附，王郎大兵来攻，自己毫无抵御之力。部属们七嘴八舌，都主张大司马暂时放弃河北，南归洛阳，求得大军，再攻王郎。刘秀自知回洛阳，必又受掣肘。朱鲔在自己来河北的路上，曾派人截杀，说明洛阳是龙潭虎穴，岂能再自投罗网。可是，王郎大有黑云压城之势，不归洛阳，又归何处？

这时，正要去征调粮草的耿弇力排众议，坦然地言道："明公万不可弃河北南归。第一，明公执节自南徇行至此，大局未定，一旦退回，前功尽弃；第二，王郎发来大兵，若从南来，正好相遇，寡不敌众，必遭灭顶之灾。上谷、渔阳离此不远，兵马精壮勇悍可以为我所用。渔阳太守彭宠，是明公的同乡，家父为上谷太守，合两郡兵马万骑，邯郸兵马，不足为虑。"

耿弇的话引起一阵骚动。众人都觉得这个年轻人过于自信了。因为大司马与上谷、渔阳没有任何往来。在此危乱之机，仅靠耿弇父这点关系，不可能请动两郡铁骑。但是耿弇新投刘秀，大家不愿令其尴尬，护军朱祐说道：“小兄弟是此地人，当然愿意留在北方，所谓‘鸟飞返故乡舍，狐死必首丘。”

耿弇涨红了脸，急道：“我为明公设想，朱兄为何冤我？家父虽为上谷太守，可是耿家世居茂陵，是行是留？请明公决断。”

刘秀本无南归之心，听了耿弇对形势的分析，对上谷、渔阳两郡萌生一线希望。于是，说道：“耿弇的话很有道理。只要有一线希望，我们都不能南归。今依伯贴之言，遣使致书渔阳、上谷，合兵共击王郎。其余人继续留在蓟城，购买粮草作好战事准备。”

说完，当即亲书信函给上谷、渔阳，遣臧宫、马成分赴两郡。

蓟城将有战事的风声越来越紧，人们骚乱起来，口耳相传：王郎大军已临涿郡，俸禄两千石以下的官员都要出迎，藏匿汉使的，祸灭九族，杀无赦。

蓟城衙署也是人心惶惶。居于后衙的广阳王刘喜如坐针毡，心神不宁。他并不是为自己的安全担心。王郎既然假借刘子舆之名，就是兵到蓟城，也会把他这个帝室贵胄奉若上宾，他忧心的是大司马刘秀的安全，是天下纷乱的不幸。

这时，院外突然传来一阵杂乱的脚步声，老仆慌张地跑进来，禀道：“王爷，少王爷他……他把院子围起来了。”

广阳王一怔，疑惑地道：“你说的是接儿，他包围本王做什么？”

“奴才哪里知道！”

“父王，孩儿是保护您的安全。”门外有人应声答道。刘接一身戎装，佩带宝剑，走了进来，向父亲施礼问安。

广阳王看着他的打扮，惊问道：“接儿，莫非邯郸兵到，你不去上阵杀敌，到父王这里来做什么？”

刘接阴恻恻地笑道：“父王不知，孩儿要杀的不是邯郸兵马，而是洛阳大司马刘秀。邯郸刘子舆乃是帝嗣，一夜崛起，南面称尊。孩儿要提着刘秀的人头向邯郸邀功。”

刘喜一听，气得浑身打颤，胡须抖动，抬起手来。“啪”地给儿子一个响亮的耳光，怒斥道：“孽障，你不是保护父王，你是囚禁父王的。家门不幸，出了你这个悖逆天理的畜生，我家族大难将至。”

刘接捂着半边脸，委屈地道：“父王，您这是何苦呢，非得保那个刘秀的安全。”

“你……你这个糊涂的东西，身为宗室子弟，不明大义，悖逆天理，我广阳必有破国灭族之祸。”

刘接不服气地道：“您身份尊贵，也不过是个有名无实的王爷。小小的

广阳国有什么稀罕。孩儿砍下刘秀的人头,归附邯郸,便有十万户的封赏,胜过广阳十倍。"

"见利忘义,无耻之至!"广阳王更加激愤,骂不绝口。刘接难以说服父亲,只得退出院,向守门家将吩咐道:"好生看护王爷,如有闪失,拿你是问。"说完,去寻蓟城令,一起去驿舍取刘秀的人头。

刘秀已知蓟城令有归附王郎之意,格外小心,命傅俊率十几名将士装扮成老百姓,在衙署周围监视。刘接围住广阳王,与蓟城令进进出出,行动诡秘,立即被傅俊侦知,报告给刘秀,刘秀知道,蓟城已不可留,传令部属马上起程,众人顾不上吃饭,更顾不上行装,纷纷奔向马厩。刘秀跃上马背,由姚期开路,出了驿舍的大门。

大街上已是一片混乱。王郎大兵来攻的消息,使城内的百姓惊恐万分,争相逃往城外。刘秀来到大街上,顿时轰动全城,出逃的人们忘记了恐惧,纷纷驻足观看洛阳大司马刘秀的风采。刘秀周围人山人海,道路不通,前进不得。姚期着了急,骑马挥戈,嗔目怒喝道:"大司马出城公干,快闪开!"他面似严霜,声如巨雷。吓得围观者连声惊呼,抱头鼠窜。刘秀一行得以冲过大街,向南城门驰去。

蓟城南门,把守的兵将已换上刘接的心腹家将和蓟城令亲兵。城门铁闩横插,早已关闭。刘秀一行刚冲过大街,刘接率兵就追了上来。姚期见前面城门关闭,后面有追兵将至,一言不发,拍马急驰,到了跟前,长戈一挥,直刺摆开阵势的守兵家将。王霸、杜茂、祭遵、耿纯等人随后冲上,挥舞兵刀,与守兵厮杀。刘秀部属,个个武艺高强,能征善战,对付这些人,根本不费什么力气。只杀得守兵血肉乱飞魂飞魄散,争相逃命。朱祐护卫着刘秀,一刀砍倒城门总管,打开了城门,英雄们齐声呐喊着出城去。刘接赶到,气得直跺脚,仍然追出城去。

天色渐晚,逃出蓟城的刘秀一行慌不择路,拼命奔驰,急遽的马蹄叩击着冰封的旷野,更增了南逃的恐惧。

天色微明,脚下的道路依稀可辨,奔逃了一夜的大司马部属个个筋疲力尽,人困马乏。听听后面没有了追兵的声音,马蹄渐渐慢了下来,刘秀的青骢马喷着白气,再也不肯往前走。刘秀担心追兵再来,正要鼓励大家继续奔逃。忽然身边的邓禹一个马失前蹄,从马背上摔落下来。众人吃了一惊,纷纷下马。邓禹却打了个滚儿,坐在雪地上。苦着脸说道:"明公,我是走不动了,肚子饿得慌。咱们还是靠近村庄,弄点吃的吧!"

一说到饿字,大家都感觉到饥肠咕咕,肚肠空空。昨天的午饭没来得及吃就逃了出来。又奔逃一夜。人是铁,饭是钢,一顿不吃饿得慌。谁到这时候,肚子能不饿。

刘秀知道邓禹从小养尊处优,长大一直在长安游学,没吃过苦头。奔逃一夜,饿到现在真够他承受的。但是,现在身在何处,不知晓,周围又没村舍,哪里去弄吃的? 唯有打起精神,坚持赶路,才有生存的希望。他深邃的目光扫视着冰封的路面,终于发现被积雪覆盖的路碑。不断地摇头道:"不行,我们没出涿郡边界。此地尽归王郎,王郎兵随时会出现。稍有耽搁,恐有性命之忧。孟子曰:'天将降大任于斯人,必先苦其心志,劳其筋骨,饿其体肤。'王莽虽死,天下未靖。王郎借刘子舆之名,自立为帝。以后还不知又有几人称帝,几人称王。靖乱安民,就是上天降给我们的大任。努力,向前,希望就会出现。"说完,他亲自上前,为邓禹牵马。邓禹心潮起伏挺身而起,纵身上马,哽咽道:"明公放心,就是再苦再累,邓禹决不会叫苦。"

众人被鼓起勇气,忘记了饥饿,忘记了疲劳,忘记了寒冷,紧跟着刘秀,艰难地向前行进。

路越来越窄,崎岖不平,其滑无比,马匹走不到两步,就摔倒一跤。众人只好牵马步行。又艰难行进十几里地。到了一块界碑前,细看才知到了饶阳的无蒌亭。界碑不远处就是村落。村外的打谷场上堆着干草。马匹看见干草,挣脱缰绳跑过去,再也不愿离开。刘秀叹了口气,只得下令歇息,命朱祐去村里买些食物给大伙儿充饥。

朱祐搜遍全身,竟一个子儿也没有。因为逃得急,身上五枚钱也没带,只得苦笑道:"没钱怎么办? 我一个大男人,总不能讨饭吧! 我不去!"

众人各自摸口袋,结果跟朱祐一样,一个钱也没有。困窘时,一文钱难倒英雄汉。这些征战沙场的英雄真的体味到了金钱的重要性。

刘秀望着部属一个个垂头丧气的样子,鼓舞道:"春秋时,晋国公子重耳,逃难途中,曾经乞食五鹿,终成大事。今儿个,咱们难道就没有办法了。"

话音刚落,背靠大树而坐的冯异忽地站起来,大声道:"你们都要面子,我不要,不信就讨不来吃的。我去。"

冯异的话触动了大家。王霸起身说道:"我陪你去!"

两人走后,刘秀趁空清点人数,百余人的部属,唯独少了个耿弇。心里很不安。朱祐埋怨道:"明公何必挂念他。要不是他,咱们早该到了洛阳,能在这儿受罪。大难当头,他自逃性命去了,算什么东西,日后遇着他,我一定要他的好看。"

"仲先,不得胡说!"刘秀正色道,"慌乱之时,情况不明,不可妄下断语。'用人不疑,疑人不用'么。"

说话的功夫,冯异、王霸回来了,捧着几罐子薄粥和几十个野菜饼子。

朱祐叹息道："就这么点儿，还不够我老朱一个人吃的呢。"

王霸白了他一眼，道："就这些东西还是我们俩好话说了一箩筐，人家才给的。"

刘秀道："乱世之秋，百姓有这些东西吃已经不错了。"便把粥和饼子分给大家，垫垫肚子，继续赶路。

饶阳归附王郎，饶阳令得知汉使南逃的消息，派出兵卒，四处搜捕。刘秀一行，不敢走大道，不敢靠近村落，又无干粮充饥，连饭也讨不到了，大家饥肠辘辘，举步艰难。

这天，来到饶阳驿舍，刘秀望着再也不能前进一步的部属，心里难过极了。但是，自己是主帅，无论如何都要鼓舞部下，不能流露出悲观的情绪，怎样才能让大家饱餐一顿，恢复体力呢？他的目光扫视着四周，当看路边的驿舍时，忽然有了主意。便对部属们笑道："前日无蒌亭，劳公孙、元伯讨来薄粥、菜饼充饥。今天该主公出马，保证让大家饱餐一顿，胜过薄粥、菜饼。"

冯异笑问道："明公有何妙计？"

刘秀卖着关子，道："待会儿，你们自然会知道，现在请你们整理一下衣冠，跟着我走。"

说完，自己整衣束冠，昂首阔步，走在最前面，直奔饶阳驿舍。

驿舍门外，驿吏见一队身着官服，佩带刀剑的人大步走来，慌迎上前去，施礼赔笑道："请问大人是……"

刘秀看也不看驿吏，昂然道："奉新天子之命，有要事赶路，沿途驿舍快献酒食，耽误公事，一律处斩。"

驿吏一听，又是邯郸来的天子使者，不敢怠慢，慌忙端上好酒好肉。饿花了眼的大司马部属看见美食，顾不得许多，不等菜齐，伸手就抓。眨眼之间，盘光盏尽，几个驿卒穿梭般地上酒上菜，还是供不上吃喝。

众人正吃喝得高兴，忽然院内传来急骤的鼙鼓声。冯异一惊，低声道："不好，有情况！"

众人正不知所以，驿吏突然跑进来，大声喊道："邯郸将军到了，快准备接待。"

众人大吃一惊，起身出屋欲走。驿吏一见慌忙出去关大门。刘秀望着驿吏，心里一动，疾步上前，拦住驿吏，说道："邯郸将军是本官的朋友，正好借你这里好款待他，何必关门呢？"说道，招呼部众，重回原座。又抽出宝剑，擦拭着剑锋，催促道："邯郸将军在哪里？快请来人见。如有差错，国法处置。"

驿吏脸色吓得脸色蜡黄，嗫嚅着道："大人恕罪，小……小人弄错了，邯郸将军明……明天才来。"

刘秀轻蔑地道："下次再敢戏弄本官,小心你的脑袋,滚吧!"

"谢大人开恩!"驿吏颤抖着双腿退出去了。

打雁人差点让雁啄了眼。众人这才明白是驿吏弄鬼使诈,虚惊一场,无不钦佩刘秀的机警。

饱餐之后,人有精神马有力。刘秀道："驿吏狡黠,此地不可久留,速速赶路。"

大家离开饶阳驿舍,快马加鞭,昼夜兼行。这时的行进速度快多了。一夜之间,便赶到了滹沱河边。

滹沱河是涿郡与信都郡的分界河,河北属涿郡,河南则属信都郡。刘秀等人来到河边,但是河水漂浮着薄冰,哗哗流淌。大河阻隔,人马无法过去。大家全傻了眼,看着冻的河水发呆。冯异的目光在河堤上搜寻,很快发现不远有一间茅屋,茅屋的旁边立着一块石碑。大家到石碑前一看,只见上刻"危渡口"三个字。看来这里就是危渡口。既是渡口,就该有渡船,可是众人在河面上搜寻半天,连一只小船的影子也没见到。冯异走进茅屋,里面除了一只断浆,什么也没有。看来危渡口原来有游船摆渡行人,可是因为战乱,船家别处谋生去了。

大家围坐在河堤上,七嘴八舌,却没有过河的办法。朱祐说道："要不我们退回去,看看有无别的路可去洛阳。"

邓禹断然摇首道："不可,饶阳驿吏生疑心,恐怕已经识破大司马的身份。王郎兵将已经追来,退回赶个正着。"

冯异叹息道："天公也不作美。自来河北,我们日与风雪为伍,夜与冰霜为伴,受尽冰雪之苦。偏偏这两天晴空万里,河水化冻。"

姚期耐不住性子,跳起来大声叫道："你们唠叨什么,王郎兵到,大不了跟他们拼了。杀一个够本,杀两个赚一个!"

"姚兄弟,不许胡来!"冯异劝住姚期,以目示意刘秀。众人这才注意到刘秀坐在水边,双眼望着河水,半天没动。

邓禹悄然起身,轻手轻脚走到刘秀身后,众人跟着他悄无声息地围拢去。只见刘秀突然站起,仰天长叹："天啊!想我刘秀,徒有虚名,既不能复兴高祖帝业,光耀门庭;又不能平定祸乱,报国安民。让这么多英雄跟着受苦……老天为什么不助我?"说完,龙首低垂,虎目中滴落几滴清泪。

"明公!"部属们从来没看见刘秀悲伤难过,内心受到很大的震动,难过地呼喊着,齐唰唰跪倒在刘秀身后。邓禹哽咽着说道："明公不必难过,是死是活我们在一起,也不枉共事一场。"

"对,明公,生死由命,富贵在天。王郎兵来,我等拼死一战,保护明公突围。"铫期声如巨雷。

"誓死一战,保护明公突围。"部属们群情激昂,表示支持铫期的主张。

刘秀望着这些以死效命的部属,心里好受多了。眼里闪着感激的泪花,一一挽起众人,慨叹道:"诸位的忠义之心,彪炳千秋。但是,王郎追杀的是我,与你们无关,不必作无谓的牺牲。王郎兵到,我来抵挡,你们能逃出一个是一个……"

"不,誓死效命明公。"大家众口一词跪在地上,不肯起来。刘秀一个一个地规劝,说了半天,毫无作用。

"明公,您瞧,天变了。"傅俊突然仰起脸,说道。

也许是刘秀的真诚感动了上苍。转瞬之间,天真的变了。阴云遮蔽了晴太阳,凛冽的北风刮起来。河堤上寒风彻骨,邓禹欣喜地说道:"明公大贵之命,必有天助,今夜滹沱河封冻,明日可行。"众人也高兴地叫喊起来。刘秀趁机劝道:"河谷风急,大家别冻坏了身体,快起来,去茅屋避避风寒。"

众人不再执拗,说笑着拥着刘秀走进茅屋。茅屋太小,挤不下这么多人。这时,天色已晚,北风越刮越冷,裹着鹅毛般的雪片漫天飞舞。刘秀把部属分为两拨,一拨观测河上冰情,巡逻放哨,以防邯郸兵追来,一拨留在茅屋歇息。

夜静更深,呼啸的北风在旷野上肆虐,雪越下越大,天越来越冷。尽管茅屋外的将士们冻得四肢麻木,浑身哆嗦,心里却在祈求上苍冷些,再冷些。刘秀出屋,向守卫的部属问寒问暖,一遍遍地听取滹沱河冰情的汇报。

"禀大司马,河水开始结冰。"

"禀明公,冰冻一指,不能通行。"

"冰冻二指,不能通行。"

四更天了,虽然天还未明。但积雪映照的旷野,依稀可见近处的枯木。部属又一次汇报冰情。

"冰冻一寸,人马勉强可行,但是有危险。"

刘秀道:"再等一等,冰层厚一些,可保证人马安全通过。"

正在这时,负责巡逻守卫的校尉傅俊跑到刘秀眼前,道:"禀明公,远处有马蹄声响,可能是邯郸兵到。"

刘秀心头一惊,跟着傅俊登上堤顶,俯下身来,把耳朵贴在冰冷的雪地上,仔细倾听,果然听到"咚咚"的马蹄声响。

"看来是邯郸兵追来了。"刘秀扫视着围拢上来的部属说道。

"明公,怎么办? 现在是不是过河。"众人焦急地问道。

"不，先点燃火把，再过河去。"

傅俊吃惊地道："明公不是故意把追兵引来么？"

刘秀笑道："就是要邯郸兵知道我们在这儿。一路上，咱们吃尽了苦头。这一次，也该让他们吃点苦头了。"

邓禹恍然大悟，说道："明公说得不错，大家分头行动吧！"

众人依言，一齐动手，把茅屋拆掉，把用草木扎成无数的火把，插在雪地上。火光窜动照耀着雪地，格外耀眼，远远望去，便知有人马在活动。

"明公，追兵到了。"在远处负责巡敌情的将士大声喊道。刘秀等人登高远眺，果然远处有无数的火把正向河边移动，急骤的马蹄声清晰可闻。

"众将士，准备过河，"刘秀大声发布命令，"人、马拉开距离，匍匐而行，千万注意安全。"

众人遵命，各牵战马，沿河边散开。此时，天色微明，风住雪止。大家按照刘秀的吩咐，人和战马保持着距离，伏在冰面上，小心翼翼地向前爬行。总算到了对岸，人马安全无恙。

此时，滹沱河北岸，马蹄声骤然响起。刘接与半道相遇的邯郸丞相刘林的兵马会合，追赶刘秀，遥见火把，知道必是刘秀无疑。邯郸兵快马加鞭，追到河边，望见对岸刘秀等人的身影，人人抢功，个个争先，人马一齐踏上冰面。一夜结冻的河面撑不住无数兵马的重压，咔嚓嚓地断裂。邯郸兵马掉进刺骨河水里，淹死冻死无数。

第二十三章

前狼后虎思虑策略　信都任光共讨王郎

刘林、刘接也被抢功的兵卒簇拥着掉进河里。两人从河里爬上来，浑身湿透，彻骨寒冷，顾不得再追刘秀，忙命兵卒生火取暖，烘烤衣服。偏偏这时西南风起，挟着雨点飘落下来，浇灭了火堆。雨水落到河里，冰融雪消，邯郸兵再也不能从冰上过河。刘林、刘接自认倒霉，忙命兵卒扎营觅船。

过了滹沱河的刘秀一行，望见对岸邯郸兵狼狈不堪的样子，哈哈大笑，多日的愁苦心情一扫而去。这时，迎面一阵大风，吹得人马摇晃，皮肤皴裂。又是一阵急雨当头浇来，众人浑身湿透，冷得上牙打下牙，哆嗦个不停，刚才的好心情又被春雨浇凉了。

"明公，先躲躲雨再走吧！"

"不行！"刘秀果断地说道，"邯郸兵觅到船只，就会追上来。此地耽搁不得，快走。"

将士们只得上马，冒着冷风冷雨，一步三滑，艰难地向前行进。一口气奔出几十里地，听听后边，没有追兵的声音，刘秀才稍微放心，命部属放慢步伐。

路旁出现一处屋舍，刘秀见大雨毫无停止的意思，便命令将士们就地歇息。众人得令，丢下战马，一齐跑进路旁的屋舍里。

这是一座废弃的空舍，房屋很大，但墙皮剥落，连门窗也没有，四处透风，透过屋顶能看到乌黑的天。尽管如此，总比在雨中挨淋强过许多。疲惫不堪的众人顾不得地下潮湿脏乱，拣块稍微干净的地方就躺了下来。抱着臂膀歇息半天才恢复一点气力。

刘秀道："这样躺着会更冷，必须生火，一则做饭，填填肚子，二则取暖，烤烤衣服。"

可是，没有人动弹，将士们太累了，只要躺下，再想站起来就难了。刘秀没再说话，不顾疲劳，强挣着站起来。

"明公，我去抱柴。"冯异说着话，扶墙站起来，趔趄着向屋舍后走去。

好半天,才抱着一捆半湿不干的枝柴进来。邓禹看见,哆嗦着手,取出火石,用力擦着。可是,枝柴太潮,怎么也点不着火。气得邓禹把枝柴踢出多远。

"仲华,我来!"刘秀接过邓禹手上的火石又去自己的行李中取出一本帛书来。邓禹一见惊叫道:"明公,这本《孙子兵法》伴您征战多年,您怎么舍得……"

刘秀笑道:"此书我熟记在心,闲暇时,再抄出一部便是。现在,火对我们来说,比它重要得多。"边说边擦着火石,点着帛书,引燃枝柴。火苗蹿起来,燃起熊熊的大火,给凄冷孤寂的空气带来了温暖,带来了生机。

将士们身上暖和多了,纷纷爬起来,分头忙活起来,埋锅造饭,铡草喂马,烘烤衣物。

刘秀脱过外袍,对着火堆烘烤着,跳跃的火光映照他日渐消瘦的面容,双唇的棱角愈加分明。他望着部属们忙碌的身影,脑海里却在剧烈地翻腾着:自己将把他们带到何处?逃回洛阳,不但前功尽弃,还会再次受制于人,甚至永无出头之日。如果留在河北,可是,王郎这个强大的对手步步紧逼,自己该在何处立足?刘秀两眼发呆,苦苦思索着。

"明公,袍子!"朱祐突然惊叫道。

刘秀猛醒,闻到一股焦糊气味,低头一看,正在烘烤的袍子不知何时烧了个大洞。

"明公,又在想阴夫人吧!"朱祐取笑道。

刘秀收起外袍,笑道:"我呀,恐怕把她都忘了。"他说的是真心话,这些天的追杀之忧,冻饿之患,困顿之劳,早已把阴丽华挤出了自己的脑海。

"明公,请用饭。"冯异端着破瓮走过来。刘秀接过破瓮,看着里面的粗面菜粥,用鼻子闻了闻,笑道:"好香啊,难得今天有火,吃上一顿热饭,大家快吃,暖暖肚子,还要赶路呢。"

众人吃过饭,收拾好行装。雨也停了。刘秀率众上马,继续南行,进入信都国界。前面是驿道岔路口,阡陌相通,四通八达。大司马一行来到路口,勒马止步。刘秀打量着伸向各处的道路,疑惑道:"这些岔路都通向哪里?我们该走哪条路?"

邓禹说道:"还是找个当地人问清楚,再作定夺。"

刘秀扫视周围,驿路上连个人影也没有,找谁去问。忽听冯异叫道:"明公,您瞧,那里有人家。"

刘秀顺着冯异手指的方向看去。果然左边不远处有处茅舍。冯异说道:"我去看看!"翻身下马,步行而去。不多时,就折转回来,摇头道:"屋舍的主人不在。"

"怎么办?"刘秀马打盘旋,不知所向。

"你们要找老夫么?"忽然一个洪亮的声音传来。从路旁的树丛中走出一位白髯飘飘的老人,老人精神矍铄,步履矫健,几步便到了刘秀马前。刘秀赶紧下马,躬身施礼说道:"麻烦老丈,请问这些路通向何方?"

老人呵呵一笑,说道:"路有千条,大司马只要走准一条即可。"说着,手指其中一条小路道:"信都太守任光听命洛阳,不附王郎。大司马从此路行八十里可到信都。"

众人顺着老人手指的方向。放眼望去。却是一条崎岖野径,路上棘草横生,根本不像有人走过。刘秀心中惊疑,正要向老人请教,回头一看,已不见老人踪影。

众人连声称奇。邓禹恍然道:"老人称明公为大司马,特意为明公指路,不是仙人便是世外高人。"

刘秀心神遥曳,面对老人出现的地方,恭恭敬敬地拜了三拜,才回过身来,说道:"信都太守任光是昆阳闯营突围的十三骑之一,与我一起征战过。老人的话不会错,我们去信都找任光。"

"对,伯卿(任光字伯卿)心归大司马,去他那儿,准错不了。"与任光交往甚厚的王霸深表赞同。

刘秀毫不迟疑,跃上青骊马,率众踏上崎岖野径,一步一个趔趄,直奔信都。八十里路程,尽管崎岖难行,对于经受过磨砺的大司马一行,已不是困难,终于在日落之前赶到信都城外。

信都城门紧闭,吊桥高悬,护城河水流湍急。城头上"任"字大纛,"汉"字旌旗,猎猎作响,旗下将士,甲胄鲜明,刀弓在手,一副严阵以待的架势。

冯异心头一惊,说道:"明公,看情形任光是在防备我们,是不是已归附王郎。"

其他将士也有疑虑。因为邯郸王郎也是"汉"字旌旗,从旗号上分辨不出守将归附何处。

刘秀不容置疑地说道:"既有高人指点,我们奔信都不会错,任光必为我用。你们稍等片刻,我去向城上喊话。"说着,一抖缰绳,赶到城下,在马上一抱拳,大声喊道:"城上汉兵听着,我乃洛阳大司马刘秀,因公赶来信都,请禀明太守,放我部属进城。"

信都将士闻听刘秀大名,慌忙飞跑禀报。不多时,信都太守任光快步赶来,手扶城堞,望见刘秀,惊喜地叫道:"刘公,果真是您! 请稍等片刻,任光亲自出城迎接。"

信都城门大开,任光率信都吏卒倾城而出,迎接刘秀一行。刘秀、邓禹、冯异等人下马趋步。刘秀上前扶起任光。邓禹、冯异等扶起任光身后两名威猛的将官。

"明公，早就听说您执节河北，怎么今日才来信都?"任光关切地问道。

"唉，一言难尽!"

刘秀苦笑道，把邓禹、冯异等人介绍给任光等人。任光则把身后两名威猛之将介绍给大司马一行。

李忠，信都都尉，字仲卿，东莱黄人。万修，字君游，扶风茂陵人。更始帝派使者徇行郡国，用两人分别为都尉、郡令，与太守任光共守信都。三人意气相投，情同手足。

进城之后，刘秀与部属洗浴更衣之后，任光、李忠、万修请刘秀客厅叙话。任光道:"明公部属突然出现在信都城下，真把我们吓了一跳。不知明公怎么到信都的，为什么我们一点消息也没有探听到?"

刘秀便把白髯老人指路的经过说了一遍。任光惊讶不已，叹道:"明公大贵之人，竟遇到世外高人指路。我早就听说距此八十里的下博境内，有一位世外高人，只是无缘相见。明公不知，高人所指的荒僻野径，是通往信都的捷径，很少有人知道。即使邯郸兵追来，也探听不到明公的踪迹。"

刘秀闻听，连声叹惋，懊悔与老人失之交臂。自己要做成大事，需要的就是这样的德才之士。以后，还有缘再与高人相见么?

冯异安慰道:"明公贤德，方有幸得高人指路。有什么遗憾? 还是商议一下如何对付王郎吧!"

提起王郎，任光义愤填膺，说道:"王郎窃汉自立，一呼百应。信都郡邑皆降。我与仲卿，君游独不附。扶柳县廷尉持王郎檄文来信都诘难，被我们斩首示众。为防王郎兵马来攻，匆忙招集四千精兵，日夜把守城池。明公突然出现在城下，我们还以为是邯郸使者呢。"

刘秀把自己从蓟城一路被王郎追赶，狼狈奔逃的经过说了一遍，用希冀的目光望着任光说道:"伯卿，王郎势大，我不能力敌。你有何妙计，能解燃眉之急?"

"这……"任光原指望大司马到来，可以共守孤城，现在见刘秀反而求助于自己，踌躇着说不出话。李忠、万修上前道:"反正信都是孤城，死守无益，不如回洛阳见陛下。信都数千精兵，可以保护大司马西去，请来大兵，共击王郎。"

刘秀像是被兜头泼了一盆冷水，透心凉。原以为高人指路，奔来信都，便有立足之地，没想到结果还是要回到洛阳。信都只有数千兵力，护驾尚可，抵御王郎则远远不够。李忠、万修的话，不是没有道理。

是守是退，刘秀迟疑难决。这时，忽然有兵卒来报。

"禀太守大人，和成太守邳彤率精骑三千来会大人，正在城外等候。"

刘秀、任光闻听，又惊又喜，齐声道："邳彤前来，信都有助了。"两人登上城头，果然看见数千精骑，阵容整齐，肃立城外，当中一面"邳"字大纛旗迎风飘摆。任光道："明公在此稍候，我去迎接邳大人入城。"说完，带着李忠、万修等将士走下城头，打开城门，恭迎邳彤人马入城。

邳彤跟随任光等人走进客厅，看见刘秀，惊喜地叫道："相逢不如偶遇，明公，不想在此遇到您。"边说边上前施礼。刘秀执邳彤手问道："伟君（邳彤字伟君）怎么来这里？"

邳彤愤然说道："王郎假托帝嗣之名，一夜暴起。檄文下到下曲阳。下官掷檄文于地，驱赶来使，引兵自守下曲阳。闻听明公落魄南奔，便派五官掾张万、督邮尹绥，选精骑两千，沿路迎接，未遇明公，下官想，孤守下曲阳无益，闻听信都不附王郎，便率倾城之兵，来信都合兵，共拒邯郸，不想竟巧遇明公。"

刘秀感叹道："纷乱之际，伟君能明大义，识大势，可成大事。诸位请与我共谋王郎。"

于是，大司马部属与信都、和成吏属聚在一处，共商大计。多数人认为，王郎势盛，合两郡之兵，不过七千，尚无力抗击王郎。但若以两郡之兵护卫大司马西还洛阳，可保万无一失。再从洛阳搬取援兵，进攻邯郸，则更为稳妥。

邳彤力排众议，跨前几步，慨然说道："西还之计实为失策。天下吏民，苦于战乱，无不怀念大一统的大汉王朝。所以更始称汉帝，天下响应，三辅吏民打扫帝宫，修建道路迎接他。汉军一名小卒执戟大呼，可以把千里之外的叛将吓得遁城逃跑或者跪地请降。自古以来，没有比思念大汉王朝更让老百姓魂牵梦萦的了。王郎一个人就是利用人们思汉心切的心理，假托刘子舆之名，自称天子，纠集了一批乌合之众。虽然已得燕、赵，但是，假的毕竟真不了。王郎的根本不稳固，很多人对他的帝嗣身份不是没有怀疑，而是贪图封赏才归附于他。只要明公率两郡精兵，利用洛阳天子的强大影响力，师出有名，则攻城必克，战敌必胜。如果弃城西还，不但白白丢掉了河北，还会惊动帝都，对明公和洛阳汉帝都折损威名。况且，明公如果没有讨伐王郎的意图，信都的兵马也很难平安护送您西归。原因很简单，试想明公西去，邯郸兵将追来，信都吏民谁乐意抛弃家室父母，千里相送？恐怕在半道上，兵卒就逃回来了。信都民心一旦离散，再想凝聚起来，已经不可能。"

邳彤之言慷慨大义，掷地有声，不仅刘秀动容，连原来力主西还的吏属也改变了主意。刘秀以掌击案，高声说道："伟君所言极是，我决定依言而行。兵力不足，我们可以想办法。伯卿你看能否向城头子路、力子都借兵。"城头子路、力子都是两支反莽而起的义军，在河北很有影响力。任光也被邳彤的话所激励，驱前一步，道："城头子路、力子都反莽时还称得上义军，王莽死后，便为祸地方，俱成亡命盗贼，明公岂可倚重。兵不在多，而在精，只要同仇敌忾，一定可以战胜王郎。昔日昆阳大捷，明公以不足万人的兵力，大败王莽四十三万大军。一个假子舆，何足道哉！兵力不足，可以大司马之名，征集附近县邑兵马。"

刘秀依从邳彤、任光之言，决定留在信都招集兵马，反击王郎。大司马坐明堂，当即拜任光为左大将军，封武成侯，统率全军，李忠为右大将军，封武固侯，万修为偏将军，封造义侯，邳彤为后大将军，兼和成太守，率兵为前锋，命南阳宗广留守信都领太守事，冯异去收河间兵马，耿纯回乡招兵，铫期为裨将，与傅俊、吕晏俱属邓禹，出徇信都国所属县邑，征集当地兵，令王霸为军正，祭遵为军市令。诸将领命，分头行动。大司马摆开驾势，要与假子舆在河北，见个高低。

武成侯任光多作檄文，传送各地，檄文曰："大司马刘公督率城头子路、力子都兵至百万众，从东方赶来，进剿假托刘子舆之名的叛贼……"

先前是王郎檄文，大兵将至，后来是大司马檄文，镇兵亲临。河北吏民手持两张檄文难辨真伪，无所适从。但有一点可以肯定，河北上空战云翻滚，必有一场血腥征战到来。

一场春雨把帝都洛阳冲洗得丝尘不染。天刚擦黑，街头巷尾，家家户户门前都挂起了五颜六色的彩灯。忙碌了一天的人们纷纷涌上乍暖还寒的大街。街衢变得比往日热闹多了。

今天是正月十五，是恢复汉室后的第一个元宵灯节，更始帝在过了一个欢庆奢华的大年之后，命令正月十五元宵灯节，户户挂灯。洛阳百姓乐于听命，因为今年在老百姓的眼中是个吉祥年，虽说田园依然荒芜、生活依然贫困，但是王莽被杀毕竟是一件令人高兴的事，何况，汉室已复，人们渴望更始帝尽快平定天下，重新过上大汉王朝那种安居乐业的日子。向往太平盛世，总是善良人们的共同心理。

最热闹的地方当然是皇宫门外的御街。成串成排的彩灯挂满了御街两旁，亮如白昼。什么龙灯、仕女灯、宫灯、鸳鸯灯等，花样各异，新颖别致，引得人们驻足不前，啧啧赞叹。街上耍狮舞的、演把戏的，鼓点阵阵，丝竹声声。

忽然，一队黄门官飞奔而来，齐声高呼："天子旨意，今晚与民同乐，午门开禁啦！"

人群顿时欢腾起来。午门可不是寻常百姓去的地方，难得开禁，何况还能一睹天子仪容，谁不想去。人们顿时提着彩灯，耍狮舞的、演把戏的，也忙着收拾家伙，赶往午门，一展身手，说不定天子高兴，还有赏钱什么的，全都涌向午门。

皇宫内外，早已挂满精美华贵的彩灯，把整座皇宫装点得富贵壮丽。宫门外高阁上，更始帝刘玄与宠姬韩夫人并排高坐，把酒欣赏午门高挂的各式彩灯。更始帝两旁，坐着文武重臣，谈笑风生。

御前黄门黄信走到更始帝面前，奏道："陛下，奴才已传下旨意，百姓马上就会赶来，今晚一定够热闹的。"

更始帝满意笑道："朕就是要与民同乐，让天下子民知道朕爱民如子之心。瞧，他们过来了。"

果然，御街方向，无数彩灯正向午门飞快地移动，百姓的欢笑声响彻全城。这时，坐在更始帝旁边的大将军赵萌起身进言道："陛下，百姓之中难免会有异心分子，您的安全……"

"朕不怕，"更始帝哈哈大笑，无限信任道，"就是有人要行刺朕，有赵大将军在旁，也休想得逞。传旨，把午门羽林军全部撤走。让百姓们尽情狂欢。"

赵萌得意地退下，坐回原位，却没有发现在他身后有两双充满敌意的目光。那是朱鲔和李轶的目光，朱鲔发现，更始帝总是有意无意地在朝臣面前赞赏赵萌，恩宠有加，使得赵萌的权势日益加重。他是机警的人，很快就明白了更始帝的用意，是在利用赵萌的权势钳制绿林诸将。自己总以为刘玄懦弱可欺，没想到他也很有心计。

午门很快聚集了无数百姓，各式各样的彩灯虽然比不得皇宫的彩灯华贵，却是别具一格别有风趣。耍狮舞、演把戏的更是各显身手，都想博得天子赞誉。元宵灯节的热闹气氛达到了顶点。

更始帝兴致勃勃地边欣赏、边品评，不时命黄门官往下面大把大把地撒赏钱，众百姓争相哄抢，跪伏在地，齐呼万岁。韩夫人乐得花枝乱颤，连声道："好开心哟，陛下可以天天与民同乐。"

赵萌摇头道："陛下是千金之躯，哪能天天与这些卑贱的百姓在一起，偶尔为之可也。"

更始帝觉得赵萌的话很适心意，正要褒扬几句，忽见太常将军刘祉起身，说道："陛下与民同乐，乃是万民之幸。可惜，天下还有很多百姓感觉不到皇恩浩荡。"

更始帝一怔，脸上依然挂着笑容，问道："太常将军有什么话尽管说，朕今天高兴，一律不加罪。"

"谢陛下！"刘祉放心了。他就是要利用这个难得的机会向皇帝进谏。因为更始帝平时在宫内饮酒享乐，根本不出宫。这次趁着刘玄高兴，便进言道："河北纷乱，战事又起。邯郸王郎，一个卜者，假借成帝嗣刘子舆之名，一夜崛起，自尊汉帝。大司马刘秀执节河北，亦被王郎一路追杀南逃，疲于奔命。陛下应遣将出兵河北，助大司马刘秀平灭盗命的假子舆。"

柱国大将军李通、廷尉大将军王常也趁机起身，进谏道："河北危机，大司马生死未卜，陛下宜速遣兵将，平灭王郎，拯救大司马。"

"是啊，王郎不灭，河北难平；河北不平，天下难定，天下不定，汉室如何复兴？"

更始帝如梦方醒，恍然道："是有这么回事，朕好像在奏折上看到过。这个王郎，着实可恶，竟敢假借帝嗣之名，与朕争夺天下，真不知道天高地厚，朕不扫平他，难消心头之恨。请……"

"陛下且慢！"更始帝正要当场派将讨伐王郎，忽听五威中郎将李轶大声喊道。不由一愣，望着站起身来的李轶问道："李将军，你要请命出征吗？"

"非也，"李轶轻蔑地说道，"一个卜者，也用得着为臣去讨伐吗？昔日宗武侯刘望据有汝南自立天子，陛下遣一将前往，一扫而平。王郎不过一个假子舆，何足道哉？臣以为，当前朝廷大事乃是迁都，待迁都长安之后。再造将讨伐河北不迟。"

朱鲔也起身赞同，说道："李将军所言极是。迁都才是大事。河北有大司马刘秀，才智过人，一定可以转危为安，抵御王郎。"

知弟莫如兄，李通深知其弟奸诈狠毒，闻听李轶之言，顿知其意，李轶是要借王郎之手除掉刘秀。他怒不可遏地道："李轶，你这样劝陛下，分明要置大司马于死地。"

李轶知道他心向着刘秀，便不顾手足之情，抑郁道："我是为公为国，问心无愧。你为姻亲之好，能登大雅之堂么？"

"你……"李通气得说不出话来。

"吵什么！"更始帝怒容满面，道，"今天朕与民同乐，你们分明不让朕乐起来。朕决定了，先迁都长安，再遣将讨伐王郎。长安帝宫也该修建好了，下月初就迁都。就这样，来，观舞听戏。"

刘祉、李通、王常自知又是白费口舌，无不沮丧地叹了口气。

更始二年，在一片锣鼓喧天，管弦悠扬中，刘玄迁都长安。来到这座山水绝佳、物阜民丰、易守难攻的军事重镇，刘玄放心许多。他敞开胸怀封官加爵，对那些曾经为他冲锋陷阵的汉军主要将领十余人，都各有官职。而实际上，除了王凤不在朝廷外，朱鲔、李轶、方望等掌握着宫中大权，刘嬰、李松等出谋划策的丞相，也占尽风光。刘玄还特别提拔善于阿谀奉承的赵萌为右大司马。

赵萌的突然高升，让很多人迷惑不解。许多身经百战的将领们不禁互相打听，这位赵萌何许人也，他有何大才，没听到什么响动便坐到了一人之下三人之中的交椅上呢？

赵萌原本地位并不高，只是个侍奉皇上饮食起居的角色。但赵萌为人乖巧心细，他对刘玄的脾性、喜好都认真揣摩，知道刘玄如今贵为天子，已经不满意韩氏独占床第。并且赵萌还了解到，随着刘玄逐渐适应了做皇上的威严，韩氏已经控制不住他。于是他就乘虚而入投其所好，远道从江南买来一个樱桃小口、杨柳细腰的妓女，诈称是自己养在老家的爱女，特意领来拜见皇上。

刘玄一看如此绝妙的江南佳人，立刻喜上眉梢，赵萌则做出忠心耿耿的样子，顺水推舟，把自己的"女儿"献给刘玄，二人相扶走入洞房，喜结连理，赵萌自然也就轻易地成了国丈。而正如赵萌所料想的，刘玄的原配韩氏出于嫉妒，大闹几场后，刘玄对她彻底厌恶，被那个小妓女几夜"枕边儿风"吹得晕头转向，加上赵萌从一旁撺掇，韩氏最终被打进冷宫，后又让赵萌指使人给悄悄杀掉。

这样一来，新娘更加受宠，正中了赵萌下怀，他放开手脚大肆活动，将自己的心腹安置在刘玄身边，对刘玄的掌控权，不声不响地从朱鲔等武夫那里，转到了自己手中。

看到赵萌独揽大权，渐渐失去控制，朱鲔和李轶等人相机行事，为了保住手中兵权，他们得到刘玄许可后，带了自己的兵马，到关东镇守一方，去做自己的土皇帝去了。此刻河北战场正激战犹酣。城邑接连丢失，败报如雪片一样飘进邯郸王宫。王郎大吃一惊，想不到刘秀一个漏网的穷寇，竟在短短的时间内聚集这么多的兵马，而且攻城掠地，步步紧逼。忙召集群臣，商讨御敌之策。丞相刘林说道："刘秀在昆阳大战中，曾以不足万人的兵马，大败王莽四十三万大军，绝非寻常之辈。如今连城皆捷，士气正盛，不宜与其正面争锋，刘秀从信都出兵，倾城而出。城中只留眷属，必然空虚。我军可绕道而行，远袭信都，使其首尾难以相顾。而且，眷属尽在我手上，汉兵军心必乱。再派大兵进击，刘秀必败。"

王郎没想到刘林竟有如此妙计,看来是做了丞相,大有长进,当即连声夸赞。大司马李育也连称好计,请命道:"我愿带兵出击,守住邯郸门户柏人城,抵御刘秀的正面进攻。"

王郎精神亢奋,叫道:"好,有李将军守住柏人城,可保邯郸无虞,朕再派出信都王,突发奇兵,夺取信都,前后夹击,必败刘秀,使其死无葬身之地。"当即封心腹之将王奔为信都王,督率大军,潜师出击。

大司马刘秀合和成、信都、昌城、巨鹿的兵马以及邓禹征发来的兵马,再加上攻城略地所得兵马,犹如涓涓溪水聚成江河。征讨王郎的大军迅速壮大,军纪严明,军容严整,蔚为壮观。对河北王郎的假子舆政权形成了强大的压力。挥师北进,击中山,拔卢奴,所过之处尽发檄文,声讨假子舆王郎的忤天之罪。归附王郎的郡县纷纷倒戈一击,响应大司马刘秀。

大军正在行进,刘秀加在队列中,忽然一名侍卒飞马从后面赶来,大声叫道:"明公,有位壮士赶来见您,说有重要的事相告。"

刘秀勒马出了队列,问道:"来人在何处?"

"明公稍候,来人随后就到!"

刘秀下马。不多时,侍卒引着一骑飞驰而来,马上的人老远就翻身下马,趋步上前,给刘秀跪拜请安。

刘秀细看来人,三十来岁,一身百姓便装打扮,浑身上下透着精明强干之气。忙亲切地问道:"壮士何人?"

来人抱拳道:"小人是耿弇门下的家将,奉家主之命,特来给大司马书。"说着,从衣内取出一封帛书,恭恭敬敬地呈上。

刘秀一听是耿弇的消息,忙接过帛书,当即拆开细览,脸上顿露兴奋之色,连声叹道:"好,太好了。"

这时,朱祐不知何时到了眼前,看着刘秀说道:"明公,是耿弇的消息吗?蓟城乱时,他不保护明公出逃,躲到哪儿去了?"

刘秀扬着书信,说道:"仲先错怪伯昭了。他已说服上谷、渔阳,合两郡突骑猛将向南出击王郎,战绩辉煌,斩王郎大将九卿、校尉以下四百余首级,得印绶一百二十五,斩敌首三万,平定了涿郡、中山、清河、河间所属二十二县,使其归服本官。"

朱祐惊奇不已,忙接过书信细看,他原本识不得几个字,跟着刘秀身边,学业精进,字认得差不多了。看完之后,也忍不住赞叹道:"这小子竟有如此方法,我真是小看他了。当初他向明公进谏:驻守蓟城,联合上谷、渔阳兵马,抗击邯郸之兵,我还以为他是本地人并非真的归附明公。明公南逃,他没了踪影,我更认为他投奔了王郎。谁知,他果真发来突骑,立下盖世奇功。

明公识才，用人不疑，疑人不用。朱祐佩服得五体投地。"

　　刘秀当即将耿弇书信在军中传闻，以进一步鼓舞士气。同时，厚赏家将，亲自作书回复，褒奖耿弇，并相约在广阿城会师。

第二十四章

大司马部城遇难题　为大局娶妻连盟军

原来，蓟城刘接困住广阳王，与蓟城令共谋刘秀时，耿弇奉大司马之命去北镇征集粮草。等他回到阵营时，天已经黑了。大司马一行已是人去屋空。耿弇赶紧拨转马头，奔上大街。此时，刘接、蓟城令的部属正在到处搜捕大司马刘秀的部属同党。城里乱成一片，人声鼎沸，逃难的人们互相劫掠撕打，阻塞了道路。耿弇好不容易才奔到南城门。但见城门前死尸枕藉，血流遍地。大司马一行肯定在这里厮杀过。他想出城追赶，可是，辎重横拦，城门落锁，守兵虎视眈眈。出不去了。

怎么办？耿弇退到偏僻之处。左思右想，留在蓟城无益，一定要想办法出城方行。捱到天亮，只得硬着头皮去找城门管事。

"我乃上谷太守耿况之子，因为出事羁留蓟城。现在有紧急事务要赶回上谷，烦请开城，放我出去。"

因为上谷是突骑所在，归属尚不明朗，所以城门管事说话很客气。

"原来是上谷的耿公子，按说应该放您出城，可是上头有令，任何人不得出城。小人也没有办法，耿公子是不是等过了风头，再出城如何？"

耿弇急得心头冒火，但是，这时候发怒不得，还得好言好语地求人家。他满面堆笑道："管事大人，我家里有急事，耽搁不得。您看，我又不是洛阳汉使的人，偷偷地放我出去，既不会有人知道，也不会有风险。我一定酬谢大人。"说着，把身上仅有的一块佩玉送到管事面前。

城门管事等的就是这句话，登时脸上乐开了花，等他看见只有一块佩玉的时候，乐开花的脸又拉得老长，耿弇一见不妙，忙道："我还有一匹坐骑，权且送给大人，只求放我出城。"

城门管事勉强答应，悄悄开启城门一条缝，放耿弇出去，"咣"地一声，又关上了。

茫茫旷野，哪里还有大司马刘秀的踪影。耿弇没有了坐骑，自知追赶不上。猛然想起曾与大司马相约，说劝上谷、渔阳两郡兵马，共击王郎。此时，

不如且回上谷。蓟城距上谷郡所属最近的昌平县也有二百里地,耿弇硬是靠两条腿,走了一天一夜,才赶到昌平。得了坐骑,填填肚子,人不歇息,又奔上谷驰去。

上谷太守耿况见儿子独自回来,吃了一惊问道:"弇儿,你去洛阳进献,怎么这么快就回来了?孙仓、卫包他们呢?"

耿弇把从吏孙仓、卫包中途挟裹财物,投奔王郎的经过说了一遍,道:"如今王郎假托帝嗣之命,窃夺天下。洛阳大司马刘公德高泽厚,素怀高义。可惜,被王郎追逐奔逃,生死未卜。上谷郡听命汉室,应速发突骑,进击王郎,驰援大司马。"

耿况沉思道:"我儿所言极是,只是上谷力孤,须与渔阳合力。爹已遣子翼通结渔阳太守彭宠,共约起兵。子翼也该回来了。"

说寇恂,寇恂就到了。耿况、耿弇听到禀报,父子一同出府,迎接出使渔阳归来的寇恂,寇恂进了府衙,刚刚落座。耿况就迫不及待地问道:"子翼,渔阳态度怎样?"

寇恂面色平静,微微叹息道:"渔阳官属多为河北人,皆有归附王郎之心。"

"那么,彭公呢?"耿况吃惊地问道。

"彭公有归附洛阳之心,只是顾忌部众不服,犹豫不决。彭公麾下猛将吴汉,字子颜,南阳宛人。素闻大司马刘秀的贤名,有心归附。我与子颜多次劝说,彭公才答应与上谷合兵据守,不附王郎。"

耿弇闻听,愠怒道:"彭宠目光短浅,不明大义。上谷、渔阳纵有天下精骑,若不归附汉命,师出无名,人心不安,也难抵御王郎的进攻。必招致灭顶之灾。"随后,向寇恂说明刘秀仓惶南逃的经过。

寇恂耸然动容,向耿况再次请命道:"伯昭所言甚是,关乎上谷安危,不可不察。属下愿再次出使渔阳,说服彭公,共同归附大司马刘公,平灭王郎。"耿况犹豫不决,说道:"子翼刚刚出使回来,再去渔阳,能说服彭公吗?"寇恂坚定地说道:"说服渔阳,共归汉使,关乎上谷安危,属下就说破嘴皮,也要说服彭公。"耿弇心里一动,起身说道:"爹,孩儿随子翼一起去,也许可助他一臂之力。"

耿况欣然答应。

"弇儿长大了,也为国建功立业了。有子翼在,爹放心。"

于是,寇恂、耿弇携重礼,再次出使渔阳。

渔阳太守彭宠听说寇恂又来做说客,心中不悦。推说身体不爽,不予召见。寇恂没办法,只好再走吴汉这条路。便与耿弇夜深时去吴汉府上。吴汉听说是上谷使者,热情出迎。与耿弇、寇恂论起天下大势,侃侃而谈。三个谈得非常倾心,互生钦佩之情。当谈到渔阳、上谷何去何从时,吴汉说道:"彭公犹豫不决,一则是因为王郎假托刘子舆之名,彭公不辨真假。部属多为河北人,愿意就近归附邯郸;二则洛阳更始帝朝政日益混乱、败乱,恐难成大事;三则大司马刘公徒有威名,无一兵一卒,为王郎所追,疲于奔命,彭公岂敢将渔阳生死押在大司马身上。"

耿弇听着,忽然灵机一动,有了主意,笑道:"彭公既有此狐疑,我们可以想办法释其疑虑。子翼、子颜(吴汉字子颜)再乘机进谏,便可说服彭公归附大司马。"说道,又低语几句,寇恂、吴汉笑道:"好计,好计!"

彭宠一夜没能睡好。渔阳何去何从的问题,像一块巨石压在心上,推磨不开。临进天亮时才恍惚入梦。忽然,门外一阵脚步声传来,就听亲兵喊道:"大人快起来,大司马使者到了城外!"

彭宠被惊醒,没好气地问道:"哪里的大司马?"

"洛阳大司马刘公!"

"是刘秀的使者?"

"正是!"

彭宠吃了一惊。刘秀不是被王郎的兵马追赶,南逃了么,怎么突然派使者来渔阳?他来不及多想,赶紧传命道:"让子颜(吴汉字子颜)先迎使者进城,我马上就到。"

渔阳郡府衙,吴汉率府吏将卒恭恭敬敬地引领大司马刘秀的使者走进客厅。装扮成使者的耿弇手执假汉节,正容肃然,身后的从吏都是一同出使渔阳的上谷部吏装扮,表情威严不苟言笑,满是那么回事。

耿弇落座,故作恼怒地道:"请问太守大人何在,既不出迎,也不相见,莫非是目无大司马?"

吴汉满脸陪笑,正要向使者解释,忽听门外彭宠大声说道:"尊使息怒,本室来也!"话没落音,彭宠已步入门内。

耿弇勃然大怒,斥道:"彭宠,你眼中还有汉室天子吗?"

彭宠没想到大司马使者还有这么大的脾气,冷笑道:"尊使不就是大司马刘秀的使者么,与天子何干?"

"哼,大司马执节河北,我为大司马使者同于天子使者,你藐视大司马使者就等于藐视天子使者。"

彭宠哈哈一笑,突然道:"请问,大司马现在何处?派尊使来渔阳有何贵干?"

耿弇面色威严,朗声答道:"大司马收信都、臣鹿之兵,传檄河北,共击王郎。如今,正率兵北进,特遣本使出徇渔阳。这里有大司马手书讨伐王朗的檄文,渔阳何去何从,太守大人该有个交代吧!"说着,将一份寇恂手书的檄文扔到彭宠面前。

彭宠哪里认得刘秀手书,以为真是大司马手书,仔细看来。檄文声讨王郎假借刘子舆之名,蒙骗天下,窃夺汉室,悖逆天逵之罪。赖令河北郡国明大义,识鬼魅,辅佐大司马平灭叛贼,共兴汉室。彭宠看完,对这位大司马使者再无怀疑,满面堆笑道:"尊使千里迢迢,一路风尘,辛苦了。来呀,请使者大人回驿舍歇息,好生伺候。"

耿弇见彭宠没看出破绽,知道下面的戏该由吴汉主演了。便向吴汉会意地一笑,跟随司礼官员出厅而去。

耿弇走后,彭宠赶紧召集部众,共商大计,吴汉劝道:"大司马刘秀当年昆阳大战时,曾以不足万人的兵力大败王莽四十三万大军,威名远震,德深泽厚。王郎以假子舆之名,欺骗天下,逆凶于一时,必不得长久。长安汉帝必遣大军往助大司马,必灭王郎无疑。渔阳、上谷突骑,天下闻名。主公若合两郡精骑,归附大司马,进击王郎,可建不世之功。"

"这……"彭宠也觉得吴汉的话有道理,但仍然犹豫不决。扫视两旁的部属。部属中河北人居多,都在交头接耳,议论纷纷。显然,人心不一。

正在这时,忽然有专门打探军情的部卒跑进来,报告道:"禀大人:洛阳大司马刘公合信都、和成两郡之兵,连下王郎十余县邑。檄文所至,郡县响应。另有谍报称:长安汉室天子遣尚书谢躬与振威将军马武率军渡过黄河,援助大司马刘公共击王郎。"

彭宠得报,更加相信耿弇和吴汉的话,遂下决心归附刘秀。渔阳部属听到探卒禀报的军情,纷纷改变主意,表示愿意渔阳归附大司马,渔阳的归属已成定局。

其实耿弇并不知道刘秀已收信都、和成之兵,出击王郎的实情,只不过信口说出,诈彭宠归附刘秀而已。没想到竟被他说中了。吴汉也不知道更始帝已遣将驰援河北,也只是巧合而已。

彭宠与部属一致同意渔阳归属刘秀,不听王郎号令。便请来上谷使者寇恂,共商两郡合兵,驰援大司马刘秀的事宜。商议已毕。彭宠即令吴汉、盖延、王梁为将,率渔阳突骑与上谷兵马会师,并军征讨,挥戈南向。所过之处,尽斩王郎兵将,攻城夺邑,所向披靡。

渔阳上谷的去向关乎河北的得失,不但大司马刘秀关注着,邯郸王郎也在虎视眈眈地审视着。当探马向赵王宫禀明两郡的动向时,王郎大吃一惊,慌忙在温明殿召集群臣商议对策,谏议大夫杜威说道:"刘秀从洛阳出徇河北,与上谷耿况、渔阳彭宠没有任何往来。上谷、渔阳为其所用,一定受人蛊惑,如果陛下使用重金贿赂耿况、彭宠,即使两郡不为我所用,也可保持中立。此后,再派人出徇四地,宣扬上谷、渔阳为我邯郸而战,刘秀与两郡相互必疑,必然内讧。邯郸坐收渔利,再遣将把守关隘、严阵以待,河北紧密如铁桶,刘秀有天大的本事也休想插进来。站稳了河北,陛下就可以逐鹿中原,汉室天下就是您的了。”

王郎觉得有理,当即调整战略部署,派大司马李育出徇郡国,谋划渔阳、上谷之事。用大将军张参把守柏人城,太守王饶、将军儿宠把守巨鹿,横野将军刘奉把守广阿城。

王郎已拥有雄兵猛将,假帝嗣之名以令天下,何愁坐不稳天子之位。王郎和心腹之臣对此毫不怀疑。

入夜,汉军大司马帐中灯光明亮。刘秀与众将正围坐在地图前,商讨军情。忽然,探马来报。

“禀明公,王郎大将李恽正率兵驰援部城,距离都城只有一百余里。”

刘秀与众将吃了一惊。耿纯说道:“部城令得大司马檄书,已有归附之意,如果李恽赶到,部城令必附王郎。”

刘秀点头说道:“部城是我进兵邯郸必经之地。如果被王郎夺去,再想攻取,付出的代价就大了。我军距都城有多远?”

“大约二百里地。”邳彤看着地图说道。

“传令各部:辎重押后,轻骑立即出发,一定要在天亮前赶到部城。”刘秀威严地下达命令,双目炯炯有神。

“遵命!”

众将各回本部,传达大司马的命令。刚刚进入梦乡的汉军将士二话没说,披挂整齐,抓起兵器,飞身上马。一条长龙在夜色中向北飞驰。急骤的马蹄声在寂静的夜空中回荡。

天色微明,大军终于赶到部城西。刘秀刚刚勒住战马,便有探马来报。

“禀明公,邯郸李恽的兵马正在城东安营。”

刘秀欣慰地笑了,自己总算没有落在李恽身后。都城归谁,要看各自的实力了。

天色大亮,部城令登上城头,一手拿着出自李立之手的邯郸檄文,一手拿着出自信都太守任光手笔的檄文,不知所措。城中百姓吓得关门闭户,街上冷冷清清。

李恽、刘秀因不知部城心归何处,都不敢贸然进攻对方,双方就这样夹城列阵对峙着,不知不觉日头西坠了。

刘秀正在焦急不安,忽然探马送来一封帛书,拆开一看,却是鄗城令手书。信中说,鄗城大姓苏公,是王郎大司马李育的至亲,不愿迎大司马,已潜出城东去见李恽,约定今晚里应外合,共击大司马的汉军。

刘秀把书信交给众将传阅,多数将士认为信中有诈,唯独前将军耿纯坚信鄗城令有归汉之心,请命道:"属下愿率所部兵马今夜埋伏在城门口,待苏公与李恽会面时,发动突袭,斩此二贼之首级,鄗城必为我所有。"

刘秀沉声道:"不管信中是否有诈,今晚一定要发起对李恽的进攻。不妨依伯山所请,我自率军押后。"

入夜,天色阴沉,城外漆黑一片,伸手不见五指。耿纯自领前车,马衔枚,人蹑足,悄悄埋伏离城门只有几步远的树林里。城门楼上灯光明亮,巡逻的兵卒来回走动。耿纯躲在树林里,借着灯光,正好把城门口看得一清二楚。

时间在飞速流逝,天近亥时,城头上突然出现三盏红灯,在空中转了三圈。耿纯一见大喜,猜测一定是苏公信号。转眼向李恽营中看去,只见人影晃动,好像有人马向这边走动,越来越近,到了城门口,耿纯看清楚了,为首之将一身大将军披挂,必是李恽无疑,这时,随着城门"吱呀呀"地打开,城内走出一队人马,自然是苏公了。耿纯见时机已到,突然大喊一声:"杀!"

只见李恽马前突然弹起一根绳索,战马一惊,把李恽摔落马下。

"杀呀!"

耿纯又是一声大喊,战马已窜出树林,冲到李恽跟前,大刀一举,寒光一闪,李恽的脑袋滚出多远,连"哼"一声也没来得及。苏公惊呆了,等他清醒过来时,发现李恽已死,慌忙招呼兵将来围耿纯。耿纯大喝一声,抖擞精神,与苏公厮杀在一起。

埋伏在后面的汉军主力,见前军已与敌人交锋,登时鼓角震天,杀了过来。大司马刘秀头戴舆整,身披甲衣,腿扎行腾,足登革靴,挥刀跃马,冲在最前面。中坚将军杜茂、护军朱祐、骑都尉刘隆、骁骑将军刘植紧随其后,各举刀枪,猛砍猛杀。李恽兵马挡不住汉军的攻势,纷纷弃戈曳旗,四散逃命。苏公见势不妙,心头慌乱,被耿纯一刀砍下战马。此时,鄗城令也率亲兵吏卒,杀向苏公人马,出城归降刘秀。

天色大亮,鄗城城头飘扬起"汉"字旌旗,大司马刘秀率军进驻鄗城。骑都尉刘隆慨叹道:"多亏大司马决断英明。如果我军不及时赶到,鄗城必为李恽所得,据城固守,我军攻坚而战,付出的代价可想而知了。"

刘秀在府衙坐定,毫无矜持之意,谦逊地一笑,道:"鄗城固然重要,但毕竟是小邑,我军尚可以吃掉它。前面的真定王刘扬拥兵十万,兵多将广,听命于王郎,阻住我北进的道路,这可是块硬骨头。大家来商议一下,如何啃掉它。"

众将尚未开口,刘隆笑道:"明公,真定用得着动刀兵吗? 真定王刘扬也是宗室,跟明公一样,是高祖九世孙。明公檄文所到,再遣使招降,刘扬岂有不降之理?"

刘秀沉思道:"宗室之中,良莠不齐。刘扬既然归附王郎,恐怕再也难以归汉。不过,元伯之言,不妨一试!"当即遣使者携带重礼去真定郡招降刘扬。

两天后,使者空手而回,脸上一道道伤痕哭倒在刘秀跟前。刘秀心头一沉,忙问道:"快说,怎么回事?"

"禀明公:刘扬真不是东西,大司马檄文还没有看完,就扔在地上,喝令侍卫驱赶属下。您瞧,我这脸上的伤就是被竹鞭打的。请明公速发大兵,平灭真定,砍下刘扬的狗头。"

刘秀让使者回营休养,环视众将,怒气冲冲地说道:"刘扬背弃列祖,悖天附逆,神人共愤,我大军到此,若不施以薄惩,上天也不会答应。诸将听令……"

"明公且慢!"

骁骑将军刘植突然挺身而出,拦住正要发布军令的大司马,说道:"属下与真定王俱在河北,有过一面之缘。据守昌城时,亦有来往。愿凭三寸不烂之舌,说服刘扬,归降明公。如果刘扬死心塌地,为王郎卖命,明公再发兵不迟。"

刘秀摇头道:"使者既遭驱逐,说明刘扬已经死心塌地为邯郸卖命,伯先前去,恐怕凶多吉少,还是别冒险了。"

"不,明公,"刘植昂然道,"如果属下能劝降刘扬归附,明公不仅可得十万兵力,也可得到真定一带豪强大姓的支持,对于孤立王郎的势力有很大的作用。属下虽死也是值得的。诚请明公准允。"

刘秀深受感动,他当然清楚劝降真定王的重大意义,便上前执刘植手说道:"伯先千万小心,我为你备办重礼,派人护送去真定。"

刘植摇摇道:"劝降刘扬,只需真诚,无需重金。只有打消他的疑虑,才有希望劝降他。属下单人独骑前去。"

刘秀觉得有理,便与诸将出营,为刘植送行。刘植脱下大将军服,挽上儒衣冠带,向刘秀和众将拱手告别,然后上马,独自一人向真定驰去。

刘秀驻军部城,白天率军操练,晚上与众将谈论兵事。表面谈笑风生,处事如常,内心无时无刻都在为刘植担忧。转眼三天过去了,众将都沉不住气了,营中议论纷纷,传说刘植已经凶多吉少。刘秀也有些沉不住气了,只有邓禹劝慰道:"不论骁骑将军是凶是吉,现在情况不明,切忌冒然行动,只有耐心等候。"

刘秀只得强作镇定。又是两天过去了。正当他坐卧不宁时,忽然兵卒兴冲冲地进来禀道:"明公,骁骑将军回来了。"

刘秀心里一块石头落地,忙率众将迎出帐外。刘植依然儒衣冠带,单骑而归。回到帐中,刘秀未及落座,忙问:"伯先,结果如何?"

刘植满面喜色,道:"真定王已被属下劝服,愿以兵归降明公,彼此同心,共灭王郎。不过……"说着,面露迟疑之色。

刘秀猜测,必是刘扬提出了苛刻的条件,便宽容地一笑,说道:"只要刘扬愿意归降,我会尽可能地满足他的要求,决不让伯先为难。"

刘植突然跪倒道:"明公请恕属下僭越擅权之罪。刘扬为表诚意,想与明公结为姻亲,属下已替明公答应。"

刘秀上前,双手扶起刘植,温言笑道:"伯先能劝降真定王,已是大功一件,何罪之有?只是姻亲之事,太过孟浪。我尚无子嗣,又无姊妹兄弟,如何结亲。"

刘植道:"明公自身不是可以联姻么?真定王有个外甥女郭氏圣通,愿侍奉明公左右。"

刘秀顿时脸涨得通红,愠怒道:"伯先胡闹。我已娶妻,与夫人意笃情深,白头偕老,岂能再娶。此事不必再议,我决不答应。"

刘植没想到大司马如此震怒,而且一句话就把路堵死了,登时尴尬万分,但还是强笑着说道:"天子一聘九女,诸侯一娶三女,明公两妻,也不算多么!"

"伯先,我念你劝降刘扬有功,不加罪于你,休要再说。"

刘植也恼怒起来,冷"哼"一声道:"明公不答亲事,真定王就不会真心归降,属下原以为明公慷慨而知大义,没想到竟以儿女之情而害邦国之事。算我刘植眼拙,错投了主子。"说着,就要告辞而回昌城。众将慌忙拦住。邓禹劝刘秀道:"骁骑将军一心为公,甘冒生死,所言甚是有理。刘扬亲附,若不给为姻亲,怎肯真心归降。一旦我军经过,发生祸变,邯郸兵从南来,真定兵从北进,南北夹击,我军将有灭顶之灾。明公因小失大,能成大业么?何况,寒了将士的心,谁还会为您拼死效命呢?"

校尉傅俊也进言道:"明公情系阴夫人,此心天地可鉴。今纳郭氏,实为大业,阴夫人明识大体,断不会嫉妒的。况且郭氏并非寻常女子,与明公有缘,千里姻缘一线牵么!"被从将劝阻住的刘植见刘秀仍低头不语,愤然道:"我已许诺真定王,如今失信于人,如何立于天地之间。"说着,抽出佩剑,就要自刎,吓得刘秀连声叫道:"我答应,我答应!"众将转忧为喜。围着刘秀欢呼起来。刘秀走到刘植跟前,深施一礼,赔礼道:"伯先冒死为公,刘秀不及,险些铸成大错,惭愧,惭愧!"刘植脸露喜色,道:"明公这个媒我属下保定了。明日该执雁聘亲了。"

郭氏名圣通,真定人,为郡中显姓。父亲郭昌素有贤名,曾经把数百万的田产让与异母弟,在地方很是轰动,赢得仁义之人的美誉,因而做了郡功曹。郭母刘氏,是真定恭王的女儿,人称郭主。真定恭王乃为汉景帝七世孙,郭主就是汉景帝的八世外孙女,她虽然贵为王女,却无娇贵之气,遵循礼教,持身节俭,有母仪之德。生下女儿郭圣通和儿子郭况。郭昌早逝,因儿女幼小,郭主归于娘家。舅父刘扬待圣通如己女,闻听刘秀大名,故有为外甥女择婿之意。

刘秀早已听闻郭圣通之名,并无恶感,只是觉得有负阴丽华的一片痴情。当年,自己立下誓言:"仕官当作执金吾,娶妻当得阴丽华。"阴丽华苦等上千天,相思几年,终于等到喜结连理的那一天,可是,自己被当时形势所迫,不得不与新婚燕尔的妻子再次分开。临行前的夜晚,阴丽华的千般柔情、万般蜜意,令他终生难忘,她要他在她身上留下一条根,他尽力而为了,但不知能如愿么!

刘秀被逼无奈,只得应下亲事。令刘植为媒,执雁赍金,送作聘礼,议定婚期。因为时逢战时,真定王不拘礼仪,一切从简。择日不如撞日,从议亲、定婚到举行合卺礼,前后不过六天。

迎亲之日,大司马刘秀带领护军朱祐、后大将军邳彤、中坚将军杜茂、左大将军李忠等将士,由鼓乐队开道,执事队在前,前往真定郡迎娶郭圣通。真定百姓夹道迎接,争睹大司马风采。真定王刘扬大开城门,率吏民倾城而出,迎接大司马进城。刘秀下马,以晚辈身份拜见刘扬。真定王只闻其名,未见其人,今见刘秀,果然气宇轩昂,举止不凡,乐得脸上开花,慌忙双手扶起外甥女婿,亲自迎刘秀等人进客馆。大摆宴席,宾主频频举觥,欢声笑语响彻真定城。

真定王府后院,一幢小巧别致的绣阁内,年方二八、端庄娇媚的郭圣通端坐在铜镜前,侍女们忙着给她插金钗、画柳眉,妆扮得更加俏丽动人。美满幸福的笑意荡漾在她那俊美的脸蛋儿上,一双会说话的大眼睛掩饰不住内心的满足和甜蜜。出身尊贵的郭圣通最仰慕的是英雄豪杰。昆阳大捷后,刘秀声名日盛。郭圣通仰慕其名,顿生爱慕之情。奈何山高路远,无缘结识。大司马驻部城,遣刘值劝降真定王。郭圣通顿觉有了希望,便央求舅母劝说舅父归降刘秀。舅母明白了甥女的心意,也有归附大司马之意,便在枕席间向真定王吹风。刘扬正为刘植的到来犹豫不定，便召来外甥女问计。郭圣通落落大方，向舅父分析天下思汉，人心归一的形势，力劝刘扬弃王郎，归附大司马。真定王终于决定归附刘秀，但要刘秀做自己的外甥女婿，一则圣通终身有靠，二则也可试探刘秀的诚意。劝降刘扬，与其说是刘植的功劳，不如说是郭圣通的功劳。

妆扮完毕，郭圣通身穿大红绸衫，披上红盖头，被众人簇拥着下楼，来到前厅，依礼成亲。

前厅的宴席早已结束，刘秀挽上大红吉服被众将推到郭圣通身边站定，司仪立刻用一条红绸带将二人连结起来。

"吉时已到。"随着司仪的呼喝声，礼乐响起，一对新人拜天地、拜宗庙、拜高堂完成了结婚大礼。大司马刘秀不知是激动，羞怯，还是喜酒喝多了，英俊的脸胀得通红，摇晃着完成了大礼。

"大礼已毕，送新人入洞房。"司仪一声高唱，众人哄笑着，把新人推进洞房。

装饰得富丽堂皇的洞房里，张贴着大红"喜"字，两只巨大的红烛照得满室通亮。天黑了，客人们渐渐散去，侍女们也退出房去，把房门关上了。屋里只剩下一对新人。刘秀可能是酒喝得多了，感到头有点儿发晕，努力地睁开眼睛，望着端坐在床榻边披着红盖头的郭圣通。这就是他的新娘么？他没有一点喜悦之情，内心却在隐隐作痛。这种痛苦当然是因为愧疚而引起。他是那种感情专一的人，阴丽华是他最喜欢的女人，也是他自以为最美的女人，而阴丽华对他的痴情，更让他痛心彻骨的爱她。可是，现在他的身边又多了一个女子，远在千里之外的阴丽华竟毫无所知。这种负情的债恐怕要压在他心头一辈子。

但是，刘秀毕竟是清醒的。不管怎样，娶了郭氏，可以平空增添十万兵力，对将来灭王郎、成大业至关重要。他努力平抑一下自己的心情，尽量地以一种喜悦的神态走到郭氏面前，轻轻地揭开了红盖头。

一位华服靓妆、俊眼修眉的美丽女子显现在大司马面前。尽管刘秀已经想象过新夫人的美丽，但是，还是被郭圣通的美貌打动了，刚才的愧疚之情不见了，心头涌起一丝喜悦之情。

"娘子，刘秀有礼了。"刘秀脸儿更红，屈身施礼，谦恭备至。

郭圣通羞怯地低着头，偷偷地打量着自己心仪已久的英雄。高大、威武，棱角分明的一张脸，跟想象中的刘秀相差不大。只是没想到堂堂的大司马会向自己屈身施礼。慌得她赶紧起身，道了个万福，声如玉珠击盘，羞怯怯地说道："大司马如此多礼，折煞奴家了。"

一声"大司马"使刘秀突然意识到自己和新夫人相交言浅,不似阴丽华与他总有一种默契,有一种心灵的感应。他喊他"丽华",她喊他"文叔"。多么亲切、多么自然、多么令人心潮涌动。想到阴丽华,刘秀不由自主地把她和新夫人作着比较。如果说阴丽华秀雅外露,带着点儿民家之女的野性,那么新夫人则是纤纤合度大家闺范,令人望而生敬。

"丽华,你在哪里?"刘秀在内心深处呼唤着,却还要应付眼前的新夫人。几案上摆放着两只觥和一壶酒。结过婚的刘秀知道下道程序该是喝交臂酒了,便挪步上前,将两只觥斟满了。温颜道:"娘子,你我既成大礼,现在该喝交杯酒了。"

郭圣通低着头,悄声道:"奴家从命就是。"举莲步上前,端起两只觥,交给刘秀一只。

"娘子,请!"

"大司马,请!"

两人交臂,一饮而尽。共饮三杯,刘秀感到头晕脑胀。他还不明白,自己因为对阴丽华总有一种愧疚感,强颜欢笑的背后,隐藏着一颗痛苦的心,心情不好,自然易醉。论说今天喝的酒不算太多,但在成婚大礼上,他就感觉到头晕了。

虽然刘秀的心里只有一个阴丽华,但大丈夫不可为儿女私情绊住手脚,与郭圣通结婚实属无奈,千秋大业更为重要。这么想来,刘秀也便释然,与这位新婚夫人相处得很是融洽,不但解决了刘秀大军的忧患,还得到了刘扬的帮助,这场联姻也算圆满。

但大婚没几天,就传来了消息,新都失守。刘秀立即带领众将士,告别了新婚夫人,继续北进。

此时的朝廷更是混乱,刘玄觉得自己的皇位来之不易,因此有了享乐之心,整日沉浸在声色犬马之中,不理政事。所有的朝政都交由赵萌代办。赵萌一手遮天,恰在此时安定王逃走,赵萌就以此为由,将自己的对手郑汉除掉了。

第二十五章

临泾分势再现汉帝　以守为攻退邯郸兵

赵萌除掉了郑汉之后,百官无不趋附赵氏,反而不把更始帝当回事。但是诤臣毕竟是诤臣,面谏遭诛,改用书谏。军帅将军李淑徘徊几个晚上,灯下奋笔,上书谏曰:方今贼始诛,王化未行,百官有司宜慎其任。夫三公上应台宿,九卿下括红海,故天工人其代之。陛下定业,虽因下江、平林之执,斯盖临时济用,不可施之既安。宜整限制度,更延英俊,因才授爵,以匡王国。今公卿大位莫非戎阵,尚书显官皆出庸伍,资亭长、贼捕之手,而为辅佐纲维之任。唯名与器,圣人所重。今以所加非其人,望其毗益万分,兴化致理,譬犹缘木求鱼,升山采珠。海内望此,以规度汉祚。臣非有憎疾以求进也,但为陛下惜此举措。财材伤锦,所宜至虑。惟割既往谬妄之失,思隆周文济济之美。

谏书送到更始帝御案上,刘玄细细阅读,李淑之言,针砭时弊,议论得失,虽然措辞激愤,却不失为整治朝纲、振兴汉室的大政方略。行伍之间得天下,治理时却要用士族大夫。

"济济多士,文王以守。"刘玄信口念出《诗经》里的句子。可是,他单身一人投身平林兵先是受朱鲔、王凤等人的胁迫,现在又落入赵萌之手。枉为天子,却无一点儿权力,整治朝纲,复兴汉室,从何做起?郑汉、李淑等人也许把他看成怯懦昏庸,只知道寻欢作乐,无心朝政的昏君。他们知道做皇帝的为难之处吗?

"李淑,你这是冒生命之险啊!"刘玄长叹一声,把谏书烧着,他相信如果落入赵萌的手里,又一位忠诤之臣要遭殃了。

那份谏书还没有烧完。忽然,门外脚步声响起,右大司马赵萌大步走了进来。更始帝大惊,望着正在燃烧的谏书变了脸色。赵萌却笑道:"陛下不必担心,臣不会在意您烧什么。"

更始帝惊问道:"赵卿都知道了。"

赵萌哈哈大笑后,说道:"臣总理朝政,还有不知道的事吗?只要陛下知道的事,臣全知道,陛下不知道的事,臣还知道很多。"

"赵卿还知道什么?"

"臣还知道不但有邯郸王郎冒称帝嗣,自尊汉帝,还有人把定安公劫持到临泾立为汉帝,自称功臣。乱世之下,鱼目混珠,刘汉的确是叫得响的招牌,不少人正是借此称王称帝,野心不小呀!"

更始帝又是一惊。

"怎么,定安公刘婴在临泾称帝?是何人所为?天无二主,如今却有三个汉帝,岂不贻笑大方。朕要讨伐临泾。"

赵萌道:"拥立定安公的人就是隗嚣的军师方望和安陵太守弓林。弓林自封为大司马,方望自为丞相,如今拥兵数万,气势不小。"

"赵卿速派兵进剿,不能等他坐地势大。"

赵萌奸笑一声,说:"定安公乃是宣帝玄孙、广戚侯刘显之子,比陛下更接近帝宗。方望、弓林煞费苦心,把他劫持到临泾立为天子,自然是顺乎天理,合乎人心,臣出兵讨伐,只怕师出无名。"

更始帝着急地说:"怎么是师出无名,方望、弓林是叛逆汉室,人人可诛。只有朕才是真正的汉室天子。"

"臣也把陛下当作真正的汉室天子,可是没有臣的拥戴之功,陛下的天子之位能坐稳吗?"

更始帝一时语塞。

"臣为陛下分忧解愁,总理朝政,用尽多少心血,可是陛下还要听信奸人之言,对臣心存疑虑。"赵萌终于说出他的真实来意。

更始帝慌忙解释说:"赵卿不要多心,朕一直相信你。"

"相信我?"赵萌冷笑道,"郑汉诽谤为臣,为臣将他问斩,你还要说情,你刚才烧的是什么?如果相信为臣,为什么不让为臣知道?明说了吧,李淑已被微臣抓起来了?"

更始帝额上冷汗直冒。

"赵卿想怎么处置就怎么处置吧!"

赵萌一听,不但面无得意,反而跪拜施礼恭敬地说:"为臣忠心无二,天日可鉴。只要陛下安心地做天子,朝政的事,臣自己会妥当处理,不劳陛下费心。如果陛下不安心……"

更始帝自然明白"安心做天子"之意,也明白"不安心"的严重后果,慌忙扶起赵萌连声说道:"朕安心做天子。朝政上的事全交你处置,朕安享清福更好。"

赵萌却又说道:"陛下既为天子,当然要朝会百官,听朝议政,为臣也要事事禀奏。"

"赵卿放心，凡有禀奏，朕一律照准。"

"好！臣今天有两件事向陛下请命。第一请派丞相李松、讨难将军苏茂率大军前往临泾征讨叛逆的方望、弓林之众。""朕照准！""第二，请旨处斩诽谤朝臣的军帅将军李淑，并将其妻奴没入官府，永世为奴。""这……"

"嗯……"

"啊，朕照准！"

更始帝完全没有了天子的威严，一副卑躬屈膝的样子。他不再奢想其他，只要能保住帝位，一生玩乐不愁就知足了。河北战场，兵马疾进，激战犹酣。大司马刘秀率领人马迅速向柏人城逼近。柏人城内，王郎大将张参率领的增援部队已于两天前赶到，经过休整，蓄势以待。张参闻听刘秀兵马将到，召集诸将，计议道："刘秀分兵去救信都，所部兵马不会比我们多。又是远道而来，人马疲惫，本帅以为不如趁机出兵，杀他们一个下马威，也让他们知道邯郸兵将的厉害。"

诸将正想找机会立功讨赏，齐声叫道："大将军妙计，我等唯命是从！"

于是，张参亲自披挂上马，引兵出城，在要路隘口，邯郸兵将列阵以待，准备截击汉军。

刘秀兵马赶到柏人城地面，前将军耿纯远远看见前面路口尘土飞扬，人马涌动。慌忙勒住战马，命令汉军停止前进。刘秀得报，纵马赶到前军。耿纯施礼道："明公，前面必是王郎兵马，趁我人马疲惫，出城讨战。怎么办？"

刘秀笑道："看来张参早已严阵以待，就等我军上前交锋了。傻瓜才会上当。传令下去，就地列阵，专等敌军上前厮杀。"

汉军得令，迅速列阵以待。阵中央，大司马刘秀的旌旗迎风飘扬。汉军偃旗息鼓，弓箭手满张劲弩，步兵执戈林立，骑兵挽辔扬刀。

张参的邯郸兵马，杀气腾腾地等待汉军来攻，不料，汉军却在一里外的地方不动弹了。邯郸兵顿时泄了气，张参不甘心失去这样绝好的立功机会，遂把大刀一举，高叫道："刘秀害怕不前了，众将士，立功受赏的机会到了，给我杀呀！"

鼙鼓擂响，邯郸兵马士气复振，大呼小叫着，潮水般涌向汉军。

汉军依然纹丝不动。三百步、两百步、一百步，直到两军相距五十步时，刘秀的旌旗才突然晃动，执戟林立的步兵突然往旁边闪开，露出他们身后成排的弓箭手。"啪啪啪"万弩齐发，箭如雨下，射向邯郸兵马，冲在最前面的邯郸骑兵，成排地中箭落马，后面勒马不住，又被死人惊马绊倒一片，进攻的队形顿时大乱。此时，汉军营垒里突然战鼓齐鸣，刘秀、耿纯催马冲出，汉军将士紧随其后,杀入敌阵。刀戈碰击,杀声震天。

邯郸兵马不见汉军疲惫之态,顿时气焰矮了半截,又见汉兵勇猛冲杀,更是胆战心惊,纷纷后退。张参大怒,亲自督阵,连斩两名后退的偏将,重整队形,再次编阵进攻。无奈锐气受挫,邯郸兵马抵敌不住。张参无奈,只好败回城中,紧闭四门,据城死守。

刘秀乘胜追击,汉军抵达城下,把柏人城包围起来,日夜攻打,轮番歇息。刘秀意在速战速决,因为汉军劳师远征,在坚城之下多耽搁一天,就多一分危险。

然而,柏人城城墙坚固,城中粮草充足,兵马众多。通晓兵法的张参,吃过一次亏,再也不肯出城,严令将士死守。他为将士鼓劲打气说:"刘秀虽然小胜,可是我军元气未伤,与汉军兵力相当。只要据城死守,汉兵进退不得,一旦粮草接济不上,便会不战自乱,我军再乘机出城追杀,一定可以砍下刘秀的脑袋。邯郸汉帝那十万户的封赏,就是你们的。"

事实正如张参所说,汉军接连数日,攻城不下,刘秀便着急了,召集诸将,正在商议破敌之计,忽有兵卒进来报告说:"禀大司马,营外有两个人自称汉中王麾下,一个叫贾复、一个叫陈俊,特来下书。"

刘秀惊喜地说:"贾复乃是汉中王爱将,有折冲千里之威,陈俊也是汉中王手下的名将。这两人到此,一定能助我军一臂之力。诸位将军,请随出迎。"

汉中王刘嘉原为孤儿,自幼与刘演、刘秀兄弟一起长大,一起起兵舂陵,情同手足。更始帝定都长安后,刘嘉封汉中王,执节就国,在冠军地收服延岑,定都南郑,拥兵数十万,用贾复作校尉,陈俊作长史,共参王府事宜。

刘秀率诸将迎出营外,身材短小的贾复和身材修长的陈俊慌忙迎上前去,给刘秀跪倒施礼。

"贾复叩见大司马!"

"陈俊有礼了!"

刘秀忙把二人扶起,一一与诸将作了介绍后,大家回到大帐,见礼落座后,刘秀才笑问道:"两位都是汉中王的左膀右臂,今日到此一定有要事。"

陈俊笑道:"大司马言中了。我和贾兄不是来办公事的。贾兄素怀大志,曾劝汉中王建大功立业。汉中王谦逊推辞,说大司马志向高远,非常人所及,如今执节河北,专命一方,可成大业,特命贾兄和在下前来投奔大司马。"贾复笑道:"陈老三(陈俊排行老三),你啰嗦什么,把汉中王的书信拿出来,大司马不就明白了吗?"

"到底是贾兄聪明。"陈俊戏谑道,便从贴身处取出书信一封,双手送到刘秀面前。

刘秀打来细看，果然是族兄刘嘉手书，信中竭力推荐贾复、陈俊之能，愿忍疼割爱助刘秀早成大业。

刘秀看完，眼角潮湿，感叹道："宗室之中，汉中王最关心刘秀，刘秀感激不尽。两位到此，岂能不用。"即拜贾复为破虏将军，陈俊为安集椽。

"属下拜谢大司马！"

贾复、陈俊再次施礼表示谢意。诸将坐在一起继续商议破敌之计。耿纯说："柏人城城墙坚固，兵多粮足，一时难以攻下。与其围城空费时日，徒耗粮草，不如移兵巨鹿，威慑邯郸。"

话音未落，偏将军段孝反对道："遇硬而退，军心便会动摇，如果移兵巨鹿而不下，军心更加不可收拾。"很多将领纷纷赞同段孝，表示付出再大的代价也要攻下柏人城。

刘秀目光落在贾复、陈俊的身上，笑问道："君父（贾复字君父）、子昭（陈俊字子昭）有何高见。"

陈俊离席而起，谦逊地笑道："属下初到军中，军情不熟悉，说得不当请大司马和各位将军指正。"

贾复站起身，不耐烦地说："子昭真是啰嗦，还是属下先说。属下赞成耿将军之计。我军兵力，粮草有限，久屯坚城之下，兵力，粮草消耗甚大，即使经过苦战攻下柏人城，也会大伤元气，再也无力北进。不如移兵别处，伺机歼敌，壮大兵力，方为上策。"

陈俊不好意思地说："贾兄之意就是陈俊之意。"

段孝对刘秀厚待贾复、陈俊本来就有些不满，见二人同时反对自己，讥讽道："在下以为汉中王的左膀右臂，一定有锦囊妙计帮我军破敌，想不到也是遇硬而退的主儿。"

贾复、陈俊顿时面露怒容，却碍着初来乍到没有发作。

刘秀喝斥道："段将军不得无礼，这里在商讨军情，违令者军法从事。"

段孝不敢顶撞，勉强向二人赔罪。刘秀才接着说："本公也同意耿将军之计。不过，为防张参趁找军撤离时出城追兵，撤离的时间选在今晚下半夜，悄悄离去。除留少数人马佯攻外，其余人马回营歇息，准备半夜动身。"

决议已定，诸将各回本部。当晚，贾复与段孝同歇一帐，段孝欺贾复新来，傲慢地说："破虏将军，你是汉中王臂膀，又是明公的红人，跟我们这些人同歇一帐，不是太委屈了吗？还是另寻别处吧！"其他几名偏将也齐声哄笑。

贾复何曾受过别人的气，当仁不让，回敬道："俱为明公麾下，有什么尊卑之别。哪位要是不服气，咱们战场上见！"

段孝冷笑道："不愧为汉中王麾下，还挺横的，今儿个就让你好瞧！"说完，悄悄把几名偏将好友叫出帐外，嘀咕一阵后，几个人一同谒见大司马。段孝说："禀明公，新来的贾将军自恃功高，目中无人，军中将士多有议论。属下请求明公把他调为部城尉，以利将士和睦。"

刘秀面沉似水："怎么，贾将军一到，军中将士就不和睦了？"

段孝讪讪地道："不是属下一个人说的，是他们都这么说。"说着，以目示意其他几名偏将。偏将他们忙乱糟糟地赞同段孝。

刘秀断然拒绝，说道："贾将军的勇猛善战你们以后会了解的。本公刚刚拜他为破虏大将，岂能随意更改；身为大将应该光明磊落，如此小肚鸡肠，能成什么大事。"

段孝等人被骂得无地自容，讪讪退去，再也不敢在贾复面前托大。

汉军悄悄离开柏人城，向巨鹿进发，行至广阿地界时，忽有探马来报，前方二十里的地方，发现王郎的横野将军刘奉率领的一万邯郸兵马。

刘秀略一思忖，对邓禹笑道："王郎够快的，已派兵增援巨鹿了。"

邓禹笑说道："明公还让他们赶到巨鹿吗？嘴边的肥肉不吃白不吃。"

"吃了也白吃。"刘秀说笑着召来贾复、陈俊。

"今天本公要小试牛刀，命你们各带五千轻骑，把前面横野将军的人马解决掉，有困难吗？"

贾复信心十足地说："没问题，请明公放心，不把横野将军横在野地里，我们二人就回南郑去。"

"好，就算为汉中王露露脸吧！"陈俊朗声答道。

二人各率五千精骑，风驰电掣般离去。

刘秀率大队人马，紧随其后，以便增援。

不过半个时辰，贾复提着一颗鲜血淋漓的人头，陈俊也是大刀见血领兵而回。邓禹上前笑问道："一万对一万，两位将军如何这么快得胜而回？"

陈俊答道："'夫战，勇气也！'又曰'擒贼先擒王。'贾将军单人独骑直取横野将军，斩于马下。邯郸兵马失去主将，乱不成军。末将乘势率兵掩杀，轻而易举得胜而回。"贾复把横野将军的人头扔到刘秀马前，马上躬身道："属下交令，已破刘奉所部一万兵马。"刘秀赞叹道："两位将军果然神勇。来呀，为他们记大功一次。"大司马麾下诸将无不敬佩贾复、陈俊二人。刘秀兵马兵临广阿城。王郎的广阿令闻听横野将军刘奉被杀，援兵败逃，心惊胆颤，汉军刚刚发动猛攻，他便开城门投降，迎接汉室大司马入城。汉军就地歇息休整，等待耿弇引渔阳、上谷突骑来会。

刘秀携邓禹登临广阿城头，遥望巨鹿、邯郸方向，微微叹息说："河北王郎仍雄兵在握，长安更始政乱，四方诸侯擅命横暴。天下郡国，我只是十中得一，汉室复兴遥遥无期啊！"

邓禹深明大司马之意，从容作答说："方今天下扰乱，人思明君，犹孝子之慕慈母。尧无三夫之分，舜无咫尺之地，禹无百人之聚，汤、武之士不过三子，立为天子。古之兴者，在德尊厚，不以大小。明公只要占据河北，威德加于四海，何愁大功不建，大业不兴？"

刘秀欣然点头，与邓禹论起军情。这时，亲兵来报。

"禀大司马，左大将军任光从信都回来了，正在大营厅外。"

刘秀一怔。

"任光回来了？这么快，信都攻下了？"

邓禹略一思忖，面露忧色，说："按路程计算，左大将军应该刚到信都，此时返回，一定凶多吉少。多半是中途遭到邯郸兵马伏击。"

刘秀急道："快，请左大将军来见！"

任光来见刘秀，满面羞愧地说："属下无能，请明公降罪！"

"伯卿，到底是怎么回事？"刘秀亲手扶起温言问道。

任光说："属下奉明公之命率部回救信都。可是，部卒看兵力难破信都王，在途中纷纷逃亡，属下喝止不住。没到信都士卒逃之大半。属下自知救信都无望，只得无功而返。"

刘秀自责道："伯卿何罪之有。这都是本公之过，所谓一将无能，累死千军，那些逃跑的士卒自有他们的理由。"

邓禹、任光又来劝慰他。三人回营细谈。

一阵骚动。军心不稳之际，忽然又有探马来报："禀大司马，渔阳、上谷的兵马已到城外。可是，传言是王郎遣来援助巨鹿的，已在城外扎寨。"

刘秀惊异地说道："不可能，我与耿弇有约，会兵广阿，上谷、渔阳怎么能是为邯郸而来。传言从何而来？"

"回大司马，广阿降卒都这么说，城外百姓也是如此传言，不令人不信。"

邓禹说："还是小心为上，我陪明公去城头看看。"

广阿城外，来的果然是耿弇带的渔阳、上谷兵马。原来耿弇接到家将带回的大司马刘秀的手书，与寇恂、景丹、吴汉、盖延、王渠等五将传看。于是，率渔阳、上谷兵马以及沿途所收服的兵马，边战边向广阿近。远远看见广阿城头飘扬的"汉"字旌旗，因不知虚实，耿弇命大队人马距城二十里安营，自己与景丹带部分突骑为先导，来城下打听。耿弇到了城下，勒马喊道："喂，城上的军兵听着，请问你们为谁守城？"

城上答道："为汉室大司马刘公，请问阁下又是为何而来？"

对答之际,刘秀与邓禹诸将已登上城楼,耿弇望见,翻身下马,抱拳施礼道:"城上可是大司马刘公,耿弇在此有礼了。"

刘秀抱拳还礼,笑问道:"伯昭果然如约而至。可是有人说上谷、渔阳为邯郸而来?"

耿弇忙解释道:"那是王郎放出的谣言,以惑乱人心。大司马信不过耿弇吗?"

"我怎么会不相信伯昭呢。来呀,打开城门,迎接渔阳、上谷来的客人。"刘秀爽朗地笑道。

广阿城乐鼓齐鸣,城门大开,大司马率诸将出城十里,迎接前来归服的渔阳、上谷兵马。进城之后,府衙里,诸将逐一参拜大司马,耿弇为刘秀一一介绍。

景丹,字孙卿,冯翊栎阳人。少学长安,新莽时为朔调连率属令。更始帝立,为上谷长史。

盖延,字巨卿,渔阳要阳人,力大无比。历任渔阳郡列掾,州从事。彭宠为渔阳太守时,召其为营尉,行护军事。

王渠,字君严,渔阳人。为郡吏,太守彭宠以其为狐奴令。

刘秀得到这么多良将,十分高兴,依次亲切询问、交谈。尤其对寇恂、吴汉为说服渔阳上谷的归服,所作出的巨大努力,表示深深的谢意。笑道:"王郎将帅,多次说服上谷、渔阳兵马前来,我方也说两郡兵马为我而来,谣言总有破灭的时候。今两郡将吏,果然为我,我当与诸君共举大业。"当即拜耿弇、寇恂、景丹、吴汉、盖延、王渠六人为偏将军,共领军事。拜耿况、彭宠为大将军,位封列侯。

广阿城将才荟萃,济济满堂。

诸将正在互致问候,忽然,探马来报:"禀大司马,长安尚书令谢躬与振威将军马武所率汉兵已收复信都,正向广阿靠拢。被俘的信都将士眷属全被解救生还。"

双喜临门,诸将更是欢笑不断,尤其信都将士,闻听亲人脱险,心中的石头落了地,脸上终于出现了多日不见的笑容。

大司马刘秀却是喜忧参半。长安汉兵来得好快,对他来说,是祸还是福呢?

原来,尚书令谢躬和振威将军马武率领的增援河北的汉兵,一路北进,直逼信都。王郎的信都王王奔正在府衙饮酒作乐。他轻而易举地夺回信都,救出囚禁、关押了太守宗广与许多汉军将士的眷属,立了大功。听说长安汉兵来攻,王奔自以为天下无敌,根本没把谢躬、马武放在眼里,立刻传令打开城门,押解着汉军将士的眷属,全军倾城而出,排开阵势,大有不获全胜,决不收兵之势。

马武率长安汉兵先头部队列阵迎敌。

振威将军马武,字子张,南阳湖阳人。少时躲避仇家,客居江夏,起兵郡县,投身绿林军。曾横戈挑毁荆州牧的车驾,杀死骖乘。昆阳大战,与刘秀等十三骑突围闯营,立下大功,是一位智勇双全的大将。

王奔列阵正中,大刀一挥,哈哈狂笑道:"长安汉军听着,快快投降,本王饶你们不死。胆敢抗拒,本王就先杀这些眷属,再杀你等。"

信都将士的眷属老幼妇婴皆有,哭号连天,惨而忍闻。长安汉兵怒火满脸摩拳擦掌,却不敢轻举妄动。

嫉恶如仇的振威将军马武见信都王竟以汉军眷属相胁迫,顿时怒从胸中来,目眦尽裂,须眉炸开,大喝道:"无耻之徒,看马爷爷收拾你!"

吼声如雷,战马如风,长戈如电,直取信都王。王奔本想有眷属在手,稳操胜券,正在洋洋得意,没提防对方主将敢冲过来。等他发现,举刀应战时,马武长戈刺到,不及两合,长戈刺进前胸。信都王惨叫一声,口喷鲜血,死尸栽下马来。

未及交锋,主帅先丧,邯郸兵马魂飞魄散,丢下汉军眷属,四散逃命。忧愤满腔的长安汉兵猛追猛打,一鼓作气,夺取信都。死里逃生的将士眷属,扶老携幼,欢迎谢躬大军入城。谢躬在信都歇兵三日,仍命马武为先锋,出师北进,准备与大司马刘秀所部兵马会合。

谢躬率长安兵抵达广阿,刘秀率诸将出城迎接。进城之后,大司马特设盛宴,犒劳长安将士和渔阳、上谷诸将。

酒宴结束,邓禹单独去大司马帐中,对刘秀说:"今长安兵马前来助战,明公何以待之?"

刘秀皱眉说:"有长安兵马相助,平灭邯郸王郎指日可待。可是,谢躬奉旨前来河北,并非完全为了助我灭王郎,恐怕另有所图。"

"明公圣明,长安不可不防。属下以为,谢躬名为助战而来,明公可令其参与战事,但是,既得之地则由明公派出心腹之将镇守,不能让长安兵马坐地势大。稳固后方,大军进则有依托,退则有退路,进退自如,可灭王郎,立足河北。"

刘秀深表赞同。第二天,召集诸将,商讨军情说:"今有尚书令兵马和渔阳、上谷兵马来我军可谓兵多将广,人强马壮,士气高昂。与邯郸决战的时候到了。但是,王郎假帝嗣之名迷惑人心,仍然雄兵在握,尤其在地方上仍有影响,势力不小。信都失守就是一个明证,一个教训。所以,在我兵进邯郸之时，一定要巩固后方，彻底肃清有可能叛乱的势力。本公命令，兵分两路，一路由右大将军李忠率领，回师信都，行太守事，彻底肃清叛乱势力，巩固后方。一路由本公亲自率领，进攻巨鹿。"

刘秀话音未落，谢躬起身反对说："眼下我军与王郎决战，正是全力以赴的时候，大司马此时分兵回师信都，似乎不妥。何况，信都已由下官派员镇守，叛乱已平，还有这个必要吗？"

刘秀摇头道："尚书令差矣。大人属下乃长安将吏，不知信都郡情。大人说叛乱已平，请问叛贼马宠是否已捕杀？马氏为信都大姓，其族人及归附者是否已搜捕殆尽？"

谢躬只得答道："马氏隐匿城中，至今搜捕不到。"

"马氏乃本地人，便于藏身，长安将吏不明细里，难以捕获。本公所遣右大将军李忠，曾为信都郡校尉，熟知地方人情，便于访查搜捕。稳固了后方，我军进兵巨鹿、邯郸，再无后顾之忧。"

邓禹亦劝解道："尚书令大人，眼下大战在即，河北兵马与长安兵马应军令一统，方可出奇制胜，请大人下令召回信都的将吏，由右大将军李忠兼行信都太守事。"

谢躬觉得有理，不便反驳，只得躬身说："只要有利于平定河北，下官遵从大司马之命就是。"当即写下手书，遣使召回在信都的将吏。

右大将军李忠领命分兵而去。刘秀传命全军收拾行装，准备兵发巨鹿。他步出帐外，连呼几声"刘斯干备马"。却无人应声。亲兵们慌忙四下寻找，不见刘斯干踪影。刘秀正在着急，忽然，校尉冯寿奔跑过来，禀报道："明公，不好了，斯干被军市令祭遵给杀了。"

"什么？祭遵敢杀我的斯干！"

刘秀勃然大怒。刘斯干的名字还是父亲南顿君刘钦给取的。南顿君偏爱老仆刘宽，为其刚出生的儿子取名"斯干"。取自《诗经·小雅·斯干》的诗句"秩秩斯干，幽幽南山"。意思是老仆刘宽忠于刘府，其子生在刘府接替父事，犹如曲折的深涧水，依伏、环绕主人这座大山。斯干比刘秀小七岁，从小就跟刘秀做书童。刘秀起兵后，不论多么艰险起落，他都跟着牵马坠蹬、鞍前马后，有奔走伺奉之功，刘秀也从没把他当下人看待。几天前，斯干说，家中遭到旱灾，颗粒无收，妻子儿女生活无着。刘秀曾想派人送些钱财过去，因为公务繁忙，竟把这事儿忘了。

所以，刘秀一听斯干被杀，怒火万丈，愤然变色道："没有本公的命令，祭遵竟敢擅杀我的马童，简直目中无人，来人，抓祭遵来见。"

左右亲兵正欲行动，长史陈俊慌忙劝阻道："明公且慢，祭遵身为军市

令,督察军纪,不会毫无理由就杀斯干。请明公问明情由,再抓人不迟。"

刘秀怒声问冯孝道:"斯干身犯何罪,军市令要把他斩首?"

冯孝怯声答道:"斯干私拿库府黄金十两,被军市查出,所以……"

"私拿黄金?"刘秀一怔,忽然明白过来一定是斯干不愿烦扰自己,私拿黄金给家中救急。仅仅为了十两黄金,竟丢了性命。他心里自责着,难过地流下泪水。

陈俊趁机劝谏说:"明公经常强调军纪要严明,不许以私犯公。如今祭遵执行军市的职责,法不避亲,秉录明公之令,怎么能说他有罪下令抓捕呢?"

刘秀羞愧难当,顿然省悟,感叹道:"子昭金玉良言。刘某一时糊涂,险些错怪军市令。来呀,请弟孙前来。"

亲兵引祭遵。祭遵抱拳施礼道:"属下斗胆将违犯军纪的斯干处斩,请明公处罚。"

刘秀执祭遵双手,惭愧地说:"刘某糊涂,险些铸成大错,愧对'明公'二字。"又向诸将说道:"军市令执法如山,奉法不避,我军才有良好的军纪,才有克敌致胜的保证。今拜弟孙为刺奸将军,你们可要当心撞到他手上,本公的马童违反军纪他都敢杀,一定不会私自包庇你们。"

祭遵受到褒奖,毫无矜夸之意,抱拳告退。诸将皆畏服,私下决心严格约束部属。汉军军纪顿时肃然。

刘秀命人厚葬斯干,厚恤眷属。

第二十六章

巨鹿战败留将攻城　刘秀攻邯郸捉假帝

做完这一切,刘秀亲自率领着兵马离开广阿城,向巨鹿进发。前将军耿纯率先行人马急行至巨鹿地界,忽然战鼓擂响,两边杀出无数邯郸兵马,喊杀声震天,冲向汉军。耿纯大吃一惊,叫道:"不好,有埋伏!"

慌忙组织人马反击。先行汉兵突遇伏兵措手不及,仓促应战。无奈邯郸兵马来势凶猛人马又多,汉军抵敌不住,失利败逃。耿纯一看势头不妙,慌忙下令道:"快扔辎重车鼓!"

这是一条逃跑保命的命令。势已至此,保存实力要紧,逃一个算一个吧! 汉军的旌旗、仪仗、鼙鼓、车辆扔满一路,士卒四散逃命。

这是刘秀出师以来,第一次遇到的惨败。

败军退下来,遇着大队人马。刘秀问明情况,正要命大队人马列阵迎敌,偏将军景丹上前请命道:"明公,列阵已经来不及了,该朔方突骑精兵效力的时候了。"

刘秀欣然点头,景丹把大刀一挥,麾使突骑精兵喊声如雷,冲出前军阵营,扑向邯郸兵马。突骑纵横驰骋,马踏刀砍,凶猛异常。在敌军中冲杀,如入无人之境。邯郸兵马正以为得意,没料到遇到如此骠悍的对手,慌忙丢下抢到手的辎重粮草,仓惶逃命。景丹追杀十几里,邯郸兵马死伤无数,腿脚慢的投降汉军。

汉军将士好多人第一次看到突骑作战,无不对突骑的凶猛骠悍、快速机动连连赞叹。刘秀抚着景丹的肩头说:"久闻朔方突骑天下精兵,今日一战,果然名不虚传!"

耿纯羞愧地收拾残兵,还好,损失不大。邯郸兵马只顾哄抢辎重,以报战功,使好多将士逃得性命。刘秀没有责怪一句,反而安慰耿纯和受伤的将士,命探马查明邯郸兵马的来路。

不多时,探马来报,查明设伏的是王郎遣来的大将儿宏的兵马。儿宏率数万兵马,前来援助巨鹿,中途探得汉军的行踪,便在此设伏,妄图打汉军一个措手不及。可惜他偷鸡不成反蚀一把米,丢下无数死伤的人马逃回巨鹿去了。

经过这段小插曲,汉军继续前进,很快到了巨鹿。刘秀命大队人马环绕巨鹿四门结成连营,安营下寨后,发起进攻。

南路汉军在右大将军兼行信都太守李忠的带领,日夜兼程,回到信都,李忠来不及去家中看望劫后余生的妻子老母,就直奔府衙办理公事。先与原信都太守宗广见面,详细查问信都失守的前因后果。他熟知信都的各门大姓关系网遍及到信都郡每一角落,很快查明马宠及其族人心腹近百人的藏匿之处,派出将士一一诛杀。信都郡牢牢掌握在大司马刘秀的手中。

王郎巨鹿太守王饶闻听汉兵来攻,正要率精骑出城给汉兵一个下马威。这时,刚刚率残部败进城内的大将儿宏上前劝阻说:"大人千万出城不得,刘秀有上谷、渔阳突骑相助,凶猛无敌,末将伏击汉军,本该大功告成,不想遇上突骑,功败垂成。所以,我军只要固守不出,刘秀突骑派不上用场,汉军无可奈何。"

王饶叹息道:"朔方突骑,天下无敌。可惜不能为我所用。将军言之有理,我军出城不得,唯有固守城池,汉军不利久战,用不了多长时间便会退走。来呀,传命将城中百姓尽数驱赶上城头,搬运檑木、矢石准备长期死守!"

巨鹿城下,汉军见城内守军不出城应战,只好发起攻城,无数的云梯架起来,几十辆撞车推到城下。汉军举着盾牌,冒着箭雨攀登而上,但是,刚上半空就被城上一阵滚木、榴石打下云梯,摔到城下,非死即伤。几十名汉兵推着撞车猛撞城墙,土石松落,尘土飞扬。但巨鹿城墙坚固,根本无济于事。

汉军不分昼夜,连攻十天。不但没攻进城内一步,伤亡还越来越大。刘秀看着心急如焚,召集众将商议破敌之大计。大家你一言,我一语,争议半天,也没有想出更好的办法来。刘秀望着前将军耿纯说:"伯山为河北故吏,素有威名,能否劝降王饶?"

耿纯摇头说:"王饶为故赵国遗族,一意想恢复王爵,因此,与王郎来往密切,很有交情。王郎未称汉帝时,经常以占卜为名活动于巨鹿、邯郸之间,乃是王饶家的座上客。等到以成帝骨血刘子舆之名义自立为尊时,王饶最先献降表,归服邯郸,深得王郎的信任,封为侯爵,拒守重城巨鹿,这样的铁杆叛贼,属下实在难以说服他归降明公。"

诸将一听,除了攻城,没有别的办法。只好在攻城上想办法。于是,造云车、挖地道、发飞石,汉军把各种攻城的办法都用上。但是巨鹿城内,王饶兵马众多,防守严密,即使有部分汉军从天上、地下攻进城内,也被围上来的邯郸兵马捕杀。

汉军围城半月，轮番强攻，不但不能前进一步，还损失了大量的兵力。振威将军马武对刘秀说："当年王莽四十三万大军围困昆阳，我军以八千人马坚守近一个月，可见坚城易守难攻。如今，我方攻城，敌方固守，这样强攻不下，必然招来灾难。大司马应另想他计。"

刘秀也在着急，立刻命令道："暂缓攻城，召集诸将商讨军情！"

诸将从攻城前线归来，有的还挂着彩，一进大帐，纷纷叫嚷道："大司马，这样攻城我军要吃大亏。"

"是啊，就算攻下，要损失多少兵力！"

刘秀招呼诸将入座，对受伤的将士亲切询问，说："看来王郎的手下有一批能臣谋士，很会用兵打仗，我军每攻一地，他们都有坚强的防守。柏人城固守、很严，我们没有啃动。巨鹿有王饶、儿宏防守，密如铁桶，也是一块不好啃的骨头。仗打到今天，诸将够辛苦了。也说明我们不能以常规思维指挥作战，要用出奇制胜的办法打死王郎的兵力部署。诸将有什么新奇、大胆的设想尽管说出来，只要有利战胜王郎就行。"刘秀话音刚落，前将军耿纯挺身而起说："末将曾想到一计，恐怕诸将多反对，所以没说出来，今天斗胆说出来，请明公斟酌采纳。"

"前将军何必谦逊，有好计快说出来，诸将都在着急呢。"马武催促说。

"末将愚见，久围巨鹿，将士疲惫，不如撤走大军，进攻邯郸，邯郸一破，巨鹿便会不战而降。"

耿纯话音未落，就招来一片反对之声。朱祐摇头说："攻柏人城不下，前将军要移师巨鹿。如今巨鹿难攻，又要移兵邯郸，这仗还怎么打？"

臧宫也说道："遇硬而退，军心动摇，再攻邯郸难乎其难！"

耿纯吃了儿宏的败仗本来就觉羞愧，听到诸将的反对之声，涨红着脸，不再吱声，却注意着刘秀的态度。

刘秀止住诸将的议论，点头说道："本公倒以为伯山之计可行。因为王郎大兵主力已经派出，或守柏人，或守巨鹿，邯郸必然空虚。我军乘虚而入，必能出奇致胜。"

马武恍然大悟，击掌赞叹道："围魏救赵，釜底抽薪，明公好谋略。"

诸将当中，好多人也明白过来，无不拍手赞成。

刘秀谦逊地笑道："这不是本公的好谋略，而是伯山的好计。我军此次移兵邯郸，决不是遇硬而退，而是实施出奇制胜之计。巨鹿城下仍要留部分将士佯做攻城，以迷惑王饶，使其不敢出城迎战，不敢分兵援救邯郸，确保我军大队人马攻取邯郸。"

诸将闻听刘秀之言,精神一振,多日攻城的疲劳一扫而去。个个摩拳擦掌,气势高昂。

刘秀分兵行事,留将军邓满、偏将军铫期率部分汉兵继续围困巨鹿,钳制王饶的兵力。自己亲率大队人马在夜间悄悄离开巨鹿。为迷惑王饶,营帐旌旗依然保留着。邓满、铫期率兵呐喊呼叫,佯作攻城,骚扰巨鹿守军,王饶果然上当,日夜巡守城头,督促防守,不敢出城迎敌。

汉军主力神不知、鬼不觉,撤离巨鹿,南攻邯郸,一路上攻城夺邑,势如破竹,很快抵达城下。刘秀命令包围邯郸,汉军各部立刻沿四门连营结寨,把邯郸城紧紧包围起来。

就在这时,忽然探马来报:"禀大司马,东北方向有一支人马,打着汉室旌旗,正向邯郸靠拢。"

刘秀一听,吓了一跳。难道又是王郎的援军?果真如此汉军腹背受敌,处境就危险了。因为王郎假帝嗣之名,自立为汉帝,所以邯郸兵马所用也是汉室旌旗。在广阿城,耿弇引上谷、渔阳兵马来会大司马,看到城头的汉室旌旗也犹豫了半天。今天来的这支人马到底是敌是友呢?刘秀也吃不准,只得命令道:"再探再报!"半个时辰后,探马满面欣喜之色,进帐禀道:"恭喜大司马,来者乃是主簿冯异所率河南兵马,特来与大司马会师。"

刘秀大喜,道:"原来是公孙到,诸将请随我出迎!"

原来冯异奉刘秀之命,离开信都,安抚郡县,收服河间兵。徇行各郡,认真执行大司马考察官吏、平遣囚徒、废新莽苛政、复汉官名等政令,他为人谦和、执法严明、一丝不苟,赢得河间地方吏民的拥戴,百姓纷纷送子送郎当兵,为恢复汉室尽力,冯异麾下的汉兵迅速壮大,边战边向大司马靠拢。

刘秀与诸将出营五里与冯异相见。众人相互见礼,互致问候后,刘秀执冯异双手,望着雄壮的汉兵说道:"信都一别,不过半载,想不到会有今天的局面,全赖诸将努力的结果。"

冯异也感叹道:"全赖明公威德服人,诸将乐受驱使,河北吏民思慕明公,自然大事可成。"

汉军又添精兵,士气更盛,把邯郸铁桶似的围起来,跃跃欲攻。

刘秀与冯异回到大帐。冯异说:"攻敌先攻心。明公可多作檄文,散布四方,揭露王郎假子舆之名义谋篡汉室之真相,然后,发兵攻城,示以兵威。守城兵马心惊胆寒,邯郸可破。"

刘秀笑道:"公孙之计可行。先前已有檄文传布河北,只是很不够,我依公孙之议,多作檄文,攻王郎之心,假汉帝一定心惊肉跳,后悔当初了。"

邯郸城里,赵王宫温明殿上,假子舆王郎面对从天而降的汉兵,急得如热锅上的蚂蚁，来回踱步，气急败坏地说："张参、王饶、儿宏，一群废物！手上几十万人马竟挡不住刘秀，竟让人家钻到朕的眼皮底下了。"丞相刘林忙说："臣听说王饶在巨鹿正与刘秀的主力汉兵交战，柏人城倒是没有汉兵，可是，远水解不了近渴。"

"什么，巨鹿也有汉军主力？刘秀到底有多少人马？朕不相信，眼下保住邯郸要紧，快命令全城将士守城，后退者立斩！"刘林担忧地说："陛下，邯郸的精兵、重兵都已分发去各地据守关隘，城中空虚，兵少将寡，如何是好？"

"那就命全城百姓上城头守城，违令者灭族！"王郎脸色铁青，咬牙切齿地说。

"可是，城中百姓看了刘秀檄文，议论纷纷，人心不稳，用他们守城，恐有不测！"

王郎一听到"檄文"二字，登时像泄了气的皮球跌坐在石阶上。真的假不了，假的真不了。他这个假子舆最害怕别人说假帝嗣之名。刘秀的檄文不仅使邯郸城内民心动荡，军心不稳，连假天子也心惊肉跳。王郎眼巴巴地望着刘林说："你看怎么办？难道就这样坐以待毙吗？"

刘林虽然慌张，却比王郎镇定得多，于是献计说法："城中兵少将寡，必不能抵御长久。陛下宜派人出城，发诏巨鹿、柏人城，召张参、王饶回兵救援邯郸，再发檄文于郡县，征发突骑调集各地兵马，何惧刘秀的兵马！"

王郎顿时来了精神。对呀，不论是真是假，自己现在身份是汉室天子，就可以发诏招募天下勤王之兵，为什么要怕他刘秀呢？于是，命少傅李立起草诏书，派绣衣使者深夜坠城而出，乞求外援。

城外汉军发起攻城。因为有进攻巨鹿的经验，汉军一开始便双管齐下，架云梯、挖地道，天上地下，一同向邯郸发起猛烈的进攻。邯郸兵少，顾得了这边，顾不上那边，击退天上的又得去堵地下的。几天的攻击使守军疲于奔命，斗志全无。

汉军大营里，冯异又发起一次对王郎的攻心之战。他对刘秀说："曹刿说过'夫战，勇气也'，邯郸虽然兵微，但困兽犹斗，拖延时日，对我军不利，如果巨鹿、柏人城发兵增援，势必功败垂成。可派人打马拖起树枝，以为疑兵，迷惑王郎，给邯郸守兵造成更沉重的压力，使其军心涣散，邯郸可破。"刘秀传命照办。

邯郸城头，王郎率刘林、李立、杜威等太臣登城眺望，只见漫山遍野都是汉兵的旌旗，更远处则是烟尘滚滚，似乎有无数的汉兵向邯郸奔来。近处城下的汉兵手持盾牌、大刀，攻势愈来愈猛。城头上，守军东奔西走，疲于奔命，到处是战死的将士尸体，鲜血染红了城堞。

王郎惊坐在地。邯郸摇摇欲坠,看来他这个假汉帝长不了。

"刘卿,援兵有没有消息?"他有气无力地问。

刘林与杜威一边扶他起来,一边摇摇头。王郎绝望了,眼巴巴地望着刘林,问道:"如果朕不做天子,能保住性命吗?"

刘林惊异地道:"陛下的意思是出城投降?"

"对,如果刘秀答应饶朕性命,朕就投降,也可使城中将士免受刀兵之苦。"

"可是,要有人出城与刘秀议降才行……"刘林说着,直打趔趄,生怕王郎派他前去,那可是弄不好就掉脑袋的事,刘林没有这份胆量。

王郎打量着每一个大臣,用近乎哀求的声音说:"诸位爱卿,朕平日待你们不薄,困难当头,难道就没有人为朕走一趟吗?"

王郎的这些臣子,都是冲着封赏来的,谁肯真为这个假天子卖命呢。大难来时各自飞,每个人都在考虑自己的后路。当然,也有例外有人肯为王郎效命。

"陛下不要着急,臣杜威愿出城议降!"谏议大夫杜威挺身而出说。

王郎感激不尽,老泪横流,说:"有劳杜卿了,能谈妥更好,谈不成,朕就与邯郸共存亡。杜卿保重!"

汉军城北大营,辕门大开,军士交戟,林立的刀戈闪着阴森森的寒光。大帐内,汉朝大司马刘秀正中端坐,两旁诸将甲胄明亮,威风凛凛,傲然肃立。

"来呀,带逆使杜威!"

大司马一声威喝,两旁将尉齐声呼喝:"带逆使杜威!"

呼喝声传出帐外,校尉段孝引杜威入帐,杜威手执汉节,昂然而入,缓步走到刘秀案前跪拜进见说:"臣杜威奉汉成帝嗣刘子舆之命晋见大司马。"

刘秀愤然作色:"呸,王郎不过一个卜卦者,竟敢假冒帝嗣后裔,悖乱天理人情,罪恶难赦。成帝无后这是天下皆知的事实。王莽篡汉,就算成帝在世也无力改变失去的江山,又何况一个假子舆呢? 可笑之至!"

两旁诸将见大司马动怒,手按剑柄,齐声威喝,气势威严,令人胆寒。

杜威颇有胆气,镇定自若,再次跪拜稽首说:"罪臣听说明公一向讲究仁德忠信,所收服信都、渔阳、上谷的官员都被加恩赐封将军。今天,邯郸愿举城归降,大司马应该赐封邯郸主为万户侯吧!"

刘秀哈哈大笑。

"杜威,以你的智勇,可位至列侯,可惜明珠暗投,邯郸能与信都、渔阳、上谷相提并论吗? 此三处官员皆赐为将军,功在恢复我汉室江山。王郎假托汉嗣,蛊惑人心,留他一个全尸,已经是仁至义尽,还要做什么万户侯,简直痴心妄想。"

杜威闻言,昂然而起,凛然道:"这么说,大司马毫无通融之理了。我邯郸虽然已至穷途末路,但若抱定必死之心,还能苟延日月。"

"大胆!"

两旁诸将突然齐声怒喝,刀剑哨啷作响。只要刘秀一声令下,十个杜威的脑袋也会被同时砍下。

杜威却是狂笑一声。

"怎么,大司马要杀一个手无寸铁的使者吗?"

"不,放来使回城。"刘秀劝住诸将。

杜威回到城内,王郎得知议降失败,抱定必死之心,反而镇静了许多,亲自登上城头,鼓舞士气,指挥守城。

刘秀督率汉兵,四门同时猛攻,日夜不停。但是,邯郸兵马在王郎的督率下,拼死固守。攻守争战进入空前惨烈阶段,守兵人力,四顾不暇,汉军数次攻上城头,但都被拼命抵抗的守军击退。邯郸兵有的身受重伤,不能移动,便抱着攻上来的汉军滚下城去,同归于尽。邯郸城头,死尸枕藉,血流成溪。

刘秀与诸将没想到邯郸兵马会有如此激烈的抵抗,眼望着摇摇欲坠的邯郸城,汉兵就是不能攻下,不由心急如焚。就在这时,忽然,探马来报:"禀大司马,将军邓满和偏将军铫期已攻下巨鹿斩王饶首级,正押解粮草辎重,赶来增援邯郸。"

刘秀大喜,感叹道:"我只是让邓满、铫期钳制巨鹿兵马,没想到二位将军竟破巨鹿,斩王饶,真智勇之才。"

原来,刘秀大军移师邯郸之后,邓满与铫期率军继续佯攻巨鹿,以迷惑巨鹿兵马。王饶见汉军攻势减缓,放下心来。

十多天后的一个夜晚,风静月黑。汉军照例晚间不攻城。半夜时分,天下起了大雨。汉军与巨鹿兵马都躲在营帐内歇息避雨。邓满对铫期说:"大司马移兵邯郸,至今没有攻下。我们钳制王饶兵马,攻势缓慢,早晚会被王饶看出破绽。我有个大胆的想法,不如趁今晚雨夜漆黑,巨鹿守兵不备,偷袭入城,杀个出其不意。"铫期大喜道:"邓将军高见。将在外,君命有所不受。马上行动!"

两人分头行动。邓满悄悄集合人马。汉军将士听说要偷袭巨鹿,人人振奋,铫期亲率百余名精兵强将悄悄来到城下,他奋力抛出吊索钩住城堞,双手拽住吊索,敏捷如猿,第一个登上巨鹿城头,一声不响,杀死巡逻哨兵。

百名汉军将士如法而制,攻进城内。这时,邓满率全部人马突然发起攻城。正在酣睡的巨鹿兵马惊慌失措,乱成一团。铫期率百余将士身穿敌军的衣服,逢人便杀,如入无人之境,径直奔王饶府衙而来。

巨鹿太守王饶正在后院搂着爱妾酣睡,闻听汉军突袭,慌忙披甲上马,指挥亲兵、卫队抵敌。这时,铫期杀到,百余将士一下子就把那些亲兵冲得七零八落。王饶大怒,拍马来战铫期,只两合,就被铫期斩于马下。邯郸兵马见主将丧命,军无斗志,四散奔逃。铫期割下王饶首级,夺过战马,上马复战。混战中被流矢射中面额,血流满面。所幸强弩之末,伤得不深。铫期忍着疼痛,胡乱用帻巾裹住伤处,又杀人乱军中。这时,邓满率汉军攻进城来,到处追杀顽抗的巨鹿兵马。

天色放亮,雨过天晴,巨鹿守军或降或逃,喊杀声渐弱。铫期和手下的百余将士浑身是血,分不清是杀敌太多溅在身上,还是自身受的伤。

巨鹿城头,飘扬起汉室旌旗。邓满率部分人马清理善后,原地驻守。铫期包扎好伤口,带大部人马押解辎重粮草,挑着王饶头颅赶往邯郸增援。

刘秀宗自迎接铫期入帐,嘉奖邓满、铫期的勇猛果断,当即拜铫期为虎牙大将军。巨鹿已下的消息迅速传开,汉兵欢呼跳跃,攻城的士气更盛。邯郸守军遥望王饶首级,知道援兵无望,败局已定,人人自危。王郎少傅李立当晚便带心腹亲兵悄悄打开城门,迎接汉军入城。汉军潮水般涌入城中,直杀入王宫。一路上,邯郸兵马大多乞降溃逃,也有顽抗的,拼搏惨烈。刘秀大队人马入城,严令擒拿首犯,余者投降免死。

天色微明,汉军占领全城,邯郸兵马或降或逃,不再抵抗。但是,搜遍全城,不见王郎踪迹。

汉军功曹王霸从守城门的降卒口中得知,王郎从王宫后门潜逃而出。王霸二话没说,单刀匹马追出城去。出城十里,天色大亮,远远望见一人一骑孤零零地落荒奔逃。王霸料定,必是王郎无疑。拍马赶上,大刀一横,讥讽道:"卜卦先生,该算算自己的命运了!"

王郎抬头,面色灰白,结结巴巴地说:"壮士饶命。朕……不是刘子舆。"

王霸大笑一声,手起刀落,把王郎劈死马下,割下首级,回城报功去了。

被方望、弓林劫持到临泾的刘婴,战战兢兢地登上御座,祭拜天地神明、列祖列宗后,自称天子。封弓林为大司马,方望为丞相,其余数千喽啰皆有封赏。

可是,御座还没有坐热,长安更始帝便遣丞相李松、讨难将军苏茂率领大军,前来征伐。方望、弓林兵少势微,引兵抵抗。一经交锋,胜败立见分晓。李松、苏茂围歼临泾兵马,斩方望、弓林首级。刘婴的朝臣四顾逃命,没人过问新立的天子。刚做几天皇帝的刘婴，稀里糊涂地死于乱军之中。

真假汉帝的灭亡没有改变天下群雄竞立的局面，梁王刘永擅命淮南；公孙述称王巴蜀，李宪自立为淮南王；秦丰自号楚黎王；张步起兵于琅琊；董宪拥兵于东海；田戎起于夷陵，并置将帅，侵吞郡县。又有铜马渠帅东山荒秃、大渠帅樊钟、尤来渠帅樊宗、林校渠帅高庭、檀乡渠帅董次仲、五楼渠帅张文、获索渠帅右师郎以及高湖、重连、铁胫、上江、青犊、五幡等，乘势蜂起，各领部曲，众合数百万，据地抢掠，地方纷乱。

但是，上述各部势力虽众，力量分散，还不足以对新生的更始政权产生太大的威胁。东方赤眉，拥兵百万，则不可轻视。

樊崇等赤眉渠帅原本有心归降更始帝的汉室政权。亲去洛阳拜见更始帝。可是，目光短浅昏庸无能的更始帝和绿林诸将不作妥善安置。樊崇等人大失所望，先后逃出洛阳，回归老营。

为反莽而起的赤眉军，在王莽新朝灭亡之后，失去了斗争的目标，转而进攻更始政权。

樊崇在颍川把赤眉军分兵两路。一路由自己和逢安率领，转而南征；一路由徐宣、谢禄、杨音率领，转而北战。两路大军南征北战，杀豪族、斩郡吏，所过之处，尽掠豪族大姓的家财，以用军需。

南路赤眉军兵进湖阳。刘秀舅父樊宏乃湖阳大姓，地方巨富。首当其冲，成为赤眉军进攻的目标。家人得知赤眉军兵临湖阳，慌忙飞报老爷樊宏。

樊宏扶刘演灵柩归乡，得回故里，从此对天下大事心灰意冷，每天只是读书练剑，悠闲度日。闻听赤眉军来攻湖阳，顿时吃了一惊。

大难来临，不能不问了。

樊宏劝住来回奔忙准备组织庄兵抵抗赤眉军的管家樊童说："赤眉军为反莽而起，乃是义军。大司徒刘演亦是反莽英雄，可惜被更始君臣所害。同为反莽而起，赤眉渠帅不会不怜惜大司徒的不幸。先礼为上，快去准备牛酒肉食粮草，我要亲去赤眉军营中犒劳。"

樊童依言而行，很快准备好一切。樊宏率邑民庄丁的人，挑酒牵牛，车载人担，前往赤眉军营。

赤眉渠帅樊崇得知刘演、刘秀的舅父前来犒军，亲自与众渠帅迎出帐外。樊宏抱拳施礼道："各位好汉辛苦了。老夫听说贵军光临敝县，特来犒劳，不成敬意，樊童，把礼单呈上。"

樊崇接过礼单，不及细看，便上前扶住樊宏，感激地说："老人家，大军初到贵地，骚扰地方，樊某本该谢罪，怎好再收您的礼物。"

樊宏说："贵军为反莽而起，除暴虏，定社稷，也是义军，老夫当然要表示敬意。"

樊崇请老人入营细叙，说："贤甥大司徒刘演春陵起兵，反莽诛暴。一代英豪，可惜，好人不长寿，被更始君臣所害。樊某与众渠帅对大司徒一向敬仰，深为怜惜。此次南征北讨就是向长安昏君示以兵威，为大司徒刘演报仇。"

樊宏心里嘻笑，赤眉军百万之众南征北战无非要跟长安更始君臣争夺天下，岂能为一个屈死的刘演？但是，他表面上仍装成万分感激的样子说："贵军真是仁义之师，早该攻打长安，为我屈死的演儿报仇了。"

樊崇收下厚礼，与众渠帅一起跟樊宏前往刘演坟前，行祭拜之礼，表示敬仰和哀悼之情。

从刘演坟墓回营，樊崇召集军中三老、从事以上首领开会，说："我军本为反莽而起，如今王莽虽灭，但天下不宁，百姓仍受战乱之苦，豪族大姓据地自守，长安汉帝软弱昏庸。我军将士多为东方人，转战各地，流徙他邑，久战生厌，军心思归。但是，东归故乡，众兵必散，没有了实力，将士们还是要落到衣食无着，受人欺凌的境地。不如移师西进，攻取长安，共享荣华富贵。"

众首领无不赞同。于是樊崇派人急召北路赤眉，会师湖阳。两路大军聚在一处，犒劳饱餐，杀牲盟誓，共约西进，攻打帝都长安。

长安更始帝君臣还没有觉察到赤眉军的巨大威胁。但是，大司马刘秀占领邯郸，平灭王郎的捷报引起了更始帝的不安。

更始帝看完刘秀从邯郸送来的捷报，且喜且忧。喜的是一个冒牌的汉室天子被除去，少了竞争的对手，自己更加名正言顺地自称汉帝。忧的是刘秀的势力坐地自大，难以钳制，同样是帝室后裔，说不定哪天也会自立为帝。他可是比王郎强过十倍的竞争对手。一日不去，如梗在喉。

更始帝坐朝，召集群臣说："大司马刘秀不负朕望，执节此渡，平灭叛贼王郎，占据河北，可喜可贺。但是，刘秀专据一方，声威日盛，朕心不安。诸卿有何见教？"

刘秀平灭王郎，占据邯郸，引起绿林诸将的疑虑。在钳制刘秀势力发展的问题上，更始君臣的观点是一致。因此，诸将附和更始帝的主张。宜城王王凤出班禀奏说："刘秀素有野心，决不会屈尊人下。如今他在河北占据了邯郸根基之地，不久便是第二个王郎，不能不早作提防。"更始帝说："朕早就提防他了，所以遣尚书令谢躬以增援河北为理由监视他。"御史黄全出班冷笑道："谢君生性仁厚，仅凭陛下监视之旨，岂肯为难刘秀？还是不让他坐势大，称霸一方。"

赵萌止住众人,出班说道:"逆臣刘演死于陛下之手,刘秀是其胞弟必然怀恨在心。所以隐忍不发,是他的势力还不够强大。如果让他继续专据一方,必然尾大不掉。以其过人的才能,我们君臣都不是他的敌手。黄大人所言极是,仅凭仁厚的尚书令大人监视他,于事无补。为臣愚见,不如遣使者赴邯郸召他回京,削夺兵权,封他个有名无实的王爵,就好辖制他了。如果他不从,就是违旨,陛下便可名正言顺发兵征讨。"

　　赵萌的话对更始帝来说,就是圣旨。何况正中他的心意。于是更始帝说道:"赵卿之言极是,朕马上拟旨,不知哪位爱卿愿出徇河北?"

　　御史黄全挺身而出:"为臣愿往河北。"

第二十七章

施宽容不惩通敌贼　更始帝下旨收兵权

邯郸城里风和日丽，兵将们擦刀磨剑，练兵演习，百姓各自忙于躬耕。汉室旌旗和刘秀大司马的旌旗高高飘扬在邯郸城头，猎猎作响。刘秀自入城邯郸以来，丝毫没有放松演练阵法，依旧严肃军风军纪，不抢掠百姓半根针线。废除了王郎旧制，颁布新文书，抚慰吏民，免除苛捐杂税，恢复农业生产，颇博得百姓好评。很多郡县吏民感恩戴德，不辞远道带来特产与美酒回敬刘秀兵将，可谓"民心可爱"，军民一家亲。也有昔日叛贼前来负荆请罪的，刘秀见后均好言安慰，不加刑罚，反而表彰他们知错能改，都有嘉赏。

目前这里虽是一派太平盛世，但公务却相当繁忙，一个政权的更迭，很多过渡的管理事务要整理，以邓禹和冯异为首的将领更是忙得不亦乐乎。负责搜查王宫殿堂的校尉冯异任务也很繁杂，有天他在整理所获王郎的文书时，发现了很多吏民在王郎控制期间，与之私通的信件。其中有归附王郎的降书，有诋毁大司马刘秀的奏疏。

冯异感到事态严重，忙带着这些东西请刘秀亲自过目，请刘秀对这些朝三暮四的家伙严加处治。不料刘秀看也不看，大手一挥，命冯异当众一把火烧掉。冯异虽有疑虑，但军令难违，只得命手下取来火把，亲自将文书当众烧毁。熊熊火光照在前来观望的吏民脸上，忽闪忽闪发亮，等一大堆文牍化作黑蝴蝶一样上下翻飞的灰片时，大家立刻踏实下来，郡县吏民纷纷下跪，有正害怕大祸临头的人泣涕如雨，不打自招地高呼：多谢大人不杀之恩。

刘秀深知王郎在邯郸自立为天子期间，或出兵威逼降服周围不肯归顺郡县，或用高官厚禄利诱吏民，各处郡县或是受骗，或是贪图功名利禄，才效力于叛贼。如今王郎已灭，他们识清实务，投靠自己，如果自己不计前嫌，充分争取到这些力量，收服民心，就能不断壮大自己的军事力量，那样，重振刘氏江山就指日可待了。

刘秀一脸轻松的笑容，把吏民一一扶起，面对着火光，意味深长地说："诸位放心，有些人当初受到王郎蒙蔽，才误入迷途，酿下大错，其中情有可原，理有可恕，谁也不必斤斤计较。如今王郎已灭，让火焰烧掉这文书的同时也烧掉诸位心头不快。自今以后不再追究，还望诸位赤心一片，以诚相待！"

回宫后，冯异不解地问："大司马为何不趁这个机会，将叛贼查个水落石出，斩草除根，彻底肃清反叛势力，而要将文书当众销毁？倘若有人贼心不死，以后再生事端，如何应付？"

刘秀轻轻一笑："将军有所不知，邯郸初定，人心不稳，如果我看了文书或者将文书保存起来，吏民就会心存芥蒂，对我们不信任。况且民心要用软办法安抚，刀剑硬拼硬杀只会失去民心。当今之际，民心稳我们才能坐稳这邯郸城。"

一点即透，冯异恍然大悟，满脸佩服得五体投地："大司马不但英勇善战，而且谋略过人，胸怀宽广，属下实在是佩服，佩服！"

自此刘秀声名大振，吏民知道大司马能容忍，不计前嫌，都真心诚意地追随于他。壮丁纷纷入编，军力大增，粮草充足，衣食无忧。经过努力，刘秀团结到一切可以团结的力量。终于应了他说的：大着肚皮容物，立定脚跟做事。

尚书令谢躬目睹刘秀日渐羽翼丰满，而自己从长安带来的汉兵势弱，且没受到重用，心里干着急却无对应之策。他想起当初更始皇帝派自己来河北，大半任务是要自己监视刘秀，而现在刘秀不但没监视住，自己的兵马反而被他轻巧吞去，情急之下向刘秀发牢骚说："大司马，属下奉旨增援邯郸，平叛贼，如今王郎已灭，我虽不敢以劳苦功高自居，却也临战奋力抵抗，无不倾力相助，我带领的这些兵将兄弟不贪图什么封赏，能真正为朝廷出了力，也就足够。我看现在已经没我们什么事，也该早日将长安汉兵编回原部，以便将来回归长安时能迅速开拔。"

刘秀当然能听出谢躬的意思，却不好撕破脸皮，表面神情平定，心里不免暗自琢磨，你奉更始之命，名义增援我，实则暗中监视我，如今我日强一日，你就捺不住了。痴心妄想在军中谋求发展势力，岂能轻易如了你的愿？

这样想着，刘秀和颜悦色地说："谢将军恐怕错怪我了。大家同为陛下效命，且多亏尚书令率兵及时赶到，我们才得以夺取邯郸，若不是尚书令领兵神速，邯郸胜负还真未可知。尚书令善战沉稳，实在堪为我军楷模。只是从我自己想来，并不想强迫吏卒非得归属哪一路军队，凡报名参军者，完全由他们自愿挑选追随者，这就是我新制定的，'更部分诸将'制度，这些尚书令都是亲眼所见。至于补充长安汉兵，自然也是这个办法，若有地方壮丁情愿加入者，我当然全力支持。"

这是刘秀早已计划好的措施之一。所谓"更部分诸将"就是改变原来"诸将同营"的旧体制，重新"分吏率各隶诸军"。

谢躬听他这样说，颇不服气，自以为平日里带兵打仗，对士卒关爱有加，今日前去募兵，一定会有众多追随者，到时候也叫刘秀瞧瞧，并非唯独他一个人是大英雄。不料招募一天回来，却事与愿违，竟没一个愿意报名的。

刘秀看到愁眉不展的谢躬，自然知其中原因，却故意关切地问："尚书令为何事困惑，能不能对我说说，看我可否助尚书令一臂之力？"

谢躬抬头看看一本正经的刘秀，脸色赧然地羞愧难当："唉，说来惭愧，我们去招募兵卒，结果满城吏卒壮丁连我们这边招牌瞧也不瞧，纷纷自愿归附'大树将军'。"

"哦？大树将军，这个名字好怪，谁是大树将军？"刘秀已经风闻一些，仍佯作不知地问。

"大司马有所不知，大树将军者，偏将军冯异也，"谢躬却认真起来，"冯异将军他为人善良，兼得爱兵如子，体恤下情。每当打了败仗，他不像别的将军那样怒气冲天地埋怨士卒，打了胜仗却不居功自傲耀武扬威。冯将军只要行军打仗，坚持和士兵同吃同住，每有封赏必先分予麾下。每当诸将坐而论功之时，他总是默默地独坐树下，从不显耀自己的功劳。正因为这个原因，冯将军深受士兵的爱戴，故而美其名曰'大树将军'。"

刘秀一听，很是惊喜："冯异可谓贤将，如此深受士卒厚爱，真可谓军心不欺呀！尚书令，自古一心向善者，人欺天不欺；做好事者不必留名，而名自扬。所谓'桃李不言，下自成蹊'，就是这个道理。"

谢躬自觉羞愧，连连称是。

不过事实上招募不到兵马，并非全怪谢躬无能，实为长安朝廷长期以来碌碌无为以至名声扫地。长安城内，不到一年时间，宫内几经扩建，没了韩氏的阻拦，很快召纳进宫女数千，刘玄似乎知道自己这个皇帝注定没多大作为，抱着在位一日赶紧享受一日的想法，沉湎酒色，日夜与赵萌所谓的女儿饮宴后庭。群臣想进谏商议国家大事，刘玄却醉醺醺地无法上朝。只有到了实在不得已的情况下，才将朝臣召到内廷中讨论。如此一来，为赵萌提供了把握朝政的机会，他垂帘听政，独断专行，俨然太上皇。群臣百姓见更始朝廷还没打下江山就这副德行，无不嗟叹，谁都知道这样的情形撑不了多长时间。

那次和谢躬谈话后，谢躬对刘秀的态度转变许多。刘秀找个机会，特意摆下盛宴款待谢躬，算是安慰其内心不满，也借此机会犒劳一下接连奔波不得歇息的兵将，一举两得。

富丽堂皇的大殿今天显得格外气宇轩昂。长条形的红色地毯从入门阶梯处一直铺到大司马日常审阅文牍的帅案后边，地毯两旁一溜长桌排开，色香味俱全的菜肴已经摆放整齐，诸将个个红光满面，呵呵笑着互相拍肩膀拉胳膊取乐。等宣令侍卫高喊"诸位将军进殿就座，大司马有请"时，纷纷从两扇朱色大门中走进大殿。

刘秀从帅案后边站起来，喜形于色地打招呼："诸位功臣，快请坐下！"

诸将纷纷欠身施礼，待大司马入座后，方陆续入席。

刘秀顿了顿，右手举起一杯酒，左手略微撩起宽大的长袖："诸位将军，我等持节北渡，奉陛下之命讨伐王郎，王郎兵多将广，势力深广，而我军能一举剿灭王郎，取下其首级，坐镇邯郸，发展到今日情形，实属不易。能打出这片天地，全凭诸位文官武将出谋划策，亲临战场，英勇无畏，拼死抵抗。有在座各位的鼎力相助，才取得今天河北大体平定，刘秀每每想来，诸位实在是劳苦功高。今天我们欢聚一堂，就算庆功宴，诸位将军放开喝酒，大块吃肉，大家痛快地享受一醉方休，来，举杯！"说着，自己先下饮一杯。大家客气地谦让着，也都举杯同饮，几杯下肚，气氛渐渐活跃起来。

紧接着有钟鼓丝竹奏响，婉转乐曲中，歌女们迎乐翩舞，诸将领觥筹交错，边吃，喝着边谈论起往日痛杀敌人的痛快场面，好不热闹。

酒至酣处，大伙都有了几分醉意。就在宴会渐近高潮时，忽然有兵来报："刺奸将军祭遵求见！"

刘秀想来的正是时候，和大家一道饮酒，都乐一乐。

不料，祭遵满脸严肃，手提着一颗血淋淋的脑袋，大步迈上台阶，跪在红地毯上，在众人惊讶的目光里大声禀报："大司马，长安汉兵在城中胡作非为，掳掠百姓，践踏军纪，产生不良影响，地方百姓对此颇有非议。在下奉命执法，拿住一个为首的，已将此人军法拿办，还请尚书令大人不要只顾了饮酒，以此为鉴，整顿军风，抚慰百姓，清除不法之徒！"

这话如同当空甩在自己脸上一鞭子，冷不丁给谢躬一个下马威，当着今天这个众人都在场的时候，谢躬不免很是难堪，腾地红了脸想辩解又忍不住想发怒。正要进入高潮的乐曲歌舞戛然止住，大家愣愣神，被这突如其来的情形搅得不知所措。

刘秀最初也一阵惊愕，但很快就回过神来，稍稍镇定之后，微微笑着站起身，没有责怪祭遵鲁莽冲动，扰乱群臣兴致，也没有顺着祭遵批评谢躬，脸色祥和地说："刺奸将军严于军纪，嫉恶如仇，将军治理有方，为攻取邯郸立下汗马功劳，今日来得正是时候，坐下来和大家共饮！至于谢尚书令，他平日里忙于整理纲纪,忠于职守,亲率兵马,奔走河北,实为汉室的股肱之臣。至于偶尔几个恶棍不遵守军纪,也在情理之中。趁大家高兴,姑且饶了他,念他征战之苦,予以厚葬吧。"

祭遵此时也自知自己有些冲动,赶忙施礼退下。

不露声色地化解了尴尬气氛,大家都松了口气,刘秀不以为然地举杯再劝:"来,大家继续饮酒,乐曲奏响起来,该舞蹈的接着舞!"众人复又举杯畅谈。趁着气氛渐渐融洽,刘秀转而向谢躬赔礼:"尚书令大人莫怪,刺奸将军性格暴躁,鲁莽冒失。不过他一直忠心耿耿追随汉室,虽有些做事方式欠妥,但并无歹意。他一向执法如山,奉法不避,今日当众让大人难堪,还请大人海涵冲撞之罪。"

这并非诚心地赔罪,只是留个台阶给谢躬下。谢躬自然明白,忙微微欠身拱手还礼说:"大司马言重了。祭遵将军刚才所言,实为当头棒喝,敲在我的心头上。窥一斑而知全豹,从几个恶棍也充分暴露出我军纪松弛,兵士眼中没有法纪。我自当惭愧反省,以后定当严肃军容军纪,严格执法。如有作奸犯科者,一定像祭遵将军那样,军法操办,严加处置!"

刘秀哈哈大笑:"大人胸襟宽广,我甚是佩服,还是那句老话重提,而今王郎虽灭,却仍然民心不定,需要做的事情还很多。今后我们并肩作战,收复河北的路还长,大人能如此释怀,我自然也就放心了。我敬大人一杯,先干为敬!"

谢躬终于找到个台阶,脸色渐渐恢复平静,也举杯一饮而尽。

其实刘秀对谢躬如此礼遇,无非是想将他争取过来,为自己所用。不过通过几次交谈,刘秀感觉谢躬这人自恃地位已经很高,经常以更始朝廷钦差自居,要让他服服帖帖地加入到自己队伍中来,显然困难重重,于是他又想到谢躬身边的振威将军马武。马武,字子张,以前和自己过从不少,昆阳突围时,他也是主力之一。对于他的人品能力,刘秀有充分的把握。

宴会结束后,刘秀避开众人耳目,亲自到马武府上与之促膝长谈。刘秀态度亲切地对马武说:"自从昆阳相别,很久不与子张倾吐衷肠,心中甚是牵挂。昆阳大战,子张与我通力合作,并肩作战,军力锐不可当,威震四方,叛贼闻风丧胆,无心应战,我们直捣王莽四十万兵力的大营,现在想起来,仍然热血汹涌。信都一战,子张更是英勇过人,救汉军亲属于水火,轻而易举取下王郎首级,我真是佩服将军神勇,仰仗将军人格。俗话说得好,一贵一贱,交情乃见;一死一生,乃见交情。我与子张有过生死之交,也可谓是真交情了!"

马武是一介武夫,神勇有余而文辞不足,见刘秀一个劲儿给自己戴高帽子,红了脸吭吭哧哧不好意思地说:"哪里,哪里,大司马过奖了,全心奉命,实乃属下分内之职,大司马如此褒奖,属下受用不起。"

刘秀摩挲着马武的肩膀,继续推心置腹地缓缓说道:"我不是要吹捧子张,子张实为智勇双全,乃不可多得的将才。我想,如果渔阳、上谷精兵,能得子张统率,一定势不可当。对以后全面平定河北,有不可估量的作用。"

马武并不傻,立刻明白了刘秀的用意,只是他感到有些为难,自己一向忠心于谢躬,从无二心,可刘秀也确实是难得的英明之主。很快思索一下,马武含蓄地拱手推辞说:"明公能如此赏识子张,末将实在感激不尽,只是末将一直奔波于尚书令左右,所结情深义重,不忍背叛他。"

婉转地游说不成,刘秀反而更加佩服这位骁勇讷言的马武:"子张若心有芥蒂,我自然不好为难于你。不过有句话我还是要说出来,封赠父祖,易得也,无使人唾骂父祖,难得也;恩荫子孙,易得也,无使我毒害子孙,难得也。好男儿建功立业当然至关重要,但一定不要站错了方位,否则功劳越大,能力越强,则为害越深。好了,暂且说这些,子张,我汉军时刻欢迎将军归心。"

马武拱手施礼:"谢大司马包容,天色不早,不扰烦明公,明公也早些回府歇息吧。"

第二天天还没亮,谢躬便率长安汉兵还师屯城,马武随军而去。一路二人默不作声,各自想着心事。谢躬内心五海翻腾,想着昔日奉命监视刘秀,以防他占据河北,拥兵自重,割据一方,而如今眼看他势大难以钳制,我却丝毫奈何不得于他,只能无功而返,心里沮丧至极。

东方微白,长安兵浩荡而去……

谢躬走后,刘秀更安心地处理地方政事,不料一波刚刚平息,一波又来侵袭。这天上午,刘秀正召集众将议论进一步平定河北的计划。他打算先收服军马众多的铜马军,只要铜马军归附,其余义军自然水到渠成。

正在这时,一名校尉匆忙进见,说是长安遣来天子使者,已到城门口。出乎意料,却也在情理之中。出乎意料的是,天子使者来得如此及时,情理之中的是,不但刘秀,就是诸位将领,大家都心知肚明,不作赘言。

刘秀二话不说,连忙结集将领,亲自出城门远迎。城门口,天子使者黄全率众多人马早已停留在城门外。刘秀加紧脚步,跪地拱手施礼:"喜闻天子使者大驾降临,臣有失远迎,请恕罪。"

黄全连忙下马还礼:"大司马快请起,皇上得知大司马久经沙场,为平定河北立下汗马功劳,特派属下前来慰劳大司马和诸多将士。"

说着与上前来的诸将一一见礼，刘秀满脸笑容，走在前边，把天子使者的人马引入署衙中，这里早已摆好宴席，为远道而来的使者接风洗尘。

刘秀热情款待，丝毫不敢怠慢，相邀入席。黄全有旨在身，怕酒多误事，急于宣读圣旨，客气几句，他站在香案前，从怀中取出圣旨，清清嗓子，朗声读道：

奉天承运，皇帝诏曰：大司马刘秀，执节北渡，披荆斩棘，一路攻破广阿、信都、巨鹿，稳定邯郸，劳苦功高，自不待言。其率兵将亦骁勇善战，朕特遣御史黄全前往慰劳。诏封刘秀为萧王，其余有功将士亦有重赏。且念及大司马常年浴血杀场，奔波疲乏，令其罢兵，与有功将士一道还朝休养，为治理国家出谋划策，罢武修文，善莫大焉。另遣蔡充为渔阳太守、韦顺为上谷太守，苗曾为幽州牧。旨到之日，即赴任之时。钦此。

听黄全慢悠悠读罢，旁边跪倒的诸位大将皆怒目相视，气得咬牙切齿，但因刘秀尚未表态，都不敢造次，只能在肚里生闷气。只见刘秀毕恭毕敬地跪在地上，拱手施礼，高声谢道："臣接旨。谢主隆恩，吾皇万岁万岁万万岁！"

黄全把圣旨双手交给刘秀，言语轻佻地说："承蒙陛下垂爱，萧王从此不必再受打杀之苦，可以回京城在皇上身边服侍，也借这个机会歇息歇息。"

刘秀却什么也没听出来，喜笑颜开地说："是呀，承蒙皇上替臣下想得周到。"

大家小声议论着，各自入席，一顿并不欢愉的酒宴，例行公事地你敬我饮之后，众人很快散去。

刘秀命属下将使者安排妥当后，一人踱步出去。

事情明摆着，人家要来坐收渔翁之利，剥夺兵权来了。如果一旦回到长安，会有什么日子等着？大家都不愿去想，却又再明白不过。可是见刘秀仍旧一副不慌不忙泰然自若的样子，引得众将们很是替他着急。护军朱祐首先向刘秀发牢骚，不想朱祐刚说两句不满的话，就被刘秀厉声止住，声称叫刺奸将军逮捕他。朱祐是刘秀最喜爱的大将，平日说什么刘秀都不怪罪他，现在见刘秀却如此反常地动怒，吓得朱祐不敢吭声，别人就更不敢多说一句话。

要说着急，谁能比刘秀更着急，要说忧虑，谁能比刘秀更忧虑。但他知道，越是在如此紧要关头，就越不能乱了手脚，必须沉着处之，何去何从，终于摆在自己眼前了。尽管艰难，但必须选择。

一连两天，刘秀茶不思饭不想地把自己关在邯郸宫温明殿卧床不出。耿弇、邓禹和铫期等人恭候在门外，大家捉摸不出刘秀要作何打算，该如何给更始朝廷一个交代,都相顾无言地倒背了手团团转。上次朱祐好心相劝,不等他把话说完,刘秀就大发怒火,还叫喊着要将他看押起来,看情形刘秀把这件事看得十分重了。现在虽然大家都想进去,希望能和刘秀坐下来推心置腹地好好谈谈,共商大计。但谁也不敢贸然进去,大家只好安慰自己,也许明公此时更需要一个人静静地理清思绪,再作定夺。

等候很长时间,听不到屋里有什么动静,耿弇忧虑地说:"如今形势紧迫,刻不容缓。听说蔡充、韦顺、苗曾已经领了圣旨前去上任,如此一来,渔阳、上谷等紧要地方又成了别人的地盘。难道咱们拼着命用热血头颅换回的战果,就这样被一纸文书、两句屁话,在光天化日之下轻易窃取了吗?可是再拖延下去,半个河北就要易手他人。明公平素当机立断,这回怎么就懦弱了?叫我说,眼下是该做出决策的时候了,若再有迟疑,不但丢城失地,白辛苦一场,只怕还要招惹杀身之祸呀!"

朱祐更为刘秀愤愤不平:"想当初,更始皇帝在危难的时候授命于明公,明公持节北渡,可那皇帝只封官衔而不拨军马粮饷,徒有虚名。明公只得单车临河北,势单力薄,来到这里以后,更始皇帝不管不问,连书信也没来过一封,只顾自己在安乐窝里享尽荣华富贵。如今我们拼命挣得的江山,他却要独吞,真叫人可恨!这样的皇帝,不理会他也就罢了!"

邓禹向来沉稳慎重,虽也在心里暗暗为刘秀鸣不平,但表面上并没有显露出什么,依旧神态安详,只是听他们你一言我一语地发牢骚。

再等一会儿,耿弇实在坐不住了,圆睁着眼睛拍案而起:"不行,我这就去温明殿,火坑也罢,深渊也罢,我要冒一次险,和明公谈谈。这事再拖延不得了!"

朱祐结结实实挨过一顿训斥,仍心有余悸:"明公正在身心焦躁之际,你去贸然打搅,到时候虎威大发,降个杀头的罪,也不是没有可能,还请耿兄小心些的好。"

邓禹却猜出刘秀发怒只是做做样子,立刻赞同耿弇前去:"我看没这么严重,耿兄向来办事妥帖,平日明公对伯昭赞赏有加,也最信任你,你去劝劝,必能奏效。若有怪罪,我们一起承担。"这样一说,耿弇更有了信心,抬脚就走。

"吱——吱——"耿弇轻轻推开殿门,微步走到刘秀榻下。见刘秀双目紧闭、却又不像睡着的样子。他小心翼翼地刚要开口,忽听刘秀微闭着眼睛悠悠然地说:"谁这么大胆,敢私闯温明殿?"

耿弇听他话音,知道并没有十分责怪自己的意思,放下心来,扑通跪倒在床头边:"耿弇求见,属下冒死请求与明公长谈。"顿一顿,见刘秀没吭声,忙接着说:"明公,邯郸城内吏士伤者甚多,我想请求回上谷带些兵马回来充实这里的队伍。"

刘秀依旧躺着没动,反问一句:"如今王郎已破,河北大体平定,用不着那么多兵马,有伤的慢慢养,还用回上谷带兵过来?"

耿弇认真地回答说:"明公应该清楚,如今王郎虽破,但是天下大动干戈不过才刚刚开始。现在长安来个什么使者,张口闭口要罢兵,其实他们说罢兵,不过猜忌惧怕明公势力过大,会威胁他们,随便找借口削夺明公兵权。他们的话,千万不能当真。明公请站起来放眼天下,势力小些的不说,但是铜马、赤眉之类动不动就能拉出上万十几万兵马的,也有数十家,他们的兵力加起来远远超过百万。要消除这帮人对汉室的威胁,除了明公,谁还能做到? 说句不客气的话,更始帝昏庸无能,根本无法控制残局,他们自作聪明地剥夺了明公兵权,失败必然是不久的事。所以明公无论为汉室江山计还是为自己前途计,决不能顺从了更始的旨意!"

刘秀听他言辞激烈,忽地从床上翻身坐起,勃然大怒地厉声喝道:"好你个耿弇,越说越不像话了。再敢胡言乱语,我这就下令斩了你!"

从没见过刘秀这么严厉过,耿弇吓一大跳,但一想到邓禹给自己交代过的话,心里立刻有底,很快镇定下来,趴在地上不慌不忙地说:"大人待我情同父子,我一心担忧明公,才敢今日冒死忠心进言。反正我是这样想的,要打要杀全凭明公一句话。"

刘秀看着耿弇,忽然不动声色地一笑,话锋一转说:"汉军刀下不斩忠臣,我只是跟你开个玩笑,你继续说,我听听看有无道理。"

耿弇见气氛缓和下来,胆气更壮,索性从地上爬起来,往刘秀身边凑近一些,不紧不慢地接着上面的话茬儿说:"明公,咱们南征北战,也亲眼看到了,老百姓苦于王莽横征暴敛,思念大汉朝的太平盛世,听到汉兵起事,无不欢天喜地,好像脱离虎口返母怀抱。如今更始帝虽名为天子,实则名存实亡。朝廷内有赵萌专权,朝廷外也有诸将拥兵割据在关东地区,皇亲贵戚纵横捭阖于长安城内,黎民百姓生灵涂炭,苦不堪言。据我所知,许多百姓反而思念起了新莽,他们说,王莽篡权我们日子难过,更始建立朝廷,我们却连命也保不住! 民心背于更始,由此可见他必败无疑。而明公现在战功累累,英名远播于四海。如果以仁爱征伐天下,四方即可平定。而受封萧王,落一个王公大臣的虚名,远不是您本来的志向吧。您是具有汉室血统的人,应该追求'复高祖帝业'的宏伟理想才是。况且天下本来就是刘家的,刘玄能称王称帝,明公比他条件更优越,不说为了自己,就是为了天下百姓,也应该把这个宏愿实现才行。"

耿弇滔滔说出这番道理,刘秀阴沉着脸没有任何表示。其实,这些道理自己都想过,在内心深处,又何尝不时时怀有重振汉室皇威的远大抱负呢?而且自己为了早日实现这一夙愿,忍辱负重,拼死征战,兄弟姐妹一个个永远离自己而去,付出的代价还少吗?

第二十八章

刘秀起反心谋大业　河内郡守城拒明公

刘秀的内心正在进行激烈的斗争,他想到假如自己一旦返回长安,必定受到钳制,无所作为,弄不好成了案板上的鱼肉任人宰割,连性命也难保住;如果留在河北,孤注一掷,或许可以大展宏图,实现当初的誓言。道理虽然明显摆在那里,但这样一来,是不是就一帆风顺了呢?

"伯昭所言自是有道理,只是……现在情况并不容乐观。根据最新消息,上谷、渔阳两郡已经易手他人,我们的力量被削弱了,况且若不听命回京赴任,那可是抗旨的杀头大罪呀。抗旨杀头似乎还远一步,只怕咱们脱离了更始朝廷,从名义上就成了叛臣,若众叛亲离,众人群起而攻之,凭咱们眼下的兵力,只怕孙膑重生,也难以应付。"

"明公不必多虑。"有个声音飘然进来,紧接着人影一闪,有人款步进来。原来邓禹已在殿外恭候多时,见刘秀犹豫徘徊思前想后始终下不了决心,而话语中已经透出松动,便忍不住进来接过耿弇的话题:"明公,如今长安政局破败,更始只是个空壳而已,民心皆失,所谓是不是正宗的汉室,许多人已经不放在心上。明公自奉命北渡以来,威德加于四海,如果树起自己的大旗,天下人必不以叛逆之臣加罪明公。所谓多一位神仙多一炉香,谁能使百姓安居乐业,谁就是百姓拥戴的明君,请明公大胆决策吧。"

跟在邓禹身后的虎牙将军铫期也按捺不住:"明公切不可优柔寡断,贻误时机。耽搁一时,上谷、渔阳落入对方手中,再耽搁下去,必然要付出更多不必要的代价。"

大家你一言我一语,句句说在刘秀心坎上,面对一张张急切激动的面孔,刘秀深深为之动容,立马精神大振:"诸位费心,多谢各位赤心进言。好!既然都这样说,那咱们就定了,下一步我要辞朝命而不就,决不落入朝廷那帮小人的陷阱,至于后事如何,还需要我们风雨同舟,和衷共济。"

"哈哈哈……"

温明殿内传来刘秀和诸将久违的爽朗笑声。太阳拨开云雾探出脑袋,阳光普照温明殿外。

次日晚上，天色刚刚暗下来，估摸着大家用过晚饭，刘秀衣冠严整，只身前往黄全他们下榻的温泉客房。黄全闻听刘秀这个时候来访，不由心中忐忑不安，但表面上很是热情："萧王军务如此繁忙，还要夜间过来，真是太辛苦了，等回到京师，一定得好好歇息将养一阵子。快请进，请进。"

说着，两人携手走进前厅，黄全客气地坚持让刘秀坐于上座。

刘秀满面春风，抬眼环视一下四周，客气地问询一句："御史大人住在这里还算舒心吧，军营中什么都简陋，委屈大人了。深夜叨扰御史，真是抱歉。"

"萧王多虑了，现在没人打扰，咱们正好可以坐下来，议议萧王回京上任的具体事宜了。"黄全赶紧以攻为守，把话题向他最关心的方面转移。

刘秀含蓄地一笑，声音平稳地婉言说："不瞒御史大人说，离开京师这么久，孤身漂泊在外，我也想快马加鞭，尽快奔赴京城，奉命于皇上左右。可是静下心来仔细想想，现在就这样回去，似乎不甚妥当。"

黄全知道自己担心的事最终还是发生了，从椅子上直起腰身，不由得一阵惊愕："有何不妥？如有难处，我会奏于朝廷，来分大司马之忧。不过话说回来，自古都是官大一级，如泰山压顶，更何况是朝廷圣命？不管千难万难，还望大司马尽快回京，有困难慢慢处理，我也好得功而返。"

"御史大人久在朝廷，对河北一带形势不大了解，所以才这样说。其实河北远不像朝廷和御史大人想的那样简单，"刘秀手指关节轻敲桌面，"王郎刚刚覆灭，但河北仍一片狼藉，远未平定。当下铜马、尤来、五校、檀乡等众多杂七杂八的乱兵，或大或小，加起来拥兵数百万。他们独霸一方，擅自专权，抢掠百姓，闹腾得地方乌烟瘴气，而且还有彼此勾结联合的形势。如果我们现在撤兵回京，这些力量一旦结集起来，河北重地必然得而复失，我们全军上下浴血战场的功绩，势必要功亏一篑，付之东流。所以我打算，京城圣命暂先缓一缓，待我发精锐之师，快刀利马，为朝廷征讨四方。待河北完全平定之日，我愿即刻回京。这样做并非刘某擅自大胆抗旨，实为情势所迫，御史大人是最明理的，这话一听就明白，还望大人在皇上跟前讲明。

黄全眨眼听着，定了定神随口说一句："萧王办事一向考虑周全，不过嘛……"他忽然冷笑一声，"怎么偏偏这次就犯糊涂了呢。萧王说的这些情况，朝廷都考虑到了，圣旨上讲得明明白白，河北方面，其余萧王未完成的战事，皆由皇帝派来的蔡充、韦顺和苗曾处理。况且他们已奉旨任命，萧王向来待人宽容而不苛刻，大概不会不相信他们的能力吧？如果萧王执意要抗旨留守河北，那可就是犯了抗旨，要背负上叛贼之名的大罪。后果如何，萧王想必知道得更清楚吧。"

刘秀听他说话不阴不阳，好像还有点威胁的意味，心里哼一声，我还没回朝廷，你就拿大了，要是赤手空拳地回去了，你们还不定怎样呢！心里的念头立刻坚定许多，脸色不免有些激动："御史大人也是知道的，当初河北告急，满朝文臣武将，一个个缩着头不敢吭声，是刘某不畏艰险，仗着一颗赤胆忠心，挺身而出，接下圣旨，奉命北渡。一路经历无数艰险，多少次险些丢了性命？这才镇抚州郡，平定四方，除王莽苛政，复汉室旧制。对突然崛起的叛贼势力殊死抵抗，终于平灭王郎，收复邯郸，始有根基。如今更始陛下一张圣旨，将蔡充、韦顺、功曾三个无功无德、人地两生的将领安插在这里，且不说他们能力如何，单是对形势和地理位置不熟悉，就是致命的弱点。平定叛乱乃是关乎多少兵将的大事，岂能儿戏?! 还请御史如实禀奏于皇上，恳请皇上恩准。"

黄全见刘秀声色渐渐严厉起来，不禁有些心虚，支支吾吾不知如何应对，本想说句软话，可朝廷钦差的大架子拿惯了，硬着头皮说句："难道……萧王想……想造反？"

刘秀义正词严、不卑不亢地回应道："御史说到哪里去了？不要妄加罪名嘛！御史大人不是不知道，更始陛下整日贪享富贵，不理朝政，圣旨命令仅仅能在长安城内行得通，其实已经名存实亡。这话刘某本不想说破，但大人非要听，只好说出来，如今更始朝廷佞臣当道，滥下圣旨，不虑河北战事，凡事只从争权夺势出发，从不为百姓考虑半分。这样的圣旨，刘某不必遵从！"

话说到这份儿上，黄全知道不撕破脸皮也不行了，腾地从椅子上跳起来，指手画脚虚张声势地叫喊："萧王果真明目张胆，存心要造反。不管你有千万条理由，就是抗旨不遵这一条，也能定你一个反叛朝廷、大逆不道的罪名！"

刘秀听他话语不留情面，也气愤地站起身，提高了声音："我汉室委靡，全都因为更始昏庸无能，致使外戚趁机篡权，奸臣当道！如今我刘某于公于私都不会投奔那昏君，我就是要给天下百姓更换一番崭新天地！好了，什么都不用多说，你回去归旨把我的话说给更始帝就行。只是麻烦御史空跑了一遭。"

黄全见他越说越露骨，竟然忘了身在何地，伸手从腰里要拉出刀来，可手握刀柄，立刻想起这是在人家的地盘上，左右都是人家的人，他若是彻底翻了脸，自己这个御史这个钦差算个狗屁？弄不好人家嘴角一歪，自己就得落个死无葬身之地，那就太不值了。紧张地思量一下，也不好再争执下去，黄全又一屁股坐了下来，摇摇头无奈地叹口气："不管怎么说，路是自己走出来的，萧王还是要三思。若萧王执意如此，我也没办法，只能如实禀报。"

刘秀心里冷笑一声，已经走到门口："我还有事情，明日恕不远送，劳御史在更始帝面前多费口舌。"

次日凌晨，黄全悻悻离去，回京复命。来的时候热热闹闹，走的时候却冷冷清清，全军上下没一个人打声招呼，听任他们仓皇而走。

黄全走出邯郸城时，刘秀正召集诸将齐聚温明殿内，商讨接下来面临的新情况。大家料定黄全回京后，长安一定会采取对策，有所行动。所以下一步如何抓住兵权，扩大自己足以和更始朝廷对抗的实力，就成了当务之急。

刘秀雷厉风行，趁着和朝廷决裂的消息还没扩散的时机，决定迅速派兵潜至渔阳等城中，斩毙新到任还不熟悉情况的渔阳、上谷、幽州三位太守，换上自己的人。刘秀拜耿弇、吴汉为大将军，前去执行这个特殊任务。另外，命诸大将四处出动，招兵买马，扩充军力，蓄势待发。

耿弇、吴汉两人横刀立马，立刻奔赴上谷、渔阳、幽州三郡。这里大部分是他们的老部下，二话不说，放下吊桥，打开城门，放他们冲进来。耿弇和吴汉火速收集这些旧部人马，蔡充、韦顺和苗曾还没弄清楚发生了什么事，对方已经冲到眼前，刀起头落，干净利落地斩下他们的脑袋。他们从长安带来的兵将见主帅都死了，衡量利弊，自然是归顺了刘秀的阵营。如此一来，不但几个要紧城池被自己牢牢控制住，麾下兵马也充实不少，刘秀方面很快又重新把握住河北地区的军政大权。

内部稳定了，就要向外扩展。按照他们的计划，接下来要平定各地割据势力，彻底肃清地方叛乱。可是在出兵之前，刘秀不得不考虑到家门口一个随时都会发作的隐患——留守邺城的谢躬及其率领的数万长安汉兵。现在自己已经公开和刘玄翻脸，谢躬也就是自己的敌人，他会容忍自己肆意扩张而无动于衷吗？

夺回幽州突骑，刘秀重新占稳河北，便准备征讨盘踞邬城一带的铜马义军。但是还有邺城的谢躬时刻威胁着邯郸，不可不防。邓禹说："尚书令为人忠厚守信，明公可约谢躬共同破贼，只要他答应出兵，便可解除后顾之忧。"

刘秀依言而行，便亲自去邺城拜见尚书令说："河北贼寇四起，为祸地方。如今王郎已灭，我与大人当合力共灭贼寇，平定河北。我方出兵，追贼至射犬，一定可以大破之。聚在山阳之地的尤来贼寇，势必闻风逃窜，如果大人能够出兵征讨，双管齐下，一定可以全歼贼寇，共建大功。"

谢躬爽快地答应说："我与萧王同为汉臣，剿灭贼寇，扶保社稷乃是份内之事。"

刘秀得到谢躬的承诺，告辞而去。谢夫人从屏风后走出，责怪丈夫说："人心隔肚皮，虎心隔毛皮。夫君忠于陛下，而萧王抗帝命，杀苗曾、韦顺、蔡充，叛逆之心已暴露无疑。信其虚谈，不知应付，恐有灾祸临头。"

谢躬摇头叹息道："我为尚书令，当然比你清楚这些。跟你实说吧，陛下已有密诏，命我找个借口杀了萧王。"

"夫君为什么不遵旨行事？"

"借口并不难找，只是我一向钦佩萧王，不忍下此毒手。汉室已复，可是陛下先受朱鲔、李轶等将的控制，后受赵萌的摆布，身为天子，有名无实，汉室天下也一样有名无实。王莽已灭，可是至今陛下连一纸废除王莽苛政的诏令也没有颁行。唯有河北，萧王执节，安抚郡县平遣四徒，除王莽苛政，复汉官兵，气象为之一新。汉室复兴的希望在河北闪光，相形之下长安黯然失色，人心失望……"谢躬说着，泪水不知不觉流了下来。

谢夫人从来没听丈夫说过这种话，惊恐地摇着谢躬肩头说："夫君来河北这些天，难道也归心萧王了？"

谢躬拭去眼泪，摇头说："我为长安汉臣，怎么会归心萧王，只是为汉室悲哀而已。"

"夫君，妾身也感觉萧王才是成大业的人，何不归附萧王？"

谢躬闻言，突然推开夫人，正言厉色道："万万不可，我为大臣，应守君臣大义，怎么可做出背主逆天的事情。此次与萧王合作，只是为灭寇贼，待河北平定，我便监督他回长安复命。"

谢夫人摇头叹息。

"迂夫子，你既不归心萧王，又不心向长安。两头不讨好，必有祸患。"

有了谢躬的承诺，刘秀放下心来，率兵离开邯郸，出徇河内郡。河内太守韩歆听命长安，风闻萧王抗旨欲叛，关闭城门，不纳刘秀。岑彭时为韩歆幕宾，力劝道："长安政乱，诸将擅命，必不得长久。萧王执节河北，兵强马壮，吏民归心，必成大业。大人不明形势，恐有祸患。"

韩歆不听，说："长安虽乱，仍为汉室天子，为人臣者不可逆天。何况，长安已遣使夺河北郡国，与萧王争衡，形势不明，不可附逆。"

刘秀见韩歆拒纳，大怒，欲发兵攻打。邓禹劝阻道："初徇河内，妄动刀兵，恐郡县惶惑，归附韩歆，合力抗拒。不如弃河内，徇行郡县。郡县归附，河内孤立，不难攻取。"

刘秀依言，率兵离河内而去，到了怀诚，忽有河内使者赶上，献上韩歆降书，说明河内愿开门迎接萧王。

刘秀疑惑难决,这时探马来报,说:

"韩歆刚刚听到苗曾、韦顺、蔡充的消息,自知独力难敌,所以急迫开门迎降。"

刘秀放下心来,回师河内。韩歆果然率官属开门出迎。萧王大军入城,刘秀在府衙召见官属,一一亲切询问后,突然怒喝道:"来呀,把河内太守推出军门,斩首示众!"

河内官属惊慌失色,不知所措。萧王刀斧手不由分说,拿下韩歆,押到中军军门的鼙鼓下,只等时辰已到,便可开刀问斩。

韩歆幕宾岑彭,抽身而出,质问萧王道:"萧王素以威德服人,凡归附愿降者皆免其罪。奈何专杀河内太守?"

刘秀注视着岑彭,坦然道:"君然(岑彭字君然)曾为我兄长令属,是以实言相告,如今我东有寇贼,西有更始,后有谢躬,前面有个韩歆,四面包围,孤军立足。韩歆反复无常,图谋本王,不杀不足以警告包藏祸心、首鼠两端之辈。君然既为兄长令属,奈何与贼加害于我?"

岑彭不慌不忙地说:"大司徒遇害,明公委屈求全。岑彭办为形所迫,归为大司马朱鲔校尉,随征王莽扬州牧,迁为淮阳都尉,将军徭伟造反淮阳,岑彭征讨不力失官,辗转从河内太守。如今,赤眉西进,长安危殆,诸将纵横,天子无实,道路阻塞,四方贼起,群雄竞争,百姓无所归依。岑彭听闻明公平河北,开王业,此乃苍天佑汉天下之福。没有大司徒的全济,岑彭早该命丧宛城。未能报德,大司徒旋即遇难,岑彭永恨于心。今日与明公相逢,愿竭力效命。"

刘秀素知岑彭之才,闻言转怒为喜,说:"君然知我,我知君然。"

岑彭坦诚地说:"明公东征寇贼,河内未经兵乱,可作转运之地,韩歆乃地方大姓,颇有名望,免其死罪,可稳定人心,望明公明鉴。"

刘秀依允,命人推回韩歆。韩歆先谢萧王后谢岑彭。刘秀令其归属邓禹军中,河内其他官属官复原职。人心归服。

汉军至清阳,清阳接近铜马军盘踞之地邬城。刘秀在清阳勒兵备战,站在城头远远望见突骑精兵奔来,尘土飞扬,马蹄声如同暴风骤雨。大将军耿弇、吴汉纵马队伍最前面。诸将看了眼热,交头接耳说:"突骑精兵如此威猛,倘若分到自己部下何愁不立大功。"

耿弇、吴汉率领突骑入城,向萧王呈上兵籍薄。刘秀认真查看。诸将在旁,纷纷请求道:"明公,可否分突骑精兵给各营?"

刘秀合上兵籍薄,笑道:"诸位都想倚仗突骑立功。可是,一个指头难以迎敌,五指变拳,才可以出重拳,致敌于死地。分突骑无益,聚之有力。何况,突骑凶悍,寻常人难以接近。吴汉贩马为生,来往于燕蓟之间,交结豪杰,所以能控掌突骑。耿弇父为上谷太守,自幼长于边地,所以也能。其余诸将则难以驾驭。"

诸将心悦诚服。

诸事具备,萧王率兵出清阳征讨。地方义军距邹城二十里安营下寨。铜马渠帅东山荒秃闻听刘秀引军来攻,自恃兵众,立即率兵出邹城挑战。

吴汉与诸将争着出营接战。刘秀说:"铜马兵众,以逸待劳,势不可敌,我军只宜坚营自守,不得应战。违令者,军法处置。"

吴汉等将只得退下。铜马军见汉军不出战,强行攻击。汉军早有准备,营寨周围挖好陷马坑,设置路障,并有弓弩手严阵以待。铜马兵跌落陷马坑,中箭落马者不计其数,只得各退去。

数日之后,忽有探马来报。

"启禀大正,距邹城西北五十里发现铜马军运输粮草的人马。"

刘秀笑道:"该是重拳出击的时候了。吴汉听令,速率突骑潜师出击,截获粮草辎重。耿弇听令,速率突骑扼住粮道,以防邹城之敌出兵增援。粮草辎重得手后,两队突骑即刻回营交令,不得恋战。"

诸将这方明白刘秀之计。吴汉、耿弇当即引突骑潜出,手脚利索地夺回粮草辎重。

如是数次,一个多月过去,邹城铜马兵粮草断绝,人马饥饿,求战不得,只得趁夜色逃跑。刘秀早已派出探马监视邹城动静,得知铜马遁逃,立刻下令汉军倾营而出,追击贼寇。汉军寻踪追杀,一口气追到馆陶,终于追到饥乏不堪的铜马大部,一场大战,胜败立见分晓,铜马兵抵不住汉军的攻势,溃败逃命。

刘秀就地歇兵一日,正欲回师老营,忽然探马飞报,高湖、重连两部兵马来攻。原来,高湖、重连两部渠帅闻听萧王来攻铜马,唇亡齿寒,便引兵赶来增援,不料,正遇铜马败兵。于是纠集铜马残部,合三部之众,意欲与萧王一决雌雄。

刘秀得报,大喜道:"来得好,省去我追杀之劳。"

当即遣耿弇、吴汉率突骑从两翼包抄,自领大军与诸将奋力向前。与高湖、重连、铜马之众战于蒲阳。汉军挟得胜之威,士气高昂,锐不可当,耿弇、吴汉所率幽州突骑纵横驰骋追逐残敌。三部兵众大败,无处逃窜,只得举械乞降。

铜马、高湖、重连三部渠帅被押解刘秀跟前。刘秀坦诚地说:"铜马、高湖、重连三部原为反莽而起,堪称义军。只是王莽灭后,长安不加安抚,不得已为乱地方。只要三位渠帅愿意归附,既往不咎。"当即命令放了三人。

三渠帅跪拜施礼,道:"萧王如此宽仁,恩德服人,我等情愿归降。"刘秀封为列侯。

三部降卒甚众,人心不安,唯恐日后有变被杀。降卒聚在一起,窃窃私语,看见汉军行动,哗然纷乱。

吴汉禀奏萧王,请求将哗乱者就地正法,以儆效尤。

刘秀摇头笑道:"不可。降卒心有不安,所以哗乱。昔日长平之战,秦将白起坑杀赵国降卒四十万,祖宗的惨痛教训他们忘不了。子颜(吴汉,字子颜)莫急,我来处之。"当即脱去甲衣,摘下宝剑,轻骑出营,单人独骑巡行营寨,尤其对三部降卒,关切询问,亲切交谈。降卒又聚在一起,私语说:"萧王对咱们推心置腹,与汉军无二。这样贤德的主子,打着灯笼也找不到,我等怎能不誓死效命。"

降卒心服。刘秀分配各营,归属诸将,得兵数十万,汉军兵力倍增。河北兵力最强的铜马军被汉军收编,关西尊称萧王为"铜马帝"。

刘秀拥有了争衡天下的力量。

蒲阳大捷后,萧王召见吴汉、岑彭,面授机宜,令二人悄悄回师邺城。

吴汉、岑彭领命,引兵而去。

刘秀大军继续征讨地方义军,探马来报,大彤渠帅樊钟、青犊军等十万余众聚集射犬城。萧王立即下令全军出动,发起猛攻。兵多将广的汉军势如破竹,连破敌营数十座,进至射犬城,青犊军损失惨重,余众败走。聚集在山阳之地的尤来部众见汉军势大,不敢抵敌,仓惶北逃隆虑山。

屯兵邺城的长安尚书令谢躬闻听贼寇谍报,果然遵守诺言,当即留下大将刘庆、魏郡太守陈康据守邺城,自己亲率长安将士,北去进攻尤来。

奉萧王之命回师邺城的吴汉、岑彭,悄然兵临城下。吴汉率兵驻扎,由岑彭与辩士入城劝降陈康,里应外合,兵不血刃,取得邺城。

岑彭与辩士潜入城中,趁着夜潜入太守府衙。陈康见萧王使者夜间造访,慌忙迎入内室跪拜施礼道:"尊使贲夜光临,有何指教,下官一定从命。"

岑彭见他识时务,便开门见山地劝说道:"古人云:'上智不处危以侥幸,中智能因危以为功,下愚安于危以为之。'当危难来临的时候,如何化险为夷,转危为安,就要看人的应付能力了,不能不谨慎从事。如今长安政乱,四方纷扰,太守大人一定有所耳闻。萧王兵强马壮,吏民归附,这也是太守大人亲眼所见。尚书令谢躬内背萧王,心向长安,不识大势,必有祸患。大人现据孤危之城,面临灭亡之祸,虽死而无节义。生死关头,不如开城门迎接汉军,化危难为安全,因祸得福,避免下愚之败,收中智之功,此计实为大人及全城将士、百姓着想。"

陈康惊讶不已,沉思良久,才说道:"尊使金玉良言,我当听从。"

当晚,陈康突然发兵,围困大将军刘庆及尚书令谢躬的府邸,拘捕刘庆、谢夫人和长安心腹将士,迎接吴汉兵马入城。谢夫人含泪悲泣说:"愚夫不识权变,始有今日之祸。"

吴汉,岑彭不动刀兵,夺取邺城,悄然等待谢躬的归来。

谢躬率长安将士,将尤来部众逼近隆虑山,困兽犹斗,走投无路的尤来部众凭借山高林密突然偷袭,杀死汉兵数千人,谢躬吃了败仗,转身向邺城败退。

邺城城门大开,城头依然飘扬着"谢"字大旗。仓惶奔逃的谢躬望见邺城,总算松了一口气。不待大队败兵赶到,便与数百骑兵径奔城门。见城门洞开、抖缰直进。突然,一声鼓响城门洞内冲击无数汉兵,拉起铁索,绊倒入城的坐骑。谢躬摔落马下,被拥上来的汉兵绳捆索绑起来。

岑彭大步走上,手指谢躬,高呼道:"谢躬内背萧王,图谋不轨,已被拿问,从者归降无罪。"

数百轻骑亲兵不敢反抗,纷纷跪地乞降。

谢躬明白过来,怒吼道:"我虽为长安尚书令,却不曾图谋萧王,萧王如此待我,不仁不义。我要见萧王理论。"

吴汉大步上前,厉声喝道:"老贼死到临头还如此猖狂。实话告诉你,我等就是奉萧王之命前来缉拿你,你还有何话说?"

谢躬恨声骂道:"刘秀卑鄙小人,我以君子之腹待他,他以小人之心害我。天公有眼,也不会放过无信无义之徒。"

吴汉大怒,怒喝道:"侮骂萧王,其罪当诛!"话没落音,突然拔剑,刺进谢躬胸膛。岑彭大惊,惶然道:"大将军,萧王之意,并非……"

吴汉说:"老贼猖狂,不杀何以威服长安兵马。"命人将谢躬尸首弃市示众。

谢躬夫人听说丈夫死讯,痛不欲生,大骂萧王,咬舌而死。

事发猝然,尾随谢躬,率败兵而回的振威将军马武闻昕尚书令被杀,激凌凌地打个冷颤,突然勒马抖缰,战马腾空而起,冲过汉兵的拦截,快马加鞭,直奔射犬。

第二十九章
追敌兵遇风雪失算　刘明公带病探军营

　　刘秀正在城中与诸将议事，闻听马武来到便知吴汉、岑彭已在邺城得手。忙命人请马武进见。马武独骑进城，进见萧王，陈说邺城惊变。刘秀吃惊地说："怎么？吴汉杀死了谢躬！我意在夺取邺城，收服长安将士，无意加害尚书令。吴汉性情刚暴，以至如此……"马武说："末将早有归附明公之意。邺城事发猝然，谢公遇难，所以不信吴汉，单骑来降萧王。"刘秀大喜，引马武在身旁就坐，加意抚慰，并命摆设酒宴，置军乐，与诸将一起为马武接风洗尘。马武起身斟酒，为萧王祝贺。刘秀神色喜悦，举杯共饮，笑说："子张，你去统率旧部，镇守邺城，可使我无后顾之忧。"

　　马武抱拳承命，说："好男儿志在疆场，今既归萧王麾下，甘受驱使，虽死无憾。"

　　"子张爽快坦直，性情中人，我喜欢。"刘秀含笑道。酒宴结束。刘秀即命马武执节守邺城，同时责令吴汉、岑彭厚葬谢躬夫妇，使太守陈康留成，各引部众回射犬听命。

　　当赤眉军逼近长安城时，气势异常浩大，京师百姓一片惶恐，预感大难来临却不知何去何从。而躲在深宫里的刘玄此刻消息却迟钝得很，他仍旧日日花天酒地，私混于内帷。在刘玄想来，赤眉军首领自己又不是没见过，不过一群乌合之众，能成了什么气候？况且身边还有绿林诸将护卫，虽说他们平日里对自己这个皇上也不是很尊敬，但关键时刻，总还是要向着自己吧？

　　赤眉军踏进潼关进抵长安，大军所到之处地动山摇，一伙穷苦百姓能发展成这么强大的队伍，让许多人瞠目结舌。被围困在长安城里的陇西隗崔、隗义和右将军隗嚣对坐无言，唯有后悔不迭地感慨万千。想当初，隗嚣带领隗崔和隗义在陇西一带拥兵自重，独霸陇西，全盛时期占据有武都、金城、酒泉和敦煌七个大郡，说话办事如同帝王，何等威风？真不该为了一点名义，来到长安应诏，结果封了个有名无实的右将军。可右将军中个什么用，朝廷大权都把握在别人手里，根本不容自己说话。原来的爷爷变成如今的孙子！

这下更好，权位没捞着，赤眉却打上门来。那帮有实权的人如陈牧等，都提早撤离出去，在别的州郡继续享乐，把这个烂摊子留给自己收拾。其实有什么好收拾的，到时候等着叫人家砍脑袋就是了！越想越后悔，隗嚣抓起桌上一大杯酒灌进肚里，铁青着脸重重叹口气。

隗崔和隗义盯着昔日的主帅，试探着商议说，要不，咱们现在赶紧悄悄回去？隗嚣被酒劲弄得有些头晕，心里却无比清楚，回去当然好，可现在哪能回得去？西去的道路已经让赤眉给堵上，自己虎落平阳，再没了退路。

既然没了退路，索性就在更始朝廷大弄一番，捞点实在权力也值得。隗嚣被急于得到权势的心理冲昏了头脑，竟然跑去告发隗崔和隗义，说他们唆使自己叛归陇西，对朝廷大不忠，而自己岿然不动。刘玄正急需用人之际，认为还是隗嚣忠于朝廷，便把隗崔和隗义杀掉，拜隗嚣为御史大夫，让他和赵萌共同主持朝政。踏着自己的亲眷和下属登上一个台阶，隗嚣总算心里平衡了些。

更始二年的十一月，赤眉军一路由樊崇率领，攻占了武关，逼近长安郊外。另一路由徐宣、谢禄和杨音等人统帅，攻占陆浑关，也接近了长安。刘玄闻听战报，这才惊慌起来，派遣定国上公王匡、襄邑王成丹和抗威将军刘均，率领长安所能搜罗到的兵马，在河东和弘农一带抵挡赤眉军。

寒冬腊月，大雪翻飞，天寒地冻，河北内外苍苍莽莽，万物覆盖在厚厚的雪层下悄然入睡，整个天地寂静无声。刚刚经过一场大雪，路滑难走，不适合行兵作战，尤其是赖以冲锋陷阵的突骑，更不便于出行。刘秀站在帐外，抬头看看浅灰色的天空，沉沉四野如同倒扣的锅底。轻轻叹气一声，命人传下命令，暂且驻扎休整。

射犬城内，汉军将士除了必须立岗、放哨和探马外出游走打探消息之外，其余将士都躲避在帐篷内，围坐火炕边驱寒取暖，抿着酒说说笑笑，马匹在槽厩里悠然吃着草料，一切平和而宁静。但在宁静的外表下，汉军将士都明白，他们眼下暂时的悠闲不过是在养精蓄锐，储备军力，一旦战争的号角吹响，他们还是要挺枪挥戈，奋然出击。热血迸溅、肢体横裂的战场就在不远的地方正等着自己。

刘秀帐内，火苗舔噬着灶膛，将整个营帐烘得温暖如春。不过歇兵不歇将，刘秀不敢丝毫懈怠，派人找来邓禹，摊开案几上的素帛地图，与他并肩坐下，指点着密密麻麻的地名，议论着选择进军路线。邓禹见刘秀目不转睛地盯着关中地区，心有灵犀，微微笑着说："明公的眼光果然厉害，关中沃野，确是战略要地呀。"

刘秀点点头，把地图卷起来，和邓禹在帐内商议一个多时辰，根据各地军情，也根据自家军队的整体素质和自身特点，作出最终部署：邓禹率兵西进长安城，冯异带兵镇守孟津，任命寇恂为河内太守，以河内为战略大后方，筹措军粮，整治兵器，自己则亲自带兵北上讨伐叛贼。

方略制定好后，事不宜迟，各路将领引兵踏雪起程，分别向自己的目标进发。前将军邓禹率韩歆、李文、冯情等将领西进；孟津将军冯异与河内太守兼行将军事的寇恂则率兵转战河内，派兵遣将征集粮草，修整兵戈。刘秀安置妥当，亲自带领吴汉、耿弇和陈俊等将领，继续北进，攻取北部边境。

如破竹之势的赤眉军过关斩将，一路冲杀过来，猛扑向王匡、成丹、刘均等一伙守军，两大昔日的友军在弘农大开杀戒。由于长安城内临时收集起来的汉军兵将，一向安逸享受，操练不勤，哪里敌得过威猛剽悍的赤眉猛士。单从士气上讲，见对方红眉毛红眼睛不要命的阵势，就已魂飞天外，无心应战，稍作抵抗便跪地求饶。也有少数殊死拼命的，但毕竟势单力薄，只能作困兽之斗，三下两下就被清扫干净。

奉更始朝廷旨意，带领大队人马赶来增援的讨难将军苏茂到了此刻还夜郎自大，自以为曾讨伐方望、弓林有功，赤眉军一群拼凑起来的土包子有什么了不起？为抢头功，他挥戈扬鞭，日夜兼程，把丞相李松所率的众多精锐之师远远甩在后头，孤军深入地增援守军。

赤眉渠帅樊崇这几年征战四方，已经很得作战要领，眼观六路，耳听八方。闻听谍报，说苏茂率领少数兵将前来增援。他略微一考虑，当机立断，留谢禄、杨音带一部分兵马围攻弘农，自己亲自率余下的精兵和突骑，埋伏驿道两侧，伏击苏茂一队军马，要抢在李松一行人增援之前，将他们前锋打个落花流水，让他们进退不得。

果然，苏茂带着不多的军马，策马在前，威风凛凛地疾驰而来。只听路边树林草丛中"杀呀——"一声令下，四周人头攒动，不等他们回过神来，刀光剑影已把苏茂等兵将团团包围。赤眉军如嗜血小鬼一般，挥刀乱斩，苏茂军猝不及防，犹如当头重重挨了一棒，登时大败，各路士卒四散逃窜。而此刻李松大军尚未赶到，实在无力抵挡。苏茂这才后悔不该为了抢功冒进。但事已至此，也只得先顾及眼下情势，逃得一条性命要紧。

樊崇紧追不舍，全力拼杀一阵，见对方兵败如山倒，再无力反攻才勒马回头，班师转战弘农，继续西进。赤眉军虽然憨厚，但小计策却也不少，他们边进军边四下散布消息，说长安援军已全部败退于半路，弘农眼下已是孤城一座。

弘农守军闻得援军已败，增援无望，立刻士气大泄，人心惶惶，再无心应

战。赤眉军趁机两军合一，势如猛虎，城头上一阵全力争夺之后，弘农汉军终于寡不敌众，除大部分战死外，剩余的四荒逃散，赤眉军最终破城而入。

定国上公王匡、襄邑王成丹和抗威将军刘均见大势已去，情知再费劲也不济事，但为保全官衔，开脱罪责，也只得例行公事地在战场外侧舞刀弄枪一回，一声令下，弃城而逃。

此时更始朝廷的丞相李松尚未到达弘农，在半路上遇到兵败而归的苏茂，听说弘农失守，知道胳膊拧不过大腿，也不敢贸然前去夺城，便就近在茅乡驻扎，观望风声。

河北方面，前将军邓禹奉命离开射犬城，兵临箕关。箕关是通往河东的要道，如果能攻占箕关，打开通往河东的门户，那收服河东各郡县就可以顺流直下，无可阻拦。恰又逢箕关警戒涣散，只有少数几个岗哨在那里虚应公事地懒懒站着，有的打瞌睡，有的凑到一起唧唧咕咕闲聊天。邓禹几乎不费什么力气就轻而易举破门而入。率兵所之处，无不惊慌自散，自知反抗无力，况且眼下朝廷混乱，命令出于多门，卖命都不知道为谁卖，倒不如省条性命归服了萧王，弄不好还有个前程。在这样的心态下，都尉领头把城门大开，欢迎邓禹大军进入城中驻扎。

邓禹一鼓作气，带着汉兵及一路收服的各郡兵卒，稍作整理后，浩浩荡荡地进军安邑，企图解安邑之围的樊参军本打算誓死守卫，但是前方战败的消息接踵而至，知道大厦将倾，指望自己抵挡，也是空自搭上一条命去。不等对方兵马来到，已经叫嚷着打了败仗，先撤出城去逃走了。邓禹旗开得胜，欣然凯旋。刘秀闻听消息，自是兴奋不已，对众人说："我在长安太学读书时就看书上写着，天下大势，不得河东者不雄。又看过这样一句话，说汾水可以灌平阳，绛水可以灌安邑。如今这些地方尽为我军所有，诸位加倍努力，恢复汉家江山，就在眼前！"

冯异率领河内和魏郡兵马镇守孟津，这里相对比较平静。他奉旨沿河占据要塞，积极修筑防御工事，大量筹备军粮，加紧做好战斗准备。

为了利用工事和地形阻挡敌军，尽量减少自家兵力损失，冯异亲自带领兵卒开沟引水，筑墙垒壁，营造了一道坚不可摧的防线。这道防线横亘在河内与洛阳之间，气势宏大，让人望而却步，不敢贸然侵犯。

更始朝廷中镇抚关东的舞阳王李轶和大司马朱鲔，闻听邓禹已经率领大队精锐之师西出攻箕关，破安邑，想要趁此天赐良机，发兵偷袭驻守河内的冯异，不过看到冯异如此谨慎防范，也不敢轻举妄动，唯恐多事招灾，反倒不如对峙着来得稳当。

河内太守寇恂负责筹备军粮，因为外有冯异坚守稳固，他更是安心招兵买马,幕后筹划。由于河内并未遭受过大的兵乱之苦,农业发展稳定,虽不敢说十分富裕,却也家殷户实。于是寇恂颁布法令,很快收租四百万斛,充作军粮。后来又动员士兵自制百万箭矢,源源不断地送往刘秀和邓禹前线,以备战用。

弘农战场方面,樊崇率领赤眉出师遇捷,守城待命,暂时没有大的动作,给河北汉军留下后线作战的时间。孟津战场,冯异将大营守得固若金汤,且粮饷充实,又给自己解了后顾之忧。刘秀原先悬着的心大为放宽,率汉军意气风发,日夜兼程向北挺进。所到之处,各处叛贼无不闻风丧胆,弃甲而逃,一路杀来颇为顺利。最后在元伐、北平一带大破尤来,大破五幡各部。尤来这棵大树一倒,猕猴皆散,散兵们或降或逃,很大一部分归于刘秀部下。

为斩草除根,彻底肃清向北溃逃的尤来。刘秀亲自带领精锐突骑,不顾当时风雪交加,马不停蹄追击而去。严冬腊月,刺骨的寒风像刀割一样打在将士们的脸上。手已经渐渐麻木,刀枪都抓不住,只能横在马鞍上。两天下来,好多人的脚冻得红肿,手上也生出指头大小的冻疮。

刘秀见此情形,命部下弄来冻伤药,用酒和了给士兵们敷上,每个军营都视察一遍,仔细询问情况,和颜悦色中透着对将士们的关爱。士兵看到刘秀自己也是冻得满脸通红,却毫不在意,蹲下来抓住许多人的手亲自察看,都十分感动,有想提出干脆撤回去的人,也不好意思再说出口。

大军日夜不停,穷追不舍。天黑路滑,行军速度很慢,马蹄踏在冰层上咔嚓咔嚓地一片脆响,这连成一片的清脆声音,仿佛弹奏着一场大战将要拉开帐幕的序曲。

东方微亮,刘秀与耿弇率数千轻骑追至顺水河边。河面早已封冰覆雪,和原野连成一体,耿弇下马向刘秀请命说:“明公,我军已冒雪迎风,马不停蹄地追赶了一天一宿,战士们早已人困马乏,太累了。是否在此稍作休息,抖擞精神再前行追赶?”

刘秀也深知战士们劳苦,何况自己也南征北战,感到再拼命追下去,确实吃不消。他略作斟酌,眯起眼睛望着一望无际的雪原,好像自言自语:“伯昭,你看看,这里方圆千里都是荒无人烟的雪原,敌军如无充足的粮草供应,也应该早已疲惫不堪了,比我们更疲敝。不如我们一鼓作气,追过河去,将敌人一举歼灭后再作休息,如何?”

耿弇也不便说什么,只得遵命,鼓动数千骑兵,亲自带头率兵踏上冰面,追过河去。刚到河对岸,没等脚底站稳,便听嗖的一声口哨尖厉鸣响,伏兵四起。大事不好,中了埋伏!耿弇刚闪过这个念头,就见尤来、五幡等大批兵马从半人多高的灌木丛中呼叫杀来。汉军兵马猝不及防,又加上饥困赶路,无力迎战,登时大乱,混战一阵,看看力不能支,只得败下阵来。耿弇在后队掩护,让刘秀处在中军,迤逦返回范阳,准备重整旗鼓,待时机成熟,再作定夺。

在这场和伏兵作战中,刘秀也首当其冲,身受重伤,右臂被一支毒箭击中。加上路途连受风寒,勉强支撑到范阳,一头倒下便发起高烧,额头滚烫得吓人,迷迷糊糊躺了一天一夜才苏醒过来。

"水,水……"见刘秀有所反应,守护在床前的耿弇忙命人端上姜汤,一勺一勺喂到刘秀嘴里。在刘秀昏迷的这十几个时辰里,耿弇、马武和陈俊等人一直静候病榻前,几乎没合过眼,看到刘秀微微睁开眼睛,都惊喜地叫喊:"明公醒了,明公醒了!""真是吉人自有天助,终于醒来了。明公是成就大事的人,谅不会有什么闪失。"大家小声议论着喜不自禁,悬着的心终于放下了。

刘秀直着眼睛呆愣一会儿,理了理纷乱的思绪,良久方明白过来,回味着梦中的情景,仿佛自己刚才还在挥刀杀敌。他忍着剧痛,挣扎着坐起,一把一个,挨个儿拉起耿弇等人的手,低沉地说:"刘某急于平灭贼寇,急功近利,悔不该不听伯昭之言,率自涉险,军马伤亡不计其数,惨败呀!"说着痛心地摇摇头,欲言又止。

耿弇端着姜汤,勉强地一笑,安慰道:"明公不必自责,久在河边走,哪有不湿鞋的?经常打仗,有胜必然有败,再自然不过。也怪我等没有考虑周全,没能阻拦大军过河追敌,罪责难逃。况且胜败乃兵家常事,明公大可不必扼腕叹息。您带兵杀敌受了重伤,眼前最要紧的是先把伤养好,再作打算。塞翁失马,焉知非福。一败之后,大家往后行事,都增了几分谨慎,未尝不是好事。我看,只要上下一心,平灭贼寇只是早晚的事。明公静心养伤,别考虑那么多。"

"是呀,明公重伤在床,兵士们也忧心忡忡,无心作战。只要明公身强力壮,留着青山在,岂怕没柴烧?明公不必多虑。"马武也上前劝慰。

刘秀知道大家都在宽慰他,仍旧叹息道:"熬严寒冒风雪,真难为大家了,可所得结果却是损兵折将,怎么能不痛心!军中多少士兵为此枉送性命,谁不是父母身边的娇儿,谁不是妻子儿女跟前的顶梁柱?可一战失利,就有多少人家要遭遇丧子丧夫之痛,这是我决策失误,连累将士们,我之罪也!传令下去,伤残兵员一律优厚抚恤,这几天伙食费用提高一些,给将士们补补。"

耿弇等人深受感动:"明公受如此重伤,心里还惦记着兵卒。明公不必操心,我们这就遵旨下令,为士兵们添些鲜菜。"

刘秀点点头，想一想低声问耿弇："这次咱们损失多少兵马？伯昭如实相告。"耿弇知道此事不好隐瞒，只好照实禀报："数千突骑几乎损失殆尽，逃回的近千人马也病的病，伤的伤，重创不小。"刘秀听后脸色阴云密布，半晌低头不语。

马武见刘秀沮丧的样子，上前安慰说："明公切不可过度伤心，不能为这点小事乱大谋，要实现恢复高祖旧业的宏伟志向，必定会有失败和流血，这早在意料之中。明公以前说过一句话，我现在还记得，人不劝不善，钟不打不鸣，路不行不到，事不为不成。现在这话正派上用场，要行路要做事，哪能没个坎儿的？只要我们总结经验，还是胜算在握的。"

刘秀被他们一片苦心深深打动了。转过头来闭上眼睛努力静下心来，当初和大哥春陵起兵的情景历历在目，昔日的誓言在耳旁似乎铮铮作响，被一仗打败，难道整个人都败到爬不起来了吗？比起昆阳大战，比起在宛城和洛阳受的委屈，这点挫败算什么呢？

再转过脸来时，刘秀已经脸色平静，目光恢复了以往的威严，清清嗓子对众人说："你们放心，刚才有些失态，不用告诉任何人。即便你们不说，汉军自然也不会一蹶不振，这点小挫折，只能让汉军更奇勇，哪怕屡战屡败，汉军也会犀败犀战。当初高祖和项羽争夺天下，高祖十战就有九次败北，但高祖不弃不馁，最终一战而彻底胜利。有高祖在前，咱们还有什么可说的？一日不平灭贼寇，一天不安定河北，我决不罢休！"

听刘秀这样说，大家很受鼓舞，不由更加佩服刘秀的气概。刘秀稍顿一顿，放缓了语气说："诸位也饱受困顿，又守了我一天一夜，身心疲惫，我这里很好，不必挂念，各自都回营好好歇息吧。"

看着大家相继退下，各自回营，大殿里重新寂静下来，刘秀脑海中把这几年的情形一一闪过，再也躺不住，他忍着伤痛，缓缓下床，整整衣冠，朝门外走去。门口侍卫赶紧上前把他搀扶住："萧王如有事，在下可为您效劳的，不劳萧王费神，尽管吩咐就是。"

刘秀微微一笑："那你就陪我到军营里走一趟吧，我要亲自巡营，慰问慰问伤残病号。"

刚出殿门，不想耿弇和马武等将并没有回营歇着，他们都在门外静静地守候，见刘秀出来，他们先是一愣，继而早有预料地哑然失笑。刘秀高兴地说："既然诸将都在，不如随我一道巡营，让兵将看看咱们依然强健，还能带他们冲锋陷阵，再展雄风！"

耿弇和马武一左一右，搀扶着刘秀走在前头，其余诸将都尾随其后，刘秀胳臂上缠着素白绷带，殷红的血从里面渗透出来，染红了一大片。但刘秀一直红光满面，带着粲然的微笑，逐营巡视，对战士问寒问暖，询问兵情，安慰他们静心养伤。并一再交代军医，一定全力救死扶伤，想尽办法让兵将们摆脱病痛之苦。军医见萧王如此关爱士卒，自然不遗余力，悉心照料受伤士兵。士兵们见主帅带着重伤，尚且惦记自己安危疾苦，心里暖暖的，更加拥戴刘秀，都私下议论着说："萧王对咱们关怀备至，咱们生在这个世道，天生就是打仗的命。不过打仗也要打得痛快。投奔萧王这样的明主，拼命一回也算值得！"

刘秀回到营帐，顾不得休息，忙召集诸将商讨重整军队、抚恤将士等事情。大家聚在一起，尚未得出具体方案之际，忽有探马来报，说是大将军吴汉率大军赶到；刘秀忙命部下大开辕门，迎接他们进来。原来吴汉带兵巡查，在顺水河看到战场残迹，看情形汉军吃了败仗，而且败得相当惨，顿时吃惊不小，一路打探着追至范阳，看到刘秀健在，才把心放宽，大家又宽慰着互相鼓劲。

转眼冬去春来，冰雪消融，群燕北翔，又过一阵鸟鸣啁啾，泉水叮咚，一派春光大好。休养生息了一个冬天的汉军也加劲操练起来。春天是个雄心勃发的季节，加上野草萌发，战马有了草料，刘秀要征服的河北各部也不闲着，蠢蠢欲动。

一连几天，都有军情来报："尤来、五幡、上江、青犊、五校等部众在顺水伏击侥幸得胜后，更加肆无忌惮，所到之处野蛮抢掠军粮，强行抓壮丁充兵，百姓们恨得咬牙切齿，又不敢抵抗，只得四散逃难。看情形，他们想尽快聚敛物资，加紧作好和我军对峙的准备！"

刘秀为谨慎起见，先派出久经沙场、英雄善战的几员心腹将领，率兵小规模攻打五校、大肜。一经接触才知道，五校、大肜实质上不过是一群乌合之众，加之平日忙于抢劫殆于训练，真正到了战场真刀真枪拼打起来，哪里敌得过汉军精锐之师，汉军所到之处真正是战无不胜，攻无不克，直打得五校、大肜节节败退，仓皇而逃。

小规模较量虽然很顺利，但吸取上次顺水河失利的教训，刘秀决定在范阳一带稍作歇息，待河北南部稳定下来后，再率兵北上，将五幡、尤来一伙彻底消灭。

经过一段时间的经营，局面渐渐稳定下来后，刘秀觉得时机成熟，亲自率军队北进，一路上连战连捷，频传喜讯。然而就在前线形势大好的时候，后方却发生了意外。在朱鲔、李轶率领下的长安汉军，不敢和赤眉较量，开始进攻河内汉军兵营，这样一来，河北粮道被阻截，兵器供应不上，粮食也无法输送。

消息传来,着实让刘秀急躁了一阵,不过他知道越是这种时候,越不能乱了方寸,必须泰然处之。他立即调派于翼和冯异率部下解救河内,自己则冒险疾进,引兵远攻蓟城,准备尽快平定河北。

同时,刘秀和冯异仔细商量,为了用尽量少的兵力解决这一棘手问题,必须来个智取。针对朱鲔性情暴躁的特点,刘秀提出一个反间计。他们派出散兵混进长安汉军阵营中,在朱鲔、李轶营中散布谣言,说李轶想独自带兵剿灭河内寇恂大军,前去请功论赏。也有的说,朱鲔早有打算,二人勾心斗角,互相猜忌。冯异则不失时机地又在中间火上加油,使其矛盾恶化。最后朱鲔气急败坏地杀死李轶,收缩兵马。刘秀不费一兵一卒之力,便将李轶除掉,也算初步替大哥报仇,更削弱了长安兵力,解决了目下的燃眉之急。

公孙述自从称雄于蜀中一隅后,日子过得很是滋润。因为蜀中气候温和土地肥沃,经过长期治理,物富民丰,物资很是充足。并且那里地势特殊,和外界有天然屏障遮挡。长安政局虽然混乱,群雄纷争,烽烟四起,乱成了一团糟。但不管外面地动还是山摇,这里依然如世外桃源般怡然自乐。

四周狼烟滚滚,而蜀地百姓却能安居乐业,丰衣足食,民风淳朴。守着这样一块风水宝地,要说不动称霸称王的念头,却也是一桩难事。公孙述并非圣贤,俗心难免,很自然地就自立为皇帝,住在金碧辉煌的殿宇里,过着锦衣玉食的神仙生活。他先封臣赏众,算是成立了以他为首的政权机构,继而又招兵买马,扩充军备,增强实力,然后加紧征敛粮草,为伺机出蜀,争夺天下奠定坚实的经济基础。

此时的情形是你未唱罢我已登场,蜀地那边准备得颇有声势,赤眉军这里不仅毫不逊色,且有过之而无不及。赤眉军也意识到自己这样一群贫苦百姓打斗下去不是长远办法,便想到也立他个皇帝,名正言顺地和更始朝廷争夺天下。他们煞费苦心地寻找合适人选。最后找到一个据说是汉室的后人,放牛娃刘盆子,刘盆子这时才十五岁,什么也弄不明白。不过樊崇等人并不需要他明白什么,只不过用他来做块招牌而已。不由分说,把刘盆子接到军中,堂而皇之地立刘盆子为帝,又封樊崇为丞相,麻雀虽小五脏俱全地又一个汉室朝廷算是建立了。

冯异率领河北汉军已经守住河内,并转攻河南,斩杀河南太守武勃。消息传来,刘秀高兴不已,对河内的些许担心总算放下了。如锦上添花一般,冯异的喜讯刚刚接到,捷报便接连飞来。耿弇、吴汉和景丹等十余位将军率汉军主力大破尤来等部众,河北各割据势力终于彻底肃清。

听到消息,刘秀喜极而泣。历经千辛万苦,终于河北完全掌握在手中,终于有了争夺天下的雄厚根本,大哥他们倘若在天有灵,他们会不会喜泪化作细雨飘飞？没有什么豪言壮语，他只是默默地流泪了。在众人面前，刘秀抑制住自己激动的情绪，脸色平静如常，立即蹬马扬鞭，亲自迎接凯旋的壮士们。

大殿内，刘秀正亲切慰问诸将，恰在这时，寇恂大破苏茂的捷报也传到，刘秀激动地说："后生可畏呀，子和不负重托，功成而旋。时常令我牵肠挂肚的河内也稳固了，真不知怎么感激诸将，有这群英雄出生入死效命，我刘秀真是三生有幸！"诸将也都高兴至极，互相表示祝贺。

事到如今，河北方面可算是基本大功告成，刘秀军营上下一片欢腾。刘秀也正好借这个机会推动一下气氛，准备大设庆功酒宴，为将士们接风洗尘。前将军耿纯和耿弇、吴汉等诸将相邀入宴。

第三十章

庆功酒吐真言震怒　众将领联名劝明公

　　宴会还没开始,许多人都迫不及待地倒上酒喝开了。碰杯换盏的间隙,他们私下议论着眼下各地的见闻,议论着渐渐提到萧王应当自立的事情。耿纯提了个话头说:"听说公孙述已在蜀地招兵买马自立皇帝了,赤眉军也紧锣密鼓地在郑地立了一个刘盆子为皇帝。长安危在旦夕,各地豪杰并起,都虎视眈眈,想称王称帝建立一代新江山。现如今河北已太平,明公又占据河内要地,群臣归附,民心所向,政治稳固,论起军事,有数百万士卒,兵强马壮,坚不可摧;这段时间通过安抚百姓,鼓励生产,奖励耕织,农业经济也恢复元气。依我们现在的整体实力,萧王也该自立,以承汉祚。"提到这个话题,吴汉忽然有些气愤,他狠狠咂口酒说:"哼,像公孙述这样无德无才之辈,尚且厚颜无耻妄自称帝,赤眉军又步绿林军的后尘,拉出一个宗室作傀儡,自己在幕后操纵,蒙骗百姓。只有明公是正宗的汉室后裔,且从来以百姓为重,深得民心,更主要的,咱们如今兵强粮足,有足够的实力君临天下,明公做皇帝也实为众望所归。"

　　耿弇也颇为赞同:"是呀,以明公的实力和威望,宜当自立。要说重新整顿这片残山剩水,创立一个崭新天下,明公最有资格。可你们感到奇怪了没有,明公他一直闭口不谈此事,难道他就没动过这门心思?"说着他挠挠头抓抓耳,思忖一下接着说,"也不对呀,老百姓都知道,若不为了名利,谁肯三更睡五更起? 明公这些年来披荆斩棘、生死两茫的拼杀战场,目的又何在? 难道他只甘心暂且割据一方,待天下分久必合的时候,入朝做别人的臣子不成?"

　　耿纯也端起酒杯喝上一口,笑着说:"诸将都是自己人,我就把心里话坦言相告,昔日明公与大司徒起兵舂陵时,曾立下盟誓,'复高祖之业,定万世之秋',岂能没有举大业之志?"说着他神秘地看看旁边的人,压低声音,"燕雀安知鸿鹄之志哉,明公之所以不提这个,必是另有疑虑,至于他疑虑什么,还需要咱们好好琢磨。"

"对呀,皇帝谁不想当,更何况明公这样真正的英雄,"耿弇恍然大悟,"说不定明公担心自立为帝,会招来天下非议。况且,这种事情只能别人往上推,自己哪好意思说出口?既然找到了症结,那咱们就一起上奏表,请明公尽早称帝,实在不行,先自立为王也好。"

这时许多人也凑过来听他们说话,耿弇的话正中大家下怀。耿纯拍了拍桌子:"既然咱们都有这个意思,不如抓紧时间,定他一个尊号,拥立明公当皇帝吧。"

一向爽快的吴汉立刻同意:"叫我说,择日不如撞日,不如咱们就在酒宴上串联其他几位明公素日敬重、说话有分量的将军,联袂入贺,议上尊号,拥立明公,他肯定早盼着咱们这样做了,只要咱们捅破了这层窗户纸,必定欣然登上王位,这个毫无疑问。"

耿弇忙拉住吴汉坐下:"子颜切不可鲁莽。方才说的那些话,不过是咱们的猜测罢了,没有丝毫根据。可是咱们应该知道,明公向来城府很深,他脑子里在想什么,我们也揣摩不透,还是要谨慎行事,三思而为之。所谓天威莫测,别凭空惹出事端来。"

"伯昭之言确实有理,"耿纯略有所思,也沉稳了脸色,"明公丝毫没有表明自己有君临天下的态度,我们贸然议立天子,那可是违反朝纲的大逆不道之举,明公若要怪罪下来,那可是要杀头论斩的呀。到时候拥立不成,反得个'恃功犯上'的罪名,到那时候,上不能上,下不能下,该如何收场?"

"也是这个道理!"吴汉沉吟着一眨眼,忽然喜上眉梢,"对啦,我有个好办法,眼下不是大摆酒宴吗,等明公过来了,趁他高兴,咱们轮番上阵,把明公灌个酩酊大醉,酒后吐真言,咱们就可以探探他的口风。你没听人说吗,兔子是猎狗撵出来的,真话是酒给赶出来的。"

听他这样说,耿弇暗自一笑,连连摇头:"云中白鹤,非燕雀之网所能罗也。以子颜兄这点伎俩,还想与明公斗心思,真是异想天开,不自量力。"

说到酒,倒触动了耿纯,他若有所思地笑笑说:"既然把刘公灌不醉,不如咱们把自己灌醉,不醉也装醉,明公不是一向赏识马武酒后直言不讳吗?马武,你就试试吧。反正人醉傻三分,说什么都有个推脱。若是说得不对,明公怪罪下来,一个喝醉了,就是最充分的理由,我们再替你解释,保管没事。"

马武是个武将,斗大的字识不了一箩筐,却英勇善战,性情豪爽,闲来无事喜欢喝点酒,酒后直言,无所避忌。有几次萧王设宴为诸将庆功,马武都在喝得半醉不醉的情况下,当众诉说诸将长短,一吐心中不快,刘秀不但没有责怪他,反而很欣赏他豪爽的性情。大家见萧王如此厚爱,也都不往心里去,反而都喜欢和他这样的耿直之士交往。

　　吴汉、耿纯和其余将领一听,连说这个办法好,拍打着马武的肩膀,纷纷表示赞同。马武吃软不吃硬,见大家这么信任自己,呵呵大笑,什么都不多想,立刻答应下来。

　　少顷,丝竹之声缭绕,酒宴在一片欢乐祥和的气氛中正式开始了。待刘秀入座后,诸将纷纷起身迎接,重新排好座次,互相谦让着落座。士兵的营帐中也都摆酒设宴,让他们各自在自己营帐中放开肚皮吃喝,上下一片热闹非凡。

　　见诸将都来齐了,刘秀站起,端起满满一杯酒,声音豪壮地对着众将领说:"诸位,如今河北已平,兵戈收起,咱们在这里欢聚一堂,庆祝这难得的胜利。不过面对乐景,不忘哀景,方是至诚君子。那些为收复河北而抛头颅洒热血、战死沙场的将士们,今日却不能亲临酒宴,痛饮这胜利的美酒,就让我们先敬他们一杯!"言毕,庄严地将杯中的酒洒在地面,诸将也学着刘秀的样子,肃然地举起第一杯酒洒在地上,祭奠战死疆场的亡灵。这是每次庆功宴上必不可少的一个重要仪式。

　　接着刘秀又举起一杯酒:"这杯酒是我敬给诸将的。感谢诸将为收复河北鞠躬尽瘁,立下汗马功劳,既然是一家人,这些俗套就不多说。来,大家开怀畅饮,开怀畅饮!"诸将随声附和,都伸手举杯,一一还敬刘秀。宴会这才开始,大家边吃边喝,开怀大笑着畅所欲言,回忆着昔日战马铁血惊心动魄的场面,再看看眼前欢乐场景,都感慨良多,感慨着接连许多杯下肚,头脑开始昏昏然起来。

　　酒至半酣,马武稍有醉意,但头脑还很清楚,他虽然粗鲁,却明白要掌握好分寸,不然萧王真要怪罪下来,他恐怕掉了脑袋都不知道自己是怎么死的。终于鼓起勇气,马武颤巍巍地站起来,举起酒杯,向刘秀敬酒:"明公,今天大喜,属下再敬萧王一杯!"

　　刘秀笑道:"好!马武是真汉子!"说着一饮而尽,"这酒恐怕不是白敬吧,我看你嘴唇哆嗦,有什么话要说?"

　　马武赶紧顺着杆子往上爬:"当然不是白敬。属下早已仰慕明公,故而冲锋陷阵,虽冒死而不辞。而且我是个粗人,经常喝醉酒,口出狂言,数落部下,以下犯上,而明公气度非凡,从不计较,不加怪罪。我理应敬您一杯酒。"

　　刘秀一听,马武这点小心眼瞒不过自己,立刻知道还有下文,故意绷起脸说:"子张莫不是要告谁一状,先给我戴顶高帽子吧?"

　　马武一脸认真地说:"明公误会了,这次可不是,再说今天是什么日子,我也不敢搅了大家的兴。只不过平日里明公与诸将同行军共作战,真可谓

同甘共苦,亲如父兄。我是个粗人,讲不出什么道理,只是胸中藏了一肚子肺腑之言,想要当着明公及诸将的面儿,一吐为快。"

刘秀笑笑:"我素来钦佩子张豪爽,今日有话要讲,我和众人当然洗耳恭听。哪怕是逆耳忠言,折损我的话,也尽管讲。"

马武见路子已经铺好,连忙拱手施礼:"属下不敢,明公一向德高望重,我岂能折损明公?"接着话锋一转:"只是,只是,如今长安政局破败,危在旦夕,更始朝廷灰飞烟灭、销声匿迹只是迟一天早一天的事情。更始朝廷没能把握好统一天下的有利时机,致使天下仍旧纷乱,群雄四起,争霸天下。明公是正宗的天潢贵胄,又破新莽,占昆阳,北渡黄河灭王郎,诛铜马,方安定河北,劳苦功高,威德扬名天下,众望所归。在我……是……我们看来,应当顺天命以承汉祚,还蓟城即位,君临天下,重建一个崭新河山,还百姓一个安居乐业年。"诸将一听,终于把大家想说的话说了出来,立刻全都鸦雀无声,静观接下来的变化。

刘秀开始还微笑着点头,越听到后来脸色越阴沉,等马武好容易说完了,拧起眉头简直有几分震怒。但因有言在先,他努力平静地说:"怕是马将军真喝醉了,如此狂言乱语,罪当军法论斩。"

马武既然说开了头,倔脾气上来,也忘了害怕,睁圆了蒙眬醉眼一本正经地对着刘秀,也对着诸将说:"并非马武恃酒狂言,马武所言确为实情,况且诸将都有这些想法。"

刘秀终于压抑不住,动起肝火,腾地从座位上站起来:"谁还有想法?站出来说清楚,我立即召刽子将军当场论斩!"这一招果然厉害,吓得本来要附和的众人连忙低头不语。

马武频频向耿纯、耿弇和吴汉几个人使眼色。哪知他们见刘秀如此火冒三丈,都装作没看见,不敢按原先商量好的上前推波助澜。

马武见自己孤零零一个人站在那里,也有些胆怯,又急又气,一着急冲着众人大喊:"你们,你们刚才怎么说的?把我推上了花椒树,上不去下不来,你们倒看开了笑话,大家快说话听!"

刘秀狠狠瞪一眼马武:"你这个莽夫,快给我闭嘴!立刻退下,灌几碗酸汤醒醒酒,今天大伙儿高兴,别因为你让大家扫兴!"说罢,愤然拂袖而去,庆功宴不欢而散。大家谁也不敢上前劝说,只得悻悻而归。

回到营寨后,马武都快要气炸了,暴跳着指向耿纯、耿弇和吴汉三人的鼻子,破口大骂:"你们这些个叛徒,让我去放炮,你们都跑到一边听响了,都快把我炸得粉身碎骨了,你们却偷着乐是不是?"

耿纯上前扶住他,讪笑着说:"马将军息怒,你这不是安然无恙吗?万一萧王真要拿你开刀问罪，我们还能真的作壁上观，无动于衷吗？只是萧王一时大动肝火，我们切不可硬来，惹急了他，事情就更不好办了。要不这样，我看单以咱们几个单枪匹马，恐怕劝不动萧王，不如联合其余诸将，等他气消了，联名上表，再争取一次。"

吴汉也故作讨好地说："整个汉军上百万人，也就你马将军，口出狂言，还能尸首完好地回来发脾气。如果我们之中再换个人去劝说，那肯定是有去无回啦，你就知足吧。"

马武一听，这话说得叫人舒服，方觉脸上光彩了些，怒气稍减。

哄闹一阵后，大家又坐在一起商量更为妥当的方式。商量来商量去，叫大家纳闷的是，既然萧王应该早有取更始而代之的意思，那又为什么迟迟不肯即位？若是他故作姿态，想表明自己的谦逊，为什么马武提议拥立时，如此怒发冲冠，而且看上去还不是伪装出来的？如果现在时机不成熟，那何时才算成熟？这些疑问，大家怎么也猜测不透，议论半晌，始终理不出个头绪，马武烦恼地一拍脑袋："唉，这人要是太聪明了也不好，老叫人琢磨不透！"说得大家都苦笑了。

经过几天筹备，耿纯已联络好其他诸将联名上表，不日将递上呈报。然而就在这个时候，刘秀下达命令，班师南归。他们只得先把这事情悄悄按下来，带上本部人马，随着大军浩浩荡荡向南归去。

大军行至蓟城，渔阳太守彭宠和幽州牧朱浮闻得萧王大军凯旋的喜讯，急忙命部下杀猪宰羊，备下好酒为萧王接风洗尘，准备好好庆贺一番。彭宠亲自备马，出城迎接，久违相逢的战友，亲热地拉住手叙谈旧情自不必说。

府衙大殿内，刘秀坐在中央，拉着彭宠的手，语气深切地说："我刘某能有今天的业绩，幸亏了彭将军的坦诚相助。当年，我初来河北，粮草兵力都相当缺乏，加上被王郎追捕，势微力薄，随时都有性命之忧。好在伯通以大义为重，发动渔阳和上谷突骑相助，才得以转败为胜，平灭王郎，逐渐打开局面。伯通的功德，刘某没齿难忘，今当盛情相报，赐封建忠侯，仍为渔阳太守。"

彭宠并不因此而得意，也没有立即谢恩，想一想慢慢说："明公言重了。当初属下只是尽了一点微薄之力，明公之所以有今天，完全是因为明公智勇超人，又有好生之德，半是人力，半是上天之意。请明公暂时歇息，在下还有事情想向明公请示。"

众人热热闹闹地大吃一顿，疲乏消除不少。宴席结束后，各自回府歇息。彭宠亲自扶萧王回房，紧坐在一起叙说别后的情况，说到河北大体平定

第三十章　庆功酒吐真言震怒　众将领联名劝明公

的时候,彭宠陪着小心轻声问:"伯通与明公共事,向来钦佩萧王敢作敢为的英雄气概,只是有一事不解,不知当讲不当讲?"

刘秀虽多喝了几杯,头脑却很清醒:"哦?伯通有话请讲,你我之间还有什么不能说的,不必顾虑太多。"

彭宠这才放心一些说:"如今河北已平,且公孙述和赤眉军都争相称王称霸,树立起个皇帝,准备统一天下。按说萧王最为名正言顺,条件也最现实,为何迟迟不见行动?要知道众望所归,就不能让众人失望,还是应当早日即位才好。"

刘秀微笑的脸倏地一沉,不动声色地训斥一句:"休得胡言!姑且念你军功卓著,身为长者,这回就不予追究,此话切不可再提!"

彭宠知道话说到这份儿上,再勉强也没用,只好红着脸讪讪告退。

第二天清晨,刘秀命人去请彭宠前来,预备商量着写一篇告全体将士书,在全军集合时宣读,鼓舞士气。不料,派出去的人很快回来禀报说,彭宠昨夜与夫人及随从不辞而别,回渔阳去了。驿馆里只剩下渔阳长史守在那里,已经跟着前来。

长史进殿拜见刘秀,解释说太守因公务紧急,不辞而别,请萧王恕罪。刘秀心里很是犯嘀咕,不知彭宠为何如此匆忙离去。渔阳事务再紧急,也不至于连告辞的时间都没有。越想越不对劲儿,忽然想起耿弇是上谷老人儿,上谷和渔阳接近,或许他了解情况,于是叫来耿弇,把彭宠的反常表现告诉他,让他思虑一下其中的缘由。

"彭太守镇守渔阳,我为上谷吏士,虽说两人相去不远,却并不十分了解彼此情况。特别是这些日子跟随萧王,对渔阳事务,更是一无所知。若明公欲知内情,不如向幽州牧朱浮探听,他二人交往甚深,兴许知道。"

刘秀立刻叫来朱浮,再把彭宠的事情说一遍,让他想想彭宠为什么不辞而别,是不是心里有什么不满?

朱浮想一想,面色忐忑地说:"回萧王,彭太守离去并未辞我,依属下粗见,以为彭大人心中未必有什么不满,但很可能有些失望。"

"失望,为何失望,失望什么?"刘秀一脸的惊疑。

"彭大人常与属下谈起吴汉、盖延和王梁等人如何功高,说这些人都是渔阳旧属,他们奔走效命于萧王左右,论理自当封官赏爵。他临来蓟城时,又日夜思盼,说:'大王一定会和我们这些老将领欢聚一堂,大家交欢并坐,知无不言,言无不尽,说什么话都不过分。'可如今,听说明公昨日不知为何责怪了他几句……怕是彭太守心存芥蒂,故而不辞而别了吧。"

刘秀听罢,陷入深深地自责:"怪我慢待了伯通,实为我之过。不过,功是功，不能因为有功劳就没章法。我固然慢待了伯通，但伯通也没领会我的苦衷。唉，只好日后再详细解释了。"

说着，立即亲笔写下一封书信，命人快马加鞭送到彭宠手中，好叫他心中不快早日冰释。

在蓟城停留几天，诸多事项安排妥当后，刘秀命令各路大将整顿好自己的队伍，拔营离开蓟城，继续南行。

越往南走，听到公孙述称帝、赤眉军拥立刘盆子，闹腾得红红火火的消息就越多，耿纯、吴汉和马武等人越发急不可耐起来，偷偷召集串联众多将领，商量着如何劝进，怎样才能使刘秀面南称尊。

劝进的奏章已经写好，只是大军一直行进，没机会递上去。大家正着急的时候，途经范阳城外，来到顺水河边。面对滔滔河水，刘秀不免回忆起昔日顺水一战，这是刘秀印象里身经百战中败得最惨的一次，近乎全军覆没，几千汉军将士血洒沙场。此刻仿佛还能闻到腥气沉沉，还能依稀辨别出血流成渠，尸骨至今仍暴于荒原的痕迹。看到零散的白骨中蚊虫丛生，惨不忍睹。刘秀感慨良久，命令大军停下来，含泪为阵亡的部众收尸敛棺，建陵竖碑，忙了三四天，才算安顿完毕。

大军驻扎在顺水河边，到处弥漫着悲怆的情绪。耿纯等人想借着这个苍口向刘秀上表，但又觉得称帝称尊是喜庆的事，和眼下气氛不大相符，只得作罢。日子一天天地拖延下去，耿纯等人心中暗暗着急。

汉军终于再次启程，大家注意到，沿途之上刘秀一直神色凝重，似有所思，但谁都不敢上前询问。大军行至中山城北扎营驻下，耿纯和大家商议半晌，认为时机已到，便趁着一次商议军情的时候，当众向刘秀递上奏表，反正大家都在跟前，这是大家的意思，一来让刘秀不好推辞，再者真要怪罪下来，也不会让自己一个人承担罪责。

刘秀见耿纯一本正经地递上一份书信，满脸奇怪，随手拆开来看下去，见上面写着：汉遭王莽，宗庙废绝，豪杰愤怒，兆人涂炭。王与伯升首举义兵，更始因其资以据帝位，而不能奉承大统，败乱纲纪，盗贼日多，群生危蹙。大王初征昆阳，王莽自溃，后拔邯郸，北州弭定；三分天下而有其二，跨州据土，带甲百万。言武力则莫之敢抗，论文德则无所与辞。窃闻帝王不可以久旷，天命不可以谦拒，唯大王以社稷为计，百姓为心。

刘秀紧皱眉头忍耐着终于看完，把奏表重重地往桌子上一拍，面露愠色，怒视一眼耿纯。耿纯知道情况不妙，吸取马武教训，不等刘秀开口，赶紧拱手上前一步解释说："明公龙威虎怒如泰山压顶，但明公怒气不应该对耿纯一人而发，此表是大家的意思，末将只是代为呈奏，明公采用不采用自有

明公决定,不关我的事,不信您当面询问诸将。"

听他略显狡猾地这样说,刘秀在心里一笑,把目光收回,扫视一下在座的诸位将领。以马武、吴汉为首,大家趁热打铁,赶紧抱拳齐声说:"耿将军所言极是。我等早有劝进明公之意,还望明公以天下为念,以社稷为先,以黎民为重,早即尊位,以便传檄四方,征讨天下。"

面对一双双灼灼目光,刘秀不觉怒容渐退,随即长叹一声说:"诸位心意我又何尝不懂?只是当今天下乱逆,纷纷扰扰难以理清头绪,贼寇未平,百姓尚处于水深火热。小的不说,赤眉势众,纵横三辅;绿林狡黠,挟更始以号令天下;北有卢芳,南有公孙述,东西又分别受刘永和隗嚣等制。诸位想想,现在咱们虽然拥有了河北一块地盘,但实际上仍四面受敌,当今已经有了好几个皇帝,咱们又何必再凑热闹?"

耿纯听他这样说,依稀觉得刘秀话音里已有妥协的意思,心想若是进一步相激,说不定还真能推举着刘秀称尊,完成大家的心愿。于是他再上前一步,抱拳拱手大声说:"明公,耿纯一向奉明公胜于自家父母,君父面前不敢说假话。当初自毁宅园,率宗族宾客归随明公,就是指望有朝一日成就大业,耿家可以封侯拜将,光宗耀祖。而今明公婉辞众意,负于众望,令宗人都感觉拼搏一场却没得到应得到的东西,我听他们私下里很有怨言,望明公……"

刘秀脸上表情正发生着细微的变化,他立刻想清楚了。的确,当初耿纯自焚宅第,令宗族宾客都坚定了追随自己的信心,那赤诚足以今天下人感动。耿纯这话一针见血,耿氏家族鞍前马后紧随左右,不就为了封妻荫子,光宗耀祖吗?看来他们一心推举自己称帝,不但是为了自己,更是为了他们自己能尽快成为王侯将相。他们的愿望当然没有错,可自己现在的情况……

大家见刘秀沉思不语,明白耿纯的话起了作用。顿时议论声嘈杂,场面有些混乱。耿弇怕刘秀再出现反复,忙制止住大家,站在耿纯旁边进言说:"明公,耿将军所言极是,我汉军中百万将士别亲弃故,背井离乡,从各地赶来归附明公,每次作战,大家甘冒矢石,不惧死伤,就是想挣得一个前程。如今,功业大体已定,天下人心归附明公者四成就有三成,而明公却犹犹豫豫,不肯正位即尊,让有些才能的士大夫感觉前途无望,都多少有投奔别处的意思。明公,耿弇害怕如果众将一散,就再难以聚集起来。一句话说白了,明公面南称帝,不但是实现了自己的宏愿,也是对众多追随者有个交代,这是众望所归的事情,明公为何总是顾左右而言他?莫非其中有什么苦衷,即便有,不妨说出来,大家议一议,事情总归会有办法的。"

刘秀听他说的再明白不过，慢慢坐下来，手托下巴沉思片刻，缓缓说："诸位所说得确实有理，我理解大家的一片苦心。但话又说回来，称尊者有两种，一种是急匆匆草率办理，这样固然可以荣耀一时，但如借寒风而凝成的冰霜，时节更替，转瞬即逝，就如王郎一样；再有一种是把这作为千古大事，不但自己有稳固江山，还要传之子孙，让君臣百代都享受到今日的战果。大家想想，你们愿意让我做哪种帝王？所以我说这事非同小可，容我再斟酌而定。眼下的当务之急，我们应抓紧赶路南归，不可延误。"

虽然没有彻底达到目的，但刘秀总算应承下来。事情越发几分把握，大家也就不便再多说，分头去整顿兵马，准备启程南下。回到耿纯营房内，耿纯、吴汉和马武等人凑到一块，大家闲来无事，私下里议论说："长安更始帝乃大汉宗室，但为绿林诸将所左右，不过徒有虚名，并且把朝廷弄得一团混乱。但不管怎么说，人家到底是名正言顺的汉室承大统者。所谓天无二日，世无二君，人家再不好，却已经抢了先。我看明公推三阻四地不肯当这个皇帝，怕是顾忌到自己名不正言不顺，不好向世人交代，你们看是不是这个道理？"

马武在旁边听了，着急地站身说："要真是那样，眼下该怎么办？难道要等咱们打进长安，把刘玄那毛头小儿拉下宝座，明公再称尊不成？！"

耿弇沉吟着摇头说："那倒不必。马将军，你没听明公说了吗，这是大事，要三思而行，这话虽然也对，但思到什么时候，却又遥遥无期。如今该说的都说了，我看咱们也不必再空口白牙地劝告，为今之计，只有另外再想办法。"耿弇说着看看众人，见大家的目光都注视着自己，忙接着说："我有个主意，请孟津守将军冯异和前将军邓禹来劝明公。他二人不但功高而且足智多谋，明公向来最为倚重，每每言听计从，乃汉军中泰斗人物，明公凡事必与此二人商议，咱们就在他俩身上下工夫！"

耿纯拍手称妙："不错，看来也只有冯将军和邓将军可以劝谏明公称尊了。伯昭，事不宜迟，咱们即刻向二位将军写信，请他们从速赶来。"

吴汉，马武也表示赞同，计议已定，耿弇亲自给冯异、邓禹各写书信一封，遣使暗地送过孟津及河东。

就在他们商议请邓禹来说服刘秀时，邓禹此刻正处于焦头烂额中。河东守将王匡、襄邑王成丹和抗威将军刘均指挥数十万兵马，乘邓禹不备，三面夹击，发动突然猛攻。邓禹一时间由优势变成劣势，腹背受敌，被困于安邑战场。由于战线太长，大部分军队来不及集中就被攻破。王匡、成丹和刘均终于找到了发泄的机会，率领十余万大军往来冲杀，将邓禹汉军冲得四零五散。邓禹慌乱之下匆忙迎敌，骁骑将军樊宗也拼命厮杀。

不过大的形势不利，即使使尽浑身解数也难以挽回。他们最终被抗威将军刘均、河东太守杨保和中郎将弭缰率几十名长安将士围住，樊宗多处重伤，力战至死。

第三十一章
长安内外忧患丛生　天命所授刘秀登基

这场大战从日出直到天晚，声势震天，比前几次战役更为惨烈。邓禹损失惨重，不得已匆忙退出战场，全力集中被冲散的兵马。王匡见邓禹军队逐渐向一处靠拢，知道对方度过了最初的惊慌，兵力开始收缩，如果继续攻打，自己恐怕就没那么多便宜可占了。赶忙鸣金收兵，也退回自己营寨。

月色下，邓禹巡视战场，见昨天还威风冲天的大营被摧毁得成了一堆破烂，主将樊宗战死，悲愤难膺，却无可奈何，只得命人先敛棺，等战罢厚葬。这是邓禹西征关中以来，损兵折将最严重的一次。当初在长安太学中研读兵书时，自以为把书本上的东西学会了就能天下无敌。孰料愿望是一回事，真正做起来，又是另一回事呀！难怪《孙子兵法》上一再强调兵战是大凶事，能不战则尽量不战。当初自己还不理解，现在终于明白了，用这么多鲜活的生命让自己明白一个简单道理，代价是不是太高了？邓禹心里一阵叹息，命将士好好歇息，等夜深时分也以毒攻毒，给对方一个突然袭击。

自己败得如此狼狈，决不会立刻找上门去再战，王匡他们一定这样想，自己要做的就是让他们想不到。

已是深夜，王匡军中仍灯火通明，众兵将正喜庆军功，争抢着吃肉喝酒。就是大营外负责守卫的兵丁，也心不在焉，探头探脑地捧着酒咂摸。邓禹走在最前头，趁着乱哄哄的声音摸到对方营寨跟前。只听一声令下，汉军全军出击，拼命厮杀，把白天受的窝囊气一股脑儿放出来。

王匡做梦也想不到对方还能死灰复燃，而且恢复得这么快。一时弄不清是邓禹本部的兵马，还是汉军又来了援军，也弄不清对方兵力到底有多少，黑灯瞎火地，到处都是喊杀声，自己手下将领都不在本营寨，群龙无首，顷刻兵败如山倒，人马杂沓中，王匡部下兵马倒下一大片。

仓促之中，王匡无心恋战，只顾拼命夺路而逃。整个大营一片混乱，邓禹并不像王匡那样见好就收，指挥兵马穷追猛打，仿佛粘在了王匡军队身上，怎么也甩不脱。一直胶着地追打着，把王匡军队消耗殆尽。王匡知道大势已去，只好带着一队残存人马逃回关内。

邓禹这仗不但反败为胜，而且取得大胜，一仗下来占据整个河东。除了收集粮饷，招募兵丁充实军队外，邓禹还文武并用，设置县令，对当地吏民加以慰藉。在他的兵力威胁和诚意感召下，安邑不战而降，缴获兵甲辎重无数。随后拜祭酒李文为河东太守，负责治理各县。——安排好后，邓禹正欲向刘秀报捷，忽然有士卒过来禀报："启禀将军，萧王方面来人送信。"

"人在何处？让他进来。"

少顷侍卫领着一员裨将进来，冲邓禹拱手施礼："末将见过邓将军。"

邓禹客气地摆手笑笑："明公这个时候有什么事情，河北局势还算顺利吧？"

裨将又拱手施个礼："末将并非萧王所使，邓将军……"

邓禹心里咯噔一下，立刻想到是不是王匡派来的说客，脸色一变愠怒地问："你到底何人？"

"末将是大将军耿弇麾下，奉耿将军之命特来送信。"说着取出书简双手呈上。

邓禹这才松口气，接过书简，匆匆三眼两眼地看完了，啪地合了随手放到案几上，哈哈一笑："明公心中的顾虑，我已经想到几分。也不必写回信了，你回去转告耿将军及诸位将军，让他们放心，我有办法让他们如愿，让他们少安毋躁。"

裨将见使命完成，告辞扬鞭而去。邓禹在帐内踱步思索，嘴里念念有词，心事重重地捉摸不定。这时有人在门口禀报说："禀将军，辕门外来了一个书生打扮的人，自称叫强华，说是将军故人，特来拜见将军。"

"强华？！"邓禹又惊又喜，禁不住拍案高声叫道，"这下我的难题解决了。看来众人助者天亦助，真是天助明公统承大业！快，快快有请！"说着自己先跑出去亲自到辕门迎接。

辕门外纛旗猎猎展招，纛旗下一位袍衣冠带的儒士正面含微笑，迎风而立。大老远地看去，果真是故交强华。看来真是岁月如梭光阴无情，昔日风度翩翩的少年，而今也成了温文儒雅的学究了。邓禹人还未到跟前，先扯着嗓门大喊："强兄，果真是你，久违啦！"

强华看着衣甲鳞烁的邓禹，显然没有立刻认出来，愣怔着顺声音四下打量。直到邓禹来到跟前，才恍然大悟，一把扯住邓禹，惊喜地说："仲华贤弟，真的是你，看你这一身大将军气派，再也找不出当年太学读书时的影子了，难怪愚兄一时竟不敢相认了呢！"

"彼此彼此，我是学文不成，勉强在武将里滥竽充数。强兄却是学文以文成名，如今已是一代名家，愚弟自愧啊！"邓禹笑着互相打趣，一边请强华入营细谈。

久逢知己千杯少，两位阔别多年的好友重逢，自然有说不完的话，叙不尽的情。邓禹一改平日温文尔雅，粗声大气地命人摆上酒菜，拉强华坐下一杯紧接一杯，片刻满面通红，说话更加随意。

"几天来总梦见顺水漂船。按术士们圆梦说法，梦见顺水行舟，近期运气要格外好。还真叫他说准了，想什么就来什么，这可不是运气好，而是天助我也？小弟正要派人潜入长安，打探强兄下落。不想强兄架子倒不大，还没请呢，自己就送上门来了。天意哟！"邓禹说完哈哈长笑。

强华也笑了："看你说的，好像多盼望我似的。强华一介腐儒，大将军找我，有何要事，总不至于让我穿上你这身衣裳给人当靶子，让王匡过瘾吧？"

"强兄可知……"邓禹说到半截忽然把话头打住，眯着眼笑吟吟地看着强华，口气一转问，"强兄专程来军中找我，有什么要事？"

强华放下酒盅，狡黠地一笑："叫几句邓将军，立刻就头大了。告诉你，我来找你可不是专程，只是巧遇。强某是要从长安赴河北去投奔刘兄，刘兄知道是谁吧，就是当年那个刘秀，你的明公。恰路经此地，闻得贤弟驻军在此，就特地来拜望。"

邓禹一脸惊喜地凑得更近些："难道强兄此去河北，也是为明公？"

"贤弟刚才说派人寻找我，莫非是真话，还真有需要的地方……"强华看看邓禹，邓禹点点头，彼此心有灵犀，相互会心一笑。

"强兄不是闭门苦读的腐朽学究，天下大势我就不说了。明公在河北的情况，你一定也知道，如今各方面条件都已成熟，大家打算劝进明公，无奈明公婉托不肯。他们大老远地跑来向我讨教，我立刻便想到强兄，不知强兄能否……"

强华看看邓禹，微微笑着说："碰到真人不说假话，愚兄也正是为此事去拜谒刘秀。至于去了如何做，天机不可泄漏，贤弟也无须多问，到时候你自然知道。来，事不宜迟，咱们再喝过这一盅，我立刻就启程到河北。"

邓禹满心欢喜，乐上眉梢地举起杯："那就有劳强兄了，为天下苍生，为黎民百姓，为了明公，你我兄弟今日相逢，我也不挽留了，反正大家聚集到一起，今后有的是说话的机会。"说着举杯一饮而尽。

赤眉军拥立的朝廷刚刚建立，相对还略微稳定。丞相樊崇传令命大军继续西进，进一步威胁长安。而更始朝廷内部却一片混乱，更始帝刘玄与赵萌打得火热，谋划计策诛杀了许多大臣王爷。在刘玄想来，那些领兵打仗的武将们对自己始终是个威胁，而赵萌没兵权，又鬼点子颇多，和他靠近些没

什么坏处。出于这个考虑,两人勾结得日益紧密,隗嚣虽然名义上和赵萌共同主持朝政,而实际上好事根本没自己的份儿。无奈之下,隗嚣被迫找机会潜回陇西,天高皇帝远,经营自己的地盘去了。而就在这时,赤眉几十万兵马打着汉字龙旗,正浩浩荡荡杀来。

赤眉军气势汹汹而来,眼看就要打到长安城下,整个长安都震动了,涌出城去的难民络绎不绝。钻在深宫中的刘玄也听到了风声,深感大难临头,惶惶不可终日却又无可奈何,如困在笼子里的野兽一般团团乱转,面对美酒美色也觉得索然无味。只是心烦意乱地长吁短叹。

丢失了河东的王匡和张印等将领逃回长安后,见这里的形势也不容乐观,便私下里商议说:"现如今河东已经丢失,赤眉又步步紧逼,咱们的地盘也就剩下长安一座孤城,我看也撑不了多久。等到城池被攻破再逃跑,恐怕来不及出城就让人家给抓住砍了脑袋。咱们本来就是山大王的料,非要做梦发癔症和人家争夺什么江山?费那些力气,哪如在山头上大块吃肉大碗喝酒来得逍遥?现在这情形,还不如在城里狠狠搜罗些金银财宝,然后撤出城去,向东进攻南阳,打回老家去。即便攻占不了南阳,也可以回到咱们的山头上,继续过咱们以前的小日子,省得在这里等死。"

大家也觉得这话是个出路,便推举穰王廖湛和平氏王申屠建,连夜去宫中说服更始帝刘玄。刘玄在皇宫里享受惯了,岂能愿意去山头上过野人般的山大王日子?非但不同意,还恼怒地斥责他们贪生怕死,没打仗就要逃跑,难怪这仗总打不胜。"朕一定要守住长安,保住朕的锦绣日子!"刘玄气冲冲地说着,连夜传下圣旨,命令王匡、陈牧、成丹和赵萌屯驻新丰(今陕西临潼东北),命令李松进军揶城(即新丰的鸿门亭),摆开架势要和赤眉决一死战。

张印和廖湛以及申屠建和胡殷等人见刘玄不识时务,死到临头了反而雄心上来,都很着急,便合谋着软的不行来硬的,要劫持刘玄逃出长安。他们商议事情的时候,恰好侍中刘能卿听到,悄悄告诉了刘玄。刘玄心里有了底,立刻召张印、廖湛、申屠建和胡殷四人进殿,说是商讨国家大事。四人心里有鬼,犹豫着想去却又不怎么大胆。

他们忐忑不安地来到大殿门外的时候,忽然被刘玄安排好的羽林军围上来,不由分说,挥刀便砍。四人抱头鼠窜。其中张印和廖湛、胡殷侥幸跑了出来,申屠建一脚绊倒,被剁成了肉泥。

张印等人跑出来后,越想越窝火,索性彻底翻脸,各自率领本部人马,一边在东市西市大肆抢劫,一边放火烧掉宫门,杀入内宫。刘玄身边那点羽林军怎么能是人家对手,慌忙开了后门,领着夫人和车骑百余人,向东直奔新丰,投靠他最信任的赵萌去了。

经历了部下叛乱后,刘玄险些丧命,心有余悸,开始疑神疑鬼起来,他怀疑王匡也不是好东西,和张印是一号货色,打算先下手为强,除掉王匡,把他的兵马收到自己手下,也好增强对抗赤眉的力量。赵萌便传出圣旨,邀请王匡和陈牧以及成丹三人来新丰议事。三人还没得到长安变乱的消息,遵旨前来。

陈牧和成丹来得早些,来了没等他们开口说话,赵萌一声令下,把他们两人砍了脑袋。王匡运气好些,因为安排军务,动身较迟,还没走到新丰,听见风声,忙折身回去,和张印等人合兵一处,攻打新丰的刘玄和赵萌。而刘玄还梦想着恢复往日帝王生活,催促赵萌把陈牧和成丹的兵马编入自己营寨,反攻长安。由此开始,长安更加一片混乱。

中原和西北混乱不堪的时候,刘秀却成功地拥有了河北大片土地,有了自己扎实的根基。汉军继续南行,来到鄗城暂时驻扎下来。近来众人接连提出让自己称帝,搅得刘秀内心很不宁静。能够成为一代帝王,刘秀自然求之不得,自己忍辱负重拼了性命东讨西征,不就是一直冲着这个目标努力吗?可真的快要抵达这个目标时,却不免有很多顾虑。刘秀知道,从整个天下来讲,自己拥有的地盘并不占绝对优势。现在已经有了好几个皇帝,自己此刻称帝,和他们搅和到一起,是否合适?再者说,称帝之后,等于给别人树立了个靶子,会不会树大招风,凭空多出几个对头?木秀于林,风必摧之,这个滋味,自己已经尝过了。

可是如果坚持不称帝,再征战下去,就会显得名不正言不顺,自己到底算哪家臣子?怕连自己也说不清楚。从另一个方面来讲,自己不称帝,手下诸多大将就不能拜相封侯,光宗耀祖的愿望得不到实现,这样会不会寒了他们的心?

刘秀思来想去,始终拿不定主张。然而这事情却不能一直拖着,必须尽快有个结果才行。沉吟半晌,刘秀忽然想起当年王莽装神弄鬼的许多往事,在心里轻轻一笑,看来也只好如此了。

第二天,刘秀在召集众将领商讨军情的时候,皱皱眉头叹口气说:"近两日也不知怎么了,总做些奇怪的梦,叫人夜夜睡不踏实。一闭上眼睛,就朦朦胧胧地觉得自己站在天宇之上,上不见顶,下不见底,烟云缭绕,雾气腾腾。低头向下看,脚下波涛翻滚,江水汹涌奔流。对此情形,我很是骇然,恍然惊醒。梦醒之后,仍然心跳个不住。唉,此梦接二连三,十分奇怪,不知是凶是吉,叫人心神不定。"

大家听刘秀这样说,都是一帮武将,说不上什么道道,只得喊喊喳喳地

瞎议论。耿弇看大家一眼,抬抬手让众人安静下来,笑吟吟地对刘秀说:"明公,俗话说梦是神思,是上天降下来的预兆。至于预兆什么,我们一帮武夫,也说不清楚。听说冯异将军素来对解梦很有研究,明公找他问询,自然就清楚了。"说着看看两边的人。

耿纯等人立刻明白他的意思,忙跟着应和:"对,明公,上回我做了个奇怪的梦,不知道什么意思,请冯将军解释了一番,没想到几天后还真应验了。明公还是请冯将军回来问一问,免得休息不好,耗费精神。"

听众人七嘴八舌都这样说,刘秀又叹了口气,无可奈何地说:"看来也只好如此了。"

孟津将军冯异接到耿弇等人的书信,还没来得及动身,接着又有刘秀的文书送到,让他即刻回来。冯异不知道发生了什么事情,日夜兼程地赶到部城。甫进城门,先被耿弇和耿纯等人迎接住,大家站在城门外侧,嘀嘀咕咕合计片刻,冯异抹把额头上的汗水,长吁口气点点头:"我当什么事呢,原来就为这个。好,你们放心就是,我知道该怎么说。"

分手之后,冯异快马入城,直奔刘秀的中军大营。参拜过后,一脸急不可耐的神情问:"得到明公召唤,不知有何军情,冯异星夜赶回……"

刘秀上前把他扶起,看着满脸油汗的冯异笑笑:"倒没有太大的军情,只是这些日子不见,不知那边情形如何,想召你回来问问。坐下慢慢说话。"说着自己先在帅案后边坐下,招招手让冯异坐在自己对面,这才慢条斯理地把长安方面的情况详细询问一遍,特别是刘盆子称帝的情况,了解得更是详细。等冯异说完了,刘秀紧皱的眉头慢慢舒展开,这才把自己接连几天的梦境讲述一番,让冯异给自己参考一下,看是凶是吉。

"明公,梦这东西,对于平常人说起来也很平常,不过是日有所思所见,夜里身睡而心不睡,将白天的情形回味一遍罢了,并没什么深意。这也就是为什么有南人不梦驼,北人不梦象,因为他们就没见过这些东西,自然也就梦不到了。而天降大任的非常人物就不同了,他们的梦则乃神降预兆,乃天意所为。明公身为天皇贵胄,起兵春陵,营建洛阳,平定河北,志在匡复汉室大业,自然是非常之人了。所以明公所梦见的,定是神灵有所暗示。至于暗示什么,请听在下细细说来。"

见刘秀正含笑望着自己,冯异舒展一下酸困的腿脚:"明公,在下刚才说过了,如今长安内乱和外困交织在一起,不但赤眉步步逼迫,内部又来个三王叛乱,更始皇帝之位摇摇欲坠。而赤眉方面,声势虽然浩大,但他们鼠目寸光,只知道抢劫财物,思谋着如何中饱私囊,以后回家乡过自己的小日子,缺乏长远打算。他们拥立刘盆子做皇帝,不过是依葫芦画瓢,必然长久不了。所以说,目下虽然有两个刘姓皇帝,其实没有一个能成气候。若是想真正恢复大汉江山,真正保住高祖宗祠,能担当这个重任的,唯有明公您了。明公连夜做梦,也印证了这个形势。明公之梦,乃是天命所归,发于精神,是上天屡次提醒明公。上有苍天,下有河岳,明公屹立其间,特立独行,有称帝之福。明公应当顺应天时人愿,上为社稷着想,下替百姓将领打算,早日称帝,建立名号,征讨四方,尽快平定天下,实现舂陵起兵时的大愿!"

刘秀听他说着,脸色慢慢凝重下来,手托下巴沉吟着正要说话,忽然大帐门口人影一闪,一个校尉站在门口躬身禀报:"辕门外有一儒生,自称名叫强华,说是将军故人,求见将军,不知将军……"

"噢?强华来了?!"刘秀不相信似的一愣,兴奋地对冯异说,"强华是我游学长安时的同窗好友,我和强华、邓禹还有严光四人,情同手足,白天一起读书,夜间同寝一处,那时的欢乐情形,现在想来就叫人眼热。"匆忙解释两句,一边喊道,"快,快,有请!"一边起身到门外迎接。

强华和刘秀见面,自然又是一番追忆往昔,问寒问暖,亲热地拉住手紧紧坐在一处,说不完别后情形。絮叨半晌,好容易冷静下来,强华眼光盯在刘秀脸上,笑着连连说:"好,好,我当初就说文叔是潜龙在野,迟早要有一番大业,果然让我言中了。文叔,你知道我千里迢迢来找你,有什么事情?"

"那还用说吗?"刘秀仍紧握住强华的手,"强兄在长安刻苦研读,如今学得满腹经纶,要和我一起来创大业做大事了。你来得正好,军中多少事务,简直让我焦头烂额,邓禹来后,我肩上的担子减轻了些,你这一来,我就更能轻松许多了!若是什么时候严子陵也能不期而至,那就更是大团圆,我简直可以垂拱而治,坐享其成啦!"

强华却神秘地一笑,摇摇头:"文叔太高看我了。我在长安苦读这几年书不假,可到底还脱不了儒生的酸腐气息,充其量一个秀才而已。秀才造反,三年不成,恐怕帮不了文叔什么忙。不过我这趟过来,也不单是看望文叔,确实还有件事情要告诉你。"说着从怀里掏出一卷素帛,双手呈上。

刘秀不解地接来:"这是……"

"文叔一看就明白了,"强华说着又把素帛拿到手里,放在桌子上展开,素帛顶端上赫然写着"赤伏符"三个鲜红大字。刘秀忙仔细看下去,见大字后边工整地写了三行小字:"刘秀发兵捕不道,四夷云集龙斗野,四七之际火为生。"

"强兄,这……这是何意?"刘秀轻声再读一遍,满脸疑惑地抬起头来。

强华不动声色地指点着素帛上的三句话:"文叔,此乃流传于长安的谶语,其中暗藏天地玄机,是天下大势的预兆,懂得其中玄机并能顺应形势者,

可以实现人生宏愿，成就古往今来之大业。文叔听我细细给你解释。文叔也知道，大汉属于火德，赤为火色，而火德藏于这三句话中，所以这段谶语叫做赤伏符。四七二十八，从高祖建立大汉江山，到如今文叔起兵平定整个河北，为二百二十八年。四七之际火为生，也就是说，二百二十八年后，火德要复兴，汉室要有新主人。而这个新主人是谁呢？更始刘玄担当不起，刘盆子更是个招牌，谈不到话下。纵观当今英雄，自然非文叔莫属。所以，这段谶语正好应在文叔身上。文叔千万别错过机会，应当早日称帝，号令天下，恢复汉室江山，拯救万民于水火。"

"哦，原来如此！"刘秀笑意渐渐凝结，"强兄，谶语这东西，你是知道的，含糊隐约，百人有百种解释，你说得可有确切把握？"

"文叔，你还不相信我吗？领兵打仗我不在行，但天文地理术士之类，我还是颇为自信，"强华口气十分肯定，"文叔，咱们在长安太学里不是读过一句话吗，天予弗取，必受其祸。你想想，大丈夫做事情，不做则已，做就应该做出名堂。你现在占据河北千里沃土，拥有雄兵百万，其实即便不称帝，也已经有了帝王之实，你不想成为别人争夺的靶子，却也由不得你。所以说，你如今处于风头浪尖之上，完全没有退路。因为没有退路，索性就一直走下去。早日称帝，就是一直走下去的标志。你称帝之后，非但不会树立更多的对手，反而能最大限度地召集号令天下豪杰投奔到你的麾下，也能极大地激励将士们作战的勇气。你若称帝，他们知道自己是在为帝王而战，战胜则名垂千秋，封妻荫子。否则，他们一定会产生疑惑，这样名不正言不顺地打来打去，到底为谁而战？能有什么前程？人有疑心，则士气必然衰微。天下正需要重兵出击之时，你麾下兵马士气低落，这不是引火烧身自取灭亡吗？！所以，文叔，不管从哪个方面来讲，一定要把握住机会，早日称帝！"

刘秀听得非常认真，几乎一句一点头，等强华说完了，神情一片轻松，攥住他的手摇了摇："一辈子同窗三辈子亲，到底还是强兄……"

还没说下去，冯异忽然想起来似的从怀里也掏出一卷素帛："明公，我在军营中也听到有谶语传播的消息，将士们都知道了谶语的内容，互相猜测，虽然不大明了，但也感觉是天命应该归于明公。大家联名写了份奏表请在下带来呈送明公。"说着放在桌子上铺开，请刘秀看上边的字。这份奏表很短，明了地写着："受命之符，人应为大；万里合信，不议同情，周之白鱼，曷足比焉？今上无天子，海内淆乱，符瑞之应，昭然著闻，宜答天神，以塞群望。"

奏表写得文绉绉，似乎不是武人所为。不过刘秀并没心思追问这些，目光闪闪地看看两人，重重一拳砸在桌子上："既然天意人事都推托不过，我只好应命了！"

见劝进的事情终于成功，大家都放下心来。强华在军营中小住两天，就要告辞。刘秀再三挽留，强华笑着打趣说："文叔，人各有志，不必勉强。你没听说吗，常厮守不如常思念。我如今跟着严子陵这家伙，学得性情懒散，已经耐不住管束。若真成了你的部下，说不定哪天不小心犯了军规，挨了军棍或者干脆掉了脑袋，倒把咱们的情谊给一笔抹杀了。反倒不如让我闲云野鹤地痛快。好了，你赶紧抓紧时间称帝，我还等着做你的大汉顺民呢！倘若有机缘，咱们自然还会相见。"

　　听他这样说，刘秀也不好再继续劝说，只得听任他飘然而去。送走强华后，刘秀就开始作登基的准备。命令司礼官在鄗城南边的千秋亭五成柏设立坛场，一边选择登基的吉日。大家听说刘秀终于答应称帝了，分外兴奋，主帅成了帝王，自己作为兵将，自然也跟着提升了一级，从此封侯拜将，也就有了奔头。所以众人干劲格外大，在司礼官的指挥下，破土动工，没几天工夫就筑成了好几丈高的坛场。坛场层层重叠，共有三层，有台阶直通顶端。站在台阶下边望去，仿佛台阶高耸入云，直达天上，分外壮观。四周旌旗飘扬，清风吹过，猎猎作响，气氛庄严肃穆。

　　登基的吉日定在更始三年六月中，这天果然真是天公作美，风和日丽，天清气爽，全军上下洋溢着一股浓浓的喜气。司礼官见一切准备完毕，趋步来到刘秀面前，请刘秀登坛祭拜。刘秀已经盛装在身，冕服穿戴整齐。

　　按照司礼官安排，刘秀头戴冠冕，冠冕顶部覆盖一块木板，就是所谓的"延"，延的上下用细布蒙住，上为玄色，下为纁色，木板为长形，宽八寸，长一尺六寸，前端略圆，后部方正，暗喻着天圆地方的意思。整个冕板后高九寸五分，前边高八寸五分，略微有些前倾。在冕冠的前后两端，垂下数条五彩丝线编成的所谓"藻"，每根藻上穿有十二颗玉珠，名叫旒，一串玉珠即为一旒，前后共有十二旒，每旒用玉珠十二颗，用五彩玉贯穿，共用玉二百八十颗。帽子两侧各有小孔，名叫"纽"，在纽内贯穿以发笄，以便把帽子和头发连在一体，即使有风，也不会吹落。在玉笄两端，结着冠缨，冠缨从下颌处绕过，把玉笄两端连接起来。

　　除了头上戴着冠冕，身上还要穿冕服，由玄衣和纁裳组成。玄衣就是黑色上衣，纁裳则是绛色围裳，上衣的花纹用颜色绘就，下裳的花纹则采用刺绣。各种花纹图案依次排列开来，有日、月、星辰、山、龙、华虫、宗彝、藻、火、粉米、黼、黻，每一种图案也都有特定的含义。上上下下穿上这身服饰，刘秀恍惚间已经感觉自己和以前截然分开，从此后自己就是一代君王了。这身衣服带来的感觉真是奇妙。正所谓钱是人之胆，衣是人之威，果然不假。

　　正思绪纷扰地想着，祭坛礼仪已经开始，斧钺仪仗在前边引导，羽林军在后边压阵。刘秀在众将领拥戴下,走到坛场正中央,缓步走上台阶,站在绣着斗大的"汉"字红色大纛旗下,威武雄壮的气氛磅礴奔涌而出。此时黄门吹奏起庄严的乐曲,金钲、大鼓、拊搏、编钟、筑、笛、竽、琴和籁等一起奏响,轰鸣而婉转。燔柴也点燃了,浓烟滚滚,直冲天际。

面对苍茫河山和一望无际的兵将方阵,刘秀努力稳定住自己,面色严峻而肃穆,在司礼官的引领下,焚香叩头,祭告苍天。接着有司礼大声宣读祝文:皇天上帝,后土神祇,眷顾降命,属秀黎元,为人父母,秀不敢当。群下百辟,不谋同辞,咸曰王莽篡位,秀发愤兴兵,破王寻、王邑于昆阳,诛王郎、铜马于河北,平定天下,海内蒙恩。上当天地之心,下为元元所归。谶记曰:"刘秀发兵捕不道,卯金修德为天子。"秀犹固辞,至于再,至于三。群下佥曰:"皇天大命,不可稽留。"敢不敬承。

宣读完毕,祭拜仪式终于结束,刘秀从坛上走下,南面就座,接受众将领拜贺。这年改元为建武,大赦天下,改鄗邑为高邑。这一年是公元 25 年,刘秀年仅三十岁。他成为东汉王朝的开创者,史称光武帝。

第三十二章
光武帝封群臣治国　更始帝被囚腾洛阳

　　吉祥的日子果然喜事特别多。参加完登基太典，刚回到营寨，就有消息传来，夫人郭圣通一个时辰前生了个男孩，刘秀当即给这个应运而生的皇子取名叫刘强。随后自然要大封群臣，赏赐爵禄。经过讨论，命王梁担任大司空，吴汉为大司马，邓禹担当大司徒。任命偏将军景丹为骠骑大将军，耿弇为建威大将军，盖延为虎牙大将军，朱祐为建义大将军，杜茂为大将军。其余众人各有分封，皆有名号。从此一个崭新的政权建立起来。

　　所有礼仪进行完毕后，因为部城城池太小，并非久留之地。建武君臣起驾继续南下。这年的七月，来到怀地，临时驻扎下来。刘秀派遣建威大将军耿弇率领陈俊驻守在五津社，抵挡住更始政权援助洛阳。又派遣大司马吴汉和朱祐、岑彭等十余员精兵良将，全力围攻守卫洛阳的朱鲔。分派下去后，看大家领兵分头而去，刘秀继续南进，抵达河阳，威胁洛阳。

　　邓禹夺取河东以后，并没有停息，马不停蹄地从汾阳向西进军，横渡黄河，企图夺取夏阳，直逼到长安城下。闻听消息，更始皇帝刘玄更是惶恐，单一个赤眉已经叫自己吃不消，如今来个智勇双全的邓禹，自己能抵挡得住吗？踌躇间，战报接连传来，邓禹的兵马越来越靠近了。刘玄无奈，只得硬着头皮，倾其所有，派遣中郎将左辅都尉公乘歙带领十万大军，和冯翊左右呼应，共同抵挡邓禹。

　　邓禹率领兵马径直杀来，两军在衙县这个地方狭路相逢。双方短兵相接，拼杀得十分激烈。就在难分难解的时候，只见邓禹登上高处，令旗使劲一挥，建武汉军变魔法似的，忽然势力大增，从两军对阵的旁边窜出两万精锐骑兵，铁骑踏地，铺天盖地席卷而来，顿时把更始军队给压了下去。原来，邓禹早就料到在长安附近会有一场恶战，他预先把两万精锐骑兵埋伏在旁侧，等双方都疲惫不堪的时候，突然杀出。公乘歙的兵将已经冲杀得竭尽全力，此刻面对锐不可当的骑兵，顿时如大河决堤，汹涌着向后退却。公乘歙左呼右拦，但败局已定，如何能呼喊得住？反倒使后边的向前冲，前边的向后退，自相践踏，白白折损大量兵力。邓禹乘着有利形势，挥师猛力冲杀，把更始汉军打得惨败，完全占领了夏阳，长安已经暴露在眼皮下。

就在邓禹的西路大军胜利推进的时候，东边的洛阳同样也处在刘秀大军的威胁之下。与此同时，赤眉军也在向西加紧推进，前锋抵达到郑地。而为了不引起长安局面的复杂化，邓禹分出一部分兵力向东扩张，驻扎在夏阳。一时间，中原到长安一带，形成了赤眉军和更始、建武汉军三大势力的对峙，洛阳和长安成了三股势力争夺角逐的主要地区。

而此时的刘玄，虽然为火烧眉毛而焦急万分，但还有另一个潜在的威胁，更让他心惊胆战。自从杀掉陈牧和成丹，促使王匡和张卬合兵反对自己后，王匡和张卬占据长安外城，居高临下，遏制赵萌的进攻。刘玄见赵萌不能取胜，便派遣使者到檕城，将丞相李松的兵马召集回来。有了李松的帮助，赵萌乘机从长安郊外猛攻长安外城。结果张卬和王匡寡不敌众，大败逃窜。这样刘玄才从长安郊外又搬了回去。可是回去之后才发现，经过王匡等人的洗劫，未央宫已经成了一片瓦砾，实在无法居住，只得暂时把大殿设立在长信宫。但经过这场内部火并，李松从檕城自动撤兵，导致新丰空虚，长安门户洞开，给了别人以可乘之机。赤眉军就是看到了这个机会，立刻日夜兼程，向西挺进，兵马一直进逼到高陵。

长安混战之时，刘秀正忙于搜罗人才，安抚民心，稳固自己在河北和东边的地盘。他听说密县原先的县令卓茂治理地方很有一套，并且爱惜民力，是个难得的好官，立刻派使者带了聘礼和马车，前去邀请。此刻卓茂已经年过七十，须发皆白，手持竹杖拜见刘秀，两人谈论到如何治理国家，如何在乱世中安抚民心，十分投机。卓茂因为自己年事太高，没有精力追随刘秀，便推荐同县人孔休和陈留郡的蔡勋，还有安众县的刘宣、龚胜，还有上党人鲍宣，这些人都是有守有才，是非分明，他们一起拒绝王莽的邀请，不为高官厚禄所动心，是地方上深得人心的仁人君子。刘秀立刻下诏令，把他们全部重用。后来这些人为建武朝廷治理百姓严肃法纪，笼络人心，起到了很大的作用。其中鲍宣刚直不阿，和后来的洛阳令董宣，成为一代名臣。

重用这些人，不仅给自己的队伍注入了新的活力，更在百姓中间造成一种声势。没过多久，中原百姓都知道，如今新立的建武朝廷和原先的更始完全不同。新皇上善于招纳贤才，待人宽厚，是难得的明君。这样一来，就把众多官吏百姓和地方豪杰凝聚在自己身边，其威力虽然无形，却无比强大，为以后重整河山奠定了雄厚基础。

由于刘秀的兵马主要分散在洛阳、夏阳和河阳等地方，战事频繁，粮饷支出特别巨大，这就使负责供应粮草的河内压力加重。河内太守寇恂日夜操劳,派出的运送粮草马车络绎不绝,使前方军队从未出现过粮饷短缺的情况,有力地支援了前方作战。刘秀多次下诏书表彰寇恂的功劳,称他是自己的萧何。寇恂自己也很是得意,经常拿出表彰自己的诏书让别人看,炫耀的意味不言而喻。

见寇恂这番表情,有个叫董崇的门生趁个机会悄悄对寇恂说:"寇大人,陛下新近即位,你们已经是君与臣的关系。自古君臣关系最难处理,作为臣子的,没有功劳,就是不尽力,非但不能受到重用,而且还要被斥责惩处,但功劳过大,也会造成功高震主的后果,使得君王对自己产生疑心,反而出力不讨好,最后也难免身死名裂,甚至牵连子孙。寇大人,在下看来,您现在正一步步走向后一种情况,而您还没有觉察到,很让我担心。"

寇恂听他这样说,心底隐隐约约的担心顿时被警醒,连忙催促他说下去。董崇端正了脸色接着说:"现在虽说皇上登了大位,但天下还远没有平定,豪杰割地称王称霸者数不胜数。寇大人您现在占据着河内这样一个物产富饶的大郡,把河内治理得井井有条,深得民心,百姓拥戴。并且打败了前来冒犯的苏茂,证明您手中兵力也不弱。这样下去,新皇上会怎样看待您?他会不会忌讳您有朝一日也成为新的一方霸主?即便他自己不这样认为,也难免有人在他跟前点火煽风。所以在下认为,您这样下去,将来大汉江山统一之时,就是您倒霉之日。"

寇恂边听边点头,越发意识到事情的严重性,禁不住头上冒出冷汗来,连声问,这可怎么办?这可如何是好?

董崇不慌不忙,附在寇恂耳边轻轻说了几句,寇恂连连点头:"君臣关系,确实是门学问啊,董崇虽然年轻,我却真的不如。世事洞明皆学问,人情练达即文章,果然如此。"

依照董崇的建议,寇恂第二天就向刘秀上书,说自己由于太忙碌,以至身体十分不适,不能料理郡中事务,请求辞去太守职务,让皇上另派合适人选来负责后勤供应。接到奏折,刘秀大感蹊跷。明明前几天还听人说,寇恂亲自在城外指挥装运马车,身体健壮得很,怎么说病就病了?这其中一定别有隐情。况且前方大战在即,小战每天都在发生,粮饷方面如果出现差错,那将是致命的问题。他立刻亲自驾临河内郡,说是慰问寇恂病情。

车驾刚到河内城门外,寇恂官服整齐地在城外迎接。刘秀见他脸色红润,不像是有病的模样,心里更加疑惑,正要追问其中情由,寇恂却抢先上前,扑通跪倒在地,大声说:"陛下,臣非身子有病,实在是心里有愧。如今各地战事如火如荼,臣却安居在河内,当起了悠闲的太平臣子,每想到前方将士流血战死,而臣却束手旁观,就愧疚不安。陛下,臣请求辞去河内太守职

务,甘愿到前方做一个兵卒,为陛下征战效力!望陛下恩允!"

听他这样说,刘秀立刻明白了几分,暗暗感叹,用心良苦啊!从车辇款步下来,拉住寇恂的手,和颜悦色地叫着他的字说:"子翼啊,你的心思朕能理解。但你应该知道,不管在不在疆场,只要为战事出力,就是报效国家。倘若都出征作战,谁来供应粮草?前方大军动辄消耗百万担粮食,这些东西从哪里来?总得有个分工才成。自古无粮不聚兵,子翼功劳,比起前方流血作战的兵将,毫不逊色,甚至作用更大。子翼切莫想那么多,安心自己职守就是。"

寇恂见刘秀说得语重心长,忙再跪拜在地上:"陛下所言,臣铭记于心。只是,臣虽然也为前方将士尽绵薄之力,但不能亲身杀敌,总觉得不安。臣退而求其次,臣的侄子寇张和外甥谷崇率领突骑保卫河内,英勇善战。臣既然不能亲临战场,就请陛下应允,让他们率领突骑代臣征战沙场,为陛下效力,也略微缓解臣内心之愧疚。"

刘秀当即同意,封他们为偏将军,作为先锋,前去洛阳战场。从此以后,寇恂没了后顾之忧,更加尽职尽责,收集军粮兵器,及时运送各地,极大地支援了洛阳和长安战场。而大家君臣关系,因为处理得非常巧妙,也从此更加融洽。

洛阳战场上,吴汉率领大军日夜攻杀,但因为洛阳城墙高大城池深阔,本来就易守难攻,加上朱鲔知道自己和刘秀不仅有国仇,更有家恨,唯恐落到他手里,防守得也就格外卖力。结果两方对峙起来,僵持着打开消耗战。

而在西边长安,赤眉军攻势非常猛烈,他们占领高陵后,立刻聚集兵力,围攻长安。此刻长安城中由于刚刚经历一场内讧,能征战的兵将都在内讧中被杀或者逃亡,长安已处于无兵可守的状态。刘玄急得团团转,只能让丞相李松出城迎战,自己和赵萌关闭城门,勉强把守。赤眉军来到长安外围后,樊崇调整兵力,一万人为一营,共分成三十营,每营设立将帅,可以独立行动,这样,既能发挥兵力浩大的优势,也不失灵活机动。

让刘玄雪上加霜的是,被自己逼迫出去的王匡和张卬感到绝望之际,放弃新丰,投降了樊崇,把自己的兵力和赤眉军合并在一起,这样赤眉兵力更加壮大。合兵之后,立刻开始进攻长安城东面最北边的东都门。李松在城外驻兵迎敌,本来就兵微将寡,况且这些日子,被刘玄调动着,来回奔波着和王匡等人搞内讧,已经人困马乏,如何能敌得过如狼似虎的赤眉兵马?没打几个照面,赤眉军便冲破了防线,李松猝不及防,被滚滚涌上来的赤眉军从马上拉下来,糊里糊涂成了俘虏。

其他兵将见丞相都让人家给生擒了,自然一哄而散,四下奔逃。赤眉军乘势肆意冲杀，把更始本来就剩余不多的兵力秋风扫落叶般收拾个干净。赤眉军把李松五花大绑，推搡在队伍前边，向长安城下逼近。恰好负责守卫东都门的将领是李松的弟弟李泛。他见哥哥狼狈不堪地让人家当作盾牌，本想命令放箭投掷擂石，但又心不忍，迟迟不敢动手。

樊崇等人要的就是这个效果。他们从容不迫地逼到城门下，樊崇冲城上厉声大喊："刘玄是什么鸟玩意儿，也配当天子?! 你们为他卖命，实在不值得。倒不如跟了我们，大家有肉同吃，有酒同喝，何等自在? 快把城门打开，迎接我们进去，不但能把你哥哥给放了，还给你们兄弟弄个大官当当!"

李泛听他说的虽然质朴粗野却不无道理，略微思索一下，命令部下打开城门，迎接赤眉军进城。就这样，赤眉军没费多大力气，就攻下了长安。是年为建武元年的九月。

闻听赤眉军已经进了城，刘玄惊慌失措，赶忙躲进内宫，让人去请赵萌，共同商议对策。派去的人半天也没回来，而外边已经隐约传来喊杀声。刘玄在内殿汗流满面，团团乱转着嘴里直嘟囔："哎呀，这可如何是好，这可如何是好? 这……"

外边的喊杀声越来越近，看来等赵萌是来不及了，说不定这个家伙早就自己卷了财宝溜出城外了。刘玄这样一想，才意识到自己实在太傻了，赶忙抓起玉玺，胡乱塞在怀里，脱下那身显眼的龙袍，溜着墙根跑到马棚，牵出一匹马出了皇宫。幸运的是赤眉军还没攻杀到这里，街上冷清清地没一个人影。刘玄情急之下也不辨方向，只觉得往前走应该是北边，北边有厨城门。倾耳听听，厨城门方向上似乎没什么动静，他慌忙跳上马匹，连甩两鞭，从厨城门逃了出去。

一路狂奔，直跑到渭水边上，实在跑不动了，又累又饿，惶急间走投无路，简直想一头扎进水里了事。正彷徨时候，过来一队人马。刘玄本来想躲避，仔细一看，来人自己认识，是右都尉严本。严本是自己亲自派到渭水来负责防守建武汉军的，也不知道他投降了赤眉或者建武没有。正思谋着，严本也看见了刘玄，上前扑通跪倒，又是请安又是宽慰，信誓旦旦地表示自己愿意护驾，请刘玄到自己军营中暂时歇息，等待时机再卷土重来。

见严本这么热情，刘玄也不怀疑，况且也实在无路可走，便欣然跟随严本去了军营。其实刘玄根本不知道，自己一个亡国君王，严本哪有这份忠心保护自己。他是要把刘玄当成奇货可居，等待机会献给自己认为靠得住的一方，为自己谋得个官位。刘玄来到严本军营后，立刻被严本监禁起来，押送到高陵，对外不准走漏风声。就这样，更始皇帝刘玄活不见人死不见尸地神秘消失了。

赤眉军攻破长安,而更始皇帝却下落不明。这个消息迅速在大江南北传开。消息传到河阳,刘秀立刻颁布诏旨:"更始破败,弃城逃走,妻子裸袒,流徙道路。朕甚愍之。今封更始为淮阳王。吏人敢有贼害者,罪同大逆。"

诏令颁下后,了解更始朝廷内部情况的人都说,当初刘演和刘秀兄弟在更始朝廷中,处处受到牵制,并不得志。尤其是刘演,战功卓著,却竟然被无辜杀害。虽然刘演被害,是王凤和朱鲔、李轶等人乱进谗言,更始帝不过是人家的一块招牌而已。但不管怎么说,杀害刘演的,总归还是他更始皇帝刘玄。说更始皇帝和刘秀有杀兄之仇也不为过。况且无论在宛城还是在洛阳,刘玄都说过要杀刘秀,若不是刘秀能忍受屈辱,善于应变,也许早就没命了。像这么一个人死了,刘秀应该高兴,失踪了就应该派人找见亲手杀了,一解心头之恨才对。可是人家刘秀,却宽容到如此地步,不但不提及往日的冤仇,反而把他封为王爷,明确宣布要保护他。唉,到底是皇上,和咱平常人不一样。难怪人家做了皇上,真是心胸宽厚,叫人钦佩呀!无论官吏将领还是普通百姓,无不从心底里佩服,更加拥戴他们的建武皇帝。

赤眉军占领了长安后,毕竟一帮穷苦百姓,见了京城如此多的店铺和好东西,手痒痒得顾不上什么军纪不军纪,大肆抢劫,结果耽误了进攻皇宫的时间。等他们冲进皇宫后,却不见了更始皇帝。樊崇等人着急了,下令关闭城门,挨家挨户地搜索。整整忙活了两天,更始帝却依旧不见踪影。他们有点着慌,虽然攻占了人家京师,但没抓住他们头领,对方就还有卷土重来的可能。既然硬的不行,只好来软的了。于是樊崇想了个主意,让丞相徐宣起草文告,四处张贴,说更始皇帝如果自愿来投降,就封他为长沙王,如果二十天后还不来自首,这个条件就自动取消,当成敌人来对待。

这个文告不但四处张贴,还派人在长安附近广为散发。刘玄此时被软禁在高陵,但毕竟人家还是皇帝,严本也不敢对他太苛刻,行动上并不太受约束,并且还让刘玄颇信得过的大臣刘恭侍从在左右。赤眉军所推立的刘盆子就是刘恭的弟弟。刘恭在军营中看到长安散发的文告,忙拿了让刘玄看。刘玄见文告上说不但不杀自己,还能封个王爷,继续享受荣华生活,立刻动了心,激动得喜极而泣,泪流满面,最后手举文告仰天哈哈大笑,仿佛疯了一般。等高兴劲头过去,催促刘恭想办法出去向长安送信,表示自己情愿投降。

刘恭瞅个机会,偷偷溜出军营,来到长安,向樊崇说明情况。樊崇立刻派右大司马谢禄带领人马,去把刘玄给带来。严本见赤眉军来要人了,慑于人家的势力,也不敢不答应,只得眼睁睁地看着对方把刘玄带走,自己白费了一番心机。

刘玄跟随谢禄等人来到长安后，先要到长信宫请罪。昔日的皇上，今天落魄为阶下囚，何等狼狈。刘玄赤裸着上身，穿一条短裤，披头散发，战战兢兢地跪在金殿上，连句话也哆嗦着说不出。刘盆子端坐在御案后的宝座上，身材矮小，虽然穿着冠冕衮服，但仍旧不脱放牛娃的气息，谈不上威严。但大殿两旁站立的将领却个个面目狰狞，如同庙里的恶鬼。大家看见刘玄上来，顿时指手画脚地议论纷纷，嗡嗡嘤嘤地乱成一团。刘玄匍匐在地上，听众人恶声恶气地说话，大气不敢出，颤抖着双手，奉上传国玉玺。刘盆子从侍从手里接过玉玺，翻来覆去看看，觉得也没什么好玩的，就随手放在案上，按照别人教过的说道："免礼，站起来吧。"

刘玄这才松了口气，刚要站起来，一抬脸，正好看见王匡和张印等人正恶狠狠地看着自己，目光如两把利锥。想着前些日子自己还要派兵把他们杀掉，如今人家已经成了赤眉军大将，这可如何是好？双腿一软，又重重跪倒在地上。王匡和张印见刘玄就在跟前，新仇旧恨交集在一起，拉出腰刀就要当场把刘玄砍死。谢禄见状，趁势把刘玄拉到大殿外边的庭院中。

此刻大殿内吵嚷声一浪高过一浪。王匡和张印急于报仇，非杀刘玄不可，手举腰刀比比划划，请皇上刘盆子下令。整天和牛打交道的刘盆子不过是个十五岁的小孩，见人们这么凶狠地叫喊，吓得简直要哭出声来。忽然又看见哥哥刘恭跪在大殿中央，一把鼻涕一把泪地请求皇上饶了刘玄。哥哥的话当然是要听的，刘盆子这样想着，正想开口说免除刘玄死罪。但是话还没出口，就见王匡和张印等人挥舞刀剑，对着自己怒目而视，赶忙缩了脖子大气不敢出。

"和他啰嗦什么，杀掉就是了！"张印说着，拉王匡一把，两人仗着刀剑向殿外走。走出两步，王匡又停下来，想一想说："杀他也要杀得有道理。这样，你把他押到殿内来，咱们当着皇上的面把刘玄杀了，传出去就是赤眉处死了刘玄，和咱们没什么关系，省得叫咱们落个杀人的罪名。"

张印眼珠子一转："说得有道理，还是王将军想得周到。"说着大踏步走出去，片刻工夫把刘玄连推带搡地押进来。刘恭见人家要杀皇上，忙从地上爬起来，拔出佩剑，横在自己脖子上大声说："王匡，张印，更始帝即便如今成了阶下囚，好歹也曾经是咱们的皇上。一日为君，终身为父，纵有天大冤仇，岂能如此绝情，难道不害怕落下弑君恶名，遗臭千古吗？！你们不害怕，我还害怕呢！你们要杀更始帝，就让我先死在他前头！"说着就要自刎。

樊崇见刘恭闹着要自杀，忽然想起刘恭是皇上刘盆子的亲哥哥。皇上的哥哥都在金殿里自杀了，传出去岂不叫人笑掉大牙？忙上前把刘恭拦住，粗声大气地吼一嗓子："都别吵了，俺做主，放了刘玄，给他个侯爷当当！"樊崇是赤眉军的实际首领，手握兵权，他一发话，大家自然不敢违抗。就是王匡和张印，不过是半路投降过来的，根基不稳，在刘盆子跟前气势汹汹，见樊崇出面，立刻收敛许多，讪讪地收回兵刃退到班内。

见事情有了转机，刘恭趁机趴下给樊崇磕了个头："大王果然豪爽，不愧为天下闻名的大英雄。大王是开国元勋，一字千金，不容更改。既然大王以前曾说过，更始如果主动投降，就封他为王爷，大王应该兑现，表示大王是言而有信之人，是侠义豪杰。"

刘恭一口一个大王，一口一个英雄，樊崇立刻咧开嘴巴呵呵大笑，当即答应下来，经刘恭提议，封刘玄为畏威侯、长沙王，在京城里划出府第给他居住。刘玄浑身瘫软着，听大家议论半晌，终于长长吁出一声，总算把命给保住了。

长安混乱尚未结束，东边的洛阳战场已经开始发生了微妙的变化。

以吴汉为主将的建武大军围困洛阳三个多月，但始终未能把洛阳拿下。看着众多兵马被牵制在这里，刘秀不免有些着急，他也知道朱鲔为什么如此拼命抵抗。和众人商议一番，决定硬攻不行，就攻其心。派遣曾和朱鲔交往颇深的岑彭为使节，到洛阳去劝降朱鲔。

刘秀命令围困大军暂时后撤，首先表明自己的诚意。岑彭单人匹马，来到城下。正好朱鲔在城头上巡视，见是岑彭手持令旗，意思是暂停攻击，有话要说。大家老相识，朱鲔冲岑彭拱手抱拳，大声叫喊说："岑将军，辛苦了，有什么见教，请尽管指点！"

岑彭也摆手致意，高声说："朱将军，以前我跟随将军鞍前马后，彼此相处很是融洽。后来还是将军特意提拔，让我有了施展抱负和才能的机会，我这人口讷，虽然心里感激，嘴上却表达不出来，只是希望有朝一日来用实际行动报答将军。现在赤眉军已经攻破了长安，更始皇帝成了阶下囚。这个情况，想必朱将军已经知道。我家建武皇帝雄才大略，短短时间里，平定了整个河北，如今燕赵大地已经完全掌握在建武皇上手里，百姓归心，文臣武将云集周围。至于兵力，朱将军放眼望去，自然就知道。朱将军试想，将来真正的天下君王是谁？更始已经破败，就不去说他。至于赤眉拥立的刘盆子，不过是个放牛的小孩子，被一帮粗鲁莽汉操纵着，即使是再愚蠢的人，也知道他长远不了。另外其他偏居一隅土豪盗贼，不过猖獗一时而已。所以将军应该知道，建武皇上才是真正的皇上，你如今困守一个洛阳，我们就是不进攻，只是这样包围着，你能坚持多长时间，所以最终免不了城破身死。与其到时候玉石俱焚，何如现在开门迎接建武皇上，也好有个前程，不枉了英雄一场！"

朱鲔听他说完长叹一声："我早就知道更始帝是个扶不起来的主子,他有今天的下场,也在情理之中,没什么好奇怪的。我之所以坚守不降,并非要死命效忠更始,实在是心有余悸啊!不瞒岑将军说,当年我一时糊涂,出于嫉妒,参与了陷害大司马的密谋。后来你家皇上要求出巡河北,我又极力阻拦。所有这些,不但有国仇,更有家恨。倘若我落到你家皇上手里,会有怎样的下场?这个不说也能想得出来。所以我宁愿将来洛阳被攻破时痛痛快快地战死,也比让人家用酷刑零割了强。你知道我的心思就好,还是赶快回去,大家拼命一场,生逢乱世,横竖都是天命!"

岑彭哈哈一笑:"朱将军,我家皇上早就知道了将军的心思。你看看这是什么?"说着把手中一块玉佩扬了扬,"我刚才辞别皇上时,皇上含笑对我说,成就大事者,不计小怨。人没前后眼,谁能看透以后的事情;人非圣贤,谁还能没一点私心?这些都很正常,他能理解。同样都是大丈夫,不管有什么过节,相视一笑,恩仇自泯。皇上还说,若朱将军愿意献出洛阳,不但不计较从前恩怨,并且官爵还可以保全,仍旧加以重用,皇上说这话的时候,把身上的玉佩解下来,将其中一个投进河里,对着河神发誓,表示自己绝不失信。朱将军也看见了,这玉佩应该是一对,现在还剩一块,这就是皇上心迹的表达!"

"你说的是真话?!"朱鲔本来抱着无奈的必死之心,听岑彭这样说,顿时看到一线生机,想一想,命人从城头上放下一根绳索,"岑将军,你如果说的是真话,就顺着绳子爬上来,咱们慢慢谈。可是有一样,若是上来后让我发现破绽,可别怪我不客气。如果你刚才是信口胡说,现在赶紧离开还来得及,回去后咱们再开战!"

岑彭并不答话,从马上跳下来,几步跑到城墙下,抓住绳索就往上爬。爬到半截,朱鲔哈哈大笑:"好了,不用费事了,我相信岑将军说的是真话。好,我这就出去面见你家皇上!"说着让人松动绳索,把岑彭又放回地上。

经过这番接触,朱鲔决定自己先出去亲自探探刘秀口气。因为他知道,他和刘秀的结怨实在太深,刘秀是不可能轻易原谅自己的,即使他是个胸怀宽广的人。临出城前,朱鲔把守城部署重新安置一番,对心腹将领们说:"你们坚守洛阳,等待我的消息。有你们把守着城池,刘秀未必敢加害我。不过凡事都有个万一,万一我回不来了,你们就带领兵马冲出去,投奔别处割据势力,和刘秀对抗到底,为我报仇!"

安排好后,他命人打开小门,单骑出来,让岑彭带领着去见刘秀。来到刘秀的中军大营中,朱鲔叩拜请罪,表示愿意献出城池,接受惩罚。刘秀亲自把他扶起来,面色平静语气和善地说:"朕不是说过吗?大家都是豪杰出

身,男子汉大丈夫,相视一笑泯恩仇,目光应该朝前看。这样,你还是回去安排一下,朕明日进城中去看看。当时洛阳诸多宫殿还是朕一手营建的,这么长时间没见,还真有点想念了。"说着让岑彭又把朱鲔连夜送回城内。

经过这次见面,朱鲔彻底放下心来。回到洛阳城内,他立刻召集各军将领,忍不住连声感叹:"想不到刘秀真的如此胸怀宽广,能容世人所不能容。唉,我辈惭愧相差太远。奉他为皇上,我也算没有辱没自己!以后诸位加倍努力,看这情形,江山很快就会统一,将来大家谋个一官半职,封妻荫子,也平安地生活半生。宁为太平犬,不做乱世人,一个盛世就要到了。"

第二天一大早,朱鲔率领所有兵将,大开城门,隆重地迎接刘秀车驾进城。洛阳终于回到汉军手中,虽然经过几次征战,不过城内建筑却没怎么受损。刘秀驾临南宫却非殿,大会群臣,场面十分壮观。看着这些自己亲自督促下建造的宫殿楼阁,刘秀感慨良久,当年为刘玄营建洛阳,不过是为了避祸,也曾想过若是自己能住到这金碧辉煌的宫殿中,该有多好,但当时的窘境下,连这样想一想都是奢侈。没想到当时连梦都不敢做的事情,如今成了活生生的现实!唉,命运轮回,劫数难定呀!

在洛阳流连几日,刘秀竟有些舍不得离开了。许多大臣也看出了皇上的意思,大家一致上表,请求把都城定在洛阳。其中有邓禹从西边战场上传来的奏折中,把定都洛阳的优势说得很清楚,不但从人事从目前局面看,定都洛阳最合适不过,就是从地形上讲,洛阳也最适合建都。奏折的最后邓禹说,以前大汉定都长安,长安从地形上看,其险、其富、其强,都可以说独步西北。长安堪称天下势之雄厚者,毫不为过。而洛阳,则另有特色。洛阳雄居天下正中央,为整个中原的腹心,四下平夷,近处看,熊耳在其左侧,西京长安在其右侧,太华在其西方,黄河在其北方,在此建都,可谓不动腿脚而平定四方。长安建都,适合善于武力之帝王,洛阳建都,适合宽厚之帝王。陛下虽然处于乱世,不得不用武,然而治理天下,最终仍是用文。陛下一再强调要以柔道治国,则洛阳地理位置和其脾性,无不合适,望陛下不必疑虑。

邓禹的奏折很有说服力,和刘秀的想法不谋而合,事情很快定了下来。建武元年十月,刘秀正式定都洛阳,任命朱鲔为平狄将军,封扶沟侯。朱鲔能够封侯拜将,给很多人以极大震撼,促使了他们尽快归降建武朝廷。同时,定都洛阳,也就截断了赤眉军东归的道路,迫使他们不得不蜷缩在关西一隅,有兵力施展不开,粮草供应缺乏,不可一世的赤眉军渐渐显出颓唐的气息。

第三十三章

光武帝洛阳定都城　长安城小皇帝心惊

东边稳定下来后,邓禹率领大军继续向西挺进。所到之处,百姓踊跃支持,壶浆箪食,进展得很顺利。在这种形势下,许多人都向邓禹建议说,何不趁此机会,再加把劲一举攻打下长安,把西边的功劳全抓在自己手里。邓禹却有不同想法,对众人说:"诸位有所不知,我军现在看上去人数固然不少,但很多是沿路招募起来的普通百姓,没经过真正的战争,战斗力并不是特别强,并且咱们深入敌境,前边无人接应,后边粮草转运相当困难,眼前热闹现象并不能掩盖实质上的薄弱,还是应当谨慎些的好。再说,赤眉军新近攻入长安,掠夺了大量财富,又经过一段时间的休整,不可小觑。"

说着见大家不免有点泄气,邓禹便笑笑接着分析当前形势:"其实咱们就是不忙着进兵,赤眉军也撑不了多长时间。因为赤眉军主要将领一个个目光短浅,没有长远计划,他们掠夺的财物虽然多,但大多都被个人中饱私囊,军队上可用的并不多。并且他们军纪涣散,内部很可能会发生变乱,他们习惯于流窜作战,对于坚守长安这样规模巨大的城池,还是头一次,必然坚持不了多长时间。而我们要做的,就是积蓄力量,等他们一露出破绽,就立刻进攻,轻而易举地攻占长安。我仔细分析过,上郡、北地和安定三个大郡,都是地广人稀,粮食和牲畜不少,正适合养活咱们这样一支大军。如今我们就到那里驻扎囤积,等待长安城内的变故,到时候事半功倍,何乐而不为?"

大家听邓禹分析得头头是道,纷纷点头称是。于是挥动兵马绕过长安,向北进发,抵达栒邑。一路上所过之处,遇到赤眉零散兵力,就倚仗兵力庞大的优势,猛烈攻击,顺利占领了上郡、北地和安定三个大郡。实现了初步的战略部署。

长安城内的赤眉军本来十分担心邓禹前来进攻,起初还是小心地防守,不敢有丝毫大意。后来见他们竟然绕城而走,丝毫没有攻打城池的意思。虽然搞不懂他们要的什么把戏,但人家既然不来攻打,自己也就乐得逍遥。

赤眉军上下都松口气,赶紧抓紧时间搜刮钱财,尽情吃喝。见汉军没有触动长安,暂时没了征战的忧患,王匡和张卬等人便又打起了刘玄的主意。他们找到樊崇,再三陈说留下刘玄迟早是个祸害。忠心于更始朝廷的兵将知道自己的皇帝还在,一定不死心,说不定哪天就卷土重来,赤眉凭空多了许多威胁。樊崇是个大老粗,对刘玄的价值本来也没怎么重视,听两人反复劝说,也就息事宁人地答应下来,嘱咐让谢禄去操办。

谢禄得了命令后,便找个机会,邀请刘玄同自己一道去郊外放马散心。因为上次谢禄在朝堂上及时把自己拉到院外,也算救了自己一命,刘玄对谢禄还是比较相信,也就欣然答应。谢禄带了几个亲信,和刘玄一起观看放马的壮观情形。看了一会儿,谢禄怂恿刘玄到马群中间去看看,说那样感受更加真切。刘玄不知是计,骑在马上来到马群中。谢禄在旁边吹了声口哨,马群忽然狂奔起来,刘玄猝不及防,被冲撞得从马背上掉了下来,几匹马从他身上踏过,不等他叫喊,已经被踏得半死。谢禄唯恐刘玄没死透,指使亲信上前,把草绳套到他脖子上,使劲勒一勒,看看确实没气了,这才一哄而散。可怜刘玄享了几年做皇上的乐趣,最后落得个暴尸荒野的下场。

后来还是刘恭得知刘玄被人害死,悄悄打听清楚地址,赶到郊外,收殓了他的尸骨,草草埋葬了事,算是尽了君臣最后一点情分。

刘玄死后,宛王刘赐正好奉命巡视武关,打探到刘玄夫人和他三个儿子刘求、刘歆和刘鲤的下落,亲自护送着回到洛阳,在金殿上向刘秀引见。当年刘秀要求出巡河北,借机会逃出虎口的时候,刘赐帮了很大的忙,刘秀一直感念不忘。如今刘赐又以大义为重,极力保护宗室后裔,刘秀更是欣赏他的忠厚诚恳,封他为慎侯,同时又封刘求为襄邑侯,继承刘玄遗祀,封刘歆为谷孰侯、刘鲤为寿光侯。他这种不计恩怨以宗室大义为重的行为,同样得到大臣将领和吏民的赞赏。

在料理刘玄后事的同时,刘秀也听刘赐禀报了前方的情况,知道邓禹率领兵马在北地等郡屯驻,迟迟不发兵攻打长安,不知是什么原因。考虑到长安不拿下,一直是心头的隐患,便让使节前去传旨,让邓禹赶紧抓紧时机,及时进攻长安,安定西北民心,尽快统一西北割据势力。

邓禹接到旨意后,却仍旧不慌不忙,还是按照计划行事。但皇上有圣旨,一点没有行动也说不过去,于是在休养兵马的同时,派遣建威将军邓寻和赤眉将军耿诉等人,分别进攻上郡所属的各县,让积弩将军冯愔和车骑将军宗歆留守栒邑,巩固住这个大后方。安排好后,自己挥动大军,前往北地边境和长安接壤的地方驻扎下来,一边派人四处招募更多兵力,准备一旦发现长安有风吹草动,就立刻发起攻击。

而长安城内的赤眉军对此还浑然不觉。转眼到了建武元年的腊月，天寒地冻，没有别的事情可做，赤眉将领们每日在长乐宫大摆酒宴，把所有搜罗到的好东西拿出来，吃肉喝酒，热闹异常。这天又照常摆开酒宴，满桌子酒肉珍馐，热气腾腾，大家几天来接连大醉，还没饮酒就一个个两眼通红，话音轻飘，真正是酒不醉人人自醉。皇上刘盆子坐在正殿的大案后边，几个黄门郎拿着明晃晃的兵刃，护卫在左右。众位将领陆续来到，酒宴尚未正式开始，大家因为谁的功劳大谁的功劳小而争吵起来，越吵声音越大，大殿内如集贸市场一般，喧哗声震耳欲聋。刘盆子战战兢兢，大气不敢出。

吵嚷声中，就见一员将领腾地从座位上站起来，摇摇晃晃走到刘盆子跟前，抱拳施个礼说："陛下，得罪了，俺要在这御案上刻下俺的名字，将来写历史书的见了，也好把俺的名字写进书里去。"说着抬起一脚踏在御案上，拉出腰刀，在案上刻刻画画，写自己的名字。刘盆子见状，忙躲闪到一旁，唯恐他的刀走空，伤了自己。其他人见了，顿时受到启发，争相跑上来，围着御案："俺也写个名字，让史书上也记下俺的功劳！""俺也来！"

吵嚷声更加激烈，有人因为着急，把桌子都给掀翻了，酒菜洒得到处都是，经众人在上边踩过，脚下直打滑，酒气冲天。看看实在不成体统，大司农杨音再也压不住怒火，拔剑而起，横眉怒目地破口大骂："你们这些老土包子，到底是泥人改不了土性，走到天边也是贼！咱们现在是在长安金殿里，不是在你家炕头上。皇上还在跟前，你们就这么没礼貌，就凭这德行，还能争夺了天下?！都滚过来，再有乱吵闹者，看我不一剑把他砍成两截！"

见杨音大骂，众人并不服气，还以为他挤不到跟前，嫉妒自己，也不在意，仍旧争抢着要在御案上刻自己的名字。有一个将领还忙里偷闲地回骂一句："你说俺们是土包子，你比俺们能强多少？别忘了，前两年你还在家里挑大粪呢！现在装起好人来了，再叫唤，老子一把捏得你两头出屎！"

杨音大怒，仗剑冲那个回骂的将领冲上去，就要拼命。那将领也不含糊，跳下御案，叮叮当当地就在大殿中央打斗起来。有人赶紧劝解，但刀光剑影中，如何能劝解得成，于是也拉出刀剑上去分开两人。就这样，两个人打斗，变成三个人，又变成四个人，最后整个大殿内刀枪撞击声响成一片，桌子轰然倒地，椅子乱飞，有好几次从刘盆子头顶擦着过去，吓得刘盆子哇哇大哭，更加热闹。

还是黄门郎们官位卑微，和人家这些将领掺和不到一块去，就掩护着刘盆子悄悄从后门出去，躲在殿后的床下，总算没被误伤了。吵闹打斗声惊动了在皇宫外护卫的各营兵马，大家不知道发生了什么事情，却又不敢轻易闯进去。有人禀报给卫尉诸葛稚。诸葛稚又把情况禀报给樊崇。樊崇因为有

事耽搁了,还没顾上去赴宴,听到禀报,知道自己手下兵将的秉性,倒也不奇怪,挥挥手对诸葛稚说:"这帮狗东西,不杀他几个,简直还管束不了啦。你去,看谁最张狂,别管他官大官小,杀掉就是!"

诸葛稚得了命令,立刻带兵冲进大殿,喝令大家停下来。起初大家谁也不听,照样拼杀,诸葛稚指挥兵士上去,接连砍翻几个。众人见动了真格的,也就骂骂咧咧地慢慢退开,一场哄闹这才勉强结束。听见外边动静平息下去了,刘盆子让黄门郎扶着颤颤巍巍地从里边走出来,探头向殿中一看,满地狼藉,酒肉被踩成了稀糊糊,和血肉搅和在一起,几个人头随便滚在地上。这情形吓得他身子一软,几乎要昏过去,捂住眼睛放声大哭。

从此以后,刘盆子说什么也不到大殿去了,每天哭哭啼啼,夜里总做噩梦,有时半夜醒来还大哭大叫,非得让两个黄门郎和自己睡在一张床上。后来索性搬到大殿上边的上观阁内,不再出面。当时宫廷内尚留下少更始朝廷来不及逃走的宫女和内监,他们被幽禁在后殿的大院中,没人管没人问。实在饿得不行了,只好挖草根充饥或者下到院子中央的水池里捞鱼吃,从上观阁向下望去,横七竖八的到处都是尸体。那些宫女和内监抬头见刘盆子正趴在窗户上向这边张望,也不知道这个小孩是干什么的,立刻犹如饿鬼般扑过来,乞求给他们扔点吃的。

刘盆子毕竟是个小孩,见他们的惨状,忙让黄门郎找来一些食物,从窗户中扔下去。看他们争抢食物的情形,觉得很有意思,以后天天往下投掷食物,好像喂养鸡鸭一般。等赤眉军被打败仓皇退出长安后,这些宫女和内监最后都被活活饿死在深宫大院内。

很快就到新年。长安城内,樊崇召集众将领,想在年前好好聚会一番,商议一下来年向哪里发展。刘恭在长安这几个月,目睹赤眉军上下乱哄哄的场面,知道赤眉军必然要失败,一方面担忧自己性命难保,更担忧自己兄弟刘盆子不管怎样,应了个皇帝的名声,将来赤眉军被打败了,他自然是罪魁祸首,罪在不赦。不过他听说建武皇帝刘秀是个仁人君子,待人宽宏,只要能表示出投降的诚意,保全性命或许还有可能。于是他暗中教导刘盆子,让他做好准备,将来赤眉失败,被建武汉军生擒活捉后,要赶紧先把传国玉玺献给人家,并且教给他如何行跪拜大礼,如何说请罪的话。刘盆子一一记在心里。

就在这个当口,金殿内已经按照樊崇的命令,摆开大盘的猪羊肉,一坛坛的美酒揭开了封口,香气缭绕。樊崇派人把刘盆子请来,让他在大殿正中的宝座上坐稳了,接受大家的朝贺。刘盆子早已对大殿充满了恐惧,但樊崇让他来,他又不敢违抗,只好心惊胆战地拉住哥哥,非要哥哥和自己坐在一起。最后实在没办法，刘恭陪着刘盆子在御案后的宝座上坐了，让大家恭恭敬敬地叩头吆喝万岁。

叩拜结束后，刘盆子不知道该说什么，偷偷扯一把哥哥的衣服。刘恭便替弟弟对大家说："今天是年末喜庆，承蒙诸位将领的美意，把我弟弟推立为皇上，不过他还是一个孩子，德行浅薄，恐怕难以承担重任，还是请诸位将军另外选择有贤能的人来坐这个位子，免得耽误赤眉前程。"

听他这样说，樊崇知道是自己手下胡闹，把刘盆子吓怕了。但急切之下，到哪里再去找个能说得过去的皇室后裔？况且全国上下都知道自己拥立了刘盆子当皇帝，忽然给免掉了，未免要招人嗤笑，于是忙上前一步说："惊吓了陛下，都是俺们这些人的过错。特别是我，不能很好地管束手下，罪责在我，跟皇上没关系，皇上还是安心当你的皇上，以后我把他们管束严厉些就是。皇上请坐端正了，咱这就开始宴席。"

刘恭又推辞一句说："我不敢责怪诸位将军，我弟弟实在没这个能力……"

不料话还没说完，赤眉军将领们急着要吃喝，已经不耐烦起来，有人高声大喊："你是什么东西，在这里胡乱啰嗦什么?! 俺们立他当天子，是俺们的意思，干你什么事？再敢胡言乱语，小心脖子上的脑袋！俺们给皇上磕头，你坐在跟前占什么便宜，快点滚下来。"

刘恭知道这帮人无章无法，一时火气上来，什么事情都做得出，不敢再多说，起身坐在一边。刘盆子听他们的话音，还当他们又要和上次一样动武，顿时吓破了胆，哥哥又不在身边，六神无主之下，无师自通地从御座上跑下来，趴在台阶上给大家连磕几个响头，从腰里解下玉玺捧着要送给樊崇："诸位将军，你们先别动手，听我把话说完。你们推立我当皇帝，我实在感谢不过。可是我当了这么长时间的皇帝，听人家说，如今各地仍然是乱哄哄的贼人四起，咱们设立的地方官员根本管不了地方，他们给朝廷贡献的财物，还没送到长安就让人给抢了去。并且如今咱们四下征战，得罪了许多人，百姓和官吏都心怀怨恨，这都是我这个皇帝当得不好，请大家重新换个人吧。我……我知道自己没能耐，情愿让位，并不是大家逼迫。还是请大家可怜可怜我，让我回家放牛去吧，我……"说着趴在地上痛哭失声，眼泪鼻涕糊了满脸。

好歹人家是个皇帝，见这番惨状，樊崇看不下去，忙上前把刘盆子扶起来，连推带抱地送回到宝座上："这都是俺们当臣子的不是东西，惊吓了陛下。陛下你坐好了继续当皇帝吧，以后他们谁再敢撒野，看我怎样收拾他！"说着把玉玺重新给刘盆子系到腰间。刘盆子仍然哭个不住，樊崇冲下边的

将领狠狠瞪一眼，大家会意，一起上前请罪，好说歹说，把他送归后宫。

刘盆子闹腾一回，还真管了点事，樊崇把众将领斥责一顿，让他们回去管束好自己的部下，再不准到街上去抢劫。并传下令去，向长安百姓宣布，赤眉军已经知错改过，让大家放心上街做买卖，好好过个新年。但也只是说说，大家已经成了习惯，军纪丝毫不见好转，长安依旧如人间地狱般，百姓躲藏在家里，战战兢兢，唯恐祸从天降，三下两下的就家破人亡。

新年过后没几天，赤眉军储存的粮食渐渐用尽，便出城四下掠夺。邓禹得到探马禀报，知道时机到来，立刻率兵靠近长安，伺机进攻。没有粮食，赤眉军上下顿时人心惶惶，邓禹的兵马又从西边气势汹汹地压过来，更让他们感到惊慌不安。于是赤眉军在樊崇率领下，把长安城内的珍宝搜刮一空，一把火烧了宫殿，用三匹马拉着一辆车子，让刘盆子坐了，拔起营寨，向后退却。一路上他们从南山转战各郡县，在郿城和更始皇帝麾下的大将严春相遇。严春自从更始破亡后，一直拥兵自重，独霸一方，谁也不隶属。两军接战后，没几个回合，严春就被打败，死在乱刀之下，赤眉军就此占领了安定郡北地，掠夺粮草，暂且安身。

邓禹军队径直挺进长安空城中，驻扎在昆明池附近，见大汉历代宗庙已经被战火破坏得不成样子，便择定吉日，修谒高祖陵庙，收集到大汉历代十一位皇帝的神像，供奉起来，派遣兵丁把守，一边张贴告示，安抚百姓。奏折送到洛阳，刘秀对邓禹修复宗庙的行为大为赞赏，特意遣使到长安，封邓禹为梁侯。

邓禹占领长安后，立刻率领兵马紧随其后，围攻赤眉军。不料此刻赤眉军已经得到给养，士气略有振作，又都是一帮打起来不要命的强悍之徒，战斗力依然相当强大。邓禹对此估计不足，结果双方交战不久，邓禹方面就感觉不妙，没想到原以为乱作一团的赤眉军还能这么厉害，早知道这样，应该多带兵力才行。但意识到这一点时，已经来不及调兵，结果汉军大败，仓皇撤退。邓禹不得已率了残兵败将退守云阳。军败如山倒，怎么也遏制不住，赤眉军反守为攻，继续进攻。邓禹没有办法，只得极力把营寨设置结实，阻挡住赤眉军凌厉的攻势，双方在长安郊外对峙起来。

建武二年一开春，仍旧是傅俊护送，把阴丽华从老家给接到了洛阳。与其同来的还有她的兄弟阴识和阴兴。两人新婚一别，就是这么多年，夫妻再度相见，自然别有一番滋味。让刘秀略感惊讶和高兴的是，这几年过去，阴丽华仍旧和记忆中的一模一样。当众人知趣地退下后，两人久久无言，相拥而泣，是庆幸是喜悦，一切尽在不言中了。

已经被封为皇后的郭圣通也匆忙赶来迎接阴丽华。两人尽管早已经在彼此心中留下深刻印象,但初次见面,仍很新鲜,交谈得很是亲热,尽管这种亲热里都有着隐约的酸意,不过能熬到今天,大家都还是感到很知足。刘秀深为没能践行当年的诺言,不能让阴丽华成为皇后而愧疚,好在阴丽华并没提到这些。他当即封阴丽华为贵人,整个后宫洋溢着浓浓的喜气。

让刘秀感到高兴的事情接踵而来。叔父刘良从长安潜逃回来,姐姐刘黄也让王常从南阳接到洛阳,一个家尽管已经永远的残缺不全,但总算团聚了,亲情激励着刘秀,他更加精神抖擞。

王常是这年夏天时候忽然从南阳来到洛阳的,他来向刘秀请罪要求归顺。当年自从刘秀出巡河北离开洛阳后,王常被更始皇帝任命为廷尉兼南阳太守,一直驻扎在南阳。听说更始皇帝刘玄已经死掉,想着自己和刘秀关系非但不坏,还有许多交情,他应该能重用自己,便亲自来到朝廷表示愿意归顺。见到王常,想起他以前对自己的帮助,刘秀既感慨又惊喜,走到大殿台阶下,拉住王常的手,促膝坐下,亲热地谈论别后情形。随后封王常为山桑侯,官拜左曹。王常一向讲究公允,终于在乱世中保全自己,他很知足,主动请命到南边去安抚各地。王常在南方经营这么多年,名声也很好,在他的努力下,洛阳以南的地区,没耗费什么兵力,就基本平定下来。

可是西边的赤眉始终不能彻底攻破,刘秀不免有些焦躁。他忽然想到冯异,冯异不仅作战英勇,而且心胸宽容,懂得恩威并用,何不让他试试?于是刘秀下了决心,派人传送诏书,让邓禹回洛阳休整,由冯异接替,继续剿灭赤眉军。诏令发出后,接着命令冯异率领兵马从华阴向西进攻。

邓禹接到诏书后,想想自己和赤眉对峙这么长时间,却没能取得实质性进展,也感觉很是惭愧。不过赤眉军经过这几年的发展,已经相当壮大,要想尽快剿灭,谈何容易?但既然皇上有了旨意,也不得不遵从。恰好当时关西出现灾荒,粮食奇缺,百姓大半逃难,少半饿死,遍地饿殍,有的地方几乎方圆百里都不见一个人影。赤眉军再没地方掠夺粮饷,实在没办法,决定还是再回到自己东边的老地盘上去混日子。

这年十二月,赤眉军主动放弃在长安一带的活动,率领大军向东撤退。尽管受到重创,赤眉军的兵力还是很强大,总计兵力在三十万以上。得到情报,刘秀立刻命令破奸将军侯进屯兵新安,建威将军耿弇驻扎在宜阳,兵分两路,钳制住赤眉军东归的道路。分派任务的时候,刘秀特意嘱咐他们,赤眉军若是从东边走,宜阳的兵力前去会同新安,若他们从南边走,则新安的兵力主动会同宜阳。总之,决不能让这只猛虎回到原先的山林,那样就会很难制服。

冯异领命带兵从华阴向西进发,正好和向东撤退的赤眉军狭路相逢。

两军互相攻杀,大小打了十几仗,互有胜负,谁都没占到太大的便宜。不过冯异发挥自己宽容待人的优势,收降了赤眉军将领刘始和王宣等好几员大将,还招降了五千多人马,略占上风。

很快到了建武三年春天。刘秀任命冯异为征西大将军,负责全权指挥西路兵马。邓禹料理完西边的军务后,带兵回归洛阳。途中正好遇见从东向西而来的冯异,冯异邀请邓禹和自己一道攻击赤眉:"邓将军,如今我和赤眉打过几仗,觉得赤眉力量确实不小,怪不得邓将军打得如此艰难,看来圣上不了解实际情况,过于心急了。不过我看他们尽管强大,已经成了强弩之末。只要恩威并用,徐徐进兵,别把他们逼得太紧,他们必然会发生内部分裂,到时候就可以轻易消灭。如果进攻太紧太急,反而会让他们作困兽犹斗,白费许多力气。如今圣上已经命令其他将领驻扎在渑池,扼守住咽喉要道,不用担心他们逃走。咱们再布置好阵势,以逸待劳,肯定能把他们完全吃掉。"

听冯异说得头头是道,邓禹好胜心上来,表示愿意带领自己的兵马前去打头阵,主动进攻。冯异再三劝阻,邓禹就是不听,结果一打照面,才知道冯异的话确实有道理,赤眉军仍然势力很强大,邓禹又一次吃了败仗,死伤三千多人,冯异前去援救,也差点儿被人家活捉了去,坐骑受伤,徒步跑了回来。

回到军营中,冯异一边下令坚守大营,拒不出战,一方面召集将领,紧急磋商,决定改变徐徐作战的方针,利用赤眉军刚打了大胜仗,难免骄傲大意,并且急于寻找东去道路的弱点,来个速战速决。

制订好计划后,冯异命人前去赤眉营寨下战书,约定来日会战,决一雌雄。赤眉军刚打败了邓禹和冯异,还俘获了冯异的坐骑,认为冯异也不过如此,况且自己也急着迅速打败这只拦路虎,尽快回到东方,就立刻答应下来。

当天夜里,冯异下令,全军三更做饭,从各营寨中挑选出几千英勇善战的强壮兵丁,让他们饱餐一顿,换上赤眉军的服装,眉毛上也描成红色,悄悄出了大营,埋伏在大路两旁,以鸣金为暗号,夹击赤眉军,给他来个出其不意。

拂晓时分,天还没大亮,冯异这边已经吃饱喝足,作好了准备,敲起战鼓,做出立刻要进攻的架势。而军赤眉军没想到这么早就打仗,还没顾上吃早饭,但人家已经出动,只能空着肚皮前去抵挡。两军拉开阵势,空气分外紧张,一场决定生死的大战就要展开。赤眉军用万余人打头阵,个个杀气腾腾,大有黑云压顶之势,直冲过来。面对对方如此强悍,冯异选派两千多精兵前去抵挡。赤眉军见对方派出的人马只是自己的一个零头,感觉这一定是冯异的汉军上收损失过多，兵力严重不足，获胜把握更大，也就更加骄横。

看到这种情形，赤眉军丞相徐宣提议说，根据他们派出的前锋人数，我估计他们总兵力也就有两万左右，两万人哪里能抵挡得住我们十万大军，就是踩也把他们给踩扁了！不如咱们一起冲杀过去，如洪水冲破堤坝一般，把冯异和邓禹给活捉了，省得一阵一阵地对打，太麻烦！

樊崇认为说的有理，令旗挥动，倾巢而出，吼叫着向冯异大营冲杀过来。冯异等的就是他们全体出动，也令旗招展，打开营门，所有兵力全部冲出来。几十万人马厮杀在一处，顷刻间血肉横飞，烟尘蔽日，喊杀声几十里外都能听见，场面蔚为壮观。

整个厮杀从天刚亮一直到接近中午，仍旧胜负未分。此刻赤眉军因为没吃早饭，砍杀了这半天，肚中空空，已经精疲力竭，动作明显迟钝下来，死伤人数顿时增加。这情景早让站在高处的冯异看在眼里，他大声命令道："快，鸣金！"

话音刚落，立刻响起阵阵铜锣敲击声，声音激越，响彻整个战场。正激战中的赤眉军听到鸣金声，立刻都是一愣，鸣金就是让收兵，对方不是占了上风吗，怎么忽然又要收兵？正疑惑间，忽然从大道两旁涌上来无数赤眉军装束的强壮士兵，他们个个憋足了劲，生龙活虎地窜到两军阵前。

原来是自己这边来了援兵，怪不得冯异要鸣金收兵，他娘的，不能让他跑了！樊崇带头，迎着援军跑过去，想和他们会合了，继续冲杀。孰料从大道两旁窜出来的赤眉军却并不答话，挥舞着大刀长枪，直向自己这边杀来，由于防不胜防，立刻死伤一大片。赤眉军大惊，吃惊过后才明白上了人家的大当。但此时双方已经混战在一起，谁是自己人，谁是汉军，谁也说不清楚了，许多人惊慌失措地呆立在那里，莫名其妙地让人家给砍翻在地。

冯异哪肯错过这个大好机会？立刻指挥兵马猛追上去，一直穷追到崤底，赤眉军终于彻底土崩瓦解。冯异命令众人高声大喊，投降者可以免死，并且还让回家种地。走投无路的赤眉军很快大批投降，共有八万多人乖乖归附。剩余的几万兵将在樊崇带领下，拼命向宜阳方向狂奔，企图从那里潜回自己老家。

冯异见他们逃窜，冷笑一声，也不再追赶，命令收拾战利品，清点战场，结果缴获的财物堆积得如小山丘般，乐得大家都敞怀大笑。

樊崇没命逃窜，他们还不知道，刘秀早已经安排好了重兵，正养精蓄锐地等着他们自投罗网。听说樊崇残余兵马接近宜阳，刘秀亲自率领汉军主力，盛兵列阵，由大司马吴汉率领的突骑为先锋，严阵以待。

赤眉军如逃出虎口的兔子，惊慌地闷头乱窜，好容易来到宜阳地界，还

337

没等喘口气,忽听一声战鼓敲响,无数汉军威风凛凛,好似天兵下凡,横亘在眼前。樊崇等人慌忙中抬头一看,对方大军中间,一面米黄色的大纛旗下,车驾上分明是汉军皇上刘秀。这下知道人家肯定兵力不弱,硬拼可能死得更快。顿时个个面如土色。

急切间,樊崇和徐宣等人商量一下,都觉得刘恭在自己这边,他是汉室后裔,说不定刘秀能看在他的面子上,饶过这帮人一命。于是众人推举刘恭前去参拜刘秀,表示愿意投降。

刘恭来到刘秀大军前,跪倒叩头,参拜刘秀:"陛下,赤眉军刘盆子若情愿归降,陛下将如何对待这些罪人?"

刘秀冷冷一笑:"能有条活命也就算了,还有其他更高的指望吗?!"

刘恭脸色一红,暗想果然是君王,威而不怒,其威自露,赤眉这帮人被打败,看来势在必然了,没什么好遗憾的。忙回去报信,大家想也不想地就决定下来,既然能活命,还愣着干什么? 由刘盆子在前头,樊崇和徐宣等三十多员主要将领,跪在地上挪动到刘秀跟前。刘盆子双手捧上传国玉玺。赤眉兵丁见主帅投降,也都自动解除武装,丢下的器械盔甲堆积在一起,如同一个个小山丘。

刘秀这才传令,拿出酒肉,让这群快要饿昏了的兵将饱餐一顿。为了让这帮无法无天缺少管束的赤眉军彻底服气,刘秀特意安排了一次浩大的阅兵仪式。望着如此雄壮的汉军,刘盆子脸色煞白,双腿直打哆嗦,怎么也站不直。刘秀眼角余光看他一眼:"刘盆子,你看看,你们赤眉犯下的罪过,是不是该死?"

刘盆子打个激灵,忽然想起哥哥教给自己的话,忙回答说:"论罪过当然该死,只是陛下饶过了我们一命,还可以勉强活下去,以后为陛下效劳。"

刘秀听他回答得有意思,不禁大笑着拍拍刘盆子肩膀:"看你年龄不大,还挺狡猾。好,好,朕刘家宗室怎么会有痴人? 既然已经饶了你们,那朕就不会食言,你放心就是!"说着又转过脸对樊崇等人说,"你们如果后悔不该投降,现在还来得及,朕把兵马器械都还给你们,咱们一决胜负,朕向来以德服人,决不压制!"

樊崇等人忙叩头不迭,口呼万岁,再不敢多说一句话。阅兵完毕,刘秀吩咐下去,分给降兵田地,准许他们回乡安居乐业。有不愿意回去的,可以编入汉军营寨,照常发给军饷。大家无不悦服,齐声高呼万岁,个个感恩戴德。横行中原的赤眉至此终于融入大汉朝廷。

第三十四章
为大业屈驾阻三军　谋士献策亲征西州

今日天气不错,阳光普照,清风徐徐,太阳毫不吝啬地把所有恩泽照在天子刘秀所居住的宣德殿,清风荡漾着,把让人心气舒畅的灵动气息吹到了刘秀正端坐着的内殿。今天可真是个吉日,连天气也这么好。刘秀有些心不在焉地想着,整理一下衣衫,缓步踱出去。

宣德殿正厅里,刘秀以隆重的礼仪接见了班彪与刘钧。就在走进正厅的前一刻,刘秀心里还在闷闷地叹息,既然做了皇上,就应该驾驭一个完整的天下,和当初高祖皇帝一样,唯有如此,才能真正实现和大哥春陵起兵时发下的宏愿。也就是说,接下来的日子,自己最大的梦想也就是完成统一大业,建立一个完整的大汉江山。

自从灭掉赤眉后,原先逃回天水的隗嚣就成了心头大患。他在那里召集原先的部众,趁东边大动干戈无暇顾及陇西的时机,迅速壮大起来,俨然成了气候。并且他还和割据蜀地的公孙述互有来往,还不断拉拢更北部的另一个拥兵将领窦融,大有占据半壁江山的气势。作为志在一统天下的君主,刘秀是无论如何也不能容忍的。

可是眼下对于西部的作战,却让刘秀很担心,顾虑重重。西部地区地形复杂,地理位置特殊,交通条件比起当年征战河北来,就显得异常不便。而且出征将士们对地形不熟,据说有人到了那里后,连方向都辨不清,东南西北瞎撞一气。似这等情形,即便兵力粮草再充足,又怎么可能打胜仗? 古话说得好,若想胜利,天时、地利、人和无比关键。可是,别的不说,首先在地利方面,大队汉军有可能还没打仗,就要落个战败的结果。

一只脚踏上台阶时,刘秀忽然想起,就在昨天夜里,自己夜不能寐,徘徊在大殿外苦苦思索。他在担心隗嚣向南争取公孙述,往北联合窦融。若是隗嚣这么做了,那他刘秀呢,纵有再大的本事,其结局也注定只有败在他们三方联军之下了。

可纵然这是一个必然结局,自己又怎么能甘心? 多少头都叩拜了,难道

这个揖就作不下去？他独自一个人在深宫静院里踟蹰，身后随从们不远不近地紧步跟着，一盏盏灯笼就像天上落下的星星，星空里，连月亮好像都在向他刘秀献媚，星星眨着眼睛，好像在向自己称臣服拜，可自己怎么就拿不下区区一个割据势力？刘秀很快理清思路，他知道自己目前最重要最紧迫的任务，是想办法怎样瓦解或者阻止这三股势力的联合。

刘秀顺着这个思路想下去，他听说窦融这个人很善于打仗，并且为人很有主见，做事情向来有比较远大的目光。那么他会同意隗嚣提出的联合吗？刘秀也时不时闪动过争取窦融归附自己，两面夹击隗嚣的计划。如果能做到这一点，战败隗嚣就完全不在话下了，自己的担心自然也就冰融冻消。但要争取窦融又谈何容易？路途遥远交通不便暂且不说，更主要的，从洛阳去联络窦融，必须穿过隗嚣的辖区，这可是个致命的问题。

万一派去的使臣被隗嚣发现，联络不成功不说，必然还会打草惊蛇，引起隗嚣的警觉，他会加大笼络窦融的力度，早日促成联合，那样就等于自己推动了对手一把，拱手将主动权让给对方。

可是不这样做，又怎样让窦融臣服自己呢？只要窦融能够臣服自己，那么必定胜利，可这个计划多么可望而不可即。想来想去，刘秀终于决定，派吴汉西征，在平定隗嚣的时候，趁着混乱，让马援想办法潜伏到替隗嚣驻守北边的大将耿定营地，让耿定同意使臣穿过他的地盘，北上说服窦融向自己靠拢。从眼下情形来看，也只能这样了。或许因为想得太过专心，等基本拿定主意后，刘秀感觉脑子有点发闷，头重脚轻地很不舒服，便有意抛开纷乱思绪，抬头望望深蓝苍穹下闪烁不定的星空。这时，只觉得身后有脚步声轻微传来，似乎不是侍卫和宫人的，他刚要回头，一件披风如微风般轻柔地披在自己身上，扭头一看，原来是阴丽华。

"皇上，主人硬朗，家事兴旺。一个家是这样，一个国也是同样道理。不管有千般忧烦，保重龙体要紧。"

话语轻柔体贴，就像一汪清澈潭水忽然蔓延在脚下，扫去了心头难以摆脱的烦热。看着眼前的阴贵人，刘秀忽然觉得她仍如在新野初次见到时一样清纯，就像一泓清泉，让人忍不住想融入进去。若不是宫人们就在不远处，他简直要禁不住拥她入怀了。静静地站着，任她的目光月色一样倾泻到自己身上，刘秀什么忧愁都抛在了脑后，只愿静静伫立在这宁静的星空下，捉摸那种若有若无的微妙感觉。

也许，昨天的一幕上天都看在了眼里，阴丽华就如仙子凌波一般，悄无声息地给自己带来了好运，这不，自己还没想好怎样去联络窦融，窦融却抢在自己前头，派使者来拜见自己了。上门的买卖好做。既然窦融已经有这个念头，那么接下来一切都好说了。这样想着，刘秀信步踏进大殿。

宣德殿内经过精心布置，气势恢弘，又不像别处金碧辉煌地夹杂着俗气。要让窦融的使者知道，大汉江山的威严来自人，而不是借助外物。在正中间的御座缓缓坐下后，刘秀卸下多日的愁眉，满脸悦色，看着刘均和班彪叩拜见礼，然后虚虚地一抬手，命他们平身，在御案旁边的龙墩上坐下。

刘均谢恩后，小心翼翼地奉上礼单，口里诉说着窦融让代为转达的敬意。草草看一眼刘钧献上的礼单，刘秀雍容大度地一笑，并不说什么，随手放在一边。接着拆开窦融写给自己的亲笔信。

这次刘秀看得很仔细，信上用隽秀的小楷工整地写着：远臣窦融拜奉大汉皇帝陛下：臣久闻陛下仁厚治国，大解百姓之倒悬。思慕已久，本欲亲往觐见，无奈关山万里，路途多有不便，每每引以为憾。为表臣之忠心，今特遣臣长史刘钧与班彪前来叩拜皇上，臣对汉室之忠心，天地为证，未能及时效力，臣对此惭愧不已。陛下一统大业，实乃万民之福，乃可与日月争辉之神圣使命，臣会尽自己全部微薄之力来支持陛下统一大业，时时静听陛下吩咐。另外，臣有一罪要请，臣愚钝无知，不识公孙述、隗嚣等人奸邪阴谋诡计，险坠其毂。他们屡次怂恿臣自立，欲成三足鼎立之势，臣暗昧不明，几乎误听小人之言，险些而铸下大错，特此请罪。臣虽愚钝，却也能分清利害得失，臣愿率麾下所有将士在此等候陛下之号令，以便一举歼灭陇西奸佞，臣等在此遥遥叩拜陛下，为陛下统一大业，臣等万死不辞。

信写得很通俗，话语里透着真诚。刘秀一字一顿地看完，轻轻合上书信，对刘钧说："窦将军能为天下百姓苍生着想，能以大局为重，理解朕统一大业的良苦用心，已经相当难得。更可贵的，窦将军能认识到隗嚣等小人的阴谋伎俩，甚好，甚好。最令朕感动的，他千里迢迢遣刘长史和班爱卿来见朕，此番情谊，个中道理，无不合乎大体，朕又有什么不接纳的道理？刘长史与班爱卿这一路太不容易，恐怕吃了很多苦头，朕心里明白。你们在此歇息几日，将养过来，然后再回去奉旨回复窦将军，朕即刻有重任要托付于他。"

刘钧与班彪退下之后，刘秀想一想，又单独召见了班彪。刘秀从长年征战中，最能深切体会取胜之道在乎人，也就特别看重人才的使用。他早已听说班彪这个人文采出众，不同寻常。不是有句话说得好吗，宁犯将军刀，不犯文人笔。有时候文人的作用不可低估，邓禹不就是个文人吗，结果威力比起哪员大将都不逊色。乱世用武，治世用文，班彪这帮人在天下安定后的作用，就更不容小觑。

刘秀想，如果能把班彪留在身边为自己效力，那么对于收复西州定有不小帮助。班彪从小就生长于西州，熟悉那里的地形和人文风物，在地方上也有一定的影响。有他追随在自己身边，对西州士人来说，无疑是树起一面大旗，具有很大的感召力。而这种无形的力量，是任何一支军队都难以达到的。如果一念之间，错过了这样的人才，对于西州之战，岂不可惜？

正想着，班彪已经奉旨来到。君臣客气一下，班彪在御案旁告谢坐了。他们谈起西州的种种情形，刘秀问起班彪自己对征讨西州有什么看法。班彪想一想拱手说："陛下，隗嚣盘踞在西州已经很长时间，在当地可谓根深蒂固，势力很大，影响力也不小。他虽然一度对陛下称臣，但骨子里却是早存有叛逆之心，早有自立门户的想法。由此来看，他与陛下对峙并不偶然，战是形势发展的必然结局。因此，西州一战确实难以避免。不过，臣劝陛下对西州作战前，应做好充分的准备。臣对西州并不陌生，知道隗嚣并非一般草寇。臣以为，西州之战不同于陛下征战河北，事情恐怕不会如此顺利。如果陛下派遣大军直接进攻，就应当做好长期征战的思想，想一鼓作气拿下这块硬骨头，恐怕不大现实。"

听班彪说得神情严肃，刘秀感觉他未免有点夸张，也觉得班彪这人多少有些文人迂腐，没经过战阵，对目前天下大定的局势并不十分清楚。隗嚣的势力固然不可低估，两支大军正面交锋，两败俱伤的可能性也很大，自己也知道最好巧战，先从内部来瓦解隗嚣的势力。争取那些尽可能争取的力量，对于对方，是削弱。对于自己，自然就是强大了。这些想法不仅是想想，而且已经派马援办理此事了。但尽管这样，班固把隗嚣说得如此厉害，刘秀仍不大在意，嘴角淡淡地一笑，接着问："在先生看来，朕要赢得西州之战，大概需要多长时间？需要动用多少兵力？"

"陛下，以臣看来，即便动用三十万大军，最少也得用五年的时间，而且还要不出什么意外。"班彪一本正经，口气十分肯定地说。

"那以先生之见，怎样才能花费尽量短的时间，用最少的兵力取得胜利呢？"刘秀听他说得越发严重，更是在心里暗笑，脸上不由得显出心不在焉的神色来，也不像刚才那样礼贤下士地微倾着身子了。

班彪看出了刘秀对自己的不信服，却并不松口，依旧认真地解释说："陛下，臣虽然愚钝，但世间事情十有八九不以人的意愿而定，要夺取西州，情况就是这样，臣实在为陛下想不出更高妙的办法。不过，臣还有个提议，陛下要想攻下西州，必须先夺取略阳。略阳虽是个小城池，可是它战略地位非常重要，是西进过程中的一个主要关口。"

这句话提醒了刘秀，关于略阳，他也听说过。略阳的确是座小城，但正是这座小城，却像个钉子一样钉在西去的路口。隗嚣对它也格外重视，不但派出大军驻守，而且把这里当作粮草的中转站，这里储藏着西州大批粮饷，是隗嚣坚守西州的一个门户。班彪能一语中的，看来确实很有见解。

"嗯，嗯，有道理……"刘秀点头答应着，禁不住对班彪另眼相看了。

接着，班彪又谈到关于夺取西州之战时的一些具体巧战计策，指出要缩短用兵时间减少损失，最好还是内外夹攻，想办法从内部瓦解隗嚣的势力，令其不攻自破。至于瓦解的办法，班彪说，自古都是武官为财，文官为名，其实不管文官还是武官，莫不同为名利。若陛下能派人潜入西州军中，游说那些本来就有点动摇的兵将，许给他们官职和利禄，能争取一部分人从内部响应，那拿下西州的时间，或许就能出乎意料地大大提前。

班彪一番见解正和刘秀这几天所想的一拍即合，刘秀立刻放下心来。果然是英雄所见略同，班彪真是个人才，能得到班彪的辅助，自己对西州之战的胜利就又多了几分把握。

见刘秀凝神不语，班彪也就没往下说。微停片刻，刘秀忽然探身靠近班彪一些，格外柔和地说："班爱卿，你方才说的，朕深感卿乃大才，长期蜷缩河西一隅，埋没了平生所学，岂不可惜？朕想请先生留在朝廷，有事情随时商量，尽早夺取西州，还百姓一个完整江山。此乃利国利民的好事，想必先生不会推辞吧？"

班彪似乎早有预料，既没显出意外，也没十分激动，沉吟一下，平静地说："但凡读书人都知道，学成文武艺，货于帝王家。陛下既然如此看得起臣，自是臣的福分，又有什么拒绝的理由呢？臣谢主隆恩！"说着离开座位弯腰叩拜下去。

不但消除了隗嚣联兵的担忧，又收拢了一员能臣在身边，刘秀格外惊喜，当即封班彪为司徒掾，负责诏书拟定和文史编纂，随时跟随在身边，遇事即可商量，算是朝廷顾问大臣。

安排刘钧回去复命后，刘秀心里松快许多，虽然事情刚刚开始，但至少没了后顾之忧，对西州之战就多了许多把握。早朝时分，刘秀在朝堂上一一听取前方战事的最新进展。听着听着，刘秀脸上泛起欣慰的笑意。正如自己所希望的那样，形势越变越好，自从争取了窦融之后，战况越来越好转，统一大业似乎已经指日可待了。

快要散朝时，刘秀正准备从御案后边起身到后宫，忽然殿前侍卫高喊一声："启禀陛下，前方又有新战报，刚刚有八百里快骑送进皇城，陛下……"

"快报上来！"刘秀被兴奋所鼓舞着，不免有些激动，也有些紧张。

"陛下，祭遵将军大败隗嚣大将王元。冯异将军大败行巡占领栒邑，征西取得首次大捷！"送信偏将跪在大殿门槛外，努力提高了嗓音禀报。

"好！好！"刘秀禁不住使劲拍了一把龙椅，含笑看看众人，在场的文臣武将自然也都兴奋不已,笑声议论着,跪倒在金砖上纷纷拜贺。

刘秀笑吟吟地开口说:"罢了,罢了,这不过是小胜,征战才不过刚刚开始,留着更大的喜以后庆贺吧:诸位平身,赶快传令下去,重重嘉奖前线将士,命吴汉火速派兵攻打略阳,一举摧毁隗嚣的心腹之地,给隗嚣致命一击,让隗嚣再爬不起来!命马援随即领兵前往西州,两面夹击隗嚣!"

"陛下圣明。"文武百官异口同声地大声应和。

从报信偏将口中,刘秀还了解到,北地守将耿定又策动一批将领,归顺了自己这边,马援与冯昇一同成功攻占了略阳外围,估计命令下达到他们那里时,他们已经占领略阳了。总之一个意思,西州之战胜利在望。

天黑下来,天地都沉睡了,一切都静谧安详。刘秀仍旧心绪难平,徒步走在深宫游廊中,看着四周弥望的花花草草,情不自禁想起当初在太学读书时,与严光情同手足,读书读到精彩处,评头论足,读书读累了,闲暇时节在学堂后边的花园里,浇花灌地。现在回想起来,那时的日子如此闲适、安乐,虽然地位卑微,但活得自在,能品味出一种真实的欢乐。而如今,每日的生活却是另一番滋味,好耶?坏耶?是耶?非耶?却总也说不清。唉,人生真如一场春梦,梦醒之后了无痕迹呀!刘秀感叹着,远眺西征的方向,似乎看见了一股股腾空而起的烟尘,能听见连成一片的战马嘶鸣。和这种陌生而熟悉的场景分别多久了?他暗暗问自己。

徘徊良久,似乎是无意识中,刘秀临幸了阴贵人的寝宫。晕黄的烛光下,他让阴贵人拿来他昔日的战袍,抚摸那身曾沾染血迹的战袍,想想自己为了统一大业所付出的,所经历的……情不自禁地对阴贵人说:"朕决定了,明日御驾亲征,驰骋沙场。"

"皇上,西州之战胜利在望,皇上又何必再劳苦费神,做那冒险的事情呢?"

"朕这次亲征,不仅为了鼓舞士气,而且也能给西蜀公孙述和北地卢芳带来不小的震慑,让他们知道朕一统江山的决心。打消他们心存的侥幸,还是早日归顺的好。现在四处潜伏的危机还不少,朕还不到安心稳坐金殿的时候。眼下要善用力者就用力,善用势者就用势,善用智者就用智,善用财者就用财。大家有劲往一处使,这才有希望早日实现春陵起兵时的誓言。你不是糊涂人,这个道理应该能想明白的。"

阴丽华依顺地点点头:"皇上所言极是,对于政事,我不懂得那么多大道理,只要皇上思虑妥当了,只管放手做就是。我还和以前在新野时一样,等着听皇上的好消息。现在时候不早,皇上还是先就寝吧。"

刘秀说干就干,带上一批文武大臣,由执金吾打前锋,统率了精锐的羽林军,浩浩荡荡地开始御驾亲征。在光武帝亲征期间,申屠刚等许多割据力量都望风披靡,先后归顺了光武帝,还没走到前线,兵力已经越来越强大。

隗嚣眼看自己大势即逝,也是情急生智,听说刘秀御驾亲征,离开了京都,竟然想出了个釜底抽薪的计谋,千方百计收买和挑唆留守洛阳的将领张步、刘扬,让他们给刘秀来个后院起火。打定主意后,他派使者携带大量金银珠宝,悄悄赶到洛阳,去说服张步和刘扬两人投靠隗嚣。

"张将军,刘将军,在下是隗王之臣。两位将军不要吃惊,先收下这些不值钱的玩意儿,听在下慢慢说。我们陛下说了,若两位将军能协助西州一起打败刘秀,那么,将来的天下就一分为二,陛下一半,你们一半。大家称王成帝,井水不犯河水。在下知道两位将军是胸怀大志之人,定不会龌龊在朝中受人指使。况且洛阳朝廷内功臣良将如云,数到几十个也轮不到两位将军出人头地,根本没有时候。哪有自己坐上御座来得痛快?现在刘秀正御驾亲征,京师空虚,无人守城,这正是围攻洛阳,摧毁刘秀的大好机会。两位将军都是明智之人,恐怕就是我不说,两位将军也知道应该怎么办吧?"使者买通了张步的门人,溜进张步宅院,正好刘扬也在厅堂里闲坐,真是个绝妙的机会,使者忙鼓动如簧巧舌,趁了这个机会,眨巴着眼睛娓娓道来。

张步和刘扬二人想想也是这个道理,论能力,论功劳,自己再怎么努力也只能是个二流三流的大臣,地位总归上不到哪儿去,索性就冒险一回。于是,张步和刘扬匆忙合计一下,二人拉起自己手下的人马,起兵谋反,围攻洛阳。

然而他们怎样也没有想到,人算不如天算。刘秀现在已经是皇帝了,御驾亲征的派头很大,加上前方战事不是很紧急,走走停停,又是沿途郡县接待,又是深入民间了解百姓疾苦,并没有走出多远。

当张步和刘扬刚把兵马拉出来,还没来得及大闹京城时,刘秀便已经得知了消息。他当即率领大军连夜赶回京师。走在半路上就接连派出大司空李通、横野大将军王常、东光侯耿纯、执金吾雍奴侯寇恂和破奸将军侯进等好几员打过大仗的将军,率兵五路齐头并进,以迅雷不及掩耳之势,围击张刘二路叛军,没费多大周折,将他们一举歼火。张步和刘扬没考虑到,如今的刘秀已经成了大气候,西州又和这里隔了几千里,互相照应不得,蚂蚁撼大树,岂是轻易成功的?

刘秀迅速平定叛乱后,见情况有惊无险,安慰一番留守洛阳的众大臣和内宫嫔妃,便再次御驾亲征。刚到前方军中,就碰到一个丧气的事。一次双方对击中,冯异不幸身受重伤,抬入帐内,已奄奄一息,最后死于军中。刘秀凝视着这位忠心跟随自己,为自己拼死在沙场的将士,伤心痛苦不已。即刻令人护送他的灵柩回京,派使者到路上迎接,以示隆重。事后刘秀加封他为颍阳侯,谥号成侯,并任命他的儿子为征虏将军,以慰亡灵。

隗嚣被战事所累,眼见汉军步步紧逼,而自己的地盘越来越小,自知大势已去,无可挽回。想投降了,能勉强保住眼前的富贵,但再进一步思虑,当初和刘秀闹翻了脸,事到如今才归顺,明显是形势所迫,并非出自真意。刘秀能饶了自己吗?不但富贵,就是全家的性命甚至祖坟,能保住吗?想来想去,总找不出好办法,焦躁忧虑无可解脱。正如常言所说,忧能致疾,隗嚣终于撑不住病倒了。没过多久,竟然抛下一个破烂摊子,撒手而去。

隗嚣的儿子出生于富贵家中,自小钟鸣鼎食,哪里懂得世事艰难。父亲死了,反倒少了许多约束,他整日花天酒地,什么战报军情一概不理会,也理会不出头绪。在这样的情况下,西州兵力连连败退。

看看就这样硬撑着迟早得成人家的刀下之鬼,况且也没什么人可效忠了,这仗打得有什么意思?部下将领略微商议一番,很快达成一致,既然终究难逃被掳的命运,何不发动兵变,投靠了刘秀?这样大家不但能保全身家性命,说不定还能混上个一官半职。于是一哄而散,把西州拱手让给了汉军。

刘秀也猜测到隗嚣死后,西州内部一定会发生分化。于是他及时调整策略,对于西州的残余势力,刘秀采用了安抚政策,把苟宇、赵恢及隗氏家族这一些西州豪族大姓,迁徙到洛阳一带定居,让他们脱离自己的根基,失去叛乱的条件。对于那些降将,刘秀则把他们分散到各个地方任职,彼此拉开得很远,以免再生事端。

西州战事结束了。在班师回京的途中,刘秀透过轿子前细纱帷幕向西州方向望去,辽阔原野茫茫无边,一片宁静。这片土地终于大定了,接下来,就要督促地方官员让这里尽快开辟出良田牧场,说不定下次再来时,到处绿油油的,怕要改天换地了。天马行空地想着,刘秀露着惬意的笑容。转而,刘秀的眼睛盯向西蜀的方向,心头又突地一动,他知道,他统一大业的第二步立刻就要开始了。

西蜀地方自古繁华,虽然整个中原乃至遥远的西州狼烟滚滚,这里看上去似乎仍是一片平静。公孙述蜷缩在成都老巢里,依旧歌舞升平,隗嚣的败亡,让他感觉大势不妙。但这也就是瞬间的感觉,眼前的美酒和歌舞却是实实在在的,他侥幸地想,自古蜀道艰险,刘秀恐怕未必对这里大动干戈。最大的可能,他或许派使者来,让自己保证两国互不侵犯。若是那样的话,自己眼前的享乐日子,就能世代持续下去了。

太阳仍旧从东升向西落,生活仿佛一成不变。而和平时相比,不寻常的情况出现了。东北两个方向冒出了两股战马飞驰腾起的烟尘,由来歙、盖延与岑彭、臧宫率领的两路大军纷至沓来,像两只雄鹰凌空而下,扑向一只肥膘的母鸡,直击它的咽喉和心脏。

成都宫殿里,公孙述在殿堂内急得踱着步来回大转。战局的发展简直太出乎意料了,怎么刚听到一点刘秀要动手的消息,人家就逼到了家门口?!他耷拉着脑袋,活像一只斗败的公鸡,豆大的汗珠顺着肥胖的脸颊,滚落在地下。见哥哥气急败坏的模样,一旁的弟弟公孙恢双目微闭,静静地站立在大案旁,嗫嚅着不知道该说些什么。

"你倒是想个办法啊,都这个时候了,你可倒好,装起死人来了!"绕着大殿急走两圈儿,公孙述忽然看见公孙恢呆愣着站在原地,有气没处撒,瞪起大眼珠子吼叫。

见哥哥冲自己发怒,公孙恢愣怔一下,随即嘴角露出一丝笑意,不慌不忙地说:"大哥,方才我忽然想起来个主意,但不知道妥当不妥当,就没敢提起。俗话说,擒贼先擒王,将死兵气丧。刘秀他派出的两路大军势力强大,硬碰硬,当然是咱们吃亏,可是如果我们能想办法除了他军中的带头人,他们群龙无首,谁败谁胜,还真不好说呢!"

公孙述听着这话,缓缓停下步子,犹豫一句:"你是说……"

公孙恢忙上前说出自己的想法。

"好!"公孙述气恼一扫而空,翘了翘大拇指,"这倒是个好主意,管他中用不中用,试试再说! 他们不让爷爷活,爷爷就先要了他们的命!"

公孙述立刻依照计策操办,他出重金从市井中找来一些亡命无赖又懂些拳脚之徒。向这些人交代一番,让他们溜出城外,找机会混进汉军大营中,伺机刺杀来歙等将领,另一方面,又派人秘密潜入洛阳,让他们仗着银钱活动,看能不能弄个差事混进皇宫,找个机会行刺刘秀。若是能杀了刘秀,那别说西蜀能够保全,说不定还能杀奔洛阳,正儿八经地当他几天皇帝呢!公孙述暗自得意,放宽心又享起乐来。

明枪易躲,暗箭倒确实难防。纵使英雄之力如项羽,又怎么能完全防备这些偷偷摸摸的伎俩? 只有千年做贼,没有千年防贼。尽管汉军营寨防守还是很严密,但终究让人钻了空子,没几天,来歙就被刺身亡,凶手趁乱逃脱,跑回成都领赏去了。

这天刘秀正在殿内批着奏折,看到奏折中有关度田的情况。所谓度田,就是重新核查土地丈量,凡是多占的,必须退给当地官府。这当然会激起许多豪强和庄园主的不满,前几年兵荒马乱,哪个庄园没有多占田地,现在要让他们退出来,简直就是饿狼嘴里夺脆骨,乞丐碗里觅残羹,无异于与虎谋

皮。所以近来地方奏折中,多是反映地方豪强地主反对度田情况的。看着看着,心中不免惹起一股火气,他们也不看看如今是什么时候,朕不同于刘玄,不同于刘盆子,朕要还天下百姓一个真正的大汉江山!

正在这时。只见大司马吴汉捧着折子,躬身施礼站在殿内,轻轻叫一声:"皇上。"

"前方战况又出现了新情况?"刘秀调整一下脸上愤愤的神情。

"陛下……陛下,西蜀前线传来了八百里快报,公孙述收买刺客潜入军营,暗杀大将军来歙,大将军已经不幸遭遇毒手,现已……"

"什么?!"刘秀身子不由得颤抖一下,扶住大案摇晃着站起来,眼睛茫然地盯向西蜀方向,半晌无语。吴汉离得近些,见他两行清泪顺着脸颊流到胡须梢,又顺着胡须滴到御案上。失去爱将犹如失去爱子一般痛苦,迷迷尘土,漫漫硝烟的战场,难道这样一个雄壮的身影就此消失了吗?

"皇上,请皇上保重龙体。"

刘秀从悲痛中回过神来,涨红了脸狠狠一拳捣在桌子上,须发怒张地大吼一声:"公孙述,朕不把你千刀万剐,怎么能够解朕心头之气?又怎么能使我的爱将在九泉之下安息!"

最初的悲痛过后,刘秀命人把来歙灵柩运到京师,以国礼厚葬。

第三十五章

成都失利大将请罪　洛阳宫刘秀遭刺杀

在来歙的灵堂之上，一片白衣，满堂凄凄哀哀。

这时，只见刘秀身穿素服，率领文武百官走进灵堂。全场人见皇上亲自驾临，无不诚惶诚恐，尤其来歙亲眷，更是顿感荣耀，为死者欣慰不已。一起下跪高呼，皇上万岁万岁万万岁！

刘秀并没理会众人，径直走到灵柩前，看着来歙的遗像，情不自禁，泪水潜然而下，沉默片刻，命跟随的一位官员下诏致哀："中郎将来歙，数年征战，所向披靡，一心报国，忠诚可见，如今不幸被小人伎俩所害，朕一定千刀万剐公孙老儿，踏平他的老巢，让你在九泉之下安息，呜呼哀哉！"

丧礼隆重完毕后，刘秀封来歙谥号为节侯，让他的儿子来褒继承父亲征羌侯爵位，加封他的弟弟来由为宜西侯。

夜幕悄悄退却，天色逐渐亮堂起来，东方似乎要泛起微红色的曙光。刘秀像往常一样更衣上朝。轿子在后宫游廊中平稳地挪动，刘秀的心绪却在不平稳地思索着，昨晚上怎么会梦见一颗坠落的流星呢，看到流星一瞬间消失，自己竟在梦里流泪了，此刻，刘秀不禁哑然失笑，没想到拼杀战场这许多年，什么都见过了，什么都经历过了，还这样多愁善感。不过叫他略感欣慰的是，梦中的流星轰然坠地后，天空中的群星更加璀璨。

坐在殿堂上，文武百官都已经早早到齐。

太阳虽然还没升起，但从瓦蓝的天空看，今天天气很好，刘秀心情也渐渐好转，忘记了昨夜那个伤感的梦。还没有开始议事，西蜀前线又送来八百里快报，折子呈上殿内，刘秀从黄门郎手中接过折子，粗粗一看，折子写的竟然是这样简单一句话：征南大将军岑彭不幸遭到公孙述毒手，刺客趁乱逃窜，正在追捕中。

刘秀身子顿时一颤，折子掉落在地上，他脑子里一片空白，只是恍惚中忆起梦里的那一幕，一颗……流星……瞬间……即逝。坠地时的轰响似乎还在耳边回荡。

刘秀半晌无语，殿下肃立的文武百官沉闷无语，宫廷内外一片萧瑟，瓦蓝的天空也顷刻黯然失色。

沉闷了不知有多长时候，刘秀终于缓缓开口说话了。

"朕决定要再次御驾亲征，大司马吴汉赴前线代替岑彭指挥作战，诛虏大将军刘隆、骁骑将军刘歆等人跟随朕，火速召集兵力，朕要率领南阳、武陵、南郡等地兵将，讨伐公孙述，太子刘强留守京师，负责保卫洛阳。"

在这样的情形下，众人没有一个提出异议，立刻下去分头准备。

刘秀率大军踏上漫漫远征路。有皇上在跟前，三军将士士气分外高昂。刘秀再度拿出当年昆阳大捷和平定河北的雄风，亲自临阵指挥。他和众将领制定作战方针，策划一系列攻击方案。按照计划，吴汉领兵以破竹之势，冲破蜀军层层阻碍，直入武阳，这是西蜀扼住长江的一个重要据点。失去了这个屏障，公孙述只得狼狈逃窜，到处借兵，企图扼住吴汉直入成都之势。

吴汉既然攻杀进来，岂能如此轻易抵挡。这支存有满腔怒气、正待宣泄的猛虎般军队，横冲直撞，如入无人之境。吴汉知道哀兵必胜的道理，特意命令全军将士身穿孝服，吴汉也在铁甲外边罩着缟素，场面颇为壮观。

一片悲哀而愤怒气氛中，全军将士意气风发，进攻队伍如翻滚的潮水，一浪高过一浪，众人边冲杀边高呼："打破蜀军，攻占成都，活擒公孙述，为中郎将来歙、征南大将军岑彭报仇！"呼声随着狂风吹进蜀军耳膜，他们的心发颤了，步伐紊乱了，面对如此威猛之势，逃命都来不及，何谈胜利？公孙述和公孙恢做梦都没料到，自以为绝妙的计策，却反过来鼓舞了对方的士气，加速了自己的灭亡。

蜀军落花流水败退广都。吴汉则率军乘胜追击，不等他们站稳脚跟，一鼓作气围困住广都。公孙述之弟公孙永眼看自己已成了瓮中之鳖，他害怕被汉军活捉后不得好死，又担心部下叛离，把自己活捉了献给刘秀，惶急之下，先保命要紧，孤身一人鼠窜而去。军中本来就乱成一团，现在没了首领，更是散沙一堆，顷刻间土崩瓦解，只好敞开城门，放汉军入城。几乎没动刀枪，汉军轻而易举地攻占了广都，收缴了大量粮饷，整编了不少的军力。

消息传入刘秀耳朵，刘秀一阵欢喜，连忙派人传令，让吴汉就地待命，切不可继续冒进。一边收拾行装，正欲率军抵达广都，与吴汉兵力会合，然后再做进一步打算。可是还没有开拔，紧接着前方战报传来，说吴汉已经离开广都，率领得胜兵力开始攻打成都。

闻听消息，刘秀顿时气急败坏，当着众人的面跺脚大叫："吴汉，切不可冒进，不可冒进，怎么嘱咐你的？唉！"当下传令，立刻快马加鞭，增援吴汉。

吴汉对成都方面的情况并不是十分了解。虽说蜀军接连大败，只剩下成都一座孤城。可吴汉没有想到，成都情形非广都可比。这是公孙述的老巢，经过多年苦心经营，城墙坚固，城池宽深，坚固程度在西南当属第一。并且这里是蜀军主力之师驻扎的所在，各路设防非但没有削弱，反而全面加强。城内原有的兵力足有将近二十万之多，加上各路残兵败退回到老巢，又有五万多，这样下来，成都城内屯聚的兵力已经接近了三十万。而吴汉仅带领不到八万人马，而且近一段时间连续行军作战，虽说被悲伤所鼓舞着，但精力毕竟有限，已成疲敝之众。吴汉还想着和进攻广都一样，一鼓作气地攻破成都老巢。谈何容易？

　　然而，被一连串胜利鼓动着的吴汉，此刻立功心切，已经顾不上考虑什么系统准确的作战方案。现在态势已成，恐怕想撤都难，不知不觉中犯了作战的大忌。

　　刘秀一边向前行军，一边再写诏书，命令善骑士兵快马加鞭传给吴汉，命令他或者退到广都，驻营扎寨，或者在半路就地停下，耐心等候北路大军前去援助，共同攻打成都。可谁知，吴汉对刘秀火急火燎的诏令根本就没往心里去。吴汉自有自己的想法，他认为，皇上远在后方，根本不了解这里士气高涨所向披靡的具体情况。再说，将在外君命有所不受，应当根据具体情况决定战法，岂能拘泥而坐失战机？

　　吴汉身边的将领见皇上的劝阻都无济于事，便让吴汉很信任的刘尚过去劝告，让主帅遵从皇上旨意。可是刘尚刚刚劝说两句，发现吴汉已显得很不耐烦，根本听不进去。刘尚知道，自己再说下去，吴汉一定会认为自己是嫉妒他，害怕他抢了头功，反而弄出矛盾来，也就只好打住话头。最终，吴汉率领刘尚等全部兵将迅速追赶到成都城下，开始大举进攻。

　　在成都郊外，汉军跨江扎营，吴汉领兵四万驻扎在江北，刘尚驻扎于江南。驻扎下来后，刘尚马上把这里的情况写成奏折，让人连夜送到大本营。刘秀得知吴汉进军情况后，大吃一惊，坐在椅子上连呼："太冒失，吴汉该杀，吴汉该杀！"急忙伏在案上又写下诏令，并且令刘隆、马成领骑兵五万，火速增援吴汉。

　　然而刘隆、马成的骑兵尚未赶到，成都方面的情况已经发生了难以逆转的变化。

　　公孙述见对方兵力相当少，又驻扎分散，心头一阵狂喜，暗叫天助我也！立刻派谢丰、袁吉领兵十万，冲出城外，反过来围攻吴汉营寨。

　　吴汉兵力太少，冲突几次，竟然没能撼动敌军，反而自己损失不小。此时他才开始后悔莫及，急忙向驻扎于江南的刘尚求救。可谁知刘尚被蜀将史兴牵制着，丝毫动弹不得。两边都被困住了，自顾不暇，吴汉只好退入营寨,命令坚守等待援军。

吴汉闭寨不出,利用营寨驻扎的地势阻挡敌军进攻,谢丰、袁吉攻了几次,没占到什么便宜,两军只好对峙着。

吴汉此刻才冷静下来,从眼前局面仔细考虑一下,感觉就这样持续下去也不是办法,早晚自己要被困得人马困乏,粮草用尽。到那时蜀军乘势攻入,自己还有机会回去向刘秀请罪吗?于是,吴汉灵机一动,传令把营寨中所有拉来原本准备庆功时用的牛羊,都集中到一起,打得它们高声呼叫不止。营中各处灯火明亮,处处烟火,显得热闹异常。

在外边围困汉军的蜀军看到这种情况,不知对方营寨里要弄什么诡计,都收缩阵势,谁也不敢轻举妄动。而吴汉呢?乘着夜色,悄悄领兵退出江北,赶到江南与刘尚汇合。守在吴汉营寨外的蜀军又怎么知道,对面营寨里虽然牛鸣羊叫,热闹非常,其实自己对峙的竟是空城。

吴汉率军绕过谢丰、袁吉,火速赶往江南,正赶上刘隆、马成、刘尚正与史兴混战,吴汉乘机援助,史兴见汉军大增,不明白其中究竟,不知道这股突然而至的汉军是从哪里来的,也就不敢再坚持下去,转而撤回成都。三路汉军乘胜追击,蜀军大败。

最终,三军汇至一处,在江南岸扎营,吴汉独自回广都向刘秀请罪。

广都营寨内的大厅里。

吴汉双膝跪在地上,头低得快要挨着地。

刘秀板着脸不搭理他,沉默了好一会儿,刘秀才缓缓说:“不是朕狠心,作为大将,不顾周围大局,冒失征战,乃兵中大忌,这不仅仅是兵败而归如此简单。一次兵败而归,会有多少将士流血而死在沙场之上,又有多少人家为此要遭遇丧失亲人之痛?朕已失去了两位爱将,深为之痛心不已,从内心来讲,朕怎么忍心再惩罚你?但作为一员将领,应该时刻谨慎,你的每一个决策,不只关系到你自己,更关系着数万个士兵的性命,关系着汉家大业啊!你起来吧,再多的话也不说了,朕只希望你能将功补过,重新调整兵力部署,尽快攻下成都。”

吴汉已经老泪纵横,口里直嘟哝:“臣罪该万死,臣罪该万死……”

“好了,好了,起来吧!”刘秀口气渐渐温和起来说,“一将无能,累死千军。你明白了这个道理就好。今后只要汲取教训就行了,如果在大军到达成都后能迫使公孙述投降更好。否则……”

吴汉知道风暴已经过去,心里平稳下来,忙上前一步说:“陛下,能有这样的结果当然最好不过,只是公孙述知道自己罪孽深重,得罪陛下过深,怕他会垂死挣扎的。”

"行与不行都可以试上一试,朕已草拟了一份劝降书。你可以派人想办法送至城中,如果能打动他的心,他自会投降。如果达不到目的,再强打硬攻也不为迟。"刘秀摆摆手,黄门郎从大案上拿起一份书信递给吴汉。

吴汉接过劝降诏书,小心地揣在怀里。

就在吴汉回到前线没多久,盖延和臧宫所率的北路大军也一路势如破竹,抵达成都城下。

吴汉亲率三路大军直破成都外围,连战连捷。公孙文、公孙光和公孙述的女婿史兴等蜀军重要将领一一败亡。公孙述看到自己兵败亲死,面对如此惨状,禁不住急火攻心,气急败坏地亲自率兵迎战。可惜公孙述时运不济,刚一出现于沙场,就被吴汉手下偏将高午一箭射中,抢回城内,当天便一命呜呼。

没了主帅,成都残留士兵登时大乱。群雄无首之际,剩下的唯一出路就是投降了。吴汉没费多大力气,便领兵攻下成都。发布命令将公孙述全家满门抄斩,烧毁其王宫,俘虏其亲随,押解起来,等候治罪。汉军意气风发,齐声欢呼:"皇上万岁,皇上万岁!"

西蜀被公孙述盘踞十二年之久,到此,汉军彻底清除了这股异己势力,大汉江山进一步接近统一。

北地的卢芳殿内,部下们正相互商议目前局势下如何进行防御部署。卢芳高座殿上,阴沉着脸沉默无语。不知为什么,他有种预感,自己唯我独尊的割据统治恐怕是快要结束了,耳朵里嗡嗡作响,连部下的说话声也听不大清。

"从兵力上讲,西蜀割据势力最大。可是怎么样,到底被汉军在短短的两年时间里就打败了,凭咱们……又怎么能维持多久呢?"

"我看刘秀这人果然不同凡响,听人说他善于用兵,聪如神明,这样的人,不好对付啊!"

"刘秀现在的兵马已足足增加了十几万,加上各处的俘虏,还有许多原先反对他的势力都一一投靠刘军,我们与之相比,差距就更大了,想获胜我看……"

"好了,不要说了!"卢芳心烦意乱,气恼地大拍桌子。

过了几日,卢芳派出使节到刘秀御驾亲征的营地上去觐见称臣。

刘秀摩挲着降书,看看营帐外悠悠青天白云,发出一声如释重负的长叹,对这么多年征战得以解脱,感到一种前所未有的舒畅。

至此,统一大业彻底完成。春陵起兵的誓言最终艰难惊险地得以实现。

刘秀在群臣的簇拥下,班师回京了。原本统一大业已成,刘秀应该满心

刘秀传

欢喜,可一路上,他总有些怅然若失,找不到以前想象中的兴奋感觉。斜倚在晃晃悠悠的车轿中,刘秀无法忘记远在广都时被刺杀的那一幕,一闭上眼睛,那情景就在眼前浮现。一路上奔波劳累,让他神情恍惚,短短几天的行程,刘秀却消瘦了好多。

那是在吴汉独自赶往广都请罪的当天,在吴汉接过刘秀写给公孙述的劝降诏书后,这时,奏事黄门郎匆匆进来说:"有特使从京师赶来,求见皇上,说有要事禀奏,皇上可否召见?"

"既然是京师特使,为何不见?!"刘秀毫不思索地说道。

吴汉倒有些谨慎,叫住黄门郎问一句:"哪位特使,受何人之托?"

吴汉心想,既然是京师特使,觐见皇上应该先递奏折,奏折没到,人先到,这不免有些奇怪。再者说,来歙、岑彭二将被刺,公孙述再派人打着各种幌子来刺杀刘秀,这未必不可能。总之,吴汉想,自己刚刚犯了错,还是要多加谨慎,保护皇上要紧。

不过刘秀唯恐洛阳发生意外,并没让他追问下去,催促快让使者进来。这位自称叫刘辑的使者手捧一卷帛绢,弓着腰慢慢走进营帐,他小心地看一眼落座在台阶上的刘秀,叩头参拜说:"刘辑受太子之命来觐见皇上,手捧太子奉上的奏章请皇上过目。"刘秀点点头,军营里非比金殿上,没有那么多黄门郎侍奉,那人跪在地上,向前挪动着要呈上文书,正在这时,吴汉一个箭步跨到跟前:"且慢,让我来呈给皇上。"说着,吴汉已走到刘辑身边,眼睛一眨不眨地盯住刘辑,把手伸向帛卷。谁知刘辑抬头瞟了一眼,攥住文书,表示要把奏折亲手交给皇上。吴汉也不甘示弱,毫不犹豫要挡他的去路。他俩左右对峙着。

此时,刘秀不耐烦了,也有些生气了,便说:"吴汉,让刘辑自己呈给朕好了。"

"皇上……"吴汉正欲说小心为好,正在这时,刘辑手中的帛绢文书突然在吴汉和使节撕扯中落到地下,发出一声清脆的响声,文书里竟然藏的是一把鱼肠宝剑。在场的人谁都看清了这令人吃惊的场面。

刘辑稍微愣了一下,随即孤注一掷,捡起短剑飞身跃起,刺向刘秀。而吴汉乍看到当啷落地的宝剑,并没有多大吃惊,只不过被自己不小心猜中了。当下也不含糊,只见这个久经沙场的老将反应更为敏捷,抬起胳膊跃身一挡,手腕处的铁护腕挡住了那只刺向刘秀胸膛的短剑。

刘秀虽然也见过各种各样的惊险场面,但他无论如何也不会想到京中使臣会是来谋杀他的刺客。他只是吃惊地坐在那里,竟然没有立刻想起来该闪身躲避。任凭眼前的这个刘辑和吴汉周旋。两旁的侍卫也根本没有想

· 354 ·

到京中的使节会突然变为刺客来刺杀皇上，一个个呆若木鸡，不知道怎么保护皇上。

此时，只有吴汉在与刺客对阵。在吴汉挡住对方剑锋的那一刻，刘辑身手也颇敏捷，短剑收回，拧身转向另一个空隙，依旧刺向刘秀。吴汉更不含糊，一个后转跃上，握住了刘辑的手腕，吴汉嗨地一使劲，刘辑半条胳膊顿时有些发麻，迫使他不由得手一松，短剑当啷落地。既而，吴汉一掌把刘辑击倒在地，拾起地上那把剑，指向刘辑："说，是谁派你来刺杀皇上的?"

"哈哈哈，想知道啊，是上天派我来的，是梦中的神派我来的! 只可惜，老天瞎了眼，算他命大福大，有你保护，要不然，刘秀早已见阎王了!"

说完，刘辑看着指住鼻尖的剑锋，忽然高呼一声："皇上、父亲，我没有刺死刘秀，这是天意，我尽力了，我……"

说着，他忽然迎剑锋撞上去。吴汉本想留个活口继续审问，但事情发生得太突然，他抽剑不及，对方胸口狠狠撞到那支剑刃上，深深插进心窝，挣扎几下倒地死掉了，

这时，众人才回过神来。几名大臣闻讯赶来，众人一起下跪，口称："臣该死，护驾来迟，幸亏皇上命大福大，有神灵保护皇上，万岁，万岁，万万岁!"几名侍者慌忙上前，扶着呆愣愣的皇上。沉默片刻，刘秀稍微平静下来，长吁一口气说："久在风浪中，哪能没风险? 算了。多亏吴汉眼疾手快，办事谨慎，朕才能化险为夷。否则，正如刘辑所说，朕早已见阎王了，又怎么会福大命大呢?"

刚才负责通报的那个黄门侍郎，已经哆嗦成一团，幸好皇上安然无恙，假如皇上略有差失，他一个小小的黄门侍郎就算死上万次，也无法弥补这样的弥天大错。可是即便皇上无恙，是不是怀疑他和那刺客刘辑暗中勾结，合谋皇上呢，总之，臣子不好当啊。

一想到接下来会轮到追究自己，他不寒而栗，不等传唤，慌忙跪在地上，看那姿势近乎整个人都趴于地上，他全身发颤，口中机械似的说："奴才该死，奴才该死……奴才有眼有珠……不，奴才有珠无眼……不，奴才差点儿……奴才有罪……"

刘秀深吸了口气，已平静下来。

"这不关你的事，朕一听是宫中御使，也给迷住了，更何况你，下去吧。"

那黄门侍郎似乎不相信这样的大事就这样轻易了结了，呆一呆，才畏畏缩缩地退出殿堂。

刘秀此时才注视到身边的吴汉，不免着急地问他，究竟是什么破绽让他产生怀疑呢? 吴汉叉手把刚才自己琢磨的几个念头说出来。刘秀禁不住点

头称赞:"想不到大司马心思还有如此细的时候,朕自愧弗如啊。"

刺客死了,听那个刺客临死时呼喊的话,似乎就是公孙述派来的刺客,不用审问也没什么悬念,这件事也该暂放放了。

此时,刘秀正在回京师的途中,却又情不自禁地想起这件事,他似乎隐隐约约地感觉到,这件刺杀事件背后还有许多事情没有解决,比如说,那刺客是怎样打起洛阳使臣名义的? 他那些装束凭证从哪里得来的? 大臣们只是碍于皇上的威严才没敢再提,但他一定要彻底查清事情真相。

虽然刘秀命在场的大臣严禁谈论这件事,但消息还是不胫而走,传到了留守在京师的太子、皇子以及后宫的耳朵里。

太子刘强立刻采取行动,一面上奏折向父皇请安,一面在刘秀车驾行进的沿途增补人员加以保护,在刘秀到达京畿之地时,刘强连忙率文武大臣出城跪驾迎接。

当刘秀看到跪在队伍最前面的刘强时,不知为什么,他忽然很是反感,丝毫没有感觉出刘强对他这个父皇的关心。或许刘强是太子,对于他所做的每一件事,刘秀都感觉他是建立在名利和功勋之上的,而亲情,则淡漠到次要位置。再往这方面想,刘秀似乎有点讨厌刘强了。不知道是因为他的母亲并非自己最喜欢的阴丽华,还是因为儿子多了,分到他身上的爱自然而然地就少了,总之,刘秀不想再盯着刘强,他看着别处。

刘秀的队伍很快接近跪迎的队伍时,刘强率众高喊:"皇上万岁万岁万万岁,皇上能够平安归来,是上天的旨意,是皇上的福寿无疆,有上天的护驾……"

刘秀对这话不免觉得刺耳了,双目微闭,努力不再听下去了。

车子停了,刘强亲自扶持父皇走下车辇,刘秀有些疲惫,也就不再掩饰自己的情绪,他待理不理刘强,就同其他大臣回宫了。路上刘秀似乎无意中,向随身的侍臣问起,宫中有什么新动向,侍臣忙围在刘秀身边喋喋不休,反倒把太子给晾在一旁。

刘强虽说也感到父皇对自己的冷落,可他是个没什么心计的人,他没想到刘秀是因为反感他而不答理他。他只是觉得,父皇是因为长途奔波,有些劳累罢了。再者刚发生的刘辑事件,摊在谁身上都会心有余悸,难怪父皇会有些反常,刘强并没有因此而想那么多。

回到宫内,气氛渐渐安定下来后,刘强连续几天前去父皇殿内问安,但都被"皇上身体不适免见外人"如此之类的理由拒之门外。此时,刘强心里才开始觉得有些委屈。自己是太子,又怎么会是外人呢? 父皇身体不适,正是需要自己侍奉的时候,怎么连门都不让进? 自己满怀孝心来见父皇,父皇有什么不见之理呢？刘强仔细思索一番，难道父皇是怨自己没能替他率兵打仗？若是自己替父皇去了前线，父皇也就不会遭受刺客惊吓了。父皇难道真的是怨儿子无能吗？

刘强根本不会想到，在刘秀心头，刘辑一事尚未结束，他决心要尽可能追查个一清二楚。

胡思乱想着，刘强在门外徘徊不愿离去，他真想亲自问问父皇，为何父皇对他这般冷淡，父皇如此怪异，究竟是为什么？他甚至想让父皇直接说出来，他到底希望自己能为他承担些什么，然后他才会满意？

而刘秀正倚在宽大的软椅上出神地想，刺客刘辑之所以能够畅通无阻地走到自己身边，就因为他拿着宫中令牌以及宫中黄门所用的物品。而一个刺客怎么会有这些东西呢？另外，事后仔细核对才发现，刘辑手中还真有一封太子亲笔写的奏折，这不与太子刘强有关，又与谁有关呢？这其中周折，谁能解释得清楚。并且，刘辑临死前，高喊对不起皇上，这很明显是指公孙述，那父亲，又指谁呢？这些谜团解不开，刘秀又怎么会轻易释怀呢？

刘强在门外静静地等待了几个时辰，却终究没能得到皇上的召见。无可奈何中，刘强只好去找母后郭皇后，向母亲诉苦，问问母亲是否知道其中缘由。

刘强见了母后，可以畅快地痛诉他的不满与抱怨，而面对父皇则不行，打落牙齿也得和血吞进肚里，这便是皇氏子孙的宿命啊。郭皇后听完儿子的抱怨后，心里闪过这样一个念头，自己也不免替儿子感到委屈，几分抱怨地说："哎，我也不知道为什么，自从你父皇回宫这两三个月以来，我还没能见上他一面，我多次派人去请你父皇临幸，都叫他找各种理由推托了。皇上每天都待在阴贵人那边，两个人好得半步也不离开，娘又能怎么办呢？总不能跑到阴贵人房里去抢你父皇吧？这是皇宫，不是普通百姓家中的妻妾争宠。唉，难怪人家说，家家门前千丈坑，得填平处且填平啊！百姓看皇家的日子好像在天宫，其实一家不知一家的苦啊！"

说完，郭皇后那略显苍老的脸颊滑过两行泪珠，泪珠冲刷着粉脂，留下两道浅红色的痕迹。

刘强看到母亲流了泪，心中不免一酸，也跟着满肚怨气，提高了声音说："娘，你算什么皇后啊，简直就像深处冷宫的妃子。娘，这口气您能忍受得了吗？要不，咱俩找父皇理论去！"

"强儿，你还年轻，正气盛的时候，千万不要信口胡说。现在宫里就好比战场，你争我夺的，尺水狂澜，弄不好一句话就能惹出大祸。再说，娘能怎么办呢？娘虽说是个皇后，可比起那阴贵人在你父皇眼里的地位，娘差得远

了。娘知道，你父皇一直以来就很喜欢阴贵人，这也难怪，人家是原配，比什么都珍贵的。不瞒你说，你父皇原本一心想立阴贵人为皇后的，只是因为你父皇想争取兵力，为娘才成了皇后，可这又是一个怎样的皇后呢？有名无实罢了。其实，这样的皇后，为娘不做也罢，只是念在我强儿现在是太子，我要是不坚持做这个皇后，只怕强儿你的太子地位也难保啊，所以，为娘再受多大的委屈，也都是为强儿你啊。"

"娘，以前我也听说过一点风声，但总不大明了，到底因为什么兵力不兵力的原因？"

"说来话长了。当初，你舅外公真定王刘扬刚刚归附汉室，你父皇为统一大业着想，为了免除后患，拉拢你舅外公，所以才会娶娘，才会立娘为后。"

"原来是这样，那父皇完全没有必要再负阴贵人啊，父皇的目的如今完全达到了，再不用依靠舅外公了，他完全可以为所欲为。那他为什么不立阴贵人的儿子为太子呢？又为什么不情愿地立我为太子？"

"这里面的道道总是越说越多。话又说回来，立我为后还有强儿你的功劳。不管怎么说，你是长子，尽管你父皇对阴贵人有着万千个承诺和万般爱怜，但对祖制却又万般无奈，他还是不得不立我为后，立你为太子。可你舅外公偏偏再生事端，本已有荣华富贵可享，偏要听信隗嚣那等小人之言，起兵叛乱，最后落个兵败被杀的下场，为娘正因为平时不理会朝中事情，只知深处内宫，安分做个妇道人家，这才没牵连到咱们。要不然，为娘还不知道要因为这件事落个什么下场。"说完，郭皇后长叹一声。

第三十六章

郭皇后善心救兄弟　光武帝盛怒意废后

　　郭皇后的一声长叹，将她的万般愁绪都叹了出来，她低着头想自己处境，万般无奈与苦闷，自己虽有皇后的身份，但又有什么用呢？一个女人，重要的不就是丈夫疼爱，子女孝顺嘛。郭皇后想着自己如今的处境，自己男人的心却在另一个女人身上，这怎能让他不叹息。她明知道刘秀与阴贵人情深意重，而且还是患难夫妻，但为了政治的需要，她不得不舍弃自己的幸福，将自己作为政治的交易品，埋葬在政治的牢笼之中。最终导致了她虽有高贵的身份，却得不到自己丈夫一丁点儿的爱抚，每天只能待在深厚的宫苑之中，忍受着寂寞，向自己的儿子诉说衷肠。她将自己全部的希望都放在了自己儿子的身上，指望着终有一天能够母凭子贵，但眼下却……郭皇后想着，想着，泪就不自觉地流下来了，忙用手帕在脸上沾了沾。

　　"娘，正因为您这样的性格，对什么都不闻不问，对什么都不争不抢，任他们恣意在您背后玩阴谋诡计，耍手段。娘，叫我说，阴贵人早晚会骑到我们头上的。如今舅家人在朝中已没有什么权势了，咱们缺少了靠山，更没什么拿得出去的资本。您再看看，那阴家，仅封侯的就有三人，还有其他身为将军什么的，再者说，父皇对阴贵人是万般宠爱，咱们的力量要与阴贵人那边相比，已经没法子对抗了。难免某一天，我们就会被贬斥。娘，所以我想，咱们不能再这样沉默下去了，沉默的结果只有继续被欺负。"

　　"强儿，别说了，娘老了，对一切名利地位都谈不上了，也没那精力去争去抢。娘这一辈子，仅是希望强儿顺顺利利地当着太子，再平安地登上皇位，娘以后享强儿的福就行了。"说完，郭皇后又用手帕擦擦残留的泪痕，是啊，一切都看淡了，就像这脸上的胭脂，泪留过了，胭脂淡了，可淡的结果呢，露出了满脸苍老，权利看淡了，只会遭致被众人踩在脚下的结果，就像满脸的苍老，岁月的痕迹。可是明知道结果，又能怎么样？郭皇后暗暗感叹，真是越聪明越受聪明苦，越糊涂越享糊涂福，一点不假啊。

　　"娘，您说的也未尝没道理。可是就眼下这种情况，我这太子之位哪会坐得稳呢？娘，您知道，父皇现在有十一个儿子，哪一个不对我的太子之位垂涎三尺？特别是阴贵人的儿子刘阳，现在，在父皇眼里，我样样都比不上他。人家长得秀美，说的话处处比我好听，比我会讨好父皇，会笼络朝中大臣，而我呢？在他们看来，简直就一无是处！现在在诸多大臣眼中，我这个太子，样样都比那个刘阳逊色多了。父皇老对我板着阴沉沉的面孔，可对待那个刘阳呢？就大大不同了，总是嬉笑相迎。并且，父皇还老当着刘阳的面训斥我，告诉我要向刘阳学习如何做人。父皇总说刘阳处处都好，什么秀外慧中，什么满腹诗书……叫我说，他就两个字可以概括，马屁。什么秀外慧中，风流偶悦，这只是遗传了她娘的美色，有啥了不起，肚子里满是奸诈的诡计，等哪一天，父皇识破他，一定会后悔莫及，还有满腹诗书，呸，学的都是些见风使舵、拍马屁的烂渣本领。学他什么？我真怀疑父皇的眼光，难道都被那母子俩花言巧语迷惑住了？"

"唉，娘老了，你父皇也老了，娘不可能再学阴贵人那套狐媚的本领去讨好你父亲了，你父皇也许看不大清楚哪些才是真正忠心的人了，当局者迷，也是难免的事。强儿啊，娘一切指望你了，你也别太倔强，索性好好学学那刘阳，讨好你父亲，不管怎么样，也得把太子这个位子坐稳啊，要不……"

郭皇后又一声长叹，叹完之后，觉得身后有些异样，一扭头顿时呆住。

"啊……"呆愣片刻，她惊讶地叫喊一声，差点儿摔倒在地上。见娘神情不对，刘强连忙扭过头，也是大吃一惊。不知道什么时候，刘秀早已站在他们身后。

郭皇后和刘强惊讶了半天，才想起给刘秀下拜施礼。

"免了，免了，你们带有满肚子怨气行礼，朕如何承受得起？你心里满是不情愿，朕心里又何尝愉悦？"

说完，也不理会他们，径直走到台阶上，在座上坐下。

郭皇后有些发颤，扭头瞅一眼门前侍女，轻轻说一句："皇上来了，怎么也不提前通报，让俺们接待不周？！"

"你也不用责怪她，一人难伺两主，朕不让她通报，她自然不敢通报。不过这样岂不更好，否则，朕又怎么能够知道你背后在私下里，如此不辞辛苦地教导皇子？朕真想继续听下去，不知皇后还对哪个妃子的狐媚伎俩看穿了，让朕听听，朕也好长长见识。"

郭皇后听出刘秀在责怪自己，不过确实也怪自己，若不是太大意，和自己儿子说这些私心的话，怎么会不小心被皇上听到。不过，郭皇后也想开了，听到就听到吧，反正憋在自己心里太久了，说出来也好，皇上无意听到更好，免得自己想说也碍于皇上威严不敢乱讲，想到这，郭皇后不免有底气了，便又回了皇上一句:“俗话说得好,柔软莫过溪涧水,到了不平地上也高声。俺们心里不顺畅,说几句贴心话,也没犯什么国法。皇上是不是在南宫待得久了,闷了,想撒气,又不舍得对阴贵人撒气,就跑过来了?有什么气,皇上尽管撒吧,反正这里总是皇上撒气的地方,而南宫却是皇上诉说衷肠的地方。”

刘秀听到平日里不多言语的郭皇后竟然说出这样的话,顿时感觉皇上威严受到侵犯,心里本来就不顺畅,此刻禁不住腾地蹿上一股怒火,狠狠地瞪了他们母子俩一眼。见他们冷着脸,摆出一副穷人肝火旺的势态,火气更大,脸色变得铁青,犹豫着不想说出来的话立刻想也不想地说了出来,猛拍一下身边的桌子,大声吼道:“对,朕就是来撒气的,不仅是撒撒气就了事,而且还要动真格的,朕已经决定了,废了你这个皇后之位!”

这话似乎早有预感,但毕竟那只是想想,似乎很遥远的事情。如今亲口从刘秀嘴里说出来,那就非同小可了。郭皇后和刘强不约而同地打了个冷颤,最怕发生的事情终于要发生了,而且这么突然,没有一点心理准备。自己这几年来之所以畏畏缩缩地活着,还不就是为了保住这个地位吗?而如今,听刘秀亲口说要废掉自己的皇后之位,说得那么绝情,没有半点商量的余地。当初你危难的时候,怎么没提到会有今天?

千万心绪顷刻涌上心头,郭皇后恐惧中夹杂着委屈,扑通跪倒在地上哭诉着说:“皇上,求求你,别这么狠心对我,皇上千万别吓唬俺娘们儿。皇上知道,奴婢一向不问政事,谨遵妇道,深居内宫,安守本分,没有做过一件对不起皇上的事。这个不用说,皇上也知道。就是今天,奴婢虽然说了一些不该说的话,奴婢也承认奴婢确实是有些嫉妒阴贵人,嫉妒她拥有皇上的宠幸,嫉妒她拥有美丽的容貌,但皇上应该明白,这些都是出自奴婢对皇上深深的思慕。况且,奴婢只是心里嫉妒,嘴上说说而已,并没做出一件对不起她和皇上的事情啊……”

“好了,好了,别装委屈了,你看看这是什么?!”听她絮絮叨叨诉说起来没完没了,皱紧了眉头,显然没耐心再听下去。挪动一下身子,说着刘秀把一份太子亲笔写的奏折扔在郭皇后身边的地上。郭皇后不知道什么事情,战兢兢地拾起,没顾上拆开,先满脸惊奇地问一句:“皇上,这……这是什么?”

“这是什么?!你是真糊涂还是装糊涂?它怎么会落在那个刺客刘辑的手上,你能不能给朕解释一下……你们见朕平安归来,是不是还不高兴了?是不是失望了?”

虽然还没弄清楚到底怎么回事,皇上怎么会把自己和刺客联系在一起?

但不管怎么说,既然皇上把自己和刺客联系在一起,肯定不是空穴来风。若这事解释不清,那可是万劫不复的罪责呀!皇后和太子的位置能不能保住暂且放在一边,单是性命……郭皇后和刘强略微一想,立刻不寒而栗,一起伏在地上齐声高呼:"冤枉啊,冤枉啊!皇上怎么说出这种话?自古血浓于水,都是自家亲骨肉,怎么会和刺客联系在一起,俺们又怎么会对皇上心怀叵测?!皇上,一定是……"

"哼,别说了,谁都不傻,这些道理谁都会说。你们说血浓于水,但事实却重于泰山!你们仔细看看,罪证全都在这里,你们还想说什么?皇后,你能否给朕解释一下,叛贼刘扬当年满门抄斩,为何还留下一个活在人世?!"

郭皇后一下子便明白了事情的缘由。顿时脸色变得煞白,一下子瘫坐在地上,折子从她手中滑落到地上,全身瘫软。努力平稳一下,郭皇后努力振作起精神,抬起恐慌的脸问刘秀:"皇上,皇上是说,难道刺客真的是他?"

"不是他,那就是你派的人了?!"刘秀黑着脸没好气地反问一句。

郭皇后彻底绝望了,整个人崩溃下来,浑身颤抖着说不出话,过了许久才嘶哑地哭诉道:"刘豹啊,你当初怎么说的,怎么如此忘恩负义,你为了自己,却为什么要这样狠命置俺娘俩于死地?!我好心劝你……"

哭诉几句,郭皇后忽然回过神来,知道眼下不是后悔的时候,应该赶紧想办法应付就要降临的大祸。她挪动双膝,爬到台阶下,伸手拉住刘秀的袍摆,泣声哀哀地变了腔调说:"皇上,皇上,臣妾知道自己犯了大错,皇后之荣是再也无法享受了,妾愿意接受任何惩罚,哪怕让我去死,臣妾也没什么可说的。可臣妾只想求皇上一件事,皇上一定要答应。强儿根本不知道这件事,这全是我一个人做的,请皇上千万不要把这件事迁怒到他身上,强儿是个老实孩子,对待皇上从不藏半点奸邪。请皇上千万不要废掉他的太子之位,看在我们夫妻多年的情分上……皇上,太子是国家的根本,没有不可饶恕的大错,是变更不得的啊,皇上……求求你,求求你,为了强儿,我做什么都可……"

语无伦次地说着,郭皇后痛哭流涕,一手拉扯住刘秀的袍摆,一手后悔莫及地在地上乱抓乱拍。后宫之主的尊贵和矜持顷刻威风扫地,转眼间,狼狈得就像一个弃妇,披头散发,老泪纵横,哆嗦着伏在地下,好像一堆破布。

刘强看到母亲这副模样,心中大为不忍,也跪着挪动到母后身边,哭诉着说道:"父皇,儿臣虽然不知道母后做了什么对不起父皇的事情,但母后的为人,父皇总应该相信,不管有什么不对,可总归罪不至死吧?请父皇原谅母后这一次,母后的过错就让儿臣承担好了,父皇,求您原谅母后……"

刘强一边哭诉着一边拉住郭皇后,扶直了她的身体:"母后,您受的委屈太多了。以后不要为了孩儿这么作践自己。孩儿知道,娘嫉妒阴贵人;想办法争夺父皇宠爱,去争求那些名利地位,并非出自母后的本心,全是为了孩儿着想。可孩儿怎么会忍心让母后承担这么多苦楚,就算我拥有了太子之位可是对母后没尽到孝道,又怎么能服众呢?再说了,母以子荣,子以母贵,一切都不要说了,母后,孩儿只希望母后平安就好了。父皇,母后真的没有什么大罪过呀,一切都是误会……"

刘秀满腹怨恨而来,可看到这对抱头哭泣的母子,虽说对郭皇后的感情并没有那么刻骨铭心,但她毕竟也是自己几个儿子的母亲,和她一同走过了自己人生的重要阶段。刘强呢,毕竟是自己的亲生儿子,况且从内心里来讲,这孩子也并没什么不好,老实忠厚,对自己还算孝敬。刘秀来回想想,本来准备好的一席话,又说不出口了,只好转过脸去轻轻叹息一下,挥挥衣袖,默默地走了。

刘秀走后,侍女们急忙扶起郭皇后,服侍她躺在床上,刘强呆坐在床前,一直没有离去,他挖空脑筋琢磨刚才突然而至的变化,但总也理不出个头绪。待郭皇后情绪稍微平静下来,刘强欠着身子,迫不及待地问道:"娘,这到底是怎么回事,那个刘辑和咱们真有什么关系吗?"

"唉,造孽呀。强儿,所谓的刘辑,就是刘豹,你舅外公刘扬的小儿子。"

"啊?!娘,怎么会是这样?舅外公不是被满门抄斩了吗?"

"唉……这都是为娘一时心软,欠下的糊涂账啊!"郭皇后说着冲床边两个宫女使一下眼色,她们立刻知趣地退到门外。

郭皇后这才讲起压在心底的一桩往事:"当初你舅外公虽说答应你父皇,归附于汉军,但是凭他的性格,平日作威作福惯了,又怎么会就这样甘心委身于你父皇权势之下? 你父皇其实也知道你舅外公不会这么轻易顺从。于是,大局定下来后,就把他调派到东郡任太守。可谁知你舅外公到东郡后,就受到隗嚣挑唆,称帝之心顿生。在你父皇西征之际,响应隗嚣起兵叛乱。他也不想想,如今天下局势已经稳定下来,凭他那点力量,能翻了天吗?也是人被名利牵,神魂都颠倒呀! 你父皇闻讯后,亲自领兵东征,没费多大劲就把他给打败了,并且要下令对你舅外公家满门抄斩。娘也是一心为娘家人着想,娘不能眼睁睁地看着你外公家就此绝后! 娘知道你父皇性格,他虽外表宽和,但对待异己的人,却决不会手软,肯定不会因为这层亲戚关系而给你舅外公留下一点骨血,以免后人记恨在心,将来东山再起,再次叛乱。于是,娘就只好冒险,背着你父皇从狱中救出你舅父的小儿子刘豹,也就是那个刺客刘辑。当时在刑场上的'刘豹',只不过是和他长得挺像的一个死囚。我也担心这件事迟早会暴露,于是便让他扮作太监模样,在后宫做些杂务。可没想到,刘豹不听从我的劝告,暗暗把仇恨记在心里,伺机要为家人报仇。这次他不知怎么竟和公孙述的人勾搭起来,做出这样祸灭九族的事。他做下这样的事不要紧,反正你舅外公家就他一个人了,死了一百了。可他却从没替咱们想想,他这样做,咱们会落得个什么下场。唉,这个刘豹呀,你安分守己延续下去自家的血脉也就是了。咳!没想到为娘搬起石头砸了自己的脚,害得我皇后位子保不住,这还是小事,害得我强儿跟着遭罪……"说着郭皇后又忍不住捂住脸抽咽起来。

刘豹看到父兄全家二百多人被杀,郭皇后把他救出来后,他躲在房里偷偷哭了一整夜。自那之后,他几次曾试图刺杀刘秀,都没有找到合适的机会。后来刘豹明白过来,仅靠自己的力量是不够的,于是,他只能趁出官的机会在江湖上寻找一些懂得拳脚并对刘秀政权不满的豪强侠客,希望他们能协助自己一举成功,以雪灭门之恨。碰巧的是,公孙述也正派人潜入洛阳,寻找帮手,企图混进皇宫刺杀刘秀。一个偶然的机会,以前联络的豪强把公孙述派来的人介绍给刘豹,刘豹想着有公孙述的帮助,自己就更有信心,行事更有把握。而公孙述派来的使者此刻没想到皇宫里还有这样的人,也暗暗惊喜,毕竟刘豹混在皇宫内部,容易下手。

刘豹原本没计划如此唐突地实行刺杀事件,可谁知,刘秀率兵西征节节胜利,眼看快要端下成都老巢了。公孙述着急了,传下命令,让刘豹即刻动手,并许下许多好处。刘豹只好匆忙前去广都,冒充太子特使接近刘秀。结果计划不够缜密,让吴汉看出破绽。他的金牌是在宫中窃取的,奏折等物是在太子内室窃取的。

而这些,郭皇后如何能想得到呢?她只能自认命苦。"强儿,这真是闭门家中坐,祸从天上来呀,时运如此,事到如今,为娘的也只好认命了。"末了郭皇后拉住刘强的手,颤巍巍地说。

第二天早朝,满朝文武百官都已到齐,刘秀在御案后边坐稳,刚刚把昨天的事情说个大概,提出要废掉皇后的想法。大臣们便争先恐后地走出班外争相发言。

"启禀皇上,臣以为不可废弃郭皇后。皇后乃是一国之母,岂可轻易废弃?自古废后废太子乃国家大不幸,非万不得已才可施行。请皇上三思慎行。"

"启禀皇上,臣不以为然。郭皇后论说起来,根本就不应该立为皇后。当初只是迫于无奈,不得已而为之。如今后患已除,当然应该废后。再者说,郭皇后因为私情,竟敢违抗皇上圣命,私自留下一个祸根,差点儿给国家造成大不幸,继续留下这样的人做国母,岂能服众?"

另外还有人站在大殿中央,高声大气发表见解。

"皇上欲废皇后,此言甚不妥当。郭皇后正是因为有一颗妇人之心,才犯了这等错误,可她万万不会想到刘豹会做出如此大逆不道之事。这些事情谁也无法预见,为此而归罪皇后一人,有失公平。从平日里来看,郭皇后谨谨慎慎在官内料理后宫之事,可谓人人称颂,再者说,废弃她的皇后之位,那么又有谁能够胜任呢?"

"启禀皇上,臣以为应该废黜郭皇后的皇后之位。至于新皇后人选,阴贵人自可胜任。皇上与阴贵人天生龙凤,原本就应该立后,只是由于某种原因,未能实现,正好如今郭皇后铸成如此大错,臣以为不可轻易赦免。废旧立新,乃苍天有意安排。"

"皇上……"

"不要说了!"刘秀摆摆手打断他们,让他们退回班中,显得很不耐烦。

大臣们也都知趣地退下,低了头不再说话。很显然,朝中大臣对于此事已经分两派,一派以阴氏家族为首,抓住这个千载难逢的机会,极力主张废黜郭圣通的皇后之位。另一派是以朝中公正大臣和郭家以前旧部为主,他们反对废黜郭圣通皇后之位。不用问,凭知觉他们就猜测出来,他们认为皇上之所以要废黜郭圣通的皇后地位,毫无疑问是阴丽华唆使的。阴丽华一直以来就觊觎着皇后之位,这是很多大臣都心知肚明的。并且很多人还知道,阴丽华的野心岂止是自己要登上皇后的位置,她还要努力让她的儿子刘阳登上太子之位呢,登上皇后之位只不过是她计划的第一步。从另一方面来讲,皇上也早有立她为后的决心。如今,如果大臣不加以制止,让皇上明白阴丽华的"良苦用心"。一旦她的阴谋得逞,朝堂公正又在哪里? 特别是郭家旧部,他们更不能容忍这样的事情发生,否则他们就更难以在朝廷立足。

就这样,反对罢黜皇后的臣僚迅速团结在一起,他们接连呈书,有条件的还当面劝谏。是否罢黜皇后的议论越来越激烈,影响面也越来越大。大将军刘隆从西域传来折子;河南郡守郭伋冒着抗旨的罪名,上书反对废后;光禄勋郭宪身为郭皇后族弟,更是反对。就连刘秀的姐夫也站在郭皇后这一边,大司徒韩歆与太子刘强关系密切,自是强烈反对废后。

刘秀原本以为轻而易举就能完成废后之事,没想到竟有这么强大的反对势力,这让他始料不及,原本坚定的心渐渐犹豫起来。

一连几天,心情分外沉闷,刘秀不自觉地又来到了南官。阴丽华一见刘秀,没有像往常热情地上前迎接,反而扭身走进内室,坐在床边,撅着嘴巴不吭声。刘秀明白她的心思,在心里苦笑一下,跟着进来,坐在阴丽华的对面。

只见阴丽华脸色阴沉，开始密云布雨，稍顿片刻，见刘秀沉默着并没有过来安慰自己，慢慢滑下两行委屈的泪水，嘴里嘟哝着说道："哼，到现在，皇上还在维护她，根本就没把我放在眼里。"

"丽华，你这话就说差了，朕若是不在乎你，这满宫满朝的人，还有谁值得朕在乎呢？"说着，刘秀凑上前来，心疼地擦着阴丽华仍红润如初的双颊。

"说得好听，既然只在乎我，那么十七八年了，怎么还不立我为后？若是以前，说是没机会，也就罢了。可是如今，姓郭的犯下如此大错，违抗圣命不说，还险些酿成大祸，想起来就叫人后怕。皇上仍然庇护着她，皇上自己说，我还能相信皇上平日里说的话是真心的吗？我知道，一定是人家在皇上跟前哭诉求饶了。那又怎么样？常言说，小人以泣售奸，妇人以泪示爱。皇上一见人家掉下金豆子，就什么都忘了。"

"唉，丽华有所不知，朕一直就想废黜她，实现当初的诺言，让你堂堂正正地成为大汉江山的皇后。可是朝廷当中，各种人事关系错综复杂，并非想象的那么简单。如今反对废黜皇后的人越来越多，朕虽然是皇帝，也不能不管那些大臣的意见而擅自做出决定。如今统一大业刚刚结束，许多战事还余音未绝。擅作主张，往往会引起很严重的后果，你是个明大义的女子，这些道理应该能明白。比如说，天下刚安定下来，朕就急于进行度田之事，结果怎么样，度田进行得相当艰难，不少地方为此还起了争端。如果废后一事不谨慎解决，万一地方再发动叛乱，许多勉强压抑住的矛盾乘机爆发出来，不好收拾啊！"

"好了，好了，别说了，你当皇帝苦，我当贵人就享福？反正你总是有道理，人家说不过你，听你的还不行吗？"说着，阴丽华伏在刘秀的肩上，满脸委屈，又满心欢喜，破涕为笑。

刘秀宽慰地轻轻拍着阴丽华的后背："到底还是患难夫妻，心总是相通的。"说着刘秀把阴丽华扳过来，盯住她依旧娇媚的面孔，柔声说，"郭皇后这次因为包庇行刺一事，不管有千万种理由，已经无法脱罪，她的皇后之位早晚要被罢黜的。你不要心急，这十八年都过来了，还在乎一时半刻吗？再说了，不是皇后，可朕喜欢你的心，你是明白的，你就不用考虑那么多，该干什么就干什么。"

"皇上不说我倒真给忘了，皇上说过，平定叛乱就立我为后。可平定叛乱了，又因为种种原因而推托，十七八年过去了，臣妾也不想再说那过去的岁月了，只是希望皇上心里时刻想着臣妾就行了。"说完，阴丽华又不禁啜泣起来。

"朕对你许下的承诺怎么会忘记呢？不但当初的许诺没有忘记、就是以前你对朕说的那些话，朕没一天忘记过。记得你告诉过朕，一见钟情只是一朵昙花，患难相处才是一朵铁花，一见钟情只能是昙花一现，患难之交却能使铁树开花。这话说得多好，朕几乎每天都会念叨。虽说十几年过去了，朕还没立你为后，可朕对你的感情不比皇后的地位更重要吗？皇后的地位又怎么会高于你在朕心中的地位呢？好了，丽华，别哭了，朕尽力让你早一天做上皇后，了却你的凤愿。"

阴丽华懂得事情如何恰到好处，也就渐渐停止了哭泣，重新换上一副笑颜，淡妆映衬着笑意，如晚霞映芙蓉，让刘秀立刻联想起当年的新野初见时光。温存几句，阴丽华忽然想到皇上刚才提起的度田事情。灵机一动把身子贴上去轻声说："皇上，臣妾有句话想说，但又不知该不该说。"

"你尽管说来，我们夫妻恩爱，又有什么话不能说呢？"

"臣妾知道自己只是后宫妇道人家，本不该越位谈论政事，可如今，身为皇上的贵人，凡事都该替皇上分忧才是。本着这个念头，臣妾才冒罪说出自己内心的想法，不管是否妥当，臣妾都是为皇上好，别无他意。"

"朕知道，你直言无妨，朕不会怪你的。什么时候学成了这么多礼数？"刘秀心情渐渐好起来，含笑望着阴丽华。

"皇上，您难道没感觉到，你皇帝的威望正逐渐变低，这样下去，只怕有人不把朝廷放在眼里……"阴丽华故意吞吞吐吐。

"你直言就是，朕怎么就没了威信了？"刘秀没想到她说出这种话来，脸色顿时严肃下来，这可是自己最敏感的事情。自己是真正的大汉天子，非刘玄和刘盆子之流可比，皇威自然不能也不容忍受到丝毫侵犯。

"皇上，臣妾虽然从不过问政事，可从人们议论中也了解了一些事情的情况。皇上自实行度田以来已经有两年了，可现在的结果呢？老百姓遭饥饿而死的大有人在，皇上实行度田，本是为穷苦百姓着想，只想把国家土地澄清了，给老百姓减免赋税，同时又不减少国家收入。这个想法当然再好不过。可是，皇上是否知道，真正受到实惠的并不是老百姓，皇上的苦心给奸邪小人钻了空子。那些地方官吏无视皇上的龙威，私自贪污下发于地方救灾的财物。京城某些位极人臣的大员，尚且根本不把皇上的旨意放在眼里，更别说那些身处偏僻郡县，山高皇帝远的地方官吏。至于谁位极人臣，而不把皇上旨意放在眼里，这些大官的名字，臣妾也不便再说，皇上也不必追问，以免有人在背后再说我无故造谣生事，凭空给我加个罪名。远的不说，就拿常常在皇上身边的大司徒来说，皇上早在征战西蜀之际，就命韩歆实行度田，可是，度田之事进行得如何？韩歆在皇上离京之后，他每天都在做什么呢？臣妾偶然中曾听下人们说，韩歆整日与太子饮酒作乐，他不认真执行皇

上所下的诏令,凡事只听从那个太子的,这难道不是弃皇上的威严于不顾吗?如果皇上再任由他张狂,臣妾真担心大权旁落啊。"

阴丽华唠唠叨叨似乎有口无心地说着,眼光很自然地在刘秀脸上一扫,见刘秀面色凝重,似乎若有所思,阴丽华知道刘秀已经开始按照自己的话题反省朝廷里的事情,顿一顿仍如拉家常一般不动声色地说,"韩歆这人很有心计,皇上那么多的儿子,为什么他偏偏和刘强那么要好?难道他俩真的就特别对脾气?不过话又说回来了,刘强是太子嘛,是未来的皇帝。韩歆心里清楚得很,倘若皇上有朝一日归天了,将来大汉天下便是刘强的,所以尽早笼络他,讨好他,以便自己将来仕途发达。这就叫饱时一斗,饿时一口,未雨绸缪。用他们文绉绉的话说,就是不弄技巧,以拙为进。不过大臣里边和韩歆一样聪明的,大有人在。除他之外,还有一些开国功臣,他们这些人凭借自己德高望重,骄奢淫逸,在其位而不谋其职,什么时候又认真执行过皇上所下的命令呢?皇上,你睁开眼睛,仔细……"

刘秀听到这里,句句敲打在自己软肋上,已是火冒三丈,霍然站起身来,铁青着脸重重哼一声,目光如两道利剑四下扫射。阴丽华心里一松,表面上却吓得打了个冷战。还没等再说什么,刘秀已经甩袖离开南宫,登登地大步走出门去。望着刘秀怒气冲冲的背影,阴丽华脸上泛起一阵诡秘的笑容,长吁一口气精疲力竭地倒在软榻上。

刘秀本来最讨厌后宫妇女谈论政事,她们每次一提到朝廷的事务,不管是对是错,刘秀总不等她们说下去,便大加呵斥。可是这一次怪了,刘秀觉得自己非但没有责怪阴丽华掺和朝廷事务的意思,还把她的话句句记进心里。他不知道,这正是阴丽华苦心琢磨出来的一番说辞。她知道刘秀是个强人,强人自然有许多刀枪不入的地方,但也必然有许多比平常人更加软弱的死穴。阴丽华正是把握住了这一点。

作为强者,作为一个亲手争夺来天下的皇帝,刘秀听到有人对自己不尊,有人甚至在等待自己死了后大展拳脚。他无法不承认自己的自尊心受到了伤害。皇帝的威严有所践踏,哪怕只是轻微的,也决不能容忍。

气呼呼地走到殿外游廊上,想起刚才阴丽华说到的韩歆,刘秀更是火冒三丈。原本一心想依靠韩歆把度田这件大事成功解决了,让万民称颂自己是高祖复出的英明天子。可是如今,度田之事一拖再拖,究其原因,难道真就是韩歆等人故意不执行朕的命令吗?

刘秀不禁想起早在征战西蜀之前,自己就曾问过韩歆关于度田之事的想法。

关于度田政策,是刘秀根据当前各地实际状况而制定的。王莽篡汉前后的争战,促成了众多的豪强地主。这些地方豪强大都有自己的庄园,他们利用在地方上的势力,不断进行土地兼并。几年下来,贫苦百姓的大部分土地,都通过各种方法合并到他们手中。失去土地的百姓无法生活,不得不流离失所。另外许多失去土地的百姓舍不得背井离乡,不得不耕作于庄园里的土地,成了他们的佣人农奴。在这样的情况下,奴隶买卖日益猖狂,豪强地主势力日渐庞大,他们不但拥有大量土地田产和农奴,还拥有相当数量的家兵。他们聘请教头,舞刀弄枪,俨然成了一个个土皇帝,地方官府都不敢过问。更严重的是,许多豪强地主利用财势,与朝中大臣有着千丝万缕的关系。另外,许多朝中贵族和皇亲国戚本身就是豪强地主出身,他们在地方上发起威风来,更是肆无忌惮。

针对这样的情况,刘秀认为度田制度必须实行,这样不仅可以打击敌方的官员酷吏,还能加强自己的统治,稳固朝廷在百姓心中的地位。刘秀认为这项制度是利国利民的好事,该制度一旦取得成功,天下统一的目标也就指日可待。老百姓有了自己的土地,自然能够安居乐业,岂不天下乐哉?但就是这样一个小小的制度却实施不了,这让刘秀不免感到有些烦躁。

第三十六章　郭皇后善心救兄弟　光武帝盛怒意废后

第三十七章

下决心实施度田制　宫廷之争丽华为后

那日,刘秀正在看一份度田制的奏折,内容是百姓因反对而发生暴乱。刘秀很不理解,他认为自己实行度田政策,就是想为百姓着想,将他们现有的土地重新丈量,并且核实各地庄园所占的土地,这样那些多占土地的人就要将多出的部分发给那些没有田地的百姓。按理来说,占地最多的人应该是那些豪强庄园主,所以他们应该是有所怨言的一方啊,而普通百姓长期受到欺压,此时终于可以重新划分土地,应该雀跃欢呼,歌功颂德才是,为什么百姓却成为反对的一方呢? 就在光武帝大惑不解的时候,看到了大司徒韩歆侍立在旁边,于是招招手让韩歆靠近些,询问其中原因。

韩歆想了想拱手说:"皇上实行度田,意图造福普天下的百姓,实为明智之举,臣自然万分支持度田。但是臣也不太清楚,为什么百姓会反对度田呢? 也许正如豪强地主一样,度田制度有些危及他们的切身利益吧?"

"朕丈量土地分给百姓,这怎么会是危害他们的利益呢? 一派胡言!"刘秀很是气恼,顺手又拿起奏折扬了扬,接着说,"孔子不是说过吗,他最厌恶那些自己不想做什么事情,还不明说,总要找个借口。朕也是如此,最讨厌一些大臣,明明是自己对度田一事不满,但又不敢公然与朕作对,只得借百姓之口达到了自己的目的。"

"皇上,请皇上明示……"

"不要说了,不要说了,你们总有分辩的理由,朕不想和你们打这些无谓的嘴上官司,朕累了,你们退下罢。"

韩歆退下之后,刘秀把奏折在手中掂量掂量,感觉心里有个谜团怎么也解不开,暗自思忖,看来度田一事难以执行啊。这不是让地方官员供奉一点孝敬银子,送上来后就完事,而且还能借机攀附上朝廷,为以后升官铺路。反正那些银子是搜刮百姓的,借花献佛,谁不乐意做? 而度田,是要危害到他们自己切身利益的,而且一危害就是他们几年几十年甚至几代人的利益。他们不惜撕破脸皮表示反对,也是可以理解的。正因为如此,度田要想彻底成功,就不得不得罪更多的大臣。而百姓现在手里没有土地,只能凭借豪强地主的土地生活,他们又怎敢公开欢迎度田呢?所谓的百姓反对度田,大半是豪强地主和地方官员的挟持,他们人在屋檐下,不得不违心地替人家说话。可是他们想过没有,这样替人家说话,就混淆了视听,反倒让自己能得到的利益给拱手丧失了。唉,可怜哪!刘秀不由长叹一声。

从阴丽华的南宫出来,刘秀理了理头绪,就已经下定了决心,要动真格的了。此刻正是上朝时分,刘秀坐在宣德殿里,召集文武百官。看看众人都到齐了,个个眼光游离,似乎正揣摩着自己的心思。刘秀在心里冷笑一声,不管你们再会卖弄乖巧,这次我是铁了心,一定要把度田这件事进行到底,你们不是找出各种借口推三阻四吗,现在我就给你们来个杀一儆百,杀个鸡给猴看,让你们这些猢狲知道朕的朝廷不是刘玄和刘盆子之流,朕要重树皇上的威严!

大殿内寂静得令人有些窒息。刘秀端坐在御案后边,心里思谋着如何把这场戏给唱好,表面上却似乎是在闭目养神,半晌都没开口说话的意思。大臣们互相对视,偶尔交口低声议论一句,都在猜测着皇上一向痛快,快人快语,今天怎么啦,葫芦里到底装的什么药,是好事还是坏事。不过看他情形,大概凶多吉少。

寂静的大殿开始有点骚动,嗡嗡嘤嘤的议论声此起彼伏。再过一会儿,刘秀终于开口了,声音出奇地平静:"大司徒,朕问问你,度田之事进行得如何?"

这话都问过不止一次了,韩歆并没有太在意,他想,皇上可能只是随便问问,作为上朝议事的一个开场白,根本不会真正刨根问底,于是便上前一步,轻巧地说:"启禀皇上,以臣之见,度田之策还是暂停施行的好。臣看到许多地方官员递上来的实施情况,都不大理想。他们说,立刻全面实行度田,似乎不大符合我大汉长期以来的习惯。自从高祖创下汉室江山,分封裂土,就渐渐形成了个不成文的规矩。土地成了地方士绅们财富与地位的象征,大臣们尚且不说,就是地方上的豪强和庄园主,他们出人出力,跟随皇上拼杀战场,用血汗赢来了这大片土地,理所当然,他们认为自己应该跟随皇上享受荣华富贵,为何又要把土地分给那些百姓?他们实在想不通,自然会产生抵触情绪。再者说,那些原本应成为战俘的贱民,当地士绅也用宽容之心对待他们,让他们在庄园内的土地上劳作,以此赖以生存。大家互相依存,这似乎是上天所注定的自然而成尊卑,人人安居乐业,也就罢了,因此他们对度田都心存疑虑,不知道皇上又为何要极力改变现成的模式?正因为有这些原因,臣认为,度田实行不是特别尽如人意,有些事情还需要慢慢解决……"

听他越说越多,简直是滔滔不绝起来,刘秀胸中的怒气也一点一点地膨胀,终于忍不住使劲敲敲御案打断他,高声怒斥道:"好了,好了,巧言令色,最让人生厌!什么乱七八糟的言论,朕不想听你那些三天三夜也讲不完的理由。朕只是问你,朕命你负责实行度田,你为何不执行?为何迟迟执行不下去?为何造福万民的好事,总让你们这些人一再拖延?!若是执行有难度,具体难在何处,朕为何没听你说起过?!"

见刘秀发怒,而且比平常怒气更大,韩歆不知道自己说错了什么话,也不知道皇上的气是不是冲自己而发,一时语塞,不知说什么好,于是糊里糊涂地搪塞说:"陛下……臣觉得皇上自从完成统一大业后,身心疲惫,并且还要御驾亲征,实在太劳累,为了不至于让皇上过于劳心费神,所以……所以臣没敢打扰皇上,只是与太子殿下商讨了此事的一些具体细节,该怎样做的,就径自做了……"

"韩歆说的,果真如此?!"刘秀目光一闪,盯向站在身边的刘强。

刘强自从前天和刘秀在母后宫里见过不愉快的一面后,沉闷了许多,也战战兢兢了许多,他听韩歆如此说,来不及多想,忙躬身赶紧应答一句:"是这样的,父皇。"

见太子发了话,有几位反对度田的大臣便也大着胆子出班说道:"恳请皇上,地方上群议汹汹,继续实行度田一事,只怕……"

"只怕什么?!"刘秀大声喊道。

有莽撞些的没看清刘秀脸色,没注意到大殿上不同以往的气氛,顺口回答说:"只怕会激起民变,再度引起天下大乱。"

啪的一声脆响,刘秀猛一拍桌子,腾地站了起来,宽大的御案猛地一哆嗦,龙袍一角打在御案一角的高脚笔筒上,趔趄一下,哐啷掉在地上,摔了个粉身碎骨。破裂声轰然巨响,闷雷一般炸开,仿佛整个大殿都在回荡。所有人都不禁打个冷战,悄悄缩起了脖子,再不敢出声。

有黄门郎赶忙上来,要收拾碎片,刘秀沉着脸摆摆手,叫他们别在眼前碍事。然后挺直了胸膛,看着刚才那几个趁乱进言的大臣,大声下令说:"花若不损,蜜不得成,连普通百姓都懂得这个简单道理,偏你们堂堂朝臣就成了呆子!每实行一条制度,总会损害一些人的利益,总会有人反对,这都是自然至极的事情。难道因为一伸腿一动脚而有人反对,就蜷缩起来什么都不干了?!你们身为朝廷倚重的大臣,纠缠于一小撮人的利益不放,缩手缩脚,百姓指望你们办事,早就饿死几回了!朕若一味依赖你们,大汉江山真的就要再度大乱了!国以民为本,民以谷为命,而你们,却全然不懂!不是不懂,朕看你们是有意装着不懂! 韩歆,你身为大司徒,却抗旨不遵,办事拖拖拉拉,有损朝廷威严,朕今天就革去你大司徒之职,贬为庶民,永不录用! 此外,骠骑将军杜藏、建义大将军朱祐、虎牙大将军盖延,尚书令侯霸,这四人罚俸一年,官降一等!"

见自己发布这道旨意时,许多人怕冷似的缩了缩身子,刘秀知道这下终于让他们明白了,天威不可侵犯,要想糊弄朕,不是那么容易的! 刘秀语气稍微缓和一点,但仍是非常严厉:"你们身为朝中大臣,却如此鼠目寸光,无法不令朕不失望。要知道,民是国之根本,民乱,国还能存在吗?! 尔等说起来,都是百姓的父母官,却不思如何为子女着想,一心想着自己贪图享乐,思谋着如何独自享受荣华富贵,这样的父母,称职不称职?! 你们以为身为功臣,就可以眼中无朕,目中无法了? 度田不实行,百姓流离,盗贼又何愁不出现? 天下又何愁不会大乱? 莫非这就是你们所希望的?!"

连珠炮似的说出一大串,刘秀一边狠狠环视四周。大臣们一个个屏气敛息,低下头去不敢朝这边看。

"度田一事必须进行到底,如有违令者,一律当斩!"说完,刘秀甩袖退朝。也不等黄门和宫女们搀扶,脚步通通地走远了。

雷霆之威一浪高过一浪,直到刘秀走开了好大一会儿,朝堂上仍肃穆地鸦雀无声。大臣们似乎还没从噩梦中惊醒过来,一个个目光呆滞,头脑一片空白。以前,他们看到的只是刘秀温和慈祥,好像心胸无边无际,能包容得了世间万物。哪会想到皇上今天如此动怒,又如此对韩歆等交情很深的大臣不留一丝情面。大家倒吸一口冷气的同时,都暗暗对自己说,天威难测,今天算是开眼了。

刘秀一阵大发雷霆,各部官员纷纷行动起来,都赶紧遵诏行事,分工深入到地方上进行度田。被降职的那四名官员也后怕地顺从皇命,比以往什么时候都上心,全国上下都大张旗鼓实行度田。

韩歆因为此事被罢免,而且罢黜得如此绝情,终究心中无法平静,最后竟悬梁自尽。消息传到朝廷,刘秀想起以往开创天下的日夜,不免感到有些内疚,是不是自己有些太过分了? 但他很快否定了自己心中一瞬间的软弱,天子就是大臣的父母,自古没有不是的父母,既然是皇上,做什么都是对的。于是他索性绝情到底,颁布诏旨,因为韩歆是罪臣,其家属不能将其厚葬,只能草草入土了事,算是对他最后的一次惩处。

不过看到全国上下度田进行的很顺利,刘秀意识到自己的怒火并没有白发,对于朝臣,不但要拉,更是要压,便略感欣慰。同时也觉得,还是阴丽华好,不但温柔体贴,还能做个贤内助。这样一想,他便对郭皇后充满同情的同时又充满了厌恶，到底是怎样的一种心情，连自己也说不清。

度田的事情以这种方式大规模地开始，各地传上来的奏折，果然和以前互相推诿不同，都是争相表功，说自己这里进展得如何顺利，由此看来，目前已经不是个事情，可以暂告一段落。

然而，度田风波的余澜未息，紧接着新的事情又提上日程。这天百官上朝奏事时，看刘秀心情不错，盼望阴丽华早日为皇后的一方，再次提出废后的事情。这次出乎很多人意料，刘秀不等众人开始理论，自己带头欣然同意。见皇上明确表了态，那些准备为郭皇后争执一番的大臣，联想起上次简直要冲破大殿屋顶的震怒，立刻气馁，即使想保住郭皇后地位的郭家人，也都学会了见机行事，只怕自己万一哪句话说错，而遭来如韩歆那样的下场。结果这次廷议出奇地顺利，谁也没有任何异议。一件大事就这样轻易地决定下来。

刘强面对这种局面，心里难受却无能为力，只能眼睁睁地看着自己的母后被人挤下皇后的位置。因为上次刺客事件和度田这件事情上，自己的作为已经令父皇大为不满，如果自己这次再贸然违抗旨意，孤身替母亲求情，非但于事无补，只怕只有招来自己被废太子之位这样的结果。

眼花缭乱的争斗胜负终于分明，一切结局似乎早已注定，阴丽华无可置疑地坐上皇后的宝座。十八年的愿望和期待，终于变成了现实。

南宫内，阴丽华刚刚午休起来，懒散地坐在躺椅上，观赏窗外的花木葱茏，倾听小鸟的鸣叫，心里很是舒畅。自己多年的凤愿终于实现了，内心的喜悦无法表达，她忽然想笑，却又笑不起来。她想起新野的时光，想起刘秀在宛城在洛阳忍辱负重的时候，那时怎么会想到真的还能熬到今天？越是想到过去，就越感到如今的美好，诸多感慨也油然而生。

正在思绪万千的时候，刘阳进来给母亲问安。阴丽华看着比自己要高出一头的刘阳，忽然心头突地一动，感到了自己的幸福其实还有一个重要的缺憾，那就是自己的儿子刘阳还未登上太子的宝座。而刘阳能不能登上太子宝座，直接关系到自己眼下的幸福是不是能长久。母子本为一体，两个人的幸福其实就是一回事。不过，对于刘阳登上太子宝座这个问题，因为有了初战告捷的兴奋和经验，阴丽华早已胸有成竹，脸上又多了一丝笑意。

"孩儿来给母后请安，恭喜母后。"刘阳白皙的面孔上洋溢着英俊的年轻气息，口齿伶俐地说着躬身施礼。

阴丽华从躺椅上欠起身，伸出纤纤细手拉住刘阳，让他坐在自己身边，掩饰不住疼爱地说："我儿快快过来，让娘好好看看你。娘往后成了皇后，你在你父皇跟前说话的机会就更多了，你要多长个心眼，别和那边的呆子一样,要和娘一样,是自己的就抓在手里。"

刘阳一向乖巧,自然知道阴丽华话里的含义,不过她没挑明,刘阳也就不主动提起,只是认真地点点头。

见刘阳没说话,阴丽华怕他没听懂,索性明白地问:"阳儿,你愿意做太子吗?"

"母后,这事怎敢乱说?"刘阳警惕地看看窗外。

"这南宫内殿就你我母子两人,咱娘俩说几句贴己话,有什么害怕的,想什么尽管说就是。"阴丽华有意提高点声音,给刘阳壮胆。

"母后,且不说孩儿想不想当太子,所谓先入为主,现在刘强是太子,他如果不犯什么大错,父皇是万万不会轻易废掉他的太子之位的。废黜皇后就已经吵闹得沸沸扬扬,若是再闹着废太子,父皇他……"刘阳皱了皱眉头,不无担心又有几分绝望地说。

"阳儿,什么先入为主,不是还有后来居上吗?刘强生性憨厚,天生就不是治国做君王的材料,就是皇位落到他手里,他也驾驭不了。而你就不同了,知子莫若母,你从小就行事思虑缜密,又读过兵书,练习过武艺,文治自然不在话下,就是将来需要,御驾亲征,领兵打仗,也毫不含糊。不是母后偏爱我儿,我觉得,阳儿确实比那刘强更适合做太子。你没看出来?你父皇也对你万般疼爱,早有把你立为太子的意思。只是你父皇这人,看重情义,心地又太宽容,都是自己的亲生儿子,他不会明显地表现出偏爱谁。不过,从前娘在新野听当地百姓说过一句话,很有道理,但有路可上,再高人也行。只要有机会,咱就不能错过。机会错过了,受罪时后悔就再也来不及。阳儿,以后在你父皇面前,你不但继续和以前一样嘴巴甜些,更主要的,要尽力表现你治国的才能。另外一些事情,母后自会替你打算,恐怕不久的将来,我儿一定会成为你父皇的太子。"

见阴丽华把话说到这份儿上,刘阳知道事情已经成了十之七八,使劲儿点了点头:"娘,孩儿明白了。"

这天,刘秀召集众大臣在殿内议事,刚在大案后坐定,刘秀便有些着急地开口说:"公孙述旧部、蜀郡守将史歆忽然起兵造反,又有人乘势起哄,贼势迅速连成一片,大有公孙述复生之势。朕派吴汉等人前去镇压,谁想不仅没有取胜,反而为贼兵所逼,节节倒退。你们看,昔日公孙述势力强大的时候,都很快平定,现在江山一统了,倒斗不过几个蟊贼。到底是贼兵势力强大,还是朕手下的大将年老体衰了?!诸位对此有什么见解,倒是说说看。"

见皇上把问题摆出来,群臣开始议论不休,各有说辞,不过大多都赞同重金收买这些叛逆之贼,少动干戈,实行安抚政策。

就在这时,刘阳忽然从人群中站出来,拱一拱手高声说道:"启禀父皇,儿臣以为,各位大臣所言并不切合实际。我大汉统一大业已经顺利完成,如今全国上下,大江南北,民生安乐,万心归一。父皇在百姓心中已圣若神明,正如日在中天。如今史歆带头叛乱,破坏国家安定,其罪极大,罪在不赦!若依了诸位大臣所议,我堂堂大汉朝廷,却要重金收买笼络这帮不成器的小贼。岂不成了笑话?这样只会凭空抬高了蟊贼的身价,助长他们的叛逆气焰,并且会使百姓对父皇的权威产生怀疑。倘若哪里反叛,就给哪里重金,这无异予鼓励刁民为非作歹,是不是会成为刁民的一条生财之道?显而易见,如此做法,对于我大汉王朝的统一稳定极其不利。再者说,重金招抚,多少金合适?那些逆贼的无穷欲望又怎么能满足得了?所以,儿臣认为,必须对他们加以武力征服。不但要征服,而且要严惩不贷,对其他蠢蠢欲动者,起到震慑作用!"

刘阳这话说的铿锵有力,又理由充足,一时把众人噎住,谁也说不出别的话来。刘秀心里暗暗高兴,脸色却很平静,只是微微点了点头,稍候片刻才说:"吾儿说的在理,好,朕就命刘阳率兵征战成都,讨伐逆贼。"

"儿臣遵命!一定不负圣望,早日凯旋!"刘阳又是一抱拳,干脆利落地回答。

第二天,刘阳就率兵讨伐逆贼。到达成都后,刘阳命令将士把叛军包围在成都城内,但没有趁势攻打,而是采用攻心战,促使叛军内部产生分裂,等到叛军内讧起来,一部分人闹着出城另谋发展,刘阳则趁机率众一举进攻,消灭了叛军,取得了胜利,没费多少兵将就平定了成都叛乱。

正如自己当堂许的愿一样,刘阳很快凯旋,觐见皇上。刘秀爱抚地把刘阳拉在身边,欣慰之情再也掩饰不住:"吾儿这次可算立了大功,既没有浪费众多兵力,也没惊动当地百姓,就达到了目的,避免了城中百姓再次遭受战乱之苦。一石三鸟,真是绝妙!吾儿刘阳不愧为大汉栋梁之才啊。倘若你生于为父那个时候,必然也是一代英雄。"

刘强此时正好也站在身边,见父皇只顾大加赞赏刘阳,而完全不顾及自己的感觉,甚至连正眼都没瞧自己一下,心里像打翻了五味瓶,是酸是苦,自己也说不清。想到自己母亲被废掉皇后的名分,想到刚刚被立为后的刘阳的母亲,再看看父皇正大加赞赏的刘阳,是嫉妒,还是羡慕?更多的是一种酸酸的苦。他冥冥中预感到,自己决定何去何从的时候到了。

回到后宫后,刘强照常接受太傅郅恽的教导,听着郅恽之乎者也地吟哦诗文,讲述满口的伦理之学。但他却一句也听不进去,思绪情不自禁地飘向了窗外。

小时候，自己是长子。父皇总是非常疼爱自己。曾记得自己和父皇在花园内玩捉迷藏的游戏。最后自己找不到父皇，看着天上的白云慢慢飘走了，以为它把父皇给带走了，于是便在草地上拼命狂奔，去追赶那片云。

"强儿，强儿……"咦？是父皇的声音。原来父皇还在身边，他兴高采烈地奔向父皇的怀抱。

"父皇，儿臣还认为父皇不要儿臣了。"

"哈哈哈，怎么可能？"父皇捏捏自己的鼻子，抖动着胡须一直笑个不住。

刘强想到这些，沉浸其中，嘴边情不自禁挤出一丝笑意。

"太子，太子……"刘强突然回过神来，他心里不免有些遗憾，郅恽惊散了他的美好回忆，惊散了父皇在他心中最慈爱的一幕。

郅恽似乎看出了刘强的心思，在刘强身边坐下。慢条斯理地说："太子认为能重新得到皇上的赞赏，只是一个普通皇子，但能开开心心地过日子好还是硬着头皮坚持做太子好呢？"

刘强几乎没想，立刻接过话头说："我宁愿能像从前一样，父皇、母后那样疼我，每天平平静静地过日子就足够了，我再不愿做这个太子，凭空招来许多人的嫉妒。自己也整日提心吊胆，世人都说权势好，其实还是平淡逍遥更现实些。"

"那太子既然决定了，为什么还这样使自己痛苦下去呢？"郅恽意味深长地看他一眼。

"太傅的意思是，我主动辞去太子之位？"刘强抻长了脖子。

"我可没这样说，辞不辞全取决于太子。不过太子应该知道，皇上一向仁慈，同样是亲生儿子，他又怎么舍得伤害其中任何一个呢？如果太子主动请辞，这不仅使皇上内心的矛盾得到解脱，再者，皇上知道太子为人忠厚，也会更加厚爱太子的。同时，太子现在主动请辞，总比某一天被废掉要好出许多吧。倘若把握住主动，在百姓心目中，太子刘强便是一个谦虚宽厚、注重兄弟情谊，淡泊名利的好皇子，皇上自然也会比以前更加疼爱太子的。"

刘强听了这一番话，大为感悟。立刻站起身走出门去，临出门时，转身向郅恽深深一揖："多谢太傅教诲！"郅恽看到刘强远去的背影，欣慰地笑了。为官这么多年，经历这么多风雨，他自然深知，皇室内部的争权夺位非常可怕，动辄要以千百人性命为代价。假如谁可以主动让贤，不但对皇室，对天下也是有益无弊。

即使明白这个道理，郅恽也本不愿对太子说这番话，一个臣子掺和到后宫争斗中，那是十分危险不明智的。只是因为前一天，阴丽华忽然召见了他，劝他多规劝一下太子，让他主动让贤。

刘秀传

阴丽华冲郅恽笑笑说:"太傅一心教导太子,委实辛苦了,我也深知太子非常敬重你。所以,我想,太子对你的话应该看重吧。我想让你劝劝太子,让他主动辞去太子之位。你我都明白,皇上一向心慈手软,他不可能也不忍心废除太子之位的。虽然他一直喜欢刘阳,有心要立刘阳为太子,但这话怎么能说出口?所以皇上内心时常很郁闷。咱们就说郭太后吧,她虽然犯了如此大错,那样伤了皇上的心,尽管皇上已下诏废掉她的皇后名分,可总觉得歉疚,随后又封她为中山太后,在宫中,仅次于我。皇上总是这般仁慈,所以他非到不得已,是不忍废掉刘强的太子之位的。所以,咱们都应该想法子帮皇上解除心头的苦闷。我的意思,太傅是聪明人,你明白吧。"

听完阴丽华一番良苦用心的言语,郅恽也深有感悟,他想,刘强若答应主动退让,这种做法对于他来说,也是一种明智的选择,劝说就劝说吧。

从书房出来,刘强径直走向母亲的处所,想告知母后,自己主动让位这个重要决定。

郭后听刘强说完,眼眶里泪水直打转,勉强忍着没流下来,她盯着刘强哽咽着说:"强儿,娘知道,都是娘连累了你,耽误了你的前程。要不是为娘犯下的过错,又怎么会让你心中有这种负罪感,非要自动辞去太子之位呢?"

"娘,别说了,这一切都不是我的错,也不是你的错,我已经想清楚了,不管娘犯不犯错,这个事情迟早是免不了的。有这样一个结局,已经是上天照顾咱们了。当不当太子,对孩儿来说已经不重要,权力,至高无上的权力,又算什么呢?孩儿时常仰望广阔的天地间,那挺直的树木、天空缥缈的云朵……总会给孩儿带来一种心旷神怡的感觉,一切人世间的权力、地位又算得了什么,春梦一场了无痕迹啊!等孩儿随云飘向另一个世界时,孩儿又能带走什么呢?小时候,孩儿就常常担心浮云会带走孩儿的父爱,可如今,浮云没带走,父爱却也同样不在孩儿身边。孩儿只能停下脚步静静地去感受过去生活的美好。如今,唯有孩儿主动从名利场中退出来,父皇也许还会像孩儿小时候一样出现在身边,高喊孩儿的乳名。孩儿还能时常在娘身边撒娇,这才是孩儿所想要的幸福。孩儿想要家族和睦,一家人和和美美地过日子,像普通百姓一样。娘……"

郭后的泪扑簌簌地流了满脸,情不自禁地抱住了刘强,临了,她抚摸着刘强的脸几分可惜地说:"强儿,像你这样忠厚的好孩子,原本就不该出生在帝王家呀!"

第二天早朝上,刘强主动递折子要求让贤,把太子之位让给刘阳。

奏折递上后,百官立刻凑趣地纷纷进言。

"太子深明大义,与皇上父子情深,与皇子兄弟义重,这都是皇上教子有方,无不令臣等佩服!"

"皇上有这样的皇子,是皇室之福,大汉朝之福,也是臣下之福啊,这段佳话定会令后世传诵效仿。

刘秀静静地听着,心里感到十分欣慰,没想到如此一个难题就这样轻易解决了,解决得如此圆满如此不着痕迹,实在有些出乎意料。等歌功颂德声渐渐弱下来时,刘秀顺着众人的意思,也对刘强大加赞赏,这是以前很少有过的现象。只有刘强自己知道,这赞赏的背后,多少人付出了多少心思和泪水。

没过几天,诏书颁布,宣告天下臣民,封刘阳为太子。因为刘阳与反叛的真定王刘扬谐音,为了避免不吉利,刘阳改名为刘庄。

再说严光刚一下船就觉得眼花缭乱,一晃十多年没来洛阳,京师已经大变样。街道变宽了,旧有房舍早被一排簇新的楼阁殿堂所代替,经商做买卖的也较往年不知增添了几倍。就连街上行人的脸也白白胖胖的,很有京城大都市人的派头,街头巷口过去常有的饥民少见了。

严光几乎找不到上次来洛阳小路,心里暗一想:刘三之才不在我下。当初在太学攻读时关于治国方略时常向我讨教,可如今一个是九五之尊的大汉皇帝,一个是浪得虚名的山林隐士。就按隐士的级别而论,大隐隐于朝,中隐隐于市,小隐隐于野。自己在家乡会稽余姚溪畔渔耕垂钓,也能算是小隐了。

严光虽然这么想,也只是即景生情、睹物思人,随便发一些感慨,并没有真的往心里记。落到今天这种地步是他自己的选择,无怨无悔。如果他想做官,不用说台阁郡守,就是一人之下万人之上的"三独坐"也有他的份。

所谓"三独坐",是指尚书令、御史中丞和司隶校尉。尚书令参与国家方针大计的裁决,御史中丞掌管文武百官的升迁,司隶校尉执掌全国的司法、刑狱。在朝会上,只有这三人设有专席并坐,因此人称"三独坐"。当初,光武帝曾三次派人到会稽请他出山辅佐,都被严光谢绝了。

严光穿过得月桥,刚走进仙人街,就看见一堆人围着一个告示议论不休,他也禁不住好奇围了上去,哦,是一张求贤告示,朝廷诏太子傅。

严光心中暗想,当今天下最有资格做太子傅的人除了自己就是张佚与桓荣,二人都为太学博士,就在皇上眼皮底下,刘秀是真的不识人才还是另有所图,这狗屁告示能招到真才实学之人真是天大的笑话。严光正在胡思乱想,猛听旁边一个老者说道:"皇上真会愚弄人,这太子傅早已内定了,还大张旗鼓地对外招贤,略为有见识的也会一笑置之,除非骗一骗傻子白痴或三岁孩童。"

另一个不服气地问道:"皇上招贤公开公平,怎会愚弄人呢? 这可是天子脚下,说话要讲究点分寸,不然惹了杀身之祸还不知怎么死的呢? 常言说'病从手入祸从口出'就是这个道理。"不待老者答话,另一人就讨好老者说:"余大爷的话绝对没错,他女婿就在国舅爷阴识府中当差,消息灵通得很,连皇上的许多活动都事先知道。余大爷,透个风吧,到底内定谁为太子傅?"

老者一听这年轻人的恭维话,得意了,摇了一下手中的芭蕉扇,慢条斯理地说:"算你小子有耳福,大爷我也是昨晚才听女婿说的,让我不能外传,看这里也没有外人,都是街邻,我就告诉你们吧,除了国舅阴大爷,别人谁有这个资格,你们可不能乱说,时候不久就会对外公布的,那时大伙再外传不迟。"

周围几人一致附和:"就是嘛,除了国舅爷谁也没有这个资格。"

严光想笑,心里想:刘三还不至于蠢到这种程度吧,阴识做官兼并土地玩弄女人是好手,让他当太子傅不把太子领到妓院才怪呢?

严光忽然心中一动,甭管太子傅是真心招聘还是已经内定,他想做个恶作剧同刘秀开个玩笑。

严光上前揭下告示,边揭边说:"我千里迢迢赶来就是想试一试能否应聘这太子傅。"

严光刚揭下告示就被两个御林军带走了。严光被带到太学,接待他的正是张佚和桓荣。严光认识这二人,他们却不认识严光,严光笑道:"你们二位才是真正的太子傅呢,我不过是来凑凑热闹的,顺便替二位向皇上引荐一下,也不愧了二位之才。"

张佚见严光傻乎乎的,对朝廷礼节都不懂还想应聘太子傅,觉得可笑,故意说道:"先生来的不凑巧,太子傅已经有了人选,如果先生真想就聘的话,必须由皇上亲自考问。"

严光高兴了,拍手说道:"我正想见一见皇上呢,多年不见也不知圣上可否记得我这个糟老头了。"

桓荣见严光越说越傻,也戏弄说:"你不是说与皇上多年没见面了,可有什么信物,不然,皇上可不是那么随便接见外人的。"

严光摇头:"信物倒没有,但我有诗一首,只要皇上见我的诗一定会召见的。"

严光说着,提笔写下一首诗:

严寒冬日一把火,
子曰诗云全点着。

陵上沽酒盼旧人，

到春开出花千朵。

桓荣哈哈一笑："这也叫诗？只怕皇上从来没读过如此有玄机的诗呢？"

张佚一怔，似乎看出了门道，悚问道："你，你是严子陵老先生？"

一听张佚这么问，桓荣也看出这是一首藏头诗，首字相连恰是"严子陵到"四字。

严光微微一笑："正是村夫严光。"

桓荣忙问道："严老先生真是来应聘太子傅的？你直接去见皇上就行了，何必——"

严光抹一把胡子："二十年前皇上就想让我做太子傅，我都给吓跑了，现在更没有这份雅兴了。"

"那老先生揭告示——"

严光指指二人："我怕皇上不识货委屈了你们二位，特来点拨一下他，也给二位抛砖引玉。"

张佚叹口气说："老先生的好意我们领了，只可惜太子傅早有人选，皇上这样做不过是做给天下读书人看的。"

"莫非真让那白痴阴识做太子傅？"

"老先生也早有耳闻？"

严光不置可否地说："我正是冲着这阴白痴来的，莫非皇上也像我一样老昏头了，我要当面斥责皇上去。"

严光转身就要向外走，张佚急忙拉住严光："老先生留步，你要想见皇上也不难，但不能硬往里闯，那样反而入不了宫，我托人把先生的这首打油诗递入宫中，即使先生不去皇上也会主动召见的。"

果然，三人正在叙谈中，就听门外一声沙哑的吆喝："皇上驾到——"

张佚与桓荣扑通跪下，严光还没来及下跪，光武帝就走进室内，他上前拉着严光的手问道："子陵，什么风把你吹来的，你可是朕请都请不到的贵人啊！为什么不派人捎个口信，朕派车驾去余姚接你？"

"区区草民怎敢劳顿圣驾，何况我这把老骨头也经不起官府车马颠簸，对于官府礼节一窍不通，稍一不慎招惹皇上的什么王侯显贵之人，不用说下狱坐牢，就是一顿小打也要了我这糟老头子的命。哈哈，还是我独自一人步行而来逍遥自在，一路上游山玩水，阅尽人间美色。"

光武帝笑笑："真是江山易改本性难移，子陵兄的脾气仍是一点也没改呀。"

"皇上,我可高攀不起你这位天子兄弟呀,一旦传扬出去,明明是皇上主动向我套近乎,可众人一定认为我严光谄媚皇上,我的声誉却被皇上一声亲昵的称呼给糟踏了。"

光武帝了解严光的脾气,见他又和自己斗嘴,也开玩笑说:"既然子陵怕朕糟踏你的声誉,那朕就向天下发一道谕旨,告知天下是朕有心拉拢会稽名士严子陵,可结果是半夜三更抱石碎滚——一头热,但现在你先陪朕入宫饮酒。"

光武帝也不问严光是否答应,拉着他就向外走。

第三十八章

故人相访为国劝谏　为封禅假意做好梦

光武帝拉着眼光来到宫中,各自在位置上落了座,光武帝便命人准备好了酒菜,两个人边吃边谈。刘秀问严光此次到京是否有什么事情需要禀报,严光没有像其他大臣一样立即倒地跪拜,而是像原来一样,冲着光武帝嘿嘿一笑,说道:"想你了呗。"

"想我?"光武帝很久没有听到这么放肆的话了,不禁哈哈一笑,问道:"想我你为什么不直接进宫,却跑到太学去啦?"

严光见光武帝问道此时,便将自己此番前来的目的说了出来。原来他也是听说了光武帝要为太子选师父一事而来。光武帝一听大喜,有几分不相信地问:"倘若子陵真的愿意走出山林来教导太子,那可是我汉室的洪福,朕立即责令国舅让贤给子陵。"

严光不置可否地问:"外面传言太子傅早已被皇上内定给阴识了,原来真有此事?"

光武帝点点头:"这哪里是朕内定,主要是皇后一手安排的,她对外人教诲太子不放心。当然,只要子陵愿为太子傅,我会责令阴识退让的!"

严光冷冷地反问道:"皇上也认为阴识可以做太子傅!"

光武帝摇摇头:"他那点墨水朕还不清楚,斗大的字不识两筐,让阴识做太子傅不过是给他脸上贴层金。朕想寻找一位德才兼备的人作太子少傅,由他真正负责教诲太子的事。子陵广交天下贤人雅士,可否举荐几位?"

"天下可为太子傅的人比比皆是,仅太学馆内就不乏其人,张佚、桓荣都是德才兼备之人,圣上为何不用,却以招聘的幌子欺骗天下文人学士,而让一个不学无术之人为太子傅呢? 现在皇上寻找人辅导太子,是为大汉刘氏皇室着想? 还是为阴氏外戚着想? 皇上若是为了阴氏外戚,就让阴识为太子傅,若皇上为了刘氏天下着想,就应该任人唯贤。"

严光说到这里,猛地将一樽酒一饮而尽,然后把杯顿在案上,颇为气愤地说:"皇上,你这样做是在断送大汉皇室的天下呀!"

刘秀被严光说得面红耳赤，急忙举酒致谢说："严兄一席话，朕茅塞顿开，不是你提醒朕，朕差点犯了大错，朕敬先生一杯，来，干！"

"这酒我不能喝，我要听听皇上准备如何处理这次太子傅招聘之事？"

刘秀见严光不给他留情面，略显尴尬地说："朕就按严兄举荐，由张佚为太子傅，桓荣为太子少傅，如何？"

严光摇头说道："皇上不要以为我是来为张佚和桓荣做说客的，我以前根本不认识二位，但对二人的才华是有所闻的，但也不能因为我一句话就轻易做出决定，皇上应该继续招聘下去，选贤择能，从中挑出有真才实学而又贤德的人做太子傅，若没有胜过张佚与桓荣的，再抽调二人做太子傅，然后从招聘中挑选一些贤才之人充实太学。"

刘秀连连点头称是，二人一直喝到掌灯时分才罢休，刘秀拉着严光的手说。

"子陵，自长安太学馆一别，你我再也没有同床共枕过，今日我二人就一床共眠，叙叙别后之情，如果你决意不愿留在京师辅助太子，只怕将来再见面的机会不多了，你我都是快六十的人了。"

严光见刘秀说得如此动情，点点头："只要皇上不认为我这草木之身玷污了皇上龙体，恭敬不如从命。"

晚上，二人同床共卧，一直谈到深夜才入睡。

第二天，严光还没起床刘秀就先起身，当服侍太监进来时刘秀已经穿戴整齐，太监怕刘秀怪罪，急忙跪地求饶，刘秀摆摆手："朕出去进行早课，严先生醒来时你服侍他更衣就可以了，不得有半点马虎。"

所谓早课，就是每天早晨起来先打一套长拳，再舞弄几件兵器，或骑马跑上几圈，然后再坐下来读上几篇文章。当然，这必须是不上早朝之时。

刘秀上完早课回到寝宫，严光刚好起来，刘秀上前说道："子陵，朕今日恰好没有什么重要事处理，你陪朕外出狩猎吧？朕好久没有痛痛快快地乐一乐了。"

严光迟疑一下："可是，我不懂狩猎。"

"没关系，只是出去兜兜风，你不懂狩猎可以观看么。"

刘秀命人准备车驾，他和严光同乘一辆车辇，并排而坐，从大街上穿行时引来众人非议。刘秀置若罔闻，严光也泰然处之，直到邙山行猎场，严光才说道："我本来不想同皇上共乘一辇，更不应该并排而坐，但转念一想我必须这样做，只有这样才能进一步树立皇上在百姓心中的地位。"

刘秀笑道："原来子陵效法侯嬴成就魏公子无忌之为，多谢多谢，朕请严兄同车而行只是想重温太学郊游时的放浪形骸劲儿，不受任何君臣之礼的约束,痛痛快快地乐上一乐,想不到子陵在言谈举止上都处处为朕考虑——"

今天,不知是因为有同学相伴,还是因为行猎时有了兴头,总之,刘秀的运气特别好,较往常捕到的猎物特别多,他也特别兴奋,中午又和严光等人在邙山脚下野炊一顿,下午接着行猎,一直打到天色已晚才依依地离开邙山猎场。

当光武帝车驾仪仗回到洛阳西门时,城门已经关闭。刘秀命护驾御林军上前喊门。不久,御林军校尉张宗回来报告说,守门将官拒绝开城门。刘秀见严光正坐在旁边,他觉得很没有面子,生气地斥道:"你为何不说朕在此,急着回宫?"

张宗急忙施礼答道:"回皇上,臣说皇上行猎在此,要他们立即打开城门,可他们推说看不清皇上是否在此,拒绝开门。"

"今日是何人负责驻守西门!"刘秀不满地问道。

"执金吾郅恽。"

刘秀看着严光,迟疑一下说:"朕亲自到城门前让郅恽看个清楚,看他还敢不开城门!"

刘秀命人驱车来到城门前,然后对张宗说:"你去上前喊门,让郅恽看得仔细一些,瞧瞧是不是朕在此!"

张宗上前高声喊道:"郅大人,皇上在此,请你看仔细些,快开门让皇上回宫。"

谁知张宗话音刚落,郅恽就在城上大声说道:"皇上以勤政著称于天下,怎会私自出城行猎呢? 即使偶尔行猎也决不会天晚而归。对于关城门的时辰皇上怎会不知而故意推迟入内呢? 皇上曾经有令,城门一旦关上,除非重大军情,一般不许私开城门。"

张宗急了也大声说道:"皇上就在城下,怎么叫私开城门呢? 郅大人难道敢不奉诏令吗?"

郅恽仍然装糊涂说:"天色已晚,看不清城下是何人,倘若有人冒充皇上来骗开城门,这个罪责何人敢当?"

郅恽的话刘秀听得一清二楚,他铁青着脸对张宗说:"不要再同他多费口舌了,随朕到北门,入城后朕再收拾他!"

刘秀一言不发来到北门,北门守将崔进一听说皇上狩猎归来,急忙打开城门,亲自出城把刘秀迎入城内,刘秀的脸色这才缓和一些,向严光说道:"崔进是朕一手栽培起来的年轻将领,值得信赖,可以大用,而郅恽则自以为有功,倚老卖老,朕一定好好教训教训他。"

一直沉默不语的严光这才说道:"以我一个草民之见,皇上应该严惩崔进而重奖郅恽才对。"

光武帝不解地问:"这是为什么?"

"道理很简单,郅恽是听从皇上守城禁令,恪遵职守,一丝不苟,秉公办事。而崔进却是一听皇上之名也不详察就慌忙开门,这是徇私舞弊,趋炎附势,玩忽职守。"

光武帝一听严光说得有道理,频频点头,忽然又问道:"子陵如何看待朕今日的游猎呢?"

严光说:"皇上整日操劳于国事,偶尔在闲暇之际出宫游猎消遣一下,不仅可以缓解疲劳也有利于身心健康,这是无可厚非的,也是百姓欣欣然有喜色而相告的事。可是,皇上一旦沉湎于游猎,乐而忘返,乐而忘却国家大事就不应该了,这就是过度吧。"

光武帝接受了严光的建议,第二天早朝上亲口向群臣致歉,并恳请众人监督,文武大臣也被光武帝的诚心所感动,齐声高呼万岁。

光武帝命人把执金吾郅恽宣上殿,对他大加赞扬,并赏赐他布帛百匹,良马十匹,以表示自己的致歉和厚爱。相反,光武帝也命人把崔进叫上殿,当着文武大臣的面把他训斥一顿,撤了他的北门侯一职,降为参封县县尉。

严光走了,光武帝亲自把他送到郊外,临别时,光武帝感慨地说:"子陵,我虽是帝室之胄,但其实是布衣一个,如今能承袭汉室宗桃,登上九五之尊,实出所料,每当想起此事总感到惴惴不安。卑微之躯承蒙上天垂青巧得大宝,如果稍一不慎做出愧对天下黎民百姓之事,实在应该受到天地神灵的惩罚。因此,自登基称王以来,朕都兢兢业业,严以律己,宽以待人,以和为贵,用仁爱治理天下。朕私下把自己同秦皇汉武作比较,无论史家如何评价朕,朕都不以为意,但朕至今仍有两大遗憾——"

严光不解地问:"正如皇上所言,论功德,足以和秦皇汉武媲美,为王者能做到这一点实在不容易啦,但不知皇上还有哪两大遗憾?"

光武帝注视着严光,叹息说:"朕第一大遗憾就是没能请动你来辅佐汉室,如此大贤遗之山林,这是国家的不幸,更是朝廷的悲哀。"

严光摇摇头:"皇上惜才之心实在折服,但皇上言重了,我不过是遗之山林的蓬蒿而已,皇上之心是得不到的东西都是好的,这也许就是一种残缺的美,或者说是一种遗憾的美吧。希望皇上把待我之心投放到对待天下读书人的身上,汉室将更加旺隆。"

光武帝诚恳地点点头:"请子陵放心,朕一定做得到!"

光武帝不待严光询问,又说道:"朕的第二大遗憾就是已到花甲之年仍然没有资格上泰山封禅。"

严光明白了刘秀的心思，刘秀自认为功德可以和秦皇汉武媲美，这两人均到泰山封禅，告祭天地，表功彰德，显然，刘秀也想效法古人让自己的业绩传播远扬，给历史留下一块丰碑。

可是，封禅泰山不是哪一个皇帝随便想去就去的，必须拈量自己的功德是否够格，否则必然贻笑大方。当然，更重要的是天下必须出现祥瑞征兆，表示皇帝的功德惊动了天地神灵，从而显示出各种祥瑞征兆，只有各地祥瑞征兆连续出现时才可以上泰山封禅。

严光略一迟疑，附在光武帝耳边嘱咐几声，光武帝大喜，握住严光的手说："子陵真不愧为天下奇才啊！"

严光不待光武帝说下去，急忙登车而去。

光武帝望着消失在烟尘中的马车回味着严光刚才的话，心中有了主意。

光武帝为了实现泰山封禅的夙愿，他暗中调集几位亲信之人入宫亲授密计。

数月后，几位出京办事的亲信一一归来，光武帝估计时机成熟，便在一次朝会上向群臣宣布，这些日子时常做梦，不知是吉是凶，群臣询问他都做些什么梦，光武帝说："经常梦见自己和众大臣一起来到一座无比高大的山上，只见山上云雾缭绕，怪石林立，又见龙吟虎啸，仙人缤纷，不知不觉中来到一高大无比的大殿，里面供奉着玉帝、王母、太白金星、女娲娘娘等天神圣像。许多大臣劝朕上前拜谢，谁知刚刚跪下就醒了。"

光武帝说到这里扫视了一下左右大臣："这类似的梦接连出现多次，朕惴惴不安，不知哪位大臣懂得周公解梦，给朕一解吉凶？"

光武帝话音刚落，光禄勋梁松就出班高声奏道："恭喜皇上，祝福陛下，万岁，可喜可贺呀！"

光武帝莫名其妙的样子问："梁爱卿，莫非你懂得解梦不成？"

梁松急忙答道："臣潜心研究周公解梦多年，无论什么梦一听便知吉凶，皇上这梦可是大吉大利之梦，千载难寻呀！"

光武帝摇摇头，颇带不悦地说："朕向来反对臣子故意掩盖真相取悦寡人，朕虽不懂解梦之理，但这众多大臣中也一定另有人深谙此道吧？"

光武帝看着其他大臣。

尚书令丁邯上前奏道："对于解梦臣也略知一二，梁大人说得一点不错，皇上这梦确实是上上佳梦。"

光武帝将信将疑的样子问："既然二位爱卿都说朕的梦是上好之梦，但不知好在哪里，朕怎么一点也没有感觉到呢？"

丁邯说道："皇上所做的这种梦倘若落在一般百姓或者朝廷大臣们身上也算不得上好之梦,不过预示着升迁或发财,但对于皇上,就不同了。臣可以用性命作保,作为皇帝能做这样的梦千古稀少,因为陛下这梦预示着要到泰山举行封禅大典,这难道不是可喜可贺的特大喜事么?"

其余的大臣一听丁邯这么说,都是一愣,立即交头接耳议论起来,忽然,司空冯鲂、司徒冯勤、太尉赵熹三人同时走上前,异口同声说道:"上苍昭佑陛下封禅泰山,臣等恭请吾皇早日举行封禅大典!"

文武大臣一看这三人率先奏请皇上到泰山封禅,谁还敢怠慢,都纷纷下跪山呼万岁,恳请光武帝早日封禅。

光武帝内心喜不自胜,表面上仍谦和地说道:"这数百年来,除了秦皇汉武之外,没有第三人到泰山举行封禅大典。朕自思也只是一个平庸的帝王,哪有资格上泰山现丑呢? 传之后世,岂不令大方之家贻笑寡人不自量力? 秦皇奋六世余烈发愤图强,囊括四海,并吞八荒,一举扫灭六国而统一天下,后来又南定吴越北讨匈奴,筑长城作为北国边防屏障,此外还统一了文字和度量衡,其功绩胜过三皇五帝,因此自拟尊号为始皇帝。再说我大汉孝武皇帝,虽然不是开国之君,但上承高祖、文景之治,十六岁登基为帝,任用董仲舒罢黜百家独尊儒术,派张骞、卫青出使西域,开通通往西域的丝绸商路,又派卫青、李广、霍去病北讨匈奴,扩大了疆域,巩固了边防,使汉室空前强盛,外敌来附,国泰民安。"

光武帝说到这里,稍稍停顿了一下,略带感慨地说:"朕与孝武帝相比,实在感到惭愧,惭愧。"

丁邯不急不慢地起身奏道:"皇上自谦了,以臣私下愚见,皇上功德不仅可以同秦皇汉武媲美,而且有过之无不及。"

光武帝不待丁邯说下去,猛地一拍御案斥道:"大胆的丁邯,你,你敢诋毁孝武皇帝,奉承寡人!"

"皇上息怒!"丁邯深深一揖,"请皇上听臣把话说完,如果臣真的打半句诳语来奉承皇上,再请皇上治臣的罪也不晚。"

光武帝余怒未消:"朕先饶过你,你快把话说完,若有诳语决不饶恕!"

丁邯说道:"皇上虽是汉室之胄,实为布衣起家,受天命于汉室垂危之际,舍家起兵征讨莽贼,救王室于危难之中,使汉室帝祚断而又续,于国于民有社稷再造之功,类同于秦室高祖。吾皇白手起家后,棘阳一战,至亲死难数十人,昆阳鏖战,多亏陛下指挥有方才以少胜多,取得大捷,但胞兄死难。更始在位,皇上有功而不得重用,委自枉屈,忍辱负重,只身数百人持节河北,此时更显示出皇上的雄才大略与过人之处,联姻和刘扬,借兵灭王郎,独树一帜奠定帝业。慧眼独具,力排众议,建都洛阳,然后夺关中平河汉,降赤眉,踏平中原,征刘永,震慑江南。后来又逼降了张步,镇压彭宠,巩固中原。接下来御驾亲征隗嚣,击杀西蜀公孙述,使窦融、卢芳归顺,从而天下一统,在这统一大业的每次大的征战中,哪一次没有皇上您的身影?"

丁邯说到这里早已二目含泪,他只得举袖轻拭一下泪水,又动情地说道:"常言道:打江山难,守江山更难。皇上时常用这句话告诫群臣更提醒自己,为了发扬光大汉室,皇上效法文景皇帝实行休养生息政策。先后多次颁诏天下减免徭役赋税。兴修水利,整治黄水。开荒垦田,修边安民,抚恤贫困,救济灾民。为了节省节开支减轻百姓负担,皇上还下令将士守边屯田,裁并郡国,省减吏员。皇上轻刑省罚,下令核查土地、释放奴婢更是获得天下苍生称颂。若论及皇上的美德,更是千古独一无二。有人说自古君王只可同苦而不可同甘,皇上却是既能同苦又能同甘。全国统一后,许多大臣坐卧不安,担心皇上鸟尽弓藏兔死狗烹,可是皇上却对有功之臣封侯拜相荫及子孙。皇上重孝尊道,表彰节义,显拔幽隐,对同党关怀备至,对严光更是厚爱有加,他一个布衣之身,皇上却不认为卑贱与他同饮同睡。皇上虽贵为天子,却勤俭节约,事必躬行。皇上为人谦和,宽厚爱人的美德更是天下人人皆知……"

丁邯号啕大哭,一字一句地说:"皇——上——臣——臣句句是实,请——皇——上——圣裁!"

冯鲂、冯勤、赵熹三人再次奏道:"皇上,丁大人句句是实呀,请皇上早日作出封禅的决定吧。"

其他王公大臣也再次跪奏:"皇上英明,理应泰山封禅,否则,不足以昭示皇上之功勋。"

光武帝还在犹豫。

这时,丁邯以头击地,露出斑斑血迹,泣声说道:"皇上谦恭仁爱之心百世无有,但皇上之功可与天地同寿与日月齐辉,如今又有神祇降临陛下,昭示皇上封禅泰山。倘若皇上不应天昭,只怕于国于民非祸而害,望皇上为天下苍生着想也应当封禅呐……"

光武帝大为感动,从御座上缓缓站起,赐众大臣平身,然后心情沉郁,面色凝重地说:"朕听了丁爱卿一席话,又见这么多大臣再三跪请,朕内心感触颇深,知道众卿对朕的一片赤诚之心,朕之所以能有天下正是因为朕有这么多赤胆忠心的大臣啊!丁卿列举了朕的这么多功劳,但朕都认为这些功绩都是众朝臣的,至少是你们及那些死难的将士们与朕一起取得的。祭遵、来歙、岑彭,还有胞兄、大嫂、二姐等都在征讨中死难,许多将帅历经百战有幸存活,但也是伤痕累累疲惫不堪,没有随朕过上几天安闲的日子都一一舍朕而去,朕感到内疚啊!"

光武帝稍停片刻,也泪流满面地说:"如果让朕封禅泰山,朕只是向上天奏报这些随朕东征西讨有功大臣的功勋,还有你们这些王公大臣,才是大汉朝的顶梁柱!"

光武帝话音刚落,就有快马送来的奏表说南阳郡白水乡前天突然风雨大作,天降五色奇石,上面刻有图谶。

光武帝命人打开送来的五色奇石,上面果然刻着一行字:河洛出,会昌符。

众人不理解五色奇石上的谶语是什么意思,梁松提醒说:"河洛也许是上古留下的《河图》与《洛书》,只要找到这两书看一看可能会明白谶语上的暗示。"

梁松这一提示,众人都认为有道理,光武帝便命人取来《河图》《洛书》。梁松先看看河图,见河图上的图案与五色奇石上的彩绘类似,再一看《洛书》上面果然有《会昌符》,只见上面写着:

> 赤刘之九,会命岱宗。
> 不慎克重,何益于承。
> 诚善用之,奸伪不萌。

梁松立即向光武帝叩首说:"皇上,数百年前就命定皇上要封禅泰山,近年来风调雨顺,国富民强,中兴之势触动了天地,再次降征兆于陛下,暗示皇上尽快封禅。"

光武帝慎重地点点头:"既然上天这样指示,朕作为天之子,代天管理民事,只好听从上天的安排去泰山封禅,为百姓祈祷福祐。"

于是,光武帝下令梁松、丁邯、冯鲂、冯勤、赵熹等人负责封禅事宜,早早作好准备,并选定吉日去泰山举行封禅大典。

除了帝乡出现征兆外,接下来会稽郡出现鱼腹呈书,东海郡有鹦鹉暗语,代郡有一牛三犊等等,这等征兆使百姓对上天要求光武帝泰山封禅深信不疑,正当光武帝选定正月二十八正式出书去泰山封禅时,京师洛阳却出了一件人命案,闹得洛阳满城风语,也搅得光武帝坐卧不安。

本来这件人命案并不算什么,洛阳令董宣依法处死一个仗势欺人的家奴,可是,这家奴却不是一般人家的,而是光武帝的大姐湖阳公主府上的,并且湖阳公主与这家奴有着一种只可意会而不可言传的微妙的关系,整个案子就复杂起来。

说起湖阳公主,我们还得回头叙述一下:湖阳公主就是刘秀大姐刘黄,因为刘秀早年丧父,大姐在刘秀的成长上起了很重要的作用,她对刘秀特别疼爱。在刘秀很小的时候,家中有好吃的,刘黄总是首先想着刘秀,家中有好穿的,刘黄总给刘秀留着,若是干农活料理家务,刘黄却不让刘秀插手,让刘秀有充裕的时间读书。

刘秀起兵反莽后,刘黄和丈夫田牧也参加了刘秀的大军。王莽新朝地皇三年冬天,刘秀率军攻打淯阳县境内的小长安,遭到了王莽军队的截击,田牧与刘黄为了掩护刘秀突围,反以两千多人的兵力钳制了莽军一万多人,从而使刘秀突围成功。但是田牧等一千多人全部拼死在战场,刘黄虽然幸免于难也身受多处重伤。

田牧死后,刘秀十分愧疚,觉得自己对不起大姐,曾多次劝刘黄另嫁他人,刘黄都以四处征战没有固定居所为由拒绝了。直到刘秀定都洛阳,才把给刘黄寻夫的事提到日程上。

刘秀见太中大夫宋弘为人正直,品行端正,想让刘黄嫁给宋弘,私下派人一打听,宋弘已有妻室,刘秀只好作罢。谁知事过不久,刘黄主动找到刘秀说只要宋弘答应,她甘愿做二房。

宋弘是长安人,汉玄帝、平帝时为侍中,赤眉军攻入长安时曾派人挟迫宋弘入军为官,宋弘守死不肯,投水自尽,后被家人救出才免于死难。刘秀称帝后听说宋弘节烈,特意请他入京拜为太中大夫。

刘秀听说大司徒蔡茂和宋弘关系密切,就派蔡茂向宋弘提婚,并向宋弘许下诺言,只要答应婚事,立即封他为宣平侯。当蔡茂把刘秀的意思转告宋弘时,宋弘一口拒绝了。

刘秀听到蔡茂的报告有些不相信,决定亲自找宋弘谈谈。

刘秀在南宫嘉德殿单独召见了宋弘,并在殿后竹帘里设一个席座,请湖阳公主在里面偷听。刘秀委婉地提出湖阳公主一事,并说贵易交富易妻,大丈夫三妻四妾也属正常。宋弘却说贫贱之交不可忘,糟糠之妻不下堂,三妻四妾就是对感情的不忠,委婉地拒绝了刘秀的提亲。

湖阳公主在帘后听了宋弘与刘秀的对话,十分气恼,自己堂堂一国公主给人做小老婆人都不愿意,觉得受了很大侮辱。一气之下发誓永不再嫁。果然,从此以后再也不提嫁人的事,刘秀几次劝说都不听,也只好作罢,但在心中刘秀总觉得欠下大姐一个人情。

湖阳公主这样的老寡妇,不嫁人但身边却不缺男人,不知是嫉妒还是有些心理变态,她府中佣人不要女性,一律是清一色的青年小伙子。被洛阳令依法处死湖阳公主家奴，就是湖阳公主府邸总管吕兆中，他明为总管实际上却是刘黄的情夫，更是她的皮条客。

光武帝对湖阳公主的胡闹也有所耳闻，对这种事他也不便明说，何况大姐没有丈夫，偶尔做点出格的事也在所难免，因此光武帝只当作不知，从来也没出面干涉过，想不到这次竟然闹得太大，惹出一场官司。

事情是这样的：湖阳公主好像与常人有些不同，她越老欲念似乎越旺，并且一定要年轻力壮的青年小伙，最好是处男。就因为这个，吕兆中暗地里时常一筹莫展。湖阳公主不仅让吕兆中给她寻找俊美少男，有时自己也亲自外出寻找，只要她看上的男人，千方百计都要搞到手。

一天，湖阳公主化装成一名农家老妇人上街卖花，碰到一位翩翩少年，湖阳公主当时就动了心，让吕兆中一打听，才知是刚选入太学的孝廉名叫梁府，河南新郑人。湖阳公主先让吕兆中到太学找梁府，问他是否同意到府中侍陪，许下诺言，只要同意立即向皇上给他恳求官职，梁府坚决不从。湖阳公主见软的不行就来硬的，命令吕兆中带人把梁府强行绑架到府中，梁府仍然不答应，并且说一通羞辱湖阳公主的话。

湖阳公主恼羞成怒，下令吕兆中把梁府照死里打，并割掉梁府的阳具。梁府一个文弱书生怎么经得起吕兆中这帮人肆无忌惮地折腾。按吕兆中的话讲，还没有动真格的他就一命呜呼了。

出了人命案湖阳公主并不在乎，这样的事也不是头一次了，按照往常的惯例让吕兆中找个借口花上几个钱就摆平了。这一次却出乎意料，不仅梁府的家人不答应，太学里的许多学生也十分愤慨，一怒之下告了官。

洛阳令董宣接案后也很愤怒，但碍于皇室尊严也不好将湖阳公主治罪，只把吕兆中拘捕了。

起初，湖阳公主以为董宣拘捕吕兆中只是为了平民愤，做做样子给人看的。谁知不久传出话来，董宣已把吕兆中定了死罪押进死牢。湖阳公主几次派人向董宣要人都被董宣拒绝了，后来湖阳公主亲自出马去找董宣，董宣不仅不给，反而把湖阳公主训斥一顿。湖阳公主走后，董宣估计她可能去找皇上，趁光武帝旨意未下之前把吕兆中给杀了。

湖阳公主对董宣本来就窝着一肚子火，又听说吕兆中被杀，更是恼火，哭着跑到宫中告状，说董宣一个小小洛阳令目无尊长，故意斩杀皇室家臣来蔑视皇威，如果不严惩董宣，皇家名誉威风扫地，她也不愿活了。

光武帝正为封禅的事每天演习着各种礼仪忙得不亦乐乎，听到大姐的哭诉也很恼火，命人把董宣召来，扬言要杀董宣。

董宣入宫拜见光武帝，愤怒地说道："陛下凭圣德感动天地使大汉社稷呈现中兴之势,如今又天降祥瑞昭示陛下封禅泰山。可是湖阳公主身为皇室贵胄,不思维护皇室声誉,却怂恿家奴杀害善良百姓人家,从而激起众怒。皇上不对公主严加管教却要治臣的罪,皇上凭什么治理天下,还有什么资格封禅泰山?臣不须劳顿皇上诛杀,臣在此以死谢陛下!"

董宣说着就向殿堂的大柱子撞去,刘秀急忙喝令人将他拉住,尽管两人上前拉住了董宣,他的头还是触到了柱子上,血流满面。

光武帝觉得理亏,令太医给董宣治伤,并赐他御食,董宣直站着把御食吃光。刘秀为了给姐姐面子,让董宣向姐姐下跪赔个理,董宣坚决不答应。光武帝让两名太监把董宣按在地上,董宣两手死死撑着地就是不愿弯脖子,口中还不断地嚷道:"臣没有错,臣是秉公执法,如果皇上硬要逼迫臣,臣只有以死来谢罪!"

光武帝没有办法,只好命人拉起董宣。

湖阳公主见董宣宁死不向自己低头,十分不满地嘟囔道:"文叔身为白衣时都敢杀人,连官吏都不敢上门追查,如今做了皇上却不能让一个洛阳令低头,你的威风哪里去了?"

刘秀看着董宣,又望望姐姐,笑着说:"天子怎么能与白衣相同呢?"

湖阳公主气得一扭屁股走了。

刘秀问董宣:"朕让你向公主磕头赔不是你宁死不肯,赏赐给你的食物你明明吃不光却强撑着把它吃了,这是为什么?"

董宣急忙答道:"食物是皇上所赐,臣怎敢有丝毫所剩,这就如同臣奉职不敢有丝毫偷懒一样,否则有愧于皇恩。"

光武帝对董宣大加赞赏,当即封他为御史中丞,并赏赐布帛百匹。

光武帝处理完洛阳人命案后,便率领王侯、公卿、校尉、将军、大夫、黄门郎等文武百官,摆着盛大的仪仗队,浩浩荡荡向泰山出发。

一路上,光武帝诚惶诚恐,遇到山就斋戒,碰到河就叩拜,直到二月十二日才到达泰高(今山东泰山东北),马上就要登临泰山亲近上苍,向神灵汇报自己的功德了,他想起孔子"登车山而小鲁,登泰山而小天下"的话,心情十分舒畅,于是颁诏天下:昔小百欲封,夷吾难之;季氏欲旅,仲民非焉。盖齐诸侯,季氏大夫,皆无事于泰山。今予未小子,巡祭封祥,德薄而任重,一则以喜,一则以愧。喜于得承鸿业,帝尧善及子孙之余赏,盖应图笈,当得当。惧于过差,执德不弘,信道不笃,为议者所诱进,后世知吾罪矣。

光武帝沐浴斋戒五日之后,在二月二十二日的时候正式登上了泰山,举行了封禅大典,并且还刻石记功将自己一生的功劳记录下来,以供后世表彰,同时更改年号,大赦天下。

第三十八章 故人相访为国劝谏 为封禅假意做好梦

　　封禅大典终于完毕,光武帝在朝臣的欢呼声中告别上苍,如愿以偿地向山下走去。不知是因为高兴过度还是这一路上舟车劳顿,光武帝刚刚回到洛阳就感到身体不适,没多久就病倒了,虽然太医极尽救治,但病情仍不见好转,而且更添新病,总是反复无常,一天天加重。光武帝知道自己的身体已经透支殆尽,即将离开人世,于是便诏见了梁松、冯勤、赵熹等大臣,写下遗诏,并受命几位自己信得过的大臣辅佐皇太子刘庄。中元二年二月戊戌时候,六十三岁的光武帝在洛阳南宫前殿溘然长逝。皇太子刘庄即帝位,也就是汉明帝。